ZHONG HUA REN MIN GONG HE GUO
FANDIANXIN WANGLUO ZHAPIANFA SHIYONG ZHINAN

中华人民共和国反电信网络诈骗法适用指南

逐条适用　关联规定　典型案例　实务指导

叶伟忠 ◎ 编著

中国法制出版社
CHINA LEGAL PUBLISHING HOUSE

前　言

近年来，随着信息网络技术的快速发展，犯罪结构出现重大变化，传统犯罪比例持续下降，新型犯罪频发，特别是以电信网络诈骗为代表的新型网络犯罪高发、多发，已经成为社会面临的严峻挑战和全球性的打击治理难题。根据最高人民检察院的数据统计，网络犯罪案件数量以年均40%的速度攀升，其中2020年达到了50%，近三年检察机关办理的所有诈骗犯罪案件中，有三分之一是利用网络实施的。[①] 同时，根据最高人民法院发布的数据显示，2017年至2022年上半年，全国法院一审审结电信网络诈骗犯罪案件11.4万件，24.4万名被告人被判处刑罚[②]。

从新型电信网络诈骗的特征看，不同于传统诈骗，新型电信网络诈骗较少通过"面对面"的形式实施犯罪，而更多采用了"键对键"远程接触受骗者，加之诈骗手法不断迭代变更，致使惩治与犯罪攻防对抗加剧升级：一方面，电信网络诈骗团伙呈现公司化管理，架构清晰，分工明确，组织严密；与此同时，作案手段又极为隐蔽，团伙成员分布在全国各地，主要成员隐匿在境外，成员之间互以代号相称，大部分是一对一单线联系的关系，互不交叉甚至互不谋面，准备实施电信网络诈骗犯罪时才建立联系，使得打击惩治难度不断增大。另一方面，新型电信网络诈骗易与网络黑灰产业共生，形成完整的流水犯罪作业，具有犯罪利益链条化的特征；电信网络诈骗的高发态势与对黑灰产业的监管息息相关，非法买卖公民个

[①] 《最高检：检察机关疫情期间办理诈骗案中超30%是网络犯罪》，载最高人民检察院官网，https://www.spp.gov.cn/spp/zdgz/202101/t20210125_507512.shtml，2022年9月15日访问。

[②] 《最高法发布依法惩治电信网络诈骗犯罪工作情况从严惩处是"首要原则"，打击跨境诈骗是"重中之重"》，载最高人民法院官网，https://www.court.gov.cn/zixun-xiangqing-371151.html，2022年9月15日访问。

人基本信息、研发网站和手机应用以及编辑虚假信息等行为都依托于黑灰产业。除此之外，金融机构、通信行业频繁出现行业"内鬼"，非法售卖行业客户相关信息；新型电信网络诈骗犯罪的上述特征使得全链条治理难度不断增加。

从当前司法机关办案实践来看，新型电信网络诈骗犯罪取证难和治理难是始终需要直面和突破的问题。取证难大都表现在犯罪团伙利用现代信息技术实施跨地域的非接触性犯罪，诈骗手法复杂多变，其操作的服务器多数在境外，并采用虚拟币洗钱的方式进行转移、套现。治理难则体现在新型电信网络诈骗涉及范围广、环节多，需要多个部门形成合力进行打击和防范；特别是对灰色产业链整治方面，非法买卖两卡（手机卡、银行卡）、非法买卖个人信息、开发主要用于网络犯罪使用的产品等不仅是电信网络诈骗生存发展的必要环节，更让帮助信息网络犯罪活动罪成为影响人民群众安全感的主要犯罪类型之一。尤其值得引起警惕的是新型电信网络诈骗呈蔓延之势，其他犯罪活动也加速向网络迁移，与电信网络诈骗犯罪案件相互交织互相勾连，犯罪目的更易实现，形成加倍的、巨大的破坏能量，这是历史上任何时期、任何一种单一的犯罪形态都不曾有过的。毫不讳言，新型电信网络诈骗犯罪已经严重破坏了社会秩序和安宁，严重侵害了社会公众的财产安全甚至威胁人民群众的生命安全，亟需全域全面全链条治理。

杭州是互联网之都，又是"数字治理第一城"，在以数字化转型整体驱动治理方式变革方面，一直走在全国前列。以检察机关为例，近年来，杭州检察机关一直致力于以打造数字检察示范高地为牵引，全力助推杭州成为全国首批市域治理现代化标杆城市。特别是在互联网检察工作方面，不断聚焦数字治理难点、痛点，依托互联网检察教学基地、网络犯罪研究中心，打造集办案、治理、研究、培训四维一体的互联网检察平台，持续打击新型电信网络诈骗，深入推进反不正当竞争、虚假网络信息等领域整治，营造"清朗"网络空间，规范平台经济发展，形成数字治理的检察模式。在办案和研究力量方面，2020年3月，杭州市人民检察院牵头组建了专门的网络信息犯罪办案团队,与大型互联网企业、知名高校建立新型典型网络犯罪研究的常态化合作机制,成立杭州市网络犯罪研究中心和四名荣获"全国十大青年法学家"的专家领衔指导的案例研究中心,全面推动网络犯罪检察实务与理论研究融合共进。在机制和制度构建方面,不断探索惩治新型电信网络诈骗犯罪的路径,发布了《关于建立惩治网络犯罪侦诉协作机制的意见》《网络犯罪案件证据审查指引》等一系列文件,形成统一司法办案尺度,确保相关案件依法、及时、准确、妥善办理。在办案和治理成果方面,先后办理了"全国首例组织刷单炒信案"[①]"全国首例打码撞库案"[②]"全国首例儿童个人信息权益保护公益诉讼案"[③]"女子取快递自诉转公诉案"[④] 等一系列涉网络新类型案件,多个案件入选最高人民检察院指导性案例和典型案例,《网络犯罪案件技术语言汇编》被最高人民检察院第一检察厅在全国推广。杭州在网络犯罪惩治,特别是新型电信网络诈骗治理方面积累了丰富的经验,在《中华人民共和国反电信网络诈骗法》起草和征求意见过程中,也提供了很多意见和建议。上述实践和经验也为我们准确理解和适用本法提供了前提条件。

2022年12月1日,《中华人民共和国反电信网络诈骗法》将正式施行。反电信网络诈骗法立足源头治理、综合治理,侧重前端防范,针对电信网络诈骗发生的信息链、资金链、技术链、人员链等环节,加强防范性制度措施建设,深入推进行业治理,强化部门监管责任和企业社会责任。

---

① 《全国首例组织刷单炒信刑事案件宣判》,载最高人民检察院官网,https://www.spp.gov.cn/zdgz/201706/t20170621_193604.shtml,2022年9月15日访问。
② 最高人民检察院第十八批指导性案例(检例第68号)。《最高检发布第十八批指导性案例发布的三件网络犯罪案件均为我国"首例" 检察机关办理网络犯罪案件数量逐年大幅上升》,载最高人民检察院官网,https://www.spp.gov.cn/spp/zdgz/202004/t20200409_458325.shtml,https://www.spp.gov.cn/zdgz/201706/t20170621_193604.shtml,2022年9月15日访问。
③ 《全国首例未成年人网络保护民事公益诉讼案办结,强化儿童个人信息网络保护!》,载最高人民检察院官方微信公众号2021年3月17日,https://mp.weixin.qq.com/s/NrhRrkMEZxwPn6SQyqFYeg,2022年9月15日访问。
④ 最高人民检察院第三十四批指导性案例(检例第137号),载最高人民检察院官网,https://www.spp.gov.cn/spp/xwfbh/wsfbh/202202/t20220221_545102.shtml,2022年9月15日访问。

如何实现制定法"打防管控"并重的目标,是司法人一起努力的方向。衷心期待,本书的编写和出版,能够为社会各界研究《中华人民共和国反电信网络诈骗法》提供广阔视角,为社会各界协力推进网络社会治理提供有益参考。

目 录
Contents

《中华人民共和国反电信网络诈骗法》立法进程、起草说明、
修改意见的报告及答记者问 …………………………………… 001

第一章 总 则

【条文内容】 ………………………………………………………… 011
第一条 【目的任务】 …………………………………………… 011
　【条文主旨】 ……………………………………………………… 011
　【适用指南】 ……………………………………………………… 011
　【典型案例】 ……………………………………………………… 014
　　案例1 周某强等人诈骗案 …………………………………… 014
　　案例2 曾某权等人诈骗案 …………………………………… 016
　【关联规定】 ……………………………………………………… 017

【条文内容】 ………………………………………………………… 018
第二条 【电信网络诈骗概念】 ………………………………… 018
　【条文主旨】 ……………………………………………………… 018
　【适用指南】 ……………………………………………………… 018
　【典型案例】 ……………………………………………………… 023
　　李某诈骗案 …………………………………………………… 023
　【关联规定】 ……………………………………………………… 026

【条文内容】 027
第三条 【本法适用范围】 027
　【条文主旨】 027
　【适用指南】 027
　【典型案例】 032
　　案例1 最高人民检察院、公安部联合挂牌督办5起特大跨境电信网络诈骗犯罪案件 032
　　案例2 曾某等诈骗案 034
　　案例3 Y某诈骗案 037
　　　　——利用外籍身份实施跨境电信网络诈骗
　【关联规定】 038

【条文内容】 038
第四条 【本法适用原则】 038
　【条文主旨】 038
　【适用指南】 038
　【关联规定】 039

【条文内容】 040
第五条 【工作人员保密要求】 040
　【条文主旨】 040
　【适用指南】 040
　【典型案例】 042
　　案例1 关某侵犯公民个人信息案 042
　　案例2 张某某侵犯公民个人信息案 044
　【关联规定】 045

【条文内容】 045
第六条 【协作配合机制】 045
　【条文主旨】 046

【适用指南】…………………………………………………… 046
　　【关联规定】…………………………………………………… 048

【条文内容】……………………………………………………… 049
第七条　【专业队伍建设】……………………………………… 049
　　【条文主旨】…………………………………………………… 049
　　【适用指南】…………………………………………………… 049
　　【关联规定】…………………………………………………… 051

【条文内容】……………………………………………………… 051
第八条　【加强反诈宣传】……………………………………… 051
　　【条文主旨】…………………………………………………… 052
　　【适用指南】…………………………………………………… 052
　　【典型案例】…………………………………………………… 053
　　　　魏某双等人诈骗案 …………………………………………… 053
　　【关联规定】…………………………………………………… 056

第二章　电信治理

【条文内容】……………………………………………………… 057
第九条　【全面落实电信实名制】……………………………… 057
　　【条文主旨】…………………………………………………… 057
　　【适用指南】…………………………………………………… 057
　　【典型案例】…………………………………………………… 060
　　　　案例1　严某某帮助信息网络犯罪活动案 ……………………… 060
　　　　案例2　王某诈骗案 …………………………………………… 062
　　　　案例3　徐某等6人侵犯公民个人信息案 ……………………… 063
　　　　　　——行业"内鬼"利用非法获取的公民个人信息激活
　　　　　　手机"白卡"用于电信网络诈骗犯罪

【关联规定】 065

【条文内容】 065

第十条　【电话卡数量限制】 065

　　【条文主旨】 066

　　【适用指南】 066

　　【典型案例】 067

　　　周某平、施某青帮助信息网络犯罪活动案 067

　　　——冒用他人信息实名注册并出售校园宽带账号为电信网络诈骗犯罪提供工具

　　【关联规定】 070

【条文内容】 070

第十一条　【涉诈异常电话卡处置】 070

　　【条文主旨】 070

　　【适用指南】 071

　　【典型案例】 074

　　　周某奇、尤某杰帮助信息网络犯罪活动案 074

　　【关联规定】 076

【条文内容】 076

第十二条　【物联网卡监管】 076

　　【条文主旨】 077

　　【适用指南】 077

　　【典型案例】 080

　　　案例1　江苏南京侦破"11·2"案 080

　　　案例2　江苏徐州侦破"5·18"案 081

　　【关联规定】 082

【条文内容】 082

第十三条　【改号电话识别、拦截】 082

【条文主旨】……083
【适用指南】……083
【典型案例】……087
  被告人马某等帮助信息网络犯罪活动罪……087
【关联规定】……090

【条文内容】……091
第十四条 【禁止制造、销售、提供、使用电信诈骗设备、软件】……091
【条文主旨】……091
【适用指南】……092
【典型案例】……095
  案例1 唐某琪、方某帮助信息网络犯罪活动案……095
  案例2 叶某星、张某秋提供侵入计算机信息系统程序、谭某妹非法获取计算机信息系统数据案……097
【关联规定】……102

第三章 金融治理

【条文内容】……104
第十五条 【客户尽职调查制度】……104
【条文主旨】……104
【适用指南】……104
【典型案例】……109
  案例1 上官某1等诈骗案……109
  案例2 李某佩诈骗案……110
【关联规定】……116

【条文内容】 117

第十六条 【银行开户限制】 117

【条文主旨】 117

【适用指南】 117

【典型案例】 121

案例1 赵某帮助信息网络犯罪活动案 121

案例2 杨某雄等3人帮助信息网络犯罪活动案 122

案例3 陈某某妨害信用卡管理案 123

【关联规定】 126

【条文内容】 126

第十七条 【企业账户风险防控机制】 126

【条文主旨】 127

【适用指南】 127

【典型案例】 136

案例1 施某凌等18人妨害信用卡管理案 136

案例2 高某林、董某志提供个人信息帮助他人诈骗案 138

【关联规定】 139

【条文内容】 140

第十八条 【异常账户与可疑交易监测防范】 140

【条文主旨】 141

【适用指南】 141

【典型案例】 149

案例1 许某帮助信息网络犯罪活动不起诉案 149

案例2 邵某雄诈骗案 150

案例3 张某信用卡诈骗案 151

案例4 雷某、李某洗钱案 153

【关联规定】 155

【条文内容】…………………………………………………………… 156

第十九条　【保证交易信息真实完整和支付全流程中一致性】……… 156

　　【条文主旨】………………………………………………………… 156

　　【适用指南】………………………………………………………… 156

　　【典型案例】………………………………………………………… 158

　　　　案例 1　郭某、林某、赵某掩饰、隐瞒犯罪所得案 ………… 158

　　　　案例 2　董某等 4 人诈骗案 …………………………………… 160

　　【关联规定】………………………………………………………… 162

【条文内容】…………………………………………………………… 162

第二十条　【建立完善紧急止损制度】………………………………… 162

　　【条文主旨】………………………………………………………… 163

　　【适用指南】………………………………………………………… 163

　　【关联规定】………………………………………………………… 165

第四章　互联网治理

【条文内容】…………………………………………………………… 166

第二十一条　【电信网络实名制度】…………………………………… 166

　　【条文主旨】………………………………………………………… 166

　　【适用指南】………………………………………………………… 167

　　【典型案例】………………………………………………………… 172

　　　　"JW 证券"电信网络诈骗系列案 …………………………… 172

　　【关联规定】………………………………………………………… 174

【条文内容】…………………………………………………………… 175

第二十二条　【涉诈异常账号互联网处置】…………………………… 175

　　【条文主旨】………………………………………………………… 175

【适用指南】 ………………………………………………… 175
【典型案例】 ………………………………………………… 177
　张某某等 14 人诈骗案 ……………………………………… 177
　　——以刷单为名招募兼职人员实施诈骗
【关联规定】 ………………………………………………… 178

【条文内容】 ………………………………………………… 179
第二十三条　【互联网应用程序监管】 ……………………… 179
　【条文主旨】 ……………………………………………… 179
　【适用指南】 ……………………………………………… 179
　【典型案例】 ……………………………………………… 183
　　案例 1　张某等人诈骗案 ………………………………… 183
　　案例 2　王某旋等 6 人诈骗案 …………………………… 185
　　　　——成立科技公司办理虚假贷款诈骗
　【关联规定】 ……………………………………………… 186

【条文内容】 ………………………………………………… 187
第二十四条　【域名解析、域名跳转、网址链接转换等监管】 …… 187
　【条文主旨】 ……………………………………………… 187
　【适用指南】 ……………………………………………… 187
　【典型案例】 ……………………………………………… 189
　　案例 1　臧某泉等盗窃、诈骗案 ………………………… 189
　　案例 2　吴某等非法控制计算机信息系统、侵犯公民个人信
　　　　　　息案 …………………………………………… 195
　【关联规定】 ……………………………………………… 197

【条文内容】 ………………………………………………… 198
第二十五条　【禁止为电信网络诈骗提供互联网支持】 …… 198
　【条文主旨】 ……………………………………………… 198
　【适用指南】 ……………………………………………… 199

【典型案例】 ·· 223
 案例 1 刘某峰等 37 人诈骗案 ································· 223
    ——以组建网络游戏情侣为名引诱玩家高额充值骗取钱款
 案例 2 邱某儒等诈骗案 ·· 226
    ——虚构艺术品交易平台以投资理财为名实施网络诈骗
 案例 3 石某某等非法利用信息网络案 ···························· 229
 案例 4 罗某杰诈骗案 ·· 231
 案例 5 林某甲等非法经营案 ·· 233
【关联规定】 ·· 235

【条文内容】 ·· 236
第二十六条 【互联网服务者反诈协助义务】 ····················· 236
 【条文主旨】 ·· 236
 【适用指南】 ·· 237
 【典型案例】 ·· 240
  郭某飞等诈骗案 ·· 240
    ——冒充优质男性利用虚假赌博平台实施"杀猪盘"电信诈骗
 【关联规定】 ·· 243

第五章 综合措施

【条文内容】 ·· 244
第二十七条 【公安机关打击治理电信网络诈骗工作机制】 ········· 244
 【条文主旨】 ·· 244
 【适用指南】 ·· 244
 【典型案例】 ·· 248
  杨某瑞等 11 人诈骗案 ··· 248
 【关联规定】 ·· 250

【条文内容】 250

第二十八条 【对落实本法规定的监督检查】 250

　　【条文主旨】 251
　　【适用指南】 251
　　【典型案例】 251
　　　田某等7人掩饰、隐瞒犯罪所得案 251
　　　　——跨境利用国内商户银行卡、移动支付账户为电信网络犯罪团伙洗钱
　　【关联规定】 253

【条文内容】 253

第二十九条 【个人信息保护】 253

　　【条文主旨】 254
　　【适用指南】 254
　　【典型案例】 268
　　　案例1 柯某侵犯公民个人信息案 268
　　　案例2 杜某禹侵犯公民个人信息案 271
　　【关联规定】 272

【条文内容】 272

第三十条 【专业化反诈宣传与警示要求】 272

　　【条文主旨】 273
　　【适用指南】 273
　　【典型案例】 276
　　　周某平、施某青帮助信息网络犯罪活动案 276
　　【关联规定】 278

【条文内容】 278

第三十一条 【禁止为电信网络诈骗提供任何帮助】 278

　　【条文主旨】 279

【适用指南】 …… 279
【典型案例】 …… 289
　案例1　涂某通、万某玲帮助信息网络犯罪活动案 …… 289
　案例2　郭某凯、刘某学、耿某云帮助信息网络犯罪活动案 …… 291
　案例3　吴某豪等9人掩饰、隐瞒犯罪所得案 …… 293
　案例4　罗某成、罗某胜假冒某聊天软件好友诈骗案 …… 295
　案例5　高某、张某帮助信息网络犯罪活动案 …… 296
【关联规定】 …… 297

【条文内容】 …… 298

第三十二条　【电信网络诈骗反制措施建设】 …… 298
　【条文主旨】 …… 299
　【适用指南】 …… 299
　【典型案例】 …… 303
　　周某、杨某盗窃、传授犯罪方法案 …… 303
　【关联规定】 …… 304

【条文内容】 …… 305

第三十三条　【网络身份认证服务】 …… 305
　【条文主旨】 …… 305
　【适用指南】 …… 305
　【关联规定】 …… 309

【条文内容】 …… 309

第三十四条　【建立预警劝阻和追赃挽损机制】 …… 309
　【条文主旨】 …… 309
　【适用指南】 …… 309
　【关联规定】 …… 315

【条文内容】⋯⋯⋯⋯⋯⋯⋯⋯⋯⋯⋯⋯⋯⋯⋯⋯⋯⋯⋯⋯⋯⋯⋯ 316

第三十五条 【特定地区风险防范措施】⋯⋯⋯⋯⋯⋯⋯⋯⋯ 316

 【条文主旨】⋯⋯⋯⋯⋯⋯⋯⋯⋯⋯⋯⋯⋯⋯⋯⋯⋯⋯⋯ 316

 【适用指南】⋯⋯⋯⋯⋯⋯⋯⋯⋯⋯⋯⋯⋯⋯⋯⋯⋯⋯⋯ 316

 【关联规定】⋯⋯⋯⋯⋯⋯⋯⋯⋯⋯⋯⋯⋯⋯⋯⋯⋯⋯⋯ 319

【条文内容】⋯⋯⋯⋯⋯⋯⋯⋯⋯⋯⋯⋯⋯⋯⋯⋯⋯⋯⋯⋯⋯⋯⋯ 320

第三十六条 【特定地区人员出境限制】⋯⋯⋯⋯⋯⋯⋯⋯⋯ 320

 【条文主旨】⋯⋯⋯⋯⋯⋯⋯⋯⋯⋯⋯⋯⋯⋯⋯⋯⋯⋯⋯ 320

 【适用指南】⋯⋯⋯⋯⋯⋯⋯⋯⋯⋯⋯⋯⋯⋯⋯⋯⋯⋯⋯ 320

 【典型案例】⋯⋯⋯⋯⋯⋯⋯⋯⋯⋯⋯⋯⋯⋯⋯⋯⋯⋯⋯ 324

  胡某某、杜某组织他人偷越国（边）境案⋯⋯⋯⋯⋯⋯ 324

 【关联规定】⋯⋯⋯⋯⋯⋯⋯⋯⋯⋯⋯⋯⋯⋯⋯⋯⋯⋯⋯ 325

【条文内容】⋯⋯⋯⋯⋯⋯⋯⋯⋯⋯⋯⋯⋯⋯⋯⋯⋯⋯⋯⋯⋯⋯⋯ 326

第三十七条 【加强打击电信网络诈骗的国际司法合作】⋯⋯⋯ 326

 【条文主旨】⋯⋯⋯⋯⋯⋯⋯⋯⋯⋯⋯⋯⋯⋯⋯⋯⋯⋯⋯ 326

 【适用指南】⋯⋯⋯⋯⋯⋯⋯⋯⋯⋯⋯⋯⋯⋯⋯⋯⋯⋯⋯ 326

 【典型案例】⋯⋯⋯⋯⋯⋯⋯⋯⋯⋯⋯⋯⋯⋯⋯⋯⋯⋯⋯ 332

  周某某等电信网络诈骗案⋯⋯⋯⋯⋯⋯⋯⋯⋯⋯⋯⋯ 332

 【关联规定】⋯⋯⋯⋯⋯⋯⋯⋯⋯⋯⋯⋯⋯⋯⋯⋯⋯⋯⋯ 334

第六章　法　律　责　任

【条文内容】⋯⋯⋯⋯⋯⋯⋯⋯⋯⋯⋯⋯⋯⋯⋯⋯⋯⋯⋯⋯⋯⋯⋯ 335

第三十八条 【构成犯罪与不构成犯罪的责任追究】⋯⋯⋯⋯⋯ 335

 【条文主旨】⋯⋯⋯⋯⋯⋯⋯⋯⋯⋯⋯⋯⋯⋯⋯⋯⋯⋯⋯ 335

 【适用指南】⋯⋯⋯⋯⋯⋯⋯⋯⋯⋯⋯⋯⋯⋯⋯⋯⋯⋯⋯ 335

【关联规定】 …… 337

【条文内容】 …… 337

第三十九条　【电信业务经营者违法责任】 …… 337
　　【条文主旨】 …… 338
　　【适用指南】 …… 338
　　【关联规定】 …… 339

【条文内容】 …… 339

第四十条　【银行、支付机构违法责任】 …… 339
　　【条文主旨】 …… 340
　　【适用指南】 …… 340
　　【关联规定】 …… 340

【条文内容】 …… 341

第四十一条　【电信、互联网经营与服务提供者监管违法责任】 …… 341
　　【条文主旨】 …… 342
　　【适用指南】 …… 342
　　【关联规定】 …… 343

【条文内容】 …… 343

第四十二条　【支持或帮助电信网络诈骗行为者责任追究】 …… 343
　　【条文主旨】 …… 343
　　【适用指南】 …… 344
　　【关联规定】 …… 344

【条文内容】 …… 345

第四十三条　【电信业务经营者、互联网服务提供者违反义务责任】 …… 345
　　【条文主旨】 …… 345
　　【适用指南】 …… 345
　　【关联规定】 …… 346

【条文内容】 346
第四十四条 【非法帮助行为没收违法所得及其替代处罚】 346
　　【条文主旨】 346
　　【适用指南】 347
　　【关联规定】 347

【条文内容】 347
第四十五条 【相关工作人员刑事责任追究】 347
　　【条文主旨】 348
　　【适用指南】 348
　　【关联规定】 348

【条文内容】 349
第四十六条 【民事责任追究】 349
　　【条文主旨】 349
　　【适用指南】 349
　　【关联规定】 350

【条文内容】 350
第四十七条 【公益诉讼】 350
　　【条文主旨】 350
　　【适用指南】 351
　　【典型案例】 352
　　　案例1　浙江省杭州市余杭区人民检察院对北京某公司侵犯儿童个人信息权益提起民事公益诉讼、北京市人民检察院督促保护儿童个人信息权益行政公益诉讼案 352
　　　案例2　大规模非法买卖个人信息侵害人格权和社会公共利益 357
　　　　　　——非法买卖个人信息民事公益诉讼案
　　【关联规定】 358

【条文内容】 …………………………………………………………… 358

第四十八条　【行政诉讼救济措施】 ………………………………… 358

　　【条文主旨】 ………………………………………………………… 359
　　【适用指南】 ………………………………………………………… 359
　　【关联规定】 ………………………………………………………… 359

第七章　附　　则

　【条文内容】 …………………………………………………………… 360

第四十九条　【兜底规定】 ……………………………………………… 360

　　【条文主旨】 ………………………………………………………… 360
　　【适用指南】 ………………………………………………………… 360
　　【关联规定】 ………………………………………………………… 361

　【条文内容】 …………………………………………………………… 361

第五十条　【施行日期】 ………………………………………………… 361

　　【条文主旨】 ………………………………………………………… 361
　　【适用指南】 ………………………………………………………… 361

附　　录

最高人民法院、最高人民检察院、公安部关于办理电信网络诈骗等
　刑事案件适用法律若干问题的意见 ………………………………… 362
　（2016年12月19日）

最高人民法院、最高人民检察院、公安部关于办理电信网络诈骗等
　　刑事案件适用法律若干问题的意见（二）………………………… 370
　　（2021 年 6 月 17 日）

最高人民法院、最高人民检察院、公安部关于办理信息网络犯罪案
　　件适用刑事诉讼程序若干问题的意见 ……………………………… 375
　　（2022 年 8 月 26 日）

人民检察院办理网络犯罪案件规定 ………………………………………… 381
　　（2021 年 1 月 22 日）

后　　记 ……………………………………………………………………… 396

《中华人民共和国反电信网络诈骗法》立法进程、起草说明、修改意见的报告及答记者问

第十三届全国人大常委会第三十六次会议2022年9月2日表决通过《中华人民共和国反电信网络诈骗法》，该法将于2022年12月1日起施行。《中华人民共和国反电信网络诈骗法》坚持以人民为中心，统筹发展和安全，立足各环节、全链条防范治理电信网络诈骗，精准发力，为反电信网络诈骗工作提供有力法律支撑。

《中华人民共和国反电信网络诈骗法》共七章50条，包括总则、电信治理、金融治理、互联网治理、综合措施、法律责任、附则。这部法律自2022年12月1日起施行。以下是本法的立法进程、起草说明、修改意见及答记者问。

一、立法进程

2021年10月19日，《中华人民共和国反电信网络诈骗法（草案）》提请第十三届全国人大常委会第三十一次会议初次审议。

2022年6月21日，《中华人民共和国反电信网络诈骗法（草案）》提请第十三届全国人大常委会第三十五次会议二次审议。

2022年8月30日，在第十三届全国人大常委会第三十六次会议第一次全体会议上，听取了全国人大宪法和法律委员会副主任委员周光权作的关于《中华人民共和国反电信网络诈骗法（草案）》审议结果的报告，宪法和法律委员会认为上述草案已比较成熟，建议提请本次常委会会议审议通过。

2022年9月2日，第十三届全国人大常委会第三十六次会议表决通过了《中华人民共和国反电信网络诈骗法》。自2022年12月1日起施行。

二、关于《中华人民共和国反电信网络诈骗法（草案）》的说明[①]

委员长、各位副委员长、秘书长、各位委员：

我受委员长会议委托，作关于《中华人民共和国反电信网络诈骗法（草案）》的说明。

（一）制定本法的必要性

一是贯彻落实党中央决策部署的重要举措。当前电信网络诈骗活动多发高发，严重危害人民群众利益和社会和谐稳定。制定反电信网络诈骗法是落实党中央决策部署、打击遏制电信网络诈骗的重要举措。

二是坚持以人民为中心，统筹发展和安全的必然要求。近年来，电信网络诈骗犯罪活动形势严峻，在刑事犯罪案件中占据很大的比重。犯罪分子利用新型电信网络技术手段，钻管理上的漏洞，利用非法获取个人信息、网络黑灰产业交易等实施精准诈骗，组织化、链条化运作，跨境跨地域实施，严重危害人民群众获得感、幸福感、安全感。电信网络诈骗犯罪已经成为当前发案最高、损失最大、群众反响最强烈的突出犯罪，多发高发态势难以有效遏制，需要进一步完善制度，坚决打击治理，维护人民群众切身利益。

三是反电信网络诈骗工作实践的迫切需要。从实践情况看，反电信网络诈骗工作综合治理、源头治理方面的制度措施不够充分，金融、通信、互联网等行业治理存在薄弱环节，需要进一步建立完善各方面责任制度，形成协同打击治理合力；实践中一些好的做法和政策文件需要上升为法律规定；现有法律规定总体上较为分散，不够明确，针对性不强，各方面对于加强法律制度建设的需求较为迫切。

[①] 全国人大常委会法制工作委员会副主任 李宁：《关于〈中华人民共和国反电信网络诈骗法（草案）〉的说明——2021年10月19日在第十三届全国人民代表大会常务委员会第三十一次会议上》，载中国人大网，http://www.npc.gov.cn/npc/c30834/202209/7019159f23fd4e93ab5617b0d98cdb68.shtml，2022年9月16日访问。

（二）起草的过程和总体思路

为贯彻落实党中央决策部署，完善反电信网络诈骗法律制度建设，法制工作委员会会同有关方面积极开展研究起草工作。一是深入调查研究，到各有关行业主管部门、互联网企业、电信企业，以及浙江、云南、江苏、北京等地调研；商请有关部门提供统计数据分析和案例；系统梳理现有政策文件、总结实践经验；委托有关方面对国外电信网络管理制度、反电信网络诈骗法律制度等进行研究。二是广泛听取意见，多次召开座谈会听取中央有关部门、企业和地方的意见，听取部分全国人大代表意见，将草案征求意见稿印发中央有关部门和部分省（市）等征求意见。三是会同公安部、工信部、中国人民银行、中央网信办等就立法中的主要问题深入研究论证，形成共识。

制定反电信网络诈骗法的总体思路是，贯彻习近平法治思想，坚持以人民为中心，统筹发展和安全，坚持精准防治和问题导向，强化系统观念、注重源头治理、综合治理，加强预防性法律制度建设，为打击遏制电信网络诈骗活动提供法治支撑。立法工作中注意把握以下几点：一是立足综合治理、源头治理和依法治理，侧重前端防范。关于电信网络诈骗违法犯罪分子的法律责任，刑法已做出多次修改完善，治安管理处罚法也有相关规定。本法主要是按照完善预防性法律制度的要求，针对电信网络诈骗发生的信息链、资金链、技术链、人员链等各环节加强防范性制度措施建设。二是"小快灵""小切口"，对关键环节、主要制度作出规定，条文数量不求太多，增强立法的针对性、实用性和有效性。三是急用先行。本法是一部系统综合、针对性强的专项法律，对实践中迫切需要的制度安排作出规定，拟制定修改的电信法、网络犯罪防治法、反洗钱法等其他相关立法针对电信网络诈骗也可从各自角度细化相关规定，专项立法与相关立法相互配套、共同推进。

（三）草案的主要内容

草案共三十九条，主要内容包括：

一是反电信网络诈骗工作的基本原则。强调坚持系统观念，注重源头治理、综合治理，全面落实打防管控各项措施；规定各部门职责、企业职责和地方政府职责；加强协同联动工作机制建设。

二是完善电话卡、物联网卡、金融账户、互联网账号有关基础管理制度。落实实名制，规定电话卡、互联网服务真实信息登记制度，建立健全金融业务尽职调查制度；对办理电话卡、金融账户的数量和异常办卡、开户情形进行限制，防范开立企业账户风险；有针对性地完善物联网卡销售、使用监测制度。

三是支持研发电信网络诈骗反制技术措施，统筹推进跨行业、企业统一监测系统建设，为利用大数据反诈提供制度支持。规定金融、通信、互联网等领域涉诈异常情形的监测、识别和处置，包括高风险电话卡、异常金融账户和可疑交易、异常互联网账号等，规定相应救济渠道；规定金融、通信、互联网行业主管部门统筹推进相关跨行业、企业的统一监测系统建设，推进涉诈样本信息数据共享；要求互联网企业移送监测发现的嫌疑线索。

四是加强对涉诈相关非法服务、设备、产业的治理。治理改号电话、虚假主叫和涉诈非法设备；加强涉诈APP（移动互联网应用程序）、互联网域名监测治理；打击治理涉电信网络诈骗相关产业。

五是其他措施方面，建立涉案资金紧急止付、快速冻结和资金返还制度；防范个人信息被用于电信网络诈骗；有针对性加强宣传教育；对潜在受害人预警劝阻和开展被害人救助；加强治理跨境电信网络诈骗活动，规定特定风险防范措施和国际合作。

六是明确法律责任，加大惩处力度。加大惩处非法买卖、出租、出借电话卡、物联网卡、金融账户、互联网账号行为，实施惩戒措施；对违反本法规定依法追究刑事责任以及实施、帮助实施电信网络诈骗活动的法律责任作出衔接性规定；规定金融、电信、互联网企业违反本法规定制度措施的处罚；对有关企业因重大过错导致电信网络诈骗损失或者造成损失扩大的，规定依法承担相应民事责任。

反电信网络诈骗法草案和以上说明是否妥当，请审议。

三、全国人民代表大会宪法和法律委员会关于《中华人民共和国反电信网络诈骗法（草案三次审议稿）》修改意见的报告[①]

全国人民代表大会常务委员会：

本次常委会会议于 8 月 30 日下午对反电信网络诈骗法草案三次审议稿进行了分组审议。普遍认为，草案已经比较成熟，建议进一步修改后，提请本次常委会会议表决通过。同时，有些常委会组成人员和列席人员还提出了一些修改意见和建议。宪法和法律委员会于 8 月 31 日上午召开会议，逐条研究了常委会组成人员和列席人员的审议意见，对草案进行了审议。公安部、工业和信息化部、中国人民银行有关负责同志列席了会议。宪法和法律委员会认为，草案是可行的，同时，提出以下修改意见：

一、有的常委委员提出，实践中单位财务人员等成为电信网络诈骗重点对象，造成单位财产损失，建议加强单位内部管理防范措施。宪法和法律委员会经研究，建议增加规定，各单位应当加强内部防范电信网络诈骗工作，对工作人员开展防范电信网络诈骗教育。

二、有的常委委员提出，草案三次审议稿第二十五条所列不得为他人实施电信网络诈骗活动提供有关支持和帮助的行为中，有些与正常经营和业务活动有交叉，建议进一步明确法律界限。宪法和法律委员会经研究，建议将所列行为分为两类情形规定，明确电信业务经营者、互联网服务提供者应当依照国家有关规定履行合理注意义务，对有关涉诈活动进行监测识别和处置。

三、有的常委委员、部门提出，本法对主管部门监管责任、企业各项防范治理责任等作了相应规定。为保障这些规定得到有效实施，建议增加规定，有关主管部门应当依照职责对企业落实情况进行监督检查；有的部门、企业提出，有关监督检查活动应当依法规范开展。宪法和法律委员会

[①] 《全国人民代表大会宪法和法律委员会关于〈中华人民共和国反电信网络诈骗法（草案三次审议稿）〉修改意见的报告》，载中国人大网，http：//www.npc.gov.cn/npc/c30834/202209/622cbfb62d2846b992b86543151e9405.shtml，2022 年 9 月 15 日访问。

经研究,建议采纳上述意见,增加相应规定。

四、根据有些常委会组成人员的意见,宪法和法律委员会经研究,建议对有关国际合作的规定作进一步修改完善,规定:"国务院公安部门等会同外交部门加强国际执法司法合作,与有关国家、地区、国际组织建立有效合作机制,通过开展国际警务合作等方式,提升在信息交流、调查取证、侦查抓捕、追赃挽损等方面的合作水平,有效打击遏制跨境电信网络诈骗活动。"

有的常委会组成人员还对本法通过后的实施和宣传工作提出了意见。宪法和法律委员会建议有关部门认真研究常委会组成人员的审议意见,抓紧制定和完善相关配套规定,积极做好宣传和解读,加大执法力度,保证法律全面有效实施。

经与有关部门研究,建议将本法的施行时间确定为 2022 年 12 月 1 日。

此外,根据常委会组成人员的审议意见,还对草案三次审议稿作了一些文字修改。

草案修改稿已按上述意见作了修改,宪法和法律委员会建议本次常委会会议审议通过。

草案修改稿和以上报告是否妥当,请审议。

四、答记者问[①]

第十三届全国人大常委会第三十六次会议 2022 年 9 月 2 日表决通过了新修订的反电信网络诈骗法,会后全国人大常委会法工委刑法室主任王爱立就相关问题回答了记者的提问。

(一)为什么要制定一部专门的反电信网络诈骗法,这部法律有哪些特点?

答:2022 年 9 月 2 日第十三届全国人大常委会第三十六次会议审议通

[①] 《反电信网络诈骗法表决通过 全国人大法工委答记者问》,载央视新闻客户端 2022 年 9 月 2 日,https://content-static.cctvnews.cctv.com/snowbook/index.html?item_id=1650558611744037960&toc_style_id=feeds_default&share_to=wechat&track_id=e7871b92-d840-46b7-b5ce-b09abf847015,2022 年 9 月 16 日访问。

过反电信网络诈骗法，这是专门为打击治理电信网络诈骗活动制定的"小切口"法律，充分体现了党中央要求、人民意愿和实践需要，将为打击遏制电信网络诈骗活动提供有力有效的法治保障。

制定反电信网络诈骗法的主要考虑有：一是贯彻落实党中央决策部署的重要举措。二是坚持以人民为中心，统筹发展和安全的必然要求。近年来，电信网络诈骗犯罪活动形势严峻，在刑事犯罪案件中占据很大的比重，犯罪分子利用新型电信网络技术手段，钻管理上的漏洞，利用非法获取个人信息、网络黑灰产业交易等实施精准诈骗，组织化、链条化运作，跨境跨地域实施，已经成为当前发案最高、损失最大、群众反响最强烈的突出犯罪，严重危害人民群众获得感、幸福感、安全感。需要进一步完善制度，坚决打击治理，维护人民群众切身利益。三是实践迫切需要。从实践情况看，反电信网络诈骗工作综合治理、源头治理方面的制度措施不够充分，金融、通信、互联网等行业治理存在薄弱环节，需要进一步建立完善各方面责任制度，形成协同打击治理合力。

反电信网络诈骗法总体上有以下特点：一是"快"。立法技术上是"小快灵"，体现"小切口"，对关键环节、主要制度作出规定，建起四梁八柱，条文数量不求太多，立法进程快，体现急用先行，将进一步丰富全国人大常委会的立法形式。二是"防"。强化系统观念，立足源头治理、综合治理，侧重前端防范。关于电信网络诈骗违法犯罪分子的法律责任，刑法已做出多次修改完善。关于依法打击电信网络诈骗，刑法已多次做出相关修改完善，可以说打击的法律手段总体上较为充足。本法主要是按照完善预防性法律制度的要求，针对电信网络诈骗发生的信息链、资金链、技术链、人员链等各环节，加强防范性制度措施建设，深入推进行业治理，强化部门监管责任和企业社会责任，变"亡羊补牢"为"未雨绸缪"，变重"打击"为"打防管控"并重。三是"准"。反电信网络诈骗法是新型领域立法，立法过程中始终坚持问题导向和结果导向，作为一部专项急需立法必须立足实践需要，采取各项有力措施，赋予执法机关职权和企业责任，同时也要必须坚持精准防治，防止"一刀切"措施，依法保护公民和组织合法权益。

（二）反电信网络诈骗法在强化行业治理和提高企业社会责任方面，主要有哪些制度规定？

答：电信网络诈骗分子实施诈骗活动，离不开金融、通信、互联网等业务，他们利用这些技术和服务实施骗术、转移资金等，钻行业管理漏洞，采取各种包装手法逃避打击。因此，加强对这些行业领域的治理是防范电信网络诈骗活动的关键和重点，也是难点。反电信网络诈骗法针对电信网络诈骗的各环节进行针对性制度设计，加强行业治理，压实企业社会责任。

一是在总则中规定，各单位应当加强内部防范，特别是电信企业、银行、支付机构、互联网企业等在反诈工作中要承担风险防控责任，建立内部控制制度和安全责任制度。这是总的要求。二是加强对电话卡、银行卡、互联网账号管理，从源头上防范电信网络诈骗。包括：进一步明确和提出实名制要求，特别是为保证对涉诈异常电话卡、账号在使用环节的"实人实操"，规定可以重新实名核验，并根据风险情况采取相应限制、暂停服务等措施；对办理电话卡、金融账户的数量进行合理限制，有针对性地完善物联网卡销售、使用监测制度等。三是规定了企业对各类涉诈信息、活动的监测处置责任。比如，银行要履行反洗钱、反诈职责，建立尽职调查制度，对涉诈异常银行卡、可疑交易等进行监测处置；电信企业要对涉诈异常电话卡、改号电话、GOIP等非法设备等进行监测处置；互联网企业要对涉诈互联网账号、APP、网络黑灰产进行监测处置，要按照国家规定，履行合理注意义务，防范其相关业务被用于实施电信网络诈骗等。四是对APP、域名解析、域名跳转等网络资源规范管理，强化各行业涉诈违法犯罪线索、风险信息、黑样本数据信息共享。同时，规定了企业违反上述规定的法律责任。

（三）从实践看，宣传教育防范是反电信网络诈骗工作重要举措，反电信网络诈骗法在这方面有哪些针对性规定？

答：加强有针对性、精准性的宣传教育和防范预警是反电信网络诈骗工作的重要实践经验，本法在总结经验的基础上对有关制度作了针对性规定，有的也很具体和明确，目的是打造"全社会反诈"，切实提升防范效果。一是对各个方面的主体规定了宣传防范责任。这里包括：各级政府和部门，有关基层组织、企业，新闻信息服务单位等，还规定了社会面上的单位、个人也要加强内部防范和提升防范意识。二是增强宣传的针对性、精准性，对老年人、青少年等易受害群体作出专门规定，规定反诈宣传教育进学校、进企业、进社区、进农村、进家庭的"五进"活动。三是规定银行、电信企业等要对本领域新出现的各种诈骗手段及时向用户作出提醒，要在业务过程中对非法买卖"两卡"的法律责任作出警示。四是规定有关新闻单位要面向社会广泛开展宣传教育活动。五是规定鼓励群众举报的奖励制度，动员社会力量防范打击。六是规定公安机关会同有关部门、企业建立预警劝阻系统，及时采取相应劝阻措施，将工作做在受害人上当受骗之前。

（四）反电信网络诈骗法在惩治电信网络诈骗及其关联违法犯罪人员方面有哪些规定？

答：打击电信网络诈骗及其关联违法犯罪人员是反电信网络诈骗工作中的重要工作。除了依照刑法等法律对电诈分子依法惩处外，本法进一步完善了其他相关惩处措施。一是在刑法规定刑事责任的基础上，对尚不构成犯罪的，规定了专门的行政处罚，没收违法所得、罚款和拘留。二是规定对从事电信网络诈骗犯罪和关联犯罪的人员，可以按照国家有关规定记入信用记录，并规定了有关惩戒措施。三是规定从事电信网络诈骗违法犯罪人员，除依法承担刑事责任、行政责任以外，造成他人损害的，还要依法承担民事责任。四是规定限制出境措施，对前往电信网络诈骗活动严重地区且出境活动存在重大涉诈活动嫌疑的，以及从事电信网络诈骗活动受过刑事处罚的人员，可以限制出境。五是对从事各类涉诈黑灰产活动进行处罚，包括：非法买卖银行卡、电话卡的，非法生产、销售 GOIP 等涉诈设备的，提供有关涉诈支持、帮助活动的，都规定了罚款和拘留，情节严重的，还要根据刑法规定追究刑事责任。

(五)反电信网络诈骗法在强化政府和部门反诈职责方面作了哪些规定?

答:加强政府和监管部门职责是建立完善反电信网络诈骗工作责任体系的重要组成部分。本法这方面的规定主要有:一是规定国务院建立反电信网络诈骗工作机制,地方各级政府组织领导反电信网络诈骗工作,开展综合治理。各部门、各地之间要协同配合、快速联动。二是规定公安机关牵头负责反电信网络诈骗工作,要完善机制、加强依法打击工作,金融、电信、互联网等主管部门依照职责履行监管主体责任,负责本行业领域反诈工作。三是规定法院、检察院要依法防范、惩治电信网络诈骗活动,人民检察院依法开展公益诉讼。四是在有关电信、金融、互联网治理和综合措施章节中,具体规定了有关部门的监督管理和防范职责。五是规定公安部门要会同有关部门加强打击跨境电信网络诈骗,提升合作水平,有效防范遏制。六是规定部门工作人员在反电信网络诈骗工作中滥用职权、玩忽职守的法律责任。

第一章 总 则

【条文内容】

> 第一条 【目的任务】为了预防、遏制和惩治电信网络诈骗活动,加强反电信网络诈骗工作,保护公民和组织的合法权益,维护社会稳定和国家安全,根据宪法,制定本法。

【条文主旨】

本条是关于立法目的与任务的规定。

【适用指南】

制定专门法律是反电信网络诈骗工作实践的迫切需要。

本条规定阐明了本法的立法目的、任务以及依据。近年来,电信网络诈骗犯罪在刑事犯罪案件中占据很大比重。犯罪分子利用新型电信网络技术手段,钻相关产业管理上的漏洞,利用非法获取的个人信息、网络黑灰产业交易、相关人员提供的非法帮助等实施精准诈骗,组织化、链条化运作,跨境跨地域实施,严重危害人民群众的合法权益。随着网络的发展,尤其是移动支付手段的日益完善,加之国内打击力度加大,一些诈骗团伙陆续将窝点搬到国(境)外,专门从事电信网络诈骗活动,诈骗的手法也日益翻新。

一是涉及社会生活领域范围广、层次多，社会危害性大。仅从检察机关办案情况看，涉及诈骗犯罪的名目繁多，上至国家宏观政策，下至老百姓衣食住行，包括"医托"诈骗、"保健品"诈骗、"招生中介"诈骗、"套路贷"诈骗、骗取国家补贴诈骗、冒充公检法机关执法进行诈骗、骗贷、裸聊敲诈、刷单返现等，范围涉及教育、医疗、就业、养老、社保、征地拆迁、精准扶贫、金融信贷等多个领域，不仅给被害人造成经济损失，也严重影响经济社会发展。特别是一些电信网络诈骗突破地域和人员的限制，具有涉众、跨境、远程、电子支付等特征，不特定受害群体多，危害大。

二是诈骗犯罪"公司化"、专业化、职业化特征明显。犯罪组织形式由"简单结伙"向"公司化"转变，诈骗团伙组织严密，分工明确、各司其职、层级式管理、自成体系，呈现越来越明显的专业化趋势。例如，有的成立专门公司，租用高档写字楼，设立多个部门或岗位，利用合法的网络平台宣传、招聘，对招聘人员进行培训和考核，采用企业运作模式管理，披着"合法外衣"，迷惑性更强。同时，这种"公司化"、专业化、职业化的诈骗方式也催生了为不法分子提供帮助并从中获利的黑灰产业链。

三是犯罪手段日益智能化。随着互联网的普及，诈骗犯罪开始向互联网转移。人工智能、大数据分析等新技术被用于实施诈骗的各个环节，犯罪分子虚构事实、隐瞒身份，利用各种代理、匿名等技术手段，在虚拟空间中实施犯罪。犯罪手段也从传统的现金交付式逐渐转变为利用网上银行、支付平台转账。

四是催生其他牵连犯罪，形成犯罪"产业链"。由于电信网络诈骗活动的实施和完成需要借助一定条件，围绕着电信网络诈骗，已经形成黑灰产业链和犯罪利益联合体，与其他违法犯罪活动分工合作、相互交织。从公民个人信息的非法获取和提供，到"伪基站"设备、短信群发器的制造和销售，到虚假网络平台的传播和维护，再到批量购买他人身份证、银行卡以及手机"黑卡"，由此可能引发侵犯公民个人信息，妨害信用卡管理，帮助信息网络犯罪活动，破坏计算机信息系统，掩饰、隐瞒犯罪所得等相关犯罪，从而形成以电信网络诈骗为核心犯罪的"产业链"上下游犯罪，影响极为恶劣，严重侵犯群众财产安全和其他合法权益，严重干扰正常的电信网络秩序，严重破坏社会诚信，严重影响社会和谐稳定，有些甚至危及国家安全，实属一大社会公害。

坚决打击电信网络诈骗违法犯罪，有效遏制相关案件多发高发态势，不仅是有关地方和部门必须肩负的职责使命，也是建设更高水平的平安中国的必然选择，更是党和政府贯彻以人民为中心理念的切实体现。为进一步提升治理能力、巩固治理成效，中共中央办公厅、国务院办公厅专门印发了《关于加强打击治理电信网络诈骗违法犯罪工作的意见》。中宣部、公安部也联合启动"全民反诈在行动"集中宣传月等活动，营造全民反诈、全社会反诈的浓厚氛围。严厉打击，纵深治理，要求各地方和各部门通力协作。考虑到电信网络诈骗犯罪常常跨地域实施，各地要统筹好治理力量和资源。鉴于上下游关联违法犯罪形成黑色产业链，金融、电信、互联网等行业主管部门要全面落实行业监管主体责任，更要实施一体化、全链条治理。简言之，各地方和各部门要建立职责清晰、协同联动、衔接紧密、运转高效的打击治理体系。此外，更要加强国际执法司法合作，推动涉诈在逃人员通缉、引渡、遣返工作，击碎犯罪分子逍遥法外的幻想。

制定专门法律是反电信网络诈骗工作实践的迫切需要。从实践情况看，反电信网络诈骗工作在综合治理、源头治理方面的制度措施不够充分，金融、通信、互联网等行业治理存在薄弱环节，需要进一步建立完善各方面责任制度，形成协同打击治理合力；实践中一些好的做法和政策文件需要上升为法律规定；现有法律规定总体上较为分散，不够明确，针对性不强，各方面对于加强法律制度建设的需求较为迫切。打击电信网络诈骗需要公安、人民银行、银保监会、市场监管、通信管理、司法等多个国家机关协作，形成全链条的打防体系。从实践情况看，多行业综合治理还存在漏洞和薄弱环节。出台《反电信网络诈骗法》对金融、通信、互联网行业主管部门统筹推进相关跨行业、企业的统一监测系统建设，推进多部门间涉诈数据共享、监测、识别和处置等具有积极的推动作用。若打防电诈工作制度仅局限于部门规章或者规范性文件,没有上位法依据,则对市场机构和社会公众的震慑力、约束力有限。在实际工作中,不少公民和法人以侵犯个人隐私、商业秘密为由不配合银行和支付机构提供身份情况、开户用途等,造成商业银行和支付机构在履行核实客户身份、了解开户目的和风险状况等法律义务时面临困难。出台《反电信网络诈骗法》可赋予监管部门必要的权利和监管手段,赋予银行、支付机构和清算机构主动管控可疑交易的权利。

制定《反电信网络诈骗法》统筹发展和安全,坚持精准防治和问题导向,强化系统观念、注重源头治理、综合治理,加强预防性法律制度建设,为打击遏制电信网络诈骗活动提供法治支撑。

本次立法的基本特色,一是立足综合治理、源头治理和依法治理,侧重前端防范。关于电信网络诈骗违法犯罪分子的法律责任,刑法已做出多次修改完善,治安管理处罚法也有相关规定。本法主要是按照完善预防性法律制度的要求,针对电信网络诈骗发生的信息链、资金链、技术链、人员链等各环节加强防范性制度措施建设。二是"切口小",对关键环节、主要制度作出规定,条文数量不求太多,增强立法的针对性、实用性和有效性。三是急用先行。本法是一部系统综合、针对性强的专项法律,对实践中迫切需要的制度安排作出规定,其他相关立法针对电信网络诈骗也可从各自角度细化相关规定,专项立法与相关立法相互配套、共同推进。

【典型案例】

案例1 周某强等人诈骗案[①]

一、基本案情

2010年5月,被告人周某强为实施诈骗活动,承租了江西省南昌市

[①] 《最高人民法院2016年3月4日发布电信网络诈骗犯罪典型案例》,载最高人民法院官网,https://www.court.gov.cn/zixun-xiangqing-17152.html,2022年9月12日访问。

某大厦某楼层，并通过中介注册成立了江西某科技有限公司。周某强将招聘来的数十名公司员工分配至公司下属三个部门，并安排专人负责财务、后勤等事务。三个部门又各下设客服部、业务组和操盘部。其中，客服部负责群发"经公司拉升的某股票会上涨"等虚假手机短信，接听股民电话，统计股民资料后交给业务组。业务组负责电话回访客服部提供的股民，以"公司能调动大量资金操纵股票交易""有实力拉升股票""保证客户有高收益"等为诱饵，骗取股民交纳数千元不等的"会员费""提成费"。操盘部又称证券部，由所谓的"专业老师"和"专业老师助理"负责"指导"已交纳"会员费"的客户购买股票，并负责安抚因遭受损失而投诉的客户，避免报案。2010年7月至2011年4月间，周某强诈骗犯罪团伙利用上述手段诈骗344名被害人，骗得钱款共计3763400元。

二、诉讼过程

本案由江西省南昌市中级人民法院一审，江西省高级人民法院二审。现已发生法律效力。

法院认为，被告人周某强等人采用虚构事实、隐瞒真相的方法，以"股票服务"的手段骗取他人钱款，其行为已构成诈骗罪。其中，被告人周某强以实施诈骗犯罪为目的成立公司，招聘人员，系主犯。据此，以诈骗罪判处被告人周某强有期徒刑十五年，并处没收财产人民币一百万元；以诈骗罪判处陆某强等被告人十年至二年六个月不等有期徒刑。

三、典型意义

本案是以虚构推荐所谓的"优质股票"为手段实施诈骗的典型案件。随着经济的快速发展，参与炒股的人群急速增多。有不法分子即抓住部分股民急于通过炒股"致富"的心理，通过"推荐优质股票"实施诈骗行为。被告人周某强组织诈骗犯罪团伙，先通过向股民群发股票上涨的虚假短信，后通过电话与股民联系，谎称公司掌握股票交易的"内幕信息"，可由专业技术人员帮助分析股票行情、操纵股票交易，保证所推荐的股票上涨，保证客户获益等，骗取客户交纳"会员费""提成费"。一旦有受损失的客户投诉、质疑，还有专人负责安抚情绪，避免客户报案。以周某强为主的诈骗团伙分工明确，被害人数众多，诈骗数额特别巨大。希望广大股民在炒股过程中，不要轻信所谓的"内幕消息"，不要盲目依赖所谓的"股票咨询服务"等，应当充分认识股票投资客观上所具有的风险性，谨慎作出投资理财的决定。

案例2　曾某权等人诈骗案[①]

一、基本案情

2012年8月至12月间，被告人曾某权伙同他人在福建省漳州市多个居民小区内租房作为诈骗窝点，在各窝点搭建可任意设置显示号码的网络电话平台，并安排被告人吕某忠等七人作为窝点负责人，组织窝点内人员实施诈骗。具体实施诈骗的人员分工配合，利用曾某权提供的居民个人信息资料拨打电话，由冒充商店超市工作人员的窝点人员虚构居民"因购物有错误，付款须取消"的事实，再由冒充银行客户服务人员的窝点人员以"帮助取消上述分期付款业务"为由，诱骗居民到自动取款机操作，将银行存款转账到窝点人员提供的银行账户，从而骗取钱财。其中，被告人颜某仁介绍能提供接收诈骗赃款的银行账户的人员给曾某权，还用自己的银行卡为曾某权接收诈骗赃款。曾某权等人诈骗金额共计3018112元。

二、诉讼过程

本案由福建省平和县人民法院审理。现已发生法律效力。

法院认为，被告人曾某权等人以非法占有为目的，拨打不特定多数人电话，虚构事实骗取他人钱财。被告人颜某仁明知曾某权实施诈骗活动，而为其介绍他人提供通信工具、网络技术支持；提供信用卡并转

[①] 《最高人民法院2016年3月4日发布电信网络诈骗犯罪典型案例》，载最高人民法院官网，https://www.court.gov.cn/zixun-xiangqing-17152.html，2022年9月12日访问。

账、支取诈骗所得款项，帮助实施诈骗。二被告人的行为均已构成诈骗罪。被告人曾某权起组织、指挥作用，系主犯。据此，以诈骗罪判处被告人曾某权有期徒刑十一年五个月，并处罚金人民币五十万元；以诈骗罪判处颜某仁等被告人十年九个月至八个月不等有期徒刑、管制或者单处罚金。

三、典型意义

本案是以我国居民为诈骗对象的典型案件。本案中，曾某权等人相互勾结，针对居民进行诈骗，由一部分被告人提供居民个人信息资料和网络技术支持，并且提供信用卡用于转账、支取诈骗所得款项。另一部分被告人设置窝点，通过拨打电话实施具体诈骗行为。本案的发布，表明无论犯罪分子来自何地，只要触犯我国法律，必将受到法律的惩处。

上述两个案例，是电信网络诈骗犯罪发展初期的一些表现形式与犯罪手法，尽管在移动支付手段日趋多样化的今天看来，当时的诈骗手段比较原始，但诈骗犯罪的基本原理没有发生根本性改变，犯罪行为远程性、非接触性、跨越边境性也已经显现出来。

【关联规定】

《中华人民共和国宪法》第六十二条，《中华人民共和国刑法》第二百六十六条【诈骗罪】，《最高人民法院、最高人民检察院关于办理诈骗刑事案件具体应用法律若干问题的解释》第一条至第八条，《最高人民法院、最高人民检察院、公安部关于办理电信网络诈骗等刑事案件适用法律若干问题的意见》，《最高人民法院、最高人民检察院、公安部关于办理电信网络诈骗等刑事案件适用法律若干问题的意见（二）》

【条文内容】

> 第二条 【电信网络诈骗概念】本法所称电信网络诈骗,是指以非法占有为目的,利用电信网络技术手段,通过远程、非接触等方式,诈骗公私财物的行为。

【条文主旨】

本条阐明了电信网络诈骗的概念。

【适用指南】

本条是关于电信网络诈骗犯罪行为的细化规定,此类犯罪通常是专门利用通信工具、互联网等技术手段对不特定人群实施的远程、非接触式诈骗,区别于特定对象之间通过电话、网络联系所实施的诈骗犯罪。

电信网络诈骗犯罪,是指以非法占有为目的,利用电信通讯、互联网等技术手段,向社会公众发布虚假信息或设置骗局,主要通过远程控制,非接触性地诱使被害人交付财物的犯罪行为。该类犯罪一般具有的特征是,除符合诈骗罪的特征外,还应同时具有技术性、非接触性、远程性的特征。其中,技术性是指该类犯罪主要利用电话、短信、互联网等信息交互工具的技术手段。利用广播电台、报纸杂志等方式实施诈骗,一般不认为具有技术性。非接触性是指该类犯罪中行为人与被害人无需面对面接触。实施"线上拉拢,线下骗取"行为的案件属于接触性犯罪,一般不认定为电信网络诈骗。远程性是指该类犯罪中行为人主要利用电信网络技术手段进行远程联系。

电信网络诈骗案件鲜明的特点，就是作案手段的"远程性""非接触性"，其根本原理就是利用了电信网络技术手段，依托银行卡转账，或第三方支付手段，实现远程、非接触诈骗犯罪目的。作案过程中，犯罪环节往往高度分离化。电信网络诈骗分子为了掩盖诈骗故意、逃避法律追究，往往将犯罪行为分解为若干个环节，如搭建诈骗平台、开户办卡、接拨诈骗电话、转账取款等。为了逃避司法机关的打击处理，电信网络诈骗分子通常会人为地分离这些犯罪环节，也即将这些不同的犯罪环节设置在不同的地点来实施，这些不同的环节再依赖电信网络信息，达到电信网络诈骗的跨区域乃至跨境、跨国犯罪目的，并且这一趋势还在进一步增强。这无疑大大增加了司法机关追查和打击电信网络诈骗的难度。

法律适用中需要重点注意以下问题。

（一）关于主观"明知"的认定

电信网络诈骗犯罪主观故意中的"明知"是指行为人知道或者应当知道其实施的行为系诈骗犯罪。对于诈骗团伙成员主观明知从事诈骗行为的时间点，要遵循严格的证明标准，坚持"事实清楚，证据确实充分，排除合理怀疑"的证明要求。证明的证据包括行为人的供述和辩解、证人证言、同案犯指证；诈骗脚本、诈骗信息内容、工作日记、分工手册、行为人的具体职责、地位、参与实施诈骗行为的时间等；赃款的账册、分赃的记录、诈骗账目记录、提成记录、工作环境、工作形式等；QQ、微信、Skype等即时通信工具聊天记录等，重点审查其中是否出现有关诈骗的内容以及诈骗专门用的"黑话"、暗语等。对于提供帮助行为人是否"明知"他人实施电信网络诈骗的认定，常成为办案中的疑难点，应坚持主客观一致原则，要结合行为人的认知能力、既往经历、与电信网络诈骗犯罪行为人关系、提供技术支持或者其他帮助的时间和方式、获利情况、前科情况、接受调查的态度等方面综合认定。办案中既要防止简单主观归罪，片面倚重行为人的供述认定明知；也要避免简单客观归罪，仅以行为人有提供技术支持或其他帮助行为就直接认定明知。具有下列情形之一，且行为人不能作出合理解释，可以认定其主观故意为"明知"，确有证据证明行为人不知道的除外：(1) 行为人系诈骗团伙发起股东、业务主管或小组长的；(2) 行为人系诈骗软件、网站、支付链接的研发、销售提供者、技术支持者或维护者，诈骗话术脚本编写者或诈骗技能培训者的；(3) 拨打电话时冒充国家工作人员、企事业单位人员等非真实身份的；(4) 将电话号码使用改号软件进行更改后拨打电话的；(5) 多次参加交流诈骗经营模式、引诱增加被骗客户、赃款赃物洗钱、处理投诉、善后安抚被害人的业务会议、培训的；(6) 公安机关抓捕时试图毁坏电脑、U盘等存储介质，或试图进行格式化等删除操作，在存储介质中提取到话术脚本、交易信息、资金往来、客户信息、财务报表等电子数据的，或采用其他方式丢弃、毁灭证据的；(7) 其他足以认定行为人主观上明知其行为是诈骗的情形。

（二）关于数额标准

根据《最高人民法院、最高人民检察院关于办理诈骗刑事案件具体应用法律若干问题的解释》的规定，诈骗财物价值三千元至一万元以上和三万元至十万元以上的，应分别认定为诈骗"数额较大"和"数额巨大"，各地可在此幅度内确定具体数额标准。《最高人民法院、最高人民检察院、公安部关于办理电信网络诈骗等刑事案件适用法律若干问题的意见》针对电信网络诈骗犯罪的性质和特点，实行全国统一数额标准和法定刑幅度底线标准。《最高人民法院、最高人民检察院、公安部关于办理电信网络诈骗等刑事案件适用法律若干问题的意见》规定，电信网络诈骗财物价值三千元以上、三万元以上，应当分别认定为《刑法》第二百六十六条规定的诈骗"数额较大""数额巨大"。这样规定，一方面是对电信网络诈骗犯罪从严惩处精神的体现；另一方面也考虑到，电信网络诈骗突破了传统犯罪空间范畴，基本属于跨区域犯罪，地域色彩相对淡化，不宜再由各地自行确定具体数额标准。

（三）关于犯罪形态的审查

电信网络诈骗应以被害人失去对被骗钱款的实际控制为既遂认定标准。一般情形下，诈骗款项转出后即时到账，构成既遂。但随着银行自助设备、第三方支付平台陆续推出"延时到账""撤销转账"等功能,被害人通过自助设备、第三方支付平台向行为人指定账户转账,可在规定时间内撤销转账,资金并未实时转出。此种情形下被害人并未对被骗款项完全失去控制,而行为人亦未取得实际控制,应当认定为未遂。对于诈骗数额难以查证的,行为人发送诈骗信息5000条以上,或者拨打诈骗电话500人次以上,或者在互联网上发布诈骗信息的页面浏览量累计5000次以上,可以认定为诈骗罪中"其他严重情节",以诈骗罪(未遂)定罪处罚。具有上述情形,数量达到相应标准十倍以上的,应当认定为《刑法》第二百六十六条规定的"其他特别严重情节",以诈骗罪(未遂)定罪处罚。

(四)关于此罪彼罪

在一些案件中,尤其是利用网络钓鱼、木马链接实施犯罪的案件中,既存在虚构事实、隐瞒真相的诈骗行为,又可能存在秘密窃取的行为,关键要审查行为人取得财物是否基于被害人对财物的主动处分意识。如果行为人通过秘密窃取的行为获取他人财物,则应认定构成盗窃罪;如果窃取或者骗取的是他人信用卡资料,并通过互联网、通讯终端等使用的,根据《最高人民法院、最高人民检察院关于办理妨害信用卡管理刑事案件具体应用法律若干问题的解释》,则可能构成信用卡诈骗罪;如果通过电信网络技术向不特定多数人发送诈骗信息后又转入接触式诈骗,或者为实现诈骗目的,线上线下同时进行接触式和非接触式诈骗,应当按照诈骗取财行为的本质定性,虽然使用电信网络技术但被害人基于接触被骗的,应当认定为普通诈骗;但如果出现电信网络诈骗和合同诈骗、保险诈骗等特殊诈骗罪名的竞合,应依据《刑法》有关规定定罪量刑。

(五)注意电信网络诈骗与普通诈骗行为的区分

电信网络诈骗相比传统意义上的普通诈骗犯罪行为,除具有远程性和非接触性两个显著特征外,往往还针对不特定人员实施。这种不特定,并非反映在具体实施诈骗时不能"点对点",相反,有的电信网络诈骗分子往往会"放长线钓大鱼",可能会持续与某个诈骗对象保持密切联系,最终实现诈骗目的。这里所谓的"不特定",主要是指在实施诈骗行为时,并没有特别选定诈骗的对象，而是随意的、随机的，根据犯罪的条件去选择被害人，对于"不特定"的认定要结合整个犯罪过程，而不能仅对行为人犯罪既遂的阶段单独进行。例如，行为人采取在互联网上广泛撒网的方式发布虚假信息企图诱使对方受骗，最终只有1~2个人相信并且被骗。此时，尽管当初的"不特定"已经转变为"特定"，但这并不影响其针对"不特定"对象实施诈骗的认定。司法实践中，有的人尽管使用远程转账的方式进行了诈骗，如以恋爱为名将对方手机里的钱转给自己，这种在支付过程中"点对点"的方式具有一定意义的"远程""非接触"性，但由于二人存在实际的接触，也不存在不特定性，因而不能认定为电信网络诈骗。

（六）不法分子使用现代化智能工具从事电信网络诈骗犯罪，侦查工作难度大，证据收集难度也很大

特别是涉及诈骗数额方面，有时难以全部查清。《最高人民法院、最高人民检察院、公安部关于办理电信网络诈骗等刑事案件适用法律若干问题的意见》充分考虑这一情况，采取数额标准和数量标准并行。既可根据犯罪分子的诈骗数额，也可根据其实际拨打诈骗电话、发送诈骗信息的数量来定罪量刑，确保更准确、全面、客观地反映犯罪分子的罪行，进而体现罪责刑相适应。为此，《最高人民法院、最高人民检察院、公安部关于办理电信网络诈骗等刑事案件适用法律若干问题的意见》规定，诈骗数额虽难以查证，但查明发送诈骗信息五千条以上、拨打诈骗电话五百人次以上的，应当认定为"其他严重情节"，以诈骗罪（未遂）定罪处罚。对于犯罪分子有意毁灭或者隐匿罪证而致难以直接认定的，《最高人民法院、最高人民检察院、公安部关于办理电信网络诈骗等刑事案件适用法律若干问题的意见》进一步规定，可以根据查证属实的日拨打人次数、日发送信息条数，结合被告人实施犯罪的时间、被告人的供述等相关证据，综合予以认定。

（七）宽严相济

《最高人民法院、最高人民检察院、公安部关于办理电信网络诈骗等

刑事案件适用法律若干问题的意见》充分考虑犯罪嫌疑人、被告人在共同犯罪中的地位作用，充分考虑犯罪嫌疑人、被告人的主观恶性和人身危险性，突出打击重点，确保打击效果。《最高人民法院、最高人民检察院、公安部关于办理电信网络诈骗等刑事案件适用法律若干问题的意见》重申了刑法原则，规定对于诈骗犯罪集团的首要分子，按照集团所犯全部罪行处罚。对于其余主犯，按照其所参与或者组织、指挥的全部犯罪处罚。另外，为贯彻宽严相济刑事政策，体现严中有宽，宽以济严的要求，该意见规定，对于诈骗犯罪集团的从犯，如果在规定期限内投案自首，积极协助抓获主犯，积极协助追赃的，司法机关就会兑现政策，依法从宽处罚。

【典型案例】

李某诈骗案[1]

一、基本案情

被告人李某，曾用名李某1，男，因犯盗窃罪于2007年7月19日被法院判处有期徒刑一年，缓刑二年，并处罚金人民币1万元；因犯招摇撞骗罪于2011年12月5日被法院判处有期徒刑五年六个月，2015年9月24日减去余刑释放。因涉嫌犯诈骗罪于2016年12月3日被山东省淄博市公安局临淄分局刑事拘留，2017年1月9日被执行逮捕。

1. 2016年9月，被告人李某通过让杨某晴在其微信朋友圈内发布低价销售某品牌手机的虚假广告信息，以为宋某办理分期付款购买某品牌手机为由，骗使宋某将杨某晴借用的600元抵作手机购买款，并先后向杨某晴转账4080元，先后骗取宋某4680元用于个人消费。

---

[1] 刘海红：《网络电信诈骗犯罪与普通诈骗犯罪的区分——李某诈骗案》，载李玉萍主编：《网络司法典型案例·刑事卷》，人民法院出版社2019年版，第186~193页。

2. 2016年10月，被告人李某通过让杨某晴在其微信朋友圈内发布低价销售某品牌手机的虚假广告信息，以为王某某购买某品牌手机为由先后骗取王某某2650元用于个人消费，案发前在王某某的催促下返还600元。

3. 2016年10月，被告人李某通过让杨某晴在其微信朋友圈内发布低价销售某品牌手机的虚假广告信息，以为刁某某购买某品牌手机为由，骗使刁某某将杨某晴借用的1000元抵作手机购买费用，并向杨某晴转账2000元，先后骗取刁某某3000元用于个人消费。

4. 2016年11月，被告人李某通过让杨某晴在其微信朋友圈内发布低价销售某品牌手机的虚假广告信息，以为许某从深圳低价购买到某品牌手机为由，先后骗取许某3700元用于个人消费。

5. 2016年9月，被告人李某通过让杨某晴在其微信朋友圈内发布销售手机号码的广告信息，以为曹某某购买手机号码为由，先后骗取曹某某1500元用于个人消费。

6. 2016年7月以来，被告人李某在向某商店购买香烟过程中，编造"××支付"转账信息，利用网络信息平台向李某某手机发送支付货款到账的虚假信息，先后骗取李某某香烟37条。经临淄区价格认证中心鉴定，被骗取的香烟价值20935元。后在李某某的催要下，案发后被告人李某之母张某华向李某某退赔购烟款23690元。

7. 2016年10月，被告人李某使用杨某晴QQ号码与徐某某交谈中，虚构能低价买到香烟、代办信用卡等事实，先后骗取徐某某1850元用于个人消费，案发前在徐某某的催要下退还350元。

8. 2016年11月，被告人李某以其能购买到某品牌手机为由，骗使翟某将李某所欠的宠物寄养费1000元抵作手机购买费用，另通过微信账户向李某转账2300元，先后骗取翟某3300元用于个人消费。

综上，被告人李某共骗取他人人民币19730元，香烟37条，价值20935元，财物合计价值40665元。2016年12月2日，被告人李某被公安机关抓获。

二、诉讼过程

山东省淄博市临淄区人民检察院指控：2016年7月至11月，被告人李某先后在淄博市临淄区以非法占有为目的，经事先谋划，通过微信朋友圈等发布虚假信息，虚构购买手机、购买手机卡、代办信用卡事实，编造"××支付"转账信息，虚构用第三方平台还钱事实，多次诈骗宋某等人人民币19730元，香烟37条，价值20935元，财物合计价值40665元，用于个人消费。案发后被告人李某之母张某华向李某某退赔购烟款23690元。被告人李某对公诉机关指控的犯罪事实和罪名无异议，当庭自愿认罪。

山东省淄博市临淄区人民法院于2017年9月29日作出（2017）鲁035刑初321号刑事判决：一、被告人李某犯诈骗罪，判处有期徒刑二年，并处罚金人民币2万元。二、责令被告人李某退赔各被害人经济损失人民币19730元（其中宋某4680元、王某某2050元、刁某某3000元、许某3700元、曹某某1500元、徐某某1500元、翟某3300元）。

三、典型意义

本案系如何区分电信网络诈骗与普通诈骗罪的一个案例。本案中，既存在电信网络诈骗的情形，又存在普通诈骗犯罪的情形，在定罪量刑时应当作出准确区分。根据《最高人民法院、最高人民检察院、公安部关于办理电信网络诈骗等刑事案件适用法律若干问题的意见》第一条规定，利用电信网络技术手段实施诈骗，诈骗公私财物价值三千元以上、三万元以上、五十万元以上的，应当分别认定为《刑法》第二百六十六条规定的"数额较大""数额巨大""数额特别巨大"。实施电信网络诈骗犯罪，诈骗数额接近"数额巨大""数额特别巨大"的标准，具有该意见第二条规定的情形之一的，应当分别认定为《刑法》第二百六十六条规定的"其他严重情节""其他特别严重情节"。上述规定的"接近"，一般应掌握在相应数额标准的百分之八十以上。被告人李某实施的骗取被害人宋某、王某某、刁某某、许某、曹某某、徐某某、翟某等7人钱款的犯罪事实，均采取利用杨某晴的微信朋友圈等网络平台发布虚假广告信息的方式，骗取被害人的信任，骗使被害人通过网络交易平台给自己转账，共计19730元，并将骗取的钱款挥霍一空。从诈骗形式上看，被告人李某利用微信朋友圈等网络交友平台，编造多种谎言，是对被害人分别设下的"物美价廉的网购陷阱"和"推销产品的便利陷阱"，属于电信网络诈骗犯罪中典型的陷阱。从受骗群众上看，目前微信、QQ等网络聊天软件已经替代传统方式成为社会主流沟通方式之一，被告人李某就是在微信朋友圈、QQ好友等网络交友平台上发布虚假广告信息，利用这种以网络账号代表身份、"见字不见人"的聊天方式进行诈骗，看似是针对特定人行骗，实则属于"广撒网式钓鱼"，特别是微信朋友圈，尽管添加的朋友人数相对固定，但在发布信息后，微信朋友圈的人有可能将该信息转发到自己的朋友圈，这样层层转发，基于微信朋友圈的无限传播功能，最终看到该信息的人为不特定多数人。这说明被告人李某是在看似特定的范围内，针对不特定的人实施诈骗，该7笔诈骗符合上述电信网络诈骗的特征，应依法认定为电信网络诈骗。而本案中的第6笔骗取被害人李某某财物的犯罪实施，尽管被告人利用了信息网络实施犯罪，也客观上使被害人基于对第三方支付平台和网上银行转账信息的信赖产生错误认识，先后被骗7次，但是其诈骗对象仅针对被害人李某某一人，也不存在首先通过网络向不特定多数人发布虚假信息，而最终只有1人予以回应被骗钱财的情形。因此，该笔20935元指控应依法认定为普通诈骗，而非电信网络诈骗。

综上，本案中能够认定为电信网络诈骗数额为19730元，达不到"数额巨大"，故本案中电信网络诈骗也不能认定为具有"其他严重情节"。本案中，被告人骗取他人财物合计价值40665元，达不到当地法院规定的"数额巨大"或具有"其他严重情节"，应认定为数额较大，在三年以下量刑幅度内确定量刑起点和基准刑。

【关联规定】

《中华人民共和国刑法》第二百六十六条【诈骗罪】，《最高人民法院、最高人民检察院关于办理诈骗刑事案件具体应用法律若干问题的解释》第一条、第二条,《最高人民法院、最高人民检察院、公安部关于办理电信网络诈骗等刑事案件适用法律若干问题的意见》二、四,《最高人民法院、最高人民检察院、公安部关于办理电信网络诈骗等刑事案件适用法律若干问题的意见（二）》十三

【条文内容】

> **第三条　【本法适用范围】**打击治理在中华人民共和国境内实施的电信网络诈骗活动或者中华人民共和国公民在境外实施的电信网络诈骗活动，适用本法。
>
> 境外的组织、个人针对中华人民共和国境内实施电信网络诈骗活动的，或者为他人针对境内实施电信网络诈骗活动提供产品、服务等帮助的，依照本法有关规定处理和追究责任。

【条文主旨】

本条是关于本法适用范围的规定。

【适用指南】

属地管辖，即以我国领域作为适用本法的范围。不论行为人是我国公民，还是外国人（包括具有外国国籍和无国籍的人），凡是在我国领域内实施电信网络诈骗活动的人，一律适用本法。根据国际法一般原则，国家享有属地优越权或称为领土最高权，属地性是行使管辖权的首要根据。犯罪地包括犯罪行为发生地和犯罪结果发生地。

属人管辖，即以我国公民，包括定居在外国而没有取得外国国籍的华

侨和临时出国的人员以及已经取得我国国籍的外国血统的人，适用本法的管辖原则。定居在国外的我国公民，凡是自愿加入或者取得外国国籍的，即自动丧失我国国籍。

保护管辖权，是从保护国家和公民利益出发，对在我国领域外对境内实施电信网络诈骗或者为他人提供帮助的外国人，适用本法的管辖原则。

电信网络诈骗涉及环节多、手段变化快、跨国有组织特征明显。当前，很多电信网络诈骗窝点在境外，大量犯罪分子藏匿在境外，大量犯罪资金也通过各种方式转移到境外。本法有针对性地规定了域外效力，规定"境外的组织、个人针对中华人民共和国境内实施电信网络诈骗活动的，或者为他人针对境内实施电信网络诈骗活动提供产品、服务等帮助的，依照本法有关规定处理和追究责任"。这为打击治理在境外对我国实施的电信网络诈骗活动提供了法律依据，是直接打击源头的法律依据。

办案实践中需要重点关注的是此类案件的管辖、全链条打击问题。信息网络犯罪具有匿名性、远程性、链条性、涉众性等特点，案件管辖问题较传统犯罪更为复杂。《最高人民法院、最高人民检察院、公安部关于办理信息网络犯罪案件适用刑事诉讼程序若干问题的意见》根据《刑事诉讼法》以及有关规定，立足当前信息网络犯罪的执法司法实践，进一步明确了管辖规则。

一是对信息网络犯罪案件的犯罪地作了明确。针对信息网络犯罪往往是远程匿名实施的特点，为方便被害人报案，该意见依法确定多个管辖连结点，规定信息网络犯罪案件的犯罪地包括用于实施犯罪行为的网络服务使用的服务器所在地，网络服务提供者所在地，被侵害的信息网络系统及其管理者所在地，犯罪过程中犯罪嫌疑人、被害人或者其他涉案人员使用的信息网络系统所在地，被害人被侵害时所在地以及被害人财产遭受损失地等。涉及多个环节的信息网络犯罪案件，犯罪嫌疑人为信息网络犯罪提供帮助的，其犯罪地、居住地或者被帮助对象的犯罪地公安机关可以立案侦查。

二是对信息网络犯罪案件的并案规则作了明确。该意见规定，具有下列情形之一的，公安机关、人民检察院、人民法院可以在其职责范围内并案处理：（1）一人犯数罪的；（2）共同犯罪的；（3）共同犯罪的犯罪嫌疑人、被告人还实施其他犯罪的；（4）多个犯罪嫌疑人、被告人实施的犯罪行为存在关联，并案处理有利于查明全部案件事实的。

三是对信息网络犯罪案件的分案规则作了明确。该意见规定，并案侦查的共同犯罪或者关联犯罪案件，犯罪嫌疑人人数众多、案情复杂的，公安机关可以分案移送审查起诉。分案移送审查起诉的，应当对并案侦查的依据、分案移送审查起诉的理由作出说明。对于相关案件未作分案处理的，人民检察院可以分案提起公诉，人民法院可以分案审理。公检法机关在分案前有管辖权的，分案后对相关案件的管辖权不受影响。上述分案处理，应当以有利于保障诉讼质量和效率为前提，并不得影响当事人质证权等诉讼权利的行使。上述规定，在电信网络诈骗案件中应当依法适用。

适用本条还需要重点注意的是，要准确理解《最高人民法院、最高人民检察院、公安部关于办理电信网络诈骗等刑事案件适用法律若干问题的意见（二）》第三条、第十四条、第十五条，即："有证据证实行为人参加境外诈骗犯罪集团或犯罪团伙，在境外针对境内居民实施电信网络诈骗犯罪行为，诈骗数额难以查证，但一年内出境赴境外诈骗犯罪窝点累计时间30日以上或多次出境赴境外诈骗犯罪窝点的，应当认定为刑法第二百六十六条规定的'其他严重情节'，以诈骗罪依法追究刑事责任。有证据证明其出境从事正当活动的除外。""通过国（区）际警务合作收集或者境外警方移交的境外证据材料，确因客观条件限制，境外警方未提供相关证据的发现、收集、保管、移交情况等材料的，公安机关应当对上述证据材料的来源、移交过程以及种类、数量、特征等作出书面说明，由两名以上侦查人员签名并加盖公安机关印章。经审核能够证明案件事实的，可以作为证据使用。""对境外司法机关抓获并羁押的电信网络诈骗犯罪嫌疑人，在境内接受审判的，境外的羁押期限可以折抵刑期。"第三条进一步完善了参加境外诈骗犯罪团伙但犯罪数额难以查证的行为人的刑事责任追究问题；第十四条对境外取证的证据效力相关问题作出规定；第十五条对境外羁押期限折抵刑期问题予以明确。

关于第三条。该条在原有诈骗罪司法解释和《最高人民法院、最高人民检察院、公安部关于办理电信网络诈骗等刑事案件适用法律若干问题的意见》的基础上，对诈骗罪"其他严重情节"的适用情节在实行数额标准和数量标准并行的基础上予以完善。制定该条，有其特殊的背景和意义。当前电信网络诈骗犯罪窝点主要在境外，对这类案件的打击治理存在客观困难：一是诈骗犯罪集团的"金主"、主犯基本隐藏在幕后，往往难以将其抓获归案。二是受境外法律规定、执法环境等因素影响，境外取证难度较大，很难将诈骗事实、金额与具体的犯罪嫌疑人完全对应。三是当前诈骗犯罪分子多是使用即时通信工具、社交软件实施诈骗。诈骗过程中既没有拨打电话，也没有发送短信，更无法统计诈骗网站被浏览次数，《最高人民法院、最高人民检察院、公安部关于办理电信网络诈骗等刑事案件适用法律若干问题的意见》第二部分第四条关于构成诈骗罪的相关规定，难以完全适应新形势需要。鉴于上述原因，该条在相关规定的基础上进一步加以完善，以更加严密打击境外电信网络诈骗犯罪的刑事法网。

在司法实践中，适用第三条需要注意以下四个方面：一是行为人必须参与境外电信网络诈骗犯罪集团或犯罪团伙，实施具体的诈骗犯罪行为，如发送诈骗信息、拨打诈骗电话、在诈骗群内烘托气氛或者"养号"等，只是诈骗数额难以查证。二是只适用于行为人在境外对境内居民实施的电信网络诈骗犯罪，不适用于在境内实施的诈骗行为。三是犯罪情节须达到一定的严重程度，即一年内出境赴境外诈骗窝点累计时间30日以上，或者多次出境赴境外诈骗窝点的。之所以如此规定，是考虑出境的时间和次数体现了犯罪嫌疑人参与境外团伙的程度，反映了行为人的主观恶性和社会危害程度。之所以规定为30日，主要是从司法实践看，犯罪分子到达犯罪窝点后，还需要经过一段时间的培训。一般而言,经过 30 日,犯罪分子已经熟练掌握电信网络诈骗犯罪基本技巧,并实施了相关诈骗行为,具有较大的社会危害性。对于"多次"的理解,至少是 3 次。四是允许行为人提出反证,即"有证据证明其出境从事正当活动的除外"。

关于第十四条。近年来,跨境电信网络诈骗案件的办理,受司法体制、执法习惯、法律规定等差异的影响,公安机关赴境外取证成本高、难度大,实践中情况也比较复杂。对于这些境外收集、提取的证据材料,如何审查采信,之前缺乏明确的标准,影响案件办理。为此,《最高人民法院、最高人民检察院、公安部关于办理电信网络诈骗等刑事案件适用法律若干问题的意见(二)》参照近年来办理境外电信网络诈骗案件的有益做法,从有利于惩治犯罪、依法推进诉讼的角度考虑,结合我国刑事诉讼法规定的精神要求,明确对于境外移交的证据,如果境外警方未提供相关证据的发现、收集、保管、移交情况等材料的,并非一律否定其证据效力,而是允许公安机关进行补正,对证据来源、移交过程等作出书面证明并加盖公安机关印章,经审核能够证明案件事实的,可以作为证据使用。

关于第十五条。司法实践中,大部分电信网络诈骗犯罪嫌疑人被境外警方抓获后,在正式移交我国之前,往往在境外已被羁押一段时间。境外羁押期限是否予以折抵刑期的问题,之前一直存在争议。为有效解决这一问题,最高人民检察院会同最高人民法院、公安部认真研究,参考我国与多个国家签订的司法协助条约,认为境外羁押期间可以折抵刑期。主要考虑:一是体现我国法治的公平正义和人文关怀。如果不予折抵,对于在境外被同时羁押,但因引渡程序持续时间不同而影响宣告刑期的,难以在法理上进行合理解释,对不同被告人也不够公平。二是有利于国际刑事司法合作的开展。我国与多个国家的双边司法协助条约中均设置了此类规定,已经得到实践运用,取得了良好的效果。《最高人民法院、最高人民检察院、公安部关于办理电信网络诈骗等刑事案件适用法律若干问题的意见(二)》第十五条将实践做法上升为制度规定,明确对境外司法机关抓获并羁押的电信网络诈骗犯罪嫌疑人,在境内接受审判的,境外的羁押期限可以折抵刑期。①

【典型案例】

案例1　最高人民检察院、公安部联合挂牌督办 5起特大跨境电信网络诈骗犯罪案件②

一、基本案情

1. 浙江"12·30"电信网络诈骗案

2020年12月,浙江公安机关对境外电信网络诈骗团伙线索开展集中研判,深挖出一个盘踞在柬埔寨的电信网络诈骗集团。公安机关初步查明,该诈骗集团在境外搭建虚假投资平台对我国公民实施诈骗。现已抓获诈骗窝点及关联犯罪人员400余名,涉案金额人民币1.5亿余元。

2. 福建"4·09"电信网络诈骗案

2021年4月,福建公安机关从本省人员偷渡案件线索入手,深挖出一个盘踞在缅北地区的电信网络诈骗集团。公安机关初步查明,该诈骗集团先后在东南亚一些国家设置窝点,对我国公民实施虚假投资理财、刷单等电信网络诈骗。现已抓获诈骗窝点及关联犯罪人员80余名,涉案金额人民币6000万余元。

3. 河南"6·20"电信网络诈骗案

2021年6月,河南公安机关根据被害人报案线索,深挖出一个盘踞在缅北地区的电信网络诈骗集团。公安机关初步查明,2019年2月至2021年7月,该诈骗集团先后在缅北地区多处设置窝点对我国公民实施电信网

---

① 刘太宗、赵玮、刘涛:《最高检专家解读〈关于办理电信网络诈骗等刑事案件适用法律若干问题的意见(二)〉》,载《人民检察》2021年第13期。
② 《最高检、公安部联合挂牌督办5起特大跨境电信网络诈骗犯罪案件》,载最高人民检察院官网,https://www.spp.gov.cn/xwfbh/wsfbt/202204/t20220412_553759.shtml#1,2022年9月12日访问。

络诈骗。现已抓获诈骗窝点及关联犯罪人员100余名，涉案金额人民币1.2亿余元。

4. 湖南"8·07"电信网络诈骗案

2021年8月，湖南公安机关从"断卡"行动线索入手，深挖出一个盘踞在缅北地区的电信网络诈骗集团，以及一个在省内贩卖银行卡的犯罪团伙。公安机关初步查明，该诈骗集团多次组织人员偷渡到境外从事诈骗活动，并在境外搭建虚假投资平台对我国公民实施诈骗；该贩卡团伙长期组织境内人员非法买卖银行卡。现已抓获诈骗窝点、贩卡团伙人员70余名，涉案金额人民币3000万余元。

5. 重庆"6·15"电信网络诈骗案

2021年6月，重庆公安机关在核查有关案件线索时，深挖出一个盘踞在境外的电信网络诈骗集团。公安机关初步查明，该诈骗集团先后在缅甸等地，通过设立虚假投资交易平台对我国公民实施诈骗。现已抓获诈骗窝点及关联犯罪人员100余名，涉案金额人民币1.2亿余元。

二、典型意义

近年来，检察机关、公安机关密切协作配合，依法、从严、全链条打击电信网络诈骗及其关联犯罪，有力维护了人民群众合法权益。但当前电信网络诈骗犯罪依然高发，尤其是诈骗犯罪集团组织人员赴境外窝点对境内普通民众实施诈骗，严重影响人民群众安全感。这次挂牌督办的5起案件都是跨境电信网络诈骗犯罪集团案件，被害人范围较广、人数较多，多起案件涉案金额巨大，社会危害严重。检察机关、公安机关将坚持境内境外、网上网下一起打，重点抓捕、严厉打击犯罪集团的幕后"金主"和骨干分子，尤其是推动境外涉诈在逃人员通缉、引渡、遣返工作；全面惩处为犯罪集团提供个人信息、技术支持、支付结算等帮助的违法犯罪团伙，坚决铲除犯罪窝点，坚决斩断犯罪链条。同时，检察机关、公安机关将把追赃挽损工作贯穿案件督办全过程，深入彻查资金流向，依法及时冻结、追缴涉诈资金，扣押处置涉案财物，督促犯罪分子主动退赃退赔，尽最大努力以最大限度挽回人民群众财产损失。最高人民检察院、公安部将持续加大对重大电信网络诈骗犯罪案件的督办,向社会传递依法从严惩处的强烈信号。

案例 2　曾某等诈骗案[①]

一、基本案情

2019年3月起,被告人曾某和钟某华二人创建诈骗犯罪集团,先后有王某、高某丽等54名被告人加入该犯罪集团实施诈骗,成员单独或结伙偷越国境至某国,利用微信、QQ等社交软件账号伪装成虚假身份,以聊感情、谈恋爱为名添加好友并取得信任,诱骗被害人充值,再利用可操控的恶意程序对被害人实施电信诈骗活动,至2020年10月,该犯罪集团共诈骗196名被害人,诈骗金额共计2796万余元;被告人方某、曾某1、彭某等3人明知曾某利用信息网络实施犯罪,为该犯罪集团提供资金账户、帮助转移犯罪所得;被告人叶某真、唐某波等6人明知是利用信息网络实施犯罪,为犯罪提供技术支持或支付结算;被告人方某和郭某根明知是电信网络诈骗犯罪所得而予以收受、保管、使用;被告人雷某华还存在明知利用非法设备实施电信网络诈骗犯罪,仍为其提供通讯传输等技术支持;被告人苏某铮在诈骗期间还引诱他人吸毒。案发后,部分被告人退缴了部分违法所得。

二、诉讼过程

2022年3月24日,宁夏回族自治区西吉县人民法院以诈骗罪、偷越国(边)境罪,数罪并罚,判处被告人曾某有期徒刑十五年六个月,并处没收个人全部财产;以诈骗罪、偷越国边境罪,数罪并罚,判处被告人钟某华、王某、高某丽等34人十二年至一年不等的有期徒刑,并处51万元至2.5万元不等的罚金;以诈骗罪、偷越国(边)境罪、引诱他

[①] 《"3·28"特大跨境电信网络诈骗案二审公开宣判》,载固原中院微信公众号,https://mp.weixin.qq.com/s/Mzq_8d54Pac20c5DW4dufQ,2022年9月12日访问。

人吸毒罪判处被告人苏某铮有期徒刑十年，并处罚金32万元；以诈骗罪，判处被告人方某、曾某1、彭某等23人八年至六个月不等的有期徒刑，并处30万元至2万元不等的罚金；以掩饰、隐瞒犯罪所得罪，分别判处被告人方某有期徒刑三年，并处罚金10万元，被告人郭某根有期徒刑一年，并处罚金2万元；以帮助信息网络犯罪活动罪，判处被告人叶某真、唐某波等6人三年至一年六个月不等的有期徒刑，并处罚金10万元至2万元不等的罚金；并对其中符合缓刑适用条件的26名被告人依法宣告缓刑。

宣判后，曾某、王某等24人对原判定罪量刑、适用法律等方面不服，提出上诉。审理认为，曾某、王某、李某辉等56人以非法占有为目的，采用虚构事实的方法，在境外利用电信网络技术手段，骗取不特定多数人财物，数额特别巨大，其行为均已构成诈骗罪，且系集团犯罪，部分被告人同时违反国（边）境管理法规，偷越国（边）境，情节严重，其行为均已构成偷越国（边）境罪；雷某华明知他人利用非法设备实施电信网络诈骗犯罪，仍为其提供通讯传输等技术支持，其行为构成诈骗罪，属共同犯罪；方某、曾某1、彭某3人明知曾某实施电信网络诈骗，仍为其提供资金账户、帮助转移犯罪所得数额特别巨大，构成诈骗罪的共同犯罪；苏某铮引诱他人吸食毒品，情节严重，其行为已构成引诱他人吸毒罪。叶某真、唐某波等6人明知他人利用信息网络实施犯罪，而为他人犯罪提供技术支持或支付结算帮助，情节严重，其行为均构成帮助信息网络犯罪活动罪；方某、郭某根2人明知是电信网络诈骗犯罪所得而予以收受、保管、使用，其行为均构成掩饰、隐瞒犯罪所得罪。对上述67名被告人所犯罪行，依法应予惩处。一审判决认定事实清楚，证据确实、充分，定罪准确，适用法律正确，综合本案犯罪事实、情节，根据各被告人的法定、酌定量刑情节，量刑适当，审判程序合法。上诉人曾某、王某等24人的上诉理由、辩护人的辩护意见，原审被告人的辩解均不能成立，不予采纳。固原市中级人民法院遂依法作出驳回上诉，维持原判的裁定。

三、典型意义

由于国内对于电信网络诈骗犯罪加大打击力度，一些犯罪分子往往采取各种方式转移到国（境）外继续进行诈骗犯罪活动。电信网络诈骗犯罪的远程性和非接触性使得其在世界各地均呈现迅猛增长态势，电信网络诈骗犯罪已成为全球性打击治理难题。一是跨国有组织犯罪打击更加困难。境外诈骗集团组织严密、分工明确，且呈现出多行业支撑、产业化分布、集团化运作、精细化分工等跨国有组织犯罪特征。二是诈骗手法更新迭代变化快。诈骗集团紧跟社会热点，利用区块链等新技术新业态，不断更新犯罪工具和诈骗手法，更具隐蔽性和迷惑性。三是源头稳控待加强。部分重点地区属地责任落实还不到位，人员控不住、劝不回，仍有大量涉诈重点人员滞留境外。四是国际合作需强化。各国警方合作打击此类犯罪的框架性协议有待完善，难以及时启动侦查程序，跨境打击和调查取证难度大。

为此，国家依托国务院部际联席会议机制，会同国家移民管理局等有关部门，主要开展了以下工作：一是想方设法推动国际执法合作，先后向东南亚、中东等地区派出多个工作组，积极开展国际执法合作，先后将近千名嫌疑人从境外遣返回国，有力震慑了境外诈骗集团。二是多措并举立足境内打境外。不间断组织开展集群战役，强力推进"断卡"行动，严厉打击卡头卡贩，全力挤压犯罪空间；强力推进"断流"专案，深挖彻查境内外犯罪团伙，全力切断偷渡通道；强力开展"拔钉"行动，深挖一批重大头目和骨干，全数缉捕境内目标，全力缉捕境外目标。三是加大力度开展源头管控。依托国务院联席会议机制，压紧压实党委政府主体责任，拦截劝阻和教育劝返"两手抓，两手都要硬"，最大幅度压减赴境外作案人员，最大限度挤压境外诈骗分子生存空间。对此，《反电信网络诈骗法》根据我国《刑法》规定的管辖原则，对适用范围进行了规定，符合当前形势。

案例3 Y某诈骗案
——利用外籍身份实施跨境电信网络诈骗[①]

一、基本案情

Y某（外国国籍）于2016年持短期签证到中国，签证到期后一直非法滞留在广东省等地。2018年3月，Y某明知他人实施网络诈骗行为，仍为其提供银行账户接收诈骗所得资金。从2018年下半年开始，Y某明知F某（另案处理）等诈骗团伙成员在实施诈骗行为，仍借用多人的银行卡，为F某等诈骗团伙成员提供资金支付结算账户，并将接收的诈骗资金提现后转到F某指定的账户，共计参与诈骗29名被害人，帮助接收、转移支付诈骗所得资金人民币180余万元，个人从中获利5.4万元。

二、诉讼过程

该案由山东省日照市人民检察院提起公诉，山东省日照市中级人民法院经审理作出判决，以诈骗罪对Y某判处有期徒刑六年，并处罚金人民币十万元；刑满后驱逐出境。犯罪所得予以追缴，退赔被害人。作案工具予以没收。

三、典型意义

该案中的诈骗行为系跨境电信网络诈骗团伙犯罪中的一个环节。外籍诈骗犯罪分子捏造所谓"联合国维和部队军官、海上工程师"等虚假身份，在网络上寻找潜在的被害女性，通过网络聊天骗取信任，再编造不同理由，诱使被害人向犯罪团伙控制下的不同账户转账，再由下线的同案人员取现后汇往指定的账户，最终资金流到境外，损失难以追回。该案的依法判决，体现了司法机关依法严厉打击跨境电信网络诈骗犯罪，维护我国公民财产安全的鲜明态度与决心。

[①] 《日照发布十大电诈案例》，载山东省日照市中级人民法院官网，http://wfkwqfy.sdcourt.gov.cn/rzzy/404983/404968/8474817/index.html，2022年9月12日访问。

【关联规定】

《中华人民共和国刑法》第六条至第十条，《最高人民法院、最高人民检察院、公安部关于办理电信网络诈骗等刑事案件适用法律若干问题的意见》第五条，《最高人民法院、最高人民检察院、公安部关于办理电信网络诈骗等刑事案件适用法律若干问题的意见（二）》三、十四、十五，《最高人民法院、最高人民检察院、公安部关于办理信息网络犯罪案件适用刑事诉讼程序若干问题的意见》二

【条文内容】

> **第四条 【本法适用原则】** 反电信网络诈骗工作坚持以人民为中心，统筹发展和安全；坚持系统观念、法治思维，注重源头治理、综合治理；坚持齐抓共管、群防群治，全面落实打防管控各项措施，加强社会宣传教育防范；坚持精准防治，保障正常生产经营活动和群众生活便利。

【条文主旨】

本条对本法的适用原则进行了规定。

【适用指南】

本条对《反电信网络诈骗法》适用的四条基本原则进行了规定，即统筹发展和安全原则、源头治理原则、打防管控原则、精准防治原则。各地

各部门在反电信网络诈骗活动中,都要始终坚持以人民为中心的发展思想,将打击治理电信网络诈骗犯罪作为"我为群众办实事"实践活动的重要举措,在打击方面,出重拳、下狠手,努力当好人民群众的"反诈卫士",筑牢反诈安全防线,切实守好人民群众的"钱袋子"。要在经济建设高质量发展的同时,重点关注发展安全,以"法治中国"建设促进经济社会高水平安全发展,始终高度关注影响人民群众安全感、获得感的风险问题,坚决遏制电信网络诈骗犯罪高发多发态势,维护发展安全。要从源头上解决电信网络诈骗问题,稳增长,保就业,努力提高就业率,提供更多的就业岗位,从而努力营造"不想诈"的氛围。

电信网络诈骗犯罪所使用的工具多为银行卡、支付账户、电信网络通信工具,银行账户和手机卡"实名不实人"是滋生电信网络诈骗犯罪的根源性问题,尤其是一些互联网企业重经济利益、轻社会责任,风控不到位,网络空间乱象丛生,形形色色的黑灰产业层出不穷,一些第三方支付工具成为犯罪分子实施诈骗的重要工具,行业治理、网络治理迫在眉睫。这就要严把银行账户、通信工具、互联网支付方式开户关,从源头上打掉电信网络诈骗的犯罪工具;鉴于上下游关联违法犯罪形成黑色产业链,金融、电信、互联网等行业主管部门要全面落实行业监管主体责任,更要实施一体化、全链条、全方位治理。简言之,各地方和各部门要建立职责清晰、协同联动、衔接紧密、运转高效的打击治理体系。

此外,由于电信网络诈骗活动已经发展为跨境化、国际化的犯罪活动,我们更要注重加强国际执法司法合作,阻止诈骗犯罪分子偷越国边境进行犯罪活动,推动涉诈在逃人员通缉、引渡、遣返工作,击碎犯罪分子境外发财、逍遥法外的幻想。工作中更要注重打防结合,防范为先,大力开展宣传教育、提高群众防范意识,汇聚群众智慧,发动群众力量。

【关联规定】

《最高人民法院、最高人民检察院、公安部关于办理电信网络诈骗等刑事案件适用法律若干问题的意见》一，《最高人民法院、最高人民检察院、公安部关于办理电信网络诈骗等刑事案件适用法律若干问题的意见（二）》十三

【条文内容】

> 第五条　【工作人员保密要求】反电信网络诈骗工作应当依法进行，维护公民和组织的合法权益。
> 有关部门和单位、个人应当对在反电信网络诈骗工作过程中知悉的国家秘密、商业秘密和个人隐私、个人信息予以保密。

【条文主旨】

本条规定反电信网络诈骗工作应当依法开展，不得泄露国家秘密、商业秘密与个人隐私、个人信息。

【适用指南】

反电信网络诈骗犯罪工作应当严格依法进行，既要严厉打击犯罪，又要维护与保障公民的合法权益，尤其是要保守国家秘密、商业秘密与公民个人隐私、个人信息。电信网络诈骗的一个显著特征，就是犯罪分子利用部分单位和个人被非法获取的相关信息，进行精准诈骗，这些信息中往往包含国家秘密、商业秘密与公民个人隐私、个人信息，而在办理此类案件的过程中，相关部门、单位和个人也会接触这些信息。实际办案中需要重点关注的是下列秘密：

国家秘密，依《保守国家秘密法》第九条规定，包括：（1）国家事务重

大决策中的秘密事项；（2）国防建设和武装力量活动中的秘密事项；（3）外交和外事活动中的秘密事项以及对外承担保密义务的秘密事项；（4）国民经济和社会发展中的秘密事项；（5）科学技术中的秘密事项；（6）维护国家安全活动和追查刑事犯罪中的秘密事项；（7）经国家保密行政管理部门确定的其他秘密事项。政党的秘密事项中符合前款规定的，属于国家秘密。

商业秘密，是指不为公众所知悉、具有商业价值并经权利人采取相应保密措施的技术信息、经营信息等商业信息。技术信息和经营信息，包括设计、程序、产品配方、制作工艺、制作方法、客户名单、货源情报、招投标中的标底及标书内容等信息。客户名单，一般是指客户的名称、地址、联系方式以及交易的习惯、意向、内容等构成的区别于相关公知信息的特殊客户信息，包括汇集众多客户信息的客户名册，以及保持长期稳定交易关系的特定客户。根据《反不正当竞争法》的规定，以不正当手段获取权利人的商业信息才属于侵犯商业秘密，如果通过反向工程获得商业信息，则不属于侵犯商业秘密。

个人隐私，是指自然人的私人生活安宁和不愿为他人知晓的私密空间、私密活动、私密信息。《民法典》规定自然人享有隐私权，意味着除法律法规另有规定或当事人同意外，有权要求其他组织或个人不得实施侵扰私人生活安宁的行为，不得窥探私密空间、私密活动、私密信息等。自然人可以禁止他人通过电话、短信、即时通信工具、电子邮件、传单等方式侵扰自己的生活安宁。自然人还可以禁止他人通过进入、拍摄、窃听、窥视、处理等方式，实施对私密活动、私密空间、私密部位、私密信息的侵害。发生侵害自然人安宁或私密空间、活动、私密信息的事件时，自然人可以提供证据证明其违法行为，向人民法院申请采取责令行为人停止有关行为的措施，还可以请求损害赔偿。

个人信息是以电子或者其他方式记录的与已识别或者可识别的自然人有关的各种信息，不包括匿名化处理后的信息。敏感个人信息是指一旦泄露或者非法使用，容易导致自然人的人格尊严受到侵害或者人身、财产安全受到危害的个人信息，包括生物识别、特定身份、医疗健康、金融账户、行踪轨迹等信息，以及不满十四周岁未成年人的个人信息。

为了防止上述这些信息在反电信网络诈骗工作中被二次泄露，就应当要求相关部门、单位和个人落实保密要求，尤其是对于办案中接触的一些包含上述信息的批量数据，更应当严格保护。这一规定，也与我国现行法律相协调一致，如《刑法》第三百零八条之一规定："司法工作人员、辩护人、诉讼代理人或者其他诉讼参与人，泄露依法不公开审理的案件中不应当公开的信息，造成信息公开传播或者其他严重后果的，处三年以下有期徒刑、拘役或者管制，并处或者单处罚金。有前款行为，泄露国家秘密的，依照本法第三百九十八条的规定定罪处罚。公开披露、报道第一款规定的案件信息，情节严重的，依照第一款的规定处罚。单位犯前款罪的，对单位判处罚金，并对其直接负责的主管人员和其他直接责任人员，依照第一款的规定处罚。"这里尤其要注意的是严厉打击行业"内鬼"即反电信网络诈骗犯罪活动的工作人员，全面落实保密要求。

【典型案例】

案例1　关某侵犯公民个人信息案[①]

一、基本案情

2020年10月至2021年7月期间，被告人关某为牟取个人利益，与赵某（另案处理）等人先后建立了"辅助群"等微信"拉新"群，利用关某从事电信代办业务积累的人脉资源，吸引周边电信代理人员、手机销售人员进群，让他们将代办电信业务过程中获取的客户手机号码和验证码发送到微信群内，供群内客服人员注册各种应用软件。客服人员根据完成注册的数量，将相应的报酬发至被告人关某微信账户上，被告人关某按照约

[①] 《关某等22名被告人涉嫌诈骗、侵犯公民个人信息一案公开开庭审理》，载山西省太原市迎泽区人民法院官网，http://tyyzfy.chinacourt.gov.cn/article/detail/2019/02/id/3727309.shtml，2022年9月12日访问。

定，从每单中扣除1元或者0.5元作为自己的收益后，再将相应报酬付给参与"拉新"的微信群成员。经核对其微信交易记录，被告人关某通过组建微信"拉新"群提供公民个人信息共计获利人民币16400元。2021年8月26日，关某被山西省新绛县公局民警传唤到案后上交了全部违法所得。

二、诉讼过程

人民法院经审理认为，被告人关某为牟取个人利益，通过组建微信"拉新"群，将公民个人电话号码提供给"拉新"上线以注册各种应用软件，其行为构成侵犯公民个人信息罪，公诉机关指控的罪名成立。被告人关某到案后能如实供述犯罪事实，主动缴纳全部违法所得，并在公诉机关自愿签署了认罪认罚具结书，可对其减轻处罚，根据其犯罪情节和悔罪表现，经其住所地社区矫正管理局进行社会调查，认为适用缓刑不致再危害社会，故可对其适用缓刑。以犯侵犯公民个人信息罪，判处被告人关某有期徒刑8个月，缓刑1年，并处罚金人民币20000元。对其作案工具及违法所得16400元予以没收，上缴国库。

三、典型意义

信息时代，各种手机APP为人们的生产生活提供了极大的便利，因为这些软件在进行用户注册、身份认证、验证码核实等操作中，会收集公民个人的身份信息，所以加强信息的管理和监控显得尤为重要。某些商家为了获取更多流量，开始用所谓"拉新付佣金"的方式招揽新用户。为获取蝇头小利，一些不法分子不惜铤而走险，非法泄露公民的身份信息、电话号码、验证码等，以此换取佣金。这些个人信息的泄露，严重影响了用户的正常生活，用户手机上经常出现诸如垃圾短信、骚扰电话、违规广告、流氓软件等，有的信息甚至被犯罪分子用来开展电信诈骗、敲诈勒索等犯罪活动。本案的审理，有效惩治了侵犯公民个人信息犯罪行为，打击了犯罪分子嚣张气焰，也警示了相关部门要加强人员管理，规范操作流程，共同维护网络空间秩序和人民群众合法权益。在此，提醒广大群众要增强个人信息保护意识，发现手机莫名其妙出现"被安装"的软件时，及时向有关部门举报，防止因信息泄露给自己造成不必要的损失。

案例 2　张某某侵犯公民个人信息案[①]

一、基本案情

2020年5月至2021年7月，被告人张某某利用其在某通信运营商营业厅工作之便，在办理业务的过程中，未经顾客同意，私自将顾客手机号码及验证码发至各类微信"拉新"群内，供他人注册手机软件账号，每注册成功一个账号获利几元至十几元不等。截至案发，张某某非法获利9876.5元。

二、诉讼过程

河北省雄县人民检察院认为，被告人张某某违反国家有关规定，将在提供服务过程中获得的公民信息出售给他人，侵害了不特定公民的民事权益，据此向雄县人民法院提起公诉并提起附带民事公益诉讼。

雄县人民法院经审理认为，被告人张某某违反国家有关规定，将在提供服务过程中获得的公民个人信息出售给他人，情节严重，其行为已构成侵犯公民个人信息罪。同时，张某某侵犯公民个人信息的行为侵害了不特定公民的民事权益，损害社会公共利益，应承担民事侵权责任。2022年6月30日，雄县人民法院依法以侵犯公民个人信息罪判处被告人张某某有期徒刑八个月，缓刑一年，并处罚金一万元；赔偿社会公共利益损失9876.5元；在省级报刊媒体上公开道歉、永久删除全部非法获取的公民个人信息。宣判后，被告人未上诉，公诉机关未抗诉，判决已发生法律效力。

三、典型意义

近年来，公民信息被泄露的事件时有发生，个人隐私面临严重威胁。出售手机号码及验证码是侵犯公民个人信息案件的"重灾区"，尤其是个

[①]《利用工作之便出卖客户电话号码，将会承担什么法律后果？》，载最高人民法院微信公众号2022年8月19日，https://mp.weixin.qq.com/s/NFyVMGP-TXUpPuTNs85b9Q，2022年9月12日访问。

人信息的泄露导致被电信网络诈骗犯罪分子"精准诈骗"。对利用工作之便获取他人个人信息予以出售的行为，必须严厉打击。2021年11月1日起施行的《个人信息保护法》明确将个人信息保护纳入检察公益诉讼法定领域，彰显了国家强化多元治理，保障公民个人信息安全的坚定决心。对本案被告人侵犯公民个人信息的行为进行刑事打击和民事追责，双管齐下形成合力，彰显保护公民个人信息的鲜明导向。

【关联规定】

《中华人民共和国刑法》第三百零八条之一【泄露不应公开的案件信息罪】【故意泄露国家秘密罪】【过失泄露国家秘密罪】【披露、报道不应公开的案件信息罪】，《中华人民共和国中国人民银行法》第四十九条，《中华人民共和国保守国家秘密法》第三条、第二十六条、第二十八条、第二十九条、第四十八条、第五十一条，《中华人民共和国反不正当竞争法》第九条、第十七条、第三十二条，《中华人民共和国民法典》第一千零三十三条，《中华人民共和国网络安全法》第四十五条，《中华人民共和国个人信息保护法》第二条、第四条至第六条、第九条至第十一条、第二十八条、第二十九条、第六十条、第六十八条，《全国人民代表大会常务委员会关于加强网络信息保护的决定》一、十，《最高人民法院关于审理侵犯商业秘密民事案件适用法律若干问题的规定》第一条、第二条、第五条、第十四条

【条文内容】

第六条　【协作配合机制】 国务院建立反电信网络诈骗工作机制，统筹协调打击治理工作。

> 地方各级人民政府组织领导本行政区域内反电信网络诈骗工作，确定反电信网络诈骗目标任务和工作机制，开展综合治理。
>
> 公安机关牵头负责反电信网络诈骗工作，金融、电信、网信、市场监管等有关部门依照职责履行监管主体责任，负责本行业领域反电信网络诈骗工作。
>
> 人民法院、人民检察院发挥审判、检察职能作用，依法防范、惩治电信网络诈骗活动。
>
> 电信业务经营者、银行业金融机构、非银行支付机构、互联网服务提供者承担风险防控责任，建立反电信网络诈骗内部控制机制和安全责任制度，加强新业务涉诈风险安全评估。

【条文主旨】

本条规定国家与地方各级政府及相关职能部门应当建立打击治理电信网络诈骗工作机制，统筹协调开展工作。

【适用指南】

近年来，电信网络诈骗犯罪形势严峻，犯罪分子作案手段层出不穷，黑灰产业链条连环勾结，严重威胁人民群众的财产安全和合法权益。坚决打击电信网络诈骗违法犯罪，有效遏制相关案件多发高发态势，不仅是有关地方政府和职能部门必须肩负的职责使命，也是建设更高水平的平安中国的必然选择，更是党和政府贯彻以人民为中心理念的切实体现。严厉打击，纵深治理，要求各地各部门通力协作。打击电信网络诈骗需要公安、人民银行、银保监会、市场监管、通信管理、人民法院、人民检察院等多个国家机关和部门的协作，形成全链条的打防体系。从实践情况看，多行业综合治理还存在漏洞和薄弱环节。《反电信网络诈骗法》对金融、通信、互联网行业主管部门统筹推进相关跨行业、企业的统一监测系统建设，推进多部门间涉诈数据共享、监测、识别和处置等具有积极的推动作用，提供了法律依据。

考虑到电信网络诈骗犯罪常常跨地域实施，各地要统筹好治理力量和资源。鉴于上下游关联违法犯罪形成黑色产业链，金融、电信、互联网等行业主管部门要全面落实行业监管主体责任，更要实施一体化、全链条治理。简言之，各地方和各部门要建立职责清晰、协同联动、衔接紧密、运转高效的打击治理体系。实践证明，反电信网络诈骗活动，只靠司法机关来开展，难以发挥良好效果。究其原因，电信网络诈骗活动本身依托的是高新技术手段，很多犯罪活动是通过公共通信、支付平台完成的，如果对其只是运用单一手段加以打击，不开展综合治理，那么治理的效果就会大打折扣。同时，由于电信网络诈骗表现出的跨区域甚至跨国（边）境性，只靠一个地区、一个部门、一个领域的治理也是难以奏效的。这就需要通过国家立法构建全国与全领域、全行业的治理工作机制，统筹协调打击，开展综合治理。

本条对国务院、地方各级人民政府、公安机关、司法机关、金融、电信、网信、市场监管等有关主管部门、电信业务经营者、银行业金融机构、非银行支付机构、互联网服务提供者等在反电信网络诈骗活动中应当发挥的作用进行了规范，建立反电信网络诈骗的协同治理机制。一是明确了反电信网络诈骗工作的牵头部门，通过建立全链条整治工作机制，形成各部门治理合力。由于反电信网络诈骗治理涉及多行业多部门，本法明确了由国务院作为反电信网络诈骗治理工作的牵头部门，统筹不同部门的治理工作，协调跨部门、跨行业的协同配合、快速联动。

二是规定了属地治理原则。由地方各级人民政府发挥属地治理作用，组织领导开展本行政区域内的综合治理。

三是建立多部门的协同治理机制。通过法律形式确定由公安机关负责牵头组织协调反电信网络诈骗工作，人民法院、人民检察院在履行职责过程中积极发挥审判、检察职能作用，打击治理电信网络诈骗犯罪，金融、电信、网信、市场监管等有关主管部门承担监管主体责任，依照职责负责本行业领域反电信网络诈骗工作，发挥职能部门齐抓共管的作用。公安机关要充分发挥打击犯罪主力军作用，转变侦查模式，创新"打法战法"，确保打出实效。人民法院、人民检察院发挥审判、检察职能作用，依法严厉打击、治理；打击电信网络诈骗需要公安、人民银行、银保监会、市场监管、通信管理、司法等多个国家机关的协作，形成全链条的"打防"体系。从实践情况看，多行业综合治理还存在漏洞和薄弱环节。本法对金融、通信、互联网行业主管部门统筹推进相关跨行业、企业的统一监测系统建设，推进多部门间涉诈数据共享、监测、识别和处置等具有积极的推动作用。

四是严格规定了电信业务经营者、银行业金融机构、非银行支付机构、互联网服务提供者承担风险防控责任，建立反电信网络诈骗内部控制机制和安全责任制度，加强新业务涉诈风险安全评估。以往打防电信网络诈骗工作制度仅局限于部门规章或者规范性文件，没有上位法依据，对市场机构和社会公众的震慑力、约束力有限。本法赋予监管部门必要的权力和监管手段，赋予银行、支付机构和清算机构主动管控可疑交易的权力。

【关联规定】

《最高人民法院、最高人民检察院、公安部、工业和信息化产业部、中国人民银行、中国银行业监督管理委员会关于防范和打击电信网络诈骗犯罪的通告》

【条文内容】

> 第七条 【专业队伍建设】有关部门、单位在反电信网络诈骗工作中应当密切协作,实现跨行业、跨地域协同配合、快速联动,加强专业队伍建设,有效打击治理电信网络诈骗活动。

【条文主旨】

本条规定有关部门应当建立专业队伍,跨行业、跨地域开展反电信网络诈骗协同联动。

【适用指南】

针对电信网络诈骗"魔高一尺",需要防范惩治"道高一丈"。面对相关电信网络诈骗违法犯罪迭代变化,要充分运用科技力量支撑,不断提升技术反制能力和预警监测能力。当前,打击防范电信网络诈骗犯罪高度依赖的大数据和专业手段还亟待加强,有的地方技术反制能力还比较薄弱,不能有效拦截诈骗电话和信息,对受骗群众开展预警劝阻的数量与效能还有待提升。还有一些源头治理问题始终无法破解。由于电信网络诈骗活动本身存在远程、非接触、跨行业、跨地域甚至多地域勾结作案的情况,且显示出很强的专业化特点,在反电信网络诈骗工作中就要注意加强与各部门间的密切配合协作,同时加强专业队伍建设,以专业化应对日益翻新的电信网络诈骗活动。尤其是针对跨行业、跨区域的案件,更需要建立配合协作机制,在办案中就取证、追赃挽损、技术支持、反诈防骗宣传等方面加强合作,以防因行业、地域壁垒而造成的信息不畅、效率不高、手续烦琐、止损不及时等问题。

以浙江省杭州市检察机关为例，检察机关结合办案工作实际，组建电信网络犯罪专业办案团队，由办案人员中具有扎实法学理论功底、丰富办案经验和网络犯罪领域专业知识背景的人员组成，建立诉（刑检实务）、研（理论调研）、技（技术支撑）、教（教育培训）"四位一体"运行机制，着力打造电信网络诈骗犯罪治理团队。办案中可根据需要调配团队成员参与办理或者指导重大疑难复杂案件，定期组织专业团队开展课题研究、教育培训、编撰典型案例、制定办案指引等工作。通过案件专业化办理历练队伍，培养造就一批会办案、有理论、懂专业的领军人物。与此同时，发挥外脑作用，建立专家咨询、指导制度，成立专家智库，在办理重大疑难复杂的专业性强的案件中，发挥专家学者的智力支持作用。必要时根据办案需要，申请专家学者作为有专门知识的人出庭。建立常态化沟通联系机制。加强行政执法与刑事司法的衔接，发挥各自专业优势，通过定期召开联席会议、重大案件情况通报等方式，与行政机关、业界企业、行业协会共享信息资源。建立违法犯罪防控长效协作机制。结合办案，分析研判信息网络犯罪的特点和规律，向相关行政机关、业界企业、行业协会提出查漏补缺、防范风险的检察建议，向党委政府提出治理对策建议，推进电信网络诈骗犯罪社会治理现代化。建立信息化技术与刑检业务融合机制。以现代科技手段应用为支撑，提高团队成员现代科技应用能力，对网络信息犯罪新形态，积极运用现代科技、大数据分析辅助办案。建立实战实训机制。通过办案锻炼、课题研究、考察交流、上挂下派等方式，充实专业知识，提高专业能力和视野境界。灵活运用"走出去，请进来"的方式，开展专项培训，促使团队成员熟悉相关法律政策、行业规范和技术规程。依托知名院校，开展网络信息技术、新型犯罪等专业课程培训，加强前沿知识储备。通过组织大要案庭审观摩、出庭规范评估，提高司法实务能力。

实际工作中，全国公安机关建立起了专业化的队伍，多警种协同、技术力量全程参与，有效治理电信网络诈骗；全国许多地方也建立了诸如长三角、珠三角、京津冀等跨区域反电信网络诈骗工作协作机制,这都对打击治理电信网络诈骗工作发挥了重要作用。

【关联规定】

《全国人民代表大会常务委员会关于加强网络信息保护的决定》十,《中华人民共和国个人信息保护法》第六十二条,《中华人民共和国网络安全法》第八条,《最高人民法院、最高人民检察院、公安部关于办理电信网络诈骗等刑事案件适用法律若干问题的意见》一

【条文内容】

> **第八条 【加强反诈宣传】** 各级人民政府和有关部门应当加强反电信网络诈骗宣传,普及相关法律和知识,提高公众对各类电信网络诈骗方式的防骗意识和识骗能力。
>
> 教育行政、市场监管、民政等有关部门和村民委员会、居民委员会,应当结合电信网络诈骗受害群体的分布等特征,加强对老年人、青少年等群体的宣传教育,增强反电信网络诈骗宣传教育的针对性、精准性,开展反电信网络诈骗宣传教育进学校、进企业、进社区、进农村、进家庭等活动。
>
> 各单位应当加强内部防范电信网络诈骗工作,对工作人员开展防范电信网络诈骗教育;个人应当加强电信网络诈骗防范意识。单位、个人应当协助、配合有关部门依照本法规定开展反电信网络诈骗工作。

【条文主旨】

本条规定全社会都应加强反电信网络诈骗宣传,提高全民反诈防骗意识。

【适用指南】

快破案不如不发案,多追赃不如不受骗。电信网络诈骗是可预防性犯罪,事后打击不如事前防范。虽然现行法律以及相关司法解释在打击电信网络诈骗犯罪活动中发挥了重要作用,但仍被认为针对性不足,难以完全适应对这种新型犯罪的有效治理。出台《反电信网络诈骗法》,是我国立法机关审时度势、顺应民意,针对电信网络诈骗活动量身定制的专门法律武器。

打击电信网络诈骗犯罪,要充分发动群众、紧紧依靠群众,着力提升群防群治能力。对于反电信网络诈骗工作,最有效的是"治未病",即防止诈骗案件的发生,而最好的防范方式,就是使人们识破犯罪伎俩,不被骗子所骗。但是,随着技术的进步,电信网络诈骗犯罪手段也越来越隐蔽、越来越难以识破,人们防骗的难度也就越来越大。同时,还需要关注一些重点群体,如从案件实际情况来看,由于未成年人社会经验不足、老年人对网络操作不熟悉等原因,近年来这两类人群受骗案件持续多发。从受骗领域看,未成年人受骗主要集中在直播打赏、网络游戏、网络购物等;老年人受骗主要集中在养老投资、养生保健等。为此,地方各级人民政府和各职能部门应当针对犯罪分子善于抓住一些公众的心理,精心设局、步步设套,不断翻新诈骗手法,使人防不胜防的特点,综合运用金融机构柜台、ATM 机等终端,通过悬挂标语、张贴提示、发送短信等方式,及时揭露不法分子的犯罪手法和伎俩。与上述一些容易被侵害人群接触较多的教育行政、市场监管、民政等有关部门和村民委员会、居民委员会,也要积极推动打击防范电信网络新型犯罪宣传教育活动进社区、进单位、进学校、进家庭,努力做到家喻户晓、人尽皆知。

各单位要大力宣传打击治理成效,彰显坚决打击违法犯罪、维护群众权益的信心和决心,有效震慑违法犯罪活动。要营造人人反诈、人人参与、人人宣传的浓厚氛围,通过以案释法,向群众介绍常见多发的电信网络诈骗惯用手法和形式,向群众传授防诈骗的技巧方法,切实将防电诈知识传递给每一位群众,筑牢防骗"防火墙",最大限度减少群众的财产损失。

本法将反诈骗的各种宣传方式通过条文予以明确,重申了相关部门反诈骗宣传的责任义务,也进一步提醒单位、个人应当加强电信网络诈骗防范意识,履行基本审慎义务,协助、配合有关部门依照本法规定开展反电信网络诈骗工作。

【典型案例】

魏某双等人诈骗案[①]

一、基本案情

2018年9月至2019年9月间,被告人魏某双、罗某俊、谢某林、刘某飞等人在黄某海(另案处理)等人的纠集下,集中在柬埔寨王国首都金边市,以投资区块链、欧洲平均工业指数为幌子,搭建虚假的交易平台,冒充专业指导老师诱使被害人在平台上开设账户并充值,被害人所充值钱款流入该团伙实际控制的对公账户。之后,被告人又通过事先掌握的虚拟货币或者欧洲平均工业指数走势,诱使被害人反向操作,制造被害人亏损假象,并在被害人向平台申请出款时,以各种事由推诿,非法占有被害人

[①] 《最高检发布打击治理电信网络诈骗及关联犯罪典型案例》,载最高人民检察院官网,https://www.spp.gov.cn/spp/xwfbh/wsfbt/202204/t20220421_554307.shtml#2,2022年9月12日访问。

钱款，谋取非法利益。

在黄某海的组织策划下，被告人魏某双、罗某俊、谢某林、刘某飞担任团队经理负责各自团队的日常运营；其余56名被告人分别担任业务组长、业务员具体实施诈骗活动。该团伙为躲避追查，以2~3个月为一个作案周期。2019年10月，该团伙流窜至蒙古国首都乌兰巴托市准备再次实施诈骗时，被当地警方抓获并移交我国。

经查，该团伙骗取河北、内蒙古、江苏等地700余名被害人，共计人民币1.2亿余元。

二、诉讼过程

本案由江苏省无锡市公安局经济开发区分局立案侦查。2019年11月21日，无锡市滨湖区人民检察院介入案件侦查，引导公安机关深入开展侦查，将诈骗金额从最初认定的人民币1200万余元提升到1.2亿余元。2020年2月11日，公安机关以魏某双等60人涉嫌诈骗罪移送起诉。办案过程中，检察机关分别向公安机关发出《应当逮捕犯罪嫌疑人建议书》《补充移送起诉通知书》，追捕追诉共计32名犯罪团伙成员（另案处理）。同年5月9日，检察机关以诈骗罪对魏某双等60人依法提起公诉。2021年9月29日，无锡市滨湖区人民法院以诈骗罪判处被告人魏某双有期徒刑十二年，并处罚金人民币六十万元；判处被告人罗某俊有期徒刑十一年三个月，并处罚金人民币五十万元；判处被告人谢某林有期徒刑十年，并处罚金人民币十万元；判处被告人刘某飞有期徒刑八年，并处罚金人民币五十万元；其余56名被告人分别被判处有期徒刑十年三个月至二年不等，并处罚金人民币三十万元至一万元不等。1名被告人上诉，无锡市中级人民法院裁定驳回上诉，维持原判。

针对本案办理所反映的金融投资诈骗犯罪发案率高、社会公众对这类投资陷阱防范意识不强等问题，无锡市检察机关与公安机关、地方金融监管部门召开联席会议并会签协作文件，构建了打击治理虚假金融投资诈骗犯罪信息共享、线索移送、共同普法、社会治理等机制，提升发现、查处、打击这类违法犯罪的质效。检察机关会同有关部门线上依托各类媒体宣传平台，线下进社区、进企业、进校园，向社会公众揭示电信网络诈骗、非法金融活动的危害，加强对金融投资知识的普及，提高投资风险防范意识。

三、典型意义

跨境电信网络诈骗犯罪多发，受害范围广、涉及金额多、危害影响大，尤其是诈骗手段花样翻新，需要加强宣传，教育群众远离电信网络诈骗。检察机关要充分发挥法律监督职能，依法追捕、追诉境内外犯罪分子，全面追查、准确认定犯罪资金，持续保持从严惩治的态势。对于投资型网络诈骗，会同相关部门加强以案释法和风险预警，引导社会公众提高防范意识，切实维护人民群众财产权益。

（一）依法从严追捕追诉，全面追查犯罪资金，严厉打击跨境电信网络诈骗犯罪集团。当前，跨境电信网络诈骗集团犯罪案件高发，犯罪分子往往多国流窜作案，多地协同实施，手段不断翻新，严重危害人民群众财产安全和社会安定。对此，检察机关要加强与公安机关协作，深挖细查案件线索，对于集团内犯罪分子，公安机关应当提请逮捕而未提请的、应当移送起诉而未移送的，依法及时追捕、追诉。注重加强追赃挽损，主动引导公安机关全面追查、准确认定、依法扣押犯罪资金，不给犯罪分子在经济上以可乘之机，切实维护受骗群众的财产利益。

（二）加强以案释法，会同相关部门开展金融知识普及，引导社会公众提升投资风险防范意识。当前，投资类诈骗已经成为诈骗的重要类型。特别是犯罪集团以投资新业态、新领域为幌子，通过搭建虚假的交易平台实施诈骗，隐蔽性强、受害人众多、涉案金额往往特别巨大。为此，检察机关要会同相关部门加强以案释法，揭示投资型诈骗的行为本质和危害实质，加强对金融创新产品、新业态领域知识的普及介绍，提示引导社会公众提高风险防范意识，充分了解投资项目，合理预期未来收益，选择正规途径理性投资，自觉抵制虚拟货币交易等非法金融活动，切实维护自身合法权益。

【关联规定】

《中国人民银行关于进一步加强支付结算管理防范电信网络新型违法犯罪有关事项的通知》五

第二章 电信治理

【条文内容】

> 第九条 【全面落实电信实名制】电信业务经营者应当依法全面落实电话用户真实身份信息登记制度。
>
> 基础电信企业和移动通信转售企业应当承担对代理商落实电话用户实名制管理责任,在协议中明确代理商实名制登记的责任和有关违约处置措施。

【条文主旨】

本条是关于电话实名制的具体规定。

【适用指南】

电信网络诈骗犯罪的典型特征是远程性、非接触性,利用了远程支付、移动支付手段,其媒介则是智能移动终端手机、绑定手机的银行卡,而这些银行卡、手机卡,往往并不是犯罪分子本人的,这就导致诈骗犯罪无法追踪、难以防范。如何管住手机卡和银行卡"实名不实人"?应当从真实登记、尽职调查、不得买卖等方面切实加以解决。一段时间以来,手机卡、银行卡大量非法开办、随意买卖，"实名不实人"问题突出，不实名手机成为电信网络诈骗犯罪分子作案的重要工具。近年来，公安机关在侦办的案件中，缴获"两卡"动辄数十万张，这些手机卡、银行卡几乎全为"假实名"，均非开卡者本人使用。打击治理电信网络诈骗，就要从源头上严格落实实名制，防范"实名不实人"。

非法开办贩卖电话卡、银行卡是电信网络诈骗案件持续高发的重要根源。2012年12月，全国人大常委会出台了《关于加强网络信息保护的决定》，在法律上明确了电话用户真实身份信息登记制度。2013年7月16日，工业和信息化部公布了《电话用户真实身份信息登记规定》，确立了用户真实身份信息登记制度，从登记主体、登记义务、登记范围、证件类别、证件查验、信息留存、自查和培训等方面，规定了电信业务经营者为用户办理入网手续时，应当要求用户出示有效证件、提供真实身份信息，用户应当予以配合；电信业务经营者应当对用户出示的证件进行查验，并如实登记证件类别以及证件上所记载的姓名（名称）、号码、住址信息；有关身份信息和材料在向用户提供服务期间及终止提供服务后两年内应当留存；用户拒绝提供身份信息的，电信业务经营者不得为其办理入网手续；电信业务经营者应当对其信息登记和保护情况每年至少进行一次自查，对其工作人员进行培训。此外，还借鉴个人存款账户实名制等规定，对个人和单位的有效证件类别分别作了相应规定。该规定明确了用户真实身份信息登记的范围、程序、要求和信息保护等制度，有利于保护广大用户的合法权益，提升电信服务水平，遏制网络信息违法行为。与此同时，保护用户提供的真实身份信息的安全性也是需要关注的问题，国家一直非常重视用户身份信息的保护问题。为此，该规定要求电信业务经营者加强对用户提供的真实身份信息的保护，要求电信业务经营者对用户真实身份信息应当严格保密，在用户真实身份信息发生泄露、毁损、丢失时要立即采取补救措施等，并规定了相应的法律责任。为加大对用户真实身份信息的保护力度，工信部还专门制定了《电信和互联网用户个人信息保护规定》，就电信和互联网用户个人信息的保护问题作了专门规定，其中的有关规定也适用于电话用户真实身份信息的保护。

针对电话用户实名之后，基础电信企业部分社会营销渠道落实电话用户实名登记要求不严，非实名电话卡（含无线上网卡）依然存在，一些不法分子利用非实名电话卡进行传播淫秽色情信息、实施电信诈骗、组织实施恐怖活动等违法犯罪活动，严重侵害人民群众合法权益，扰乱社会正常秩序，危害国家安全和社会安定等问题，工信部、公安部、原国家工商管理总局联合印发《电话"黑卡"治理专项行动工作方案》，决定自2015年1月1日起，在全国范围联合开展为期一年的电话"黑卡"治理专项行动。这一专项行动发挥了查处与预防的作用，电话实名制得到了进一步落实。2020年10月，国务院打击治理电信网络新型违法犯罪工作部际联席会议部署在全国范围内开展"断卡"行动。一年的时间里，全国各地各部门密切协作，有效挤压了"两卡"犯罪生存空间，公安机关累计打掉涉"两卡"违法犯罪团伙2.7万个，查处违法犯罪嫌疑人45万名；工信部集中清理电话卡6441万张；人民银行组织清理异常银行账户14.8亿个。本次立法，正是在总结与肯定近年来电话实名制度的制定与落实基础上，对电话用户实名制的进一步强化和立法确认。

从办案实践来看，当前涉案电话卡黑灰产最突出的问题不是不实名登记，而更多的是"实名不实人"操作。为了解决"实名不实人"的问题，本法全面完善了电话卡、物联网卡、金融账户、互联网账号有关基础管理制度，明确规定，电信业务经营者应当依法落实电话用户真实身份信息登记制度，进一步重视解决"实名不实人"的突出问题，并重视防范实践中违法犯罪分子还可能通过技术对抗，突破电话卡实名制，进而突破网络实名制的严重问题。

为此，电信运营企业要担负起社会责任，加强各层级员工的日常反诈教育，完善新入网用户的办理流程，切实贯彻实名制要求。通过严格审查开卡人的工作信息、居住地等信息审查开卡人的真实身份信息和真实开卡意图；通过开卡之后回访反馈和系统管控情况确定后期是否继续为该客户提供服务，如新开卡之后12小时内没有使用，或者突然漫游至异地接入网络，或者新开卡之后又突然接入另外一台终端设备，则需要开卡人到网点或者网上营业厅进行二次身份认证，不能完成二次实名认证的必须停机；充分利用信息通讯企业的经营特点，定期向客户发送反电信网络诈骗的公益短信和出租、出售、出借手机卡会带来法律责任的信息或者彩信，提示和警醒客户加强反电信网络诈骗的意识和手机卡只能自己使用的自觉。

人脸识别技术、指纹认证技术、虹膜技术等都能很方便地建立使用人、开户人和银行卡之间的相互识别和认证。如果能确保"人卡互认"，电信网络诈骗的银行卡通道漏洞绝大部分可以被堵塞住，这对电信网络诈骗犯罪几乎是毁灭性的打击。随着公安部、工信部打击电信网络诈骗的纵深推进，根据诈骗电话出现的新特点，需要及时调整管控策略，技管结合、警企协同，有效开展打击电信网络诈骗工作。

实际工作中，监管难度最大的还是分散在街头巷尾的代理商，一些代理商仍然存在将他人已经实名开办而未使用的电话卡收购后出售的情况，甚至利用工作便利将他人闲置的电话号码激活后出售。为此，基础通信企业和转售企业应当切实承担督促代理商落实电话实名制的管理责任，在协议中明确代理商实名制登记的责任和有关违约处置措施。司法机关在办案过程中也要重点关注此类情形，构成犯罪的，要坚决打击。

【典型案例】

案例1 严某某帮助信息网络犯罪活动案[①]

一、基本案情

2020年11月至12月间，被告人严某某在明知他人利用网络实施犯罪

---

① 《全民反电诈①｜全链条打击！仙游法院发布首批电信网络新型违法犯罪典型案例》，载仙游法院微信公众号2022年6月21日，https://mp.weixin.qq.com/s/Pp7pTAu2ne47e9op_EbdOA，2022年9月12日访问。

的情况下，仍出卖自己名下的 5 个银行账户及电话卡为 3 个对象提供帮助，该涉案银行卡累计帮助结算数额 110 万余元，其中网络诈骗赃款为 2 万余元。

二、诉讼过程

法院经审理认为，被告人严某某明知是他人利用信息网络实施犯罪，仍提供支付结算帮助，共计帮助结算数额人民币 110 万余元，情节严重，已构成帮助信息网络犯罪活动罪。据此，法院以帮助信息网络犯罪活动罪判处被告人严某某有期徒刑八个月，并处罚金人民币一万元。

三、典型意义

针对大量为电信网络诈骗犯罪分子提供信用卡、电话卡等犯罪工具，导致"实名不实人"情况在电信网络诈骗中普遍存在的突出问题，国家开展了"断卡行动"，该行动对于打击电信网络诈骗上下游黑灰产业链条亦是重拳。然而，当前仍有不少群众心存侥幸心理，误以为自己只是提供了银行卡而未参与犯罪，就可以"事不关己高高挂起"，殊不知该类黑卡已成为犯罪分子攫取非法利益的手段和媒介，给司法机关打击犯罪和挽回被害人经济损失带来巨大困难。因此，司法机关严厉打击电信网络诈骗犯罪的同时，也更加注重对此类"帮信"犯罪的惩处。实际上，大多数情况下，并不是电信网络诈骗犯罪分子自己去注册开办电话卡，或者使用、冒用他人的名义去开办电话卡，而更多的是购买、租用他人已经实名开办的电话卡，再使用这些电话卡进行犯罪活动，导致实际案件中电话卡"实名不实人"情况普遍存在。这就要求有关部门不仅在开办电话卡时要做到认真核对开卡人真实身份，更要在日常监管、运营中注意这些电话卡是否存在异常情况，同时要进一步加大对于帮助信息网络犯罪活动罪的打击力度，宣传教育群众不要为蝇头小利铤而走险，被追究刑事责任时悔之已晚。

案例2　王某诈骗案[①]

一、基本案情

被告人王某系经营电脑耗材、手机、手机卡及配件的小商户。2015年12月底，其为牟利购进一批不记名电话卡，通过QQ群及网店发布其销售手机卡的信息。从2016年1月起，陈某以高价向其大量购买电话卡，被告人王某明知是用来实施电信诈骗，但仍多次出售、激活电话卡供陈某使用，累计251张。经核查，陈某利用被告人王某所售卖的电话卡诈骗7人得逞，诈骗数额146883元。

二、诉讼过程

检察机关以诈骗罪对王某提起公诉，内蒙古自治区乌海市海勃湾区人民法院经审理认为，被告人王某明知他人实施电信网络诈骗犯罪，为牟利多次应约向他人提供手机卡，供他人实施诈骗犯罪活动使用，数额巨大，其行为已构成诈骗罪，按照有关司法解释规定，应当以诈骗的共同犯罪论处。

三、典型意义

根据《最高人民法院、最高人民检察院、公安部关于办理电信网络诈骗等刑事案件适用法律若干问题的意见》第四条第三项的规定，明知他人实施电信网络诈骗犯罪，提供手机卡、通信工具的，以诈骗罪的共犯论处。上述规定的"明知他人实施电信网络诈骗犯罪"，应当结合被告人的认知能力、既往经历、行为次数和手段、与他人关系、获利情况、是否曾因电信网络诈骗受过处罚、是否故意规避调查等主客观因素进行综合分析认定。本案中，被告人王某作为经营电话卡的商户，违反电话卡实名制的规定，主动购进不记名电话卡并兜售，且在明知他人实施电信网络诈骗犯罪的情况下，为牟利多次应约向他人提供手机卡，供他人在实施诈骗犯罪活动中使用，根据上述司法解释的规定，对王某应该以诈骗罪的共犯论处。

[①] 内蒙古自治区乌海市中级人民法院（2018）内03刑终27号刑事裁定书，载中国裁判文书网，https：//wenshu.court.gov.cn/website/wenshu/181107ANFZ0BXSK4/index.html？docId=9f19dc9826dd4ab89f08a8f300f7bb12，2022年9月12日访问。

案例3 徐某等6人侵犯公民个人信息案
——行业"内鬼"利用非法获取的公民个人信息激活手机"白卡"用于电信网络诈骗犯罪[①]

一、基本案情

2019年12月,被告人徐某、郑某合谋在杭州市、湖州市、诸暨市等地非法从事手机卡"养卡"活动。即先由郑某利用担任手机卡代理商的便利,申领未实名验证的手机卡(又称"白卡");再以每张卡人民币35元至40元的价格交由职业开卡人马某辉;马某辉通过在江苏省的劳务公司员工时某华、耿某军等人,以核实健康信息等为由,非法采集劳务公司务工人员的身份证信息及人脸识别信息,对"白卡"进行注册和实名认证。为规避通信公司对外省开卡的限制,时某华、耿某军利用郑某工号和密码登录内部业务软件,将手机卡开卡位置修改为浙江省。此外,马某辉还单独从赵某处购买公民个人信息400余条用于激活"白卡"。

经查,上述人员利用非法获取的公民个人信息办理手机卡共计3500余张。其中,被告人徐某、郑某、马某辉非法获利共计人民币147705元,被告人时某华、耿某军非法获利共计人民币59700元,被告人赵某非法获利共计人民币7220元。上述办理的手机卡中,有55张卡被用于电信网络诈骗犯罪,涉及68起诈骗案件犯罪数额共计人民币284万余元。

二、诉讼过程

本案由浙江省杭州市公安局钱塘新区分局(现为杭州市公安局钱塘分局)立案侦查。2020年12月10日,杭州市经济技术开发区人民检察院(现为杭州市钱塘区人民检察院)介入案件侦查。2021年2月4日,公安机关以徐某等6人涉嫌侵犯公民个人信息罪移送起诉。刑事检察部门在审

[①]《最高检发布打击治理电信网络诈骗及关联犯罪典型案例》,载最高人民检察院官网,https://www.spp.gov.cn/spp/xwfbh/wsfbt/202204/t20220421_554307.shtml#2,2022年9月12日访问。

查过程中发现，被告人利用工作便利，非法获取公民个人信息注册手机卡，侵犯了不特定公民的隐私权，损害了社会公共利益，将案件线索同步移送本院公益诉讼检察部门。公益诉讼检察部门以刑事附带民事公益诉讼立案后，开展了相关调查核实工作。

2021年11月30日、12月1日，检察机关以徐某等6人涉嫌侵犯公民个人信息罪提起公诉，同时提起刑事附带民事公益诉讼。同年12月31日，杭州市钱塘区人民法院以侵犯公民个人信息罪对徐某等6名被告人判处有期徒刑三年至七个月不等，并处罚金人民币九万元至一万元不等。同时，判决被告人徐某等6人连带赔偿人民币14万余元，并在国家级新闻媒体上进行公开赔礼道歉。被告人未上诉，判决已生效。

针对通信公司网点人员"养卡"的问题，检察机关与有关通信公司座谈，建议加强开卡和用卡环节内部监管，切断电信网络诈骗犯罪黑产链条。针对不法分子通过"地推"① 获取大学生、老年人、务工人员等群体个人信息的情况，检察人员在辖区大学城、社区、园区企业开展普法宣传，通过以案释法，提升民众的防范意识和能力。

三、典型意义

（一）公民个人信息成为电信网络诈骗犯罪的基础工具，对于侵犯公民个人信息的行为，坚持源头治理全链条打击。当前，非法泄露公民个人信息已成为大多数电信网络诈骗犯罪的源头行为。有的犯罪分子把非法获取的公民个人信息用于注册手机卡、银行卡，作为实施诈骗的基础工具；有的利用这些信息对被害人进行"画像"实施精准诈骗。检察机关要把惩治侵犯公民个人信息作为打击治理的重点任务，既要通过查办电信网络诈骗犯罪，追溯前端公民个人信息泄露的渠道和人员；又要通过查办侵犯公民个人信息犯罪，深挖关联的诈骗等犯罪线索，实现全链条打击。特别是对于行业"内鬼"泄露公民个人信息的，要坚持依法从严追诉，从重提出量刑建议，加大罚金刑力度，提高犯罪成本。

---

① "地推"是指通过实地宣传进行市场营销推方的人员的简称。

(二)发挥刑事检察和公益诉讼检察双向合力,加强对公民个人信息的全面司法保护。加强公民个人信息司法保护,是检察机关的重要职责。个人信息保护法明确授权检察机关可以提起这一领域的公益诉讼。检察机关刑事检察和公益诉讼检察部门要加强协作配合,强化信息互通、资源共享、线索移送、人员协作和办案联动,形成办案双向合力,切实加强对公民个人信息的全面司法保护。

【关联规定】

《中华人民共和国刑法》第二百八十七条之二【帮助信息网络犯罪活动罪】,《全国人民代表大会常务委员会关于加强网络信息保护的决定》一、六,《最高人民法院、最高人民检察院、公安部关于办理电信网络诈骗等刑事案件适用法律若干问题的意见》三、四,《最高人民法院、最高人民检察院、公安部关于办理电信网络诈骗等刑事案件适用法律若干问题的意见(二)》五、六、七,《中华人民共和国电信条例》第二条、第六条、第五十六条至第五十八条,《电话用户真实身份信息登记规定》

【条文内容】

> **第十条 【电话卡数量限制】** 办理电话卡不得超出国家有关规定限制的数量。
>
> 对经识别存在异常办卡情形的,电信业务经营者有权加强核查或者拒绝办卡。具体识别办法由国务院电信主管部门制定。
>
> 国务院电信主管部门组织建立电话用户开卡数量核验机制和风险信息共享机制,并为用户查询名下电话卡信息提供便捷渠道。

【条文主旨】

本条是关于电话卡数量限制的具体规定。

【适用指南】

从 2015 年 9 月起,手机卡办理就开始实行"实名制",电信企业通过各类实体营销渠道销售手机卡时,都要求用户出示本人身份证件,并当场验证。然而,利用手机卡作为作案工具的电信网络违法犯罪仍然猖獗,大量网络诈骗犯罪使用的手机卡和银行卡都来自非法获取和转卖。这些游离在监管之外的"黑卡"为犯罪行为提供了掩护,也成为打击和治理电信网络违法犯罪的难点。为此,各地监管部门采取了一系列办法封堵"实名制"漏洞。同时,处罚力度也在加强。对不符合"实名制"要求的代理网点,取消销售、代理等业务办理资格,并将该机构或负责人纳入失信名单进行管理,各基础电信企业不得与之开展业务合作。

实践证明,只有金融系统、通信行业严格"两卡"开办管理,广大人民群众自觉做到实名实人使用,持续保持对"两卡"犯罪的高压严打,才能从源头上有效遏制电信诈骗高发,进而逐步根治电信网络诈骗犯罪。2016 年 9 月,最高人民法院、最高人民检察院等六部门下发了《关于防范和打击电信网络诈骗犯罪的通告》,其中第四条要求:电信企业立即开展一证多卡用户的清理,对同一用户在同一家基础电信企业或同一移动转售企业办理有效使用的电话卡达到 5 张的,该企业不得为其开办新的电话卡。电信企业和互联网企业要采取措施阻断改号软件网上发布、搜索、传播、销售渠道,严禁违法网络改号电话的运行、经营。电信企业要严格规范国际通信业务出入口局主叫号码传送,全面实施语音专线规范清理和主叫鉴权,加大网内和网间虚假主叫发现与拦截力度,立即清理规范一号通、商务总机、400 等电话业务,对违规经营的网络电话业务一律依法予以取缔,对违规经营的各级代理商责令限期整改，逾期不改的一律由相关部门吊销执照，并严肃追究民事、行政责任。移动转售企业要依法开展业务，对整治不力、屡次违规的移动转售企业，将依法坚决查处，直至取消相应资质。

与此同时，强化入网稽核。根据诈骗号码用户资料特征，用户入网后，要对用户资料进行稽核，重点稽核互联网渠道发展的用户，主要稽核以下几个方面：（1）老年人证件入网号码，并且一证多户；（2）低龄人证件入网，并且一证多户；（3）同一个证件跨地市入网多户；（4）号码办理入网1~3个月后开始通话；（5）证件反复开销户情况。根据以上用户入网资料特征，开发自动化监控稽核系统，电信部门要每天根据号码归属自动下发到各市分公司业务稽核人员进行稽核，发现异常及时暂停用户语音主叫功能，要求用户进行二次实名认证。号码入网后已转售给诈骗分子，无法通过二次实名认证，从而达到事前预防电信网络诈骗的目的。

本次立法，将上述工作中总结的经验与相关制度立法化，使相关工作更具可操作性和法律效力。有的用户在不知情的情况下，被人注册了电话账户并被激活，有的电话卡甚至被"内鬼"出售给犯罪分子用作犯罪工具，为此，有必要提供快捷便利的查询方式，便于公民自己查询，防范上述风险，此次立法对此也作出了规定。

【典型案例】

周某平、施某青帮助信息网络犯罪活动案
——冒用他人信息实名注册并出售校园宽带账号为
电信网络诈骗犯罪提供工具[①]

一、基本案情

被告人周某平，系某通信公司宽带营业网点负责人；被告人施某青，

[①] 《最高检发布打击治理电信网络诈骗及关联犯罪典型案例》，载最高人民检察院官网，https://www.spp.gov.cn/spp/xwfbh/wsfbt/202204/t20220421_554307.shtml#2，2022年9月12日访问。

系某通信公司驻某大学营业网点代理商工作人员。自 2019 年上半年起，被告人周某平在网上获悉他人求购宽带账号的信息后，向施某青提出购买需求。施某青利用负责面向在校学生的"办理手机卡加 1 元即可办理校园宽带"服务的工作便利，在学生申请手机卡后，私自出资 1 元利用申请手机卡的学生信息办理校园宽带账号 500 余个，以每个宽带账号人民币 200 元的价格出售给周某平，由周某平联系买家出售。周某平、施某青作为电信行业从业人员，明知宽带账号不能私下买卖，且买卖后极有可能被用于电信网络诈骗等犯罪，仍私下办理并出售给上游买家。同时，为帮助他人逃避监管或规避调查，两人还违规帮助上游买家架设服务器，改变宽带账号的真实 IP 地址，并对服务器进行日常维护。周某平、施某青分别获利人民币 8 万余元、10 万余元。经查，二人出售的一校园宽带账号被他人用于电信网络诈骗，致一被害人被骗人民币 158 万余元。

二、诉讼过程

本案由上海市公安局闵行分局立案侦查。2021 年 6 月 4 日，公安机关以周某平、施某青涉嫌帮助信息网络犯罪活动罪移送闵行区人民检察院起诉。同年 6 月 30 日，检察机关对周某平、施某青以帮助信息网络犯罪活动罪提起公诉。同年 7 月 12 日，闵行区人民法院以帮助信息网络犯罪活动罪判处周某平有期徒刑八个月，并处罚金人民币一万元；判处施某青有期徒刑七个月，并处罚金人民币一万元。被告人未上诉，判决已生效。

针对本案办理中所暴露的宽带运营服务中的管理漏洞问题，检察机关主动到施某青所在通信公司走访，通报案件情况，指出该公司在业务运营中所存在的用户信息管理不严、业务办理实名认证落实不到位等问题，建议完善相关业务监管机制，加强用户信息管理。该公司高度重视，对涉案的驻某高校营业厅处以年度考评扣分的处罚，并规定"1 元加购宽带账户"的业务必须由用户本人到现场拍照确认后，方可办理。检察机关还结合开展"反诈进校园"活动，提示在校学生加强风险意识，防范个人信息泄露，重视名下个人账号管理使用，防止被犯罪分子利用。

三、典型意义

为他人逃避监管或者规避调查，非法办理、出售网络宽带账号，情节严重的，构成帮助信息网络犯罪活动罪，应当依法打击、严肃惩处。检察机关要会同相关部门规范电信运营服务、严格内部从业人员管理。加强校园及周边综合治理，深化法治宣传教育，共同牢筑网络安全的校园防线。

（一）非法买卖宽带账号并提供隐藏 IP 地址等技术服务，属于为网络犯罪提供技术支持或帮助，应当依法从严惩治。宽带账号直接关联到用户网络个人信息，关系到互联网日常管理维护，宽带账号实名制是互联网管理的一项基本要求。电信网络从业人员利用职务便利，冒用校园用户信息开通宽带账户倒卖，为犯罪分子隐藏真实身份提供技术支持帮助，侵犯用户的合法权益、影响网络正常管理，也给司法办案制造了障碍。对于上述行为，情节严重的，构成帮助信息网络犯罪活动罪，应当依法追诉；对于行业内部人员利用工作便利实施上述行为的，依法从严惩治。

（二）规范通信运营服务，严格行业内部人员管理，加强源头治理，防范网络风险。加强通信行业监管是打击治理电信网络诈骗的重要内容。网络黑灰产业不断升级发展，给电信行业监管带来不少新问题。对此，检察机关要结合办案所反映出的风险问题，会同行业主管部门督促业内企业严格落实用户实名制，规范用户账号管理；建立健全用户信息收集、使用、保密管理机制，及时堵塞风险漏洞，对于频繁应用于诈骗等违法犯罪活动的高风险业务及时清理规范。要督促有关企业加强对内部人员管理，加大违法违规案例曝光，强化警示教育，严格责任追究，构筑企业内部安全"防火墙"。

（三）加强校园及周边综合治理，深化法治宣传教育，共同牢筑网络安全的校园防线。当前，校园及周边电信网络诈骗及其关联案件时有发生，一些在校学生不仅容易成为诈骗的对象，也容易为了眼前小利沦为诈骗犯罪的"工具人"。要深化检校协作，结合发案情况，深入开展校园及周边安全风险排查整治，深入开展"反诈进校园"活动，规范校园内电信、金融网点的设立、运营，重视加强就业兼职等重点领域的法治教育。

【关联规定】

《中华人民共和国刑法》第二百八十七条之二【帮助信息网络犯罪活动罪】，《最高人民法院、最高人民检察院、公安部关于办理电信网络诈骗等刑事案件适用法律若干问题的意见》四，《电话用户真实身份信息登记规定》第四条至第六条、第十条、第十一条、第六十条，《最高人民法院、最高人民检察院、公安部、工业和信息化部、中国人民银行、中国银行业监督管理委员会关于防范和打击电信网络诈骗犯罪的通告》三、四，《工业和信息化部、公安部关于依法清理整治涉诈电话卡、物联网卡以及关联互联网账号的通告》一至五

【条文内容】

> 第十一条 【涉诈异常电话卡处置】电信业务经营者对监测识别的涉诈异常电话卡用户应当重新进行实名核验，根据风险等级采取有区别的、相应的核验措施。对未按规定核验或者核验未通过的，电信业务经营者可以限制、暂停有关电话卡功能。

【条文主旨】

本条是关于监测识别的涉诈异常电话卡处置的具体规定。

【适用指南】

作为具有监测识别涉诈异常电话卡责任的电信业务经营者，应当切实担负起日常运营活动中反电信网络诈骗的监测责任。2021年6月，工信部、公安部联合发布的《关于依法清理整治涉诈电话卡、物联网卡以及关联互联网账号的通告》第四条规定，电信企业应建立电话卡"二次实人认证"工作机制，针对涉诈电话卡、"一证（身份证）多卡"、"睡眠卡"、"静默卡"、境外诈骗高发地卡、频繁触发预警模型等高风险电话卡，提醒用户在24小时内通过电信企业营业厅或线上方式进行实名核验，在规定期限内未核验或未通过核验的，暂停电话卡功能，有异议的可进行投诉反映，经核验通过的恢复功能。通过电信企业营业厅认证的，电信企业应要求用户现场签署涉诈风险告知书；采用线上方式认证的，电信企业应要求用户阅读勾选涉诈风险告知书，录制留存用户朗读知晓涉诈法律责任的认证视频。第五条规定，互联网企业应根据公安机关、电信主管部门有关要求，对涉案电话卡、涉诈高风险电话卡所关联注册的各类社交软件互联网账号依法依规进行实名核验，对违法违规账号及时采取关停等处置措施。本次立法将涉诈异常卡处置的要求写入其中，旨在压紧压实电信企业的主体责任，强化源头治理。

在对"黑卡"治理过程中，相关部门通过技术手段提升身份信息核验能力，利用专用移动应用程序、与"全国居民身份证号码查询服务中心"联网比对等有效技术措施，核验用户身份信息，实现系统自动录入用户身份信息，停止人工录入方式；进一步规范社会营销渠道，严格社会营销渠道的代理条件，禁止签约社会营销渠道擅自委托下级代理商办理电话入网手续；加强网络营销渠道管理，电信企业通过网络营销渠道销售电话卡时，在预选卡号环节，应要求用户上传居民身份证的扫描信息，将该信息与"全国居民身份证号码查询服务中心"进行联网比对，核验通过后方可配送电话卡；各通信管理局和基础电信企业定期对电话用户实名登记工作进行监督检查。移动转售企业加大对本企业各类营销渠道的自查力度，确保各类营销渠道认真落实电话用户实名登记要求；建立健全协作机制，积极探索联合执法检查的协作方式，加大对社会营销渠道和流动商贩售卖非实名电话卡、盗用他人身份信息进行虚假登记等违规行为的检查力度。公安机关在侦办违法犯罪案件过程中，要注重发现和收集"黑卡"号码信息，及时汇总并转交当地通信管理局依法依规进行处理；快速核实关停"黑卡"，建立违法渠道黑名单制度。

具体办案中需要注意的是，根据《最高人民法院、最高人民检察院、公安部关于办理电信网络诈骗等刑事案件适用法律若干问题的意见（二）》规定，"明知他人利用信息网络实施犯罪，为其犯罪提供下列帮助之一的，可以认定为《最高人民法院、最高人民检察院关于办理非法利用信息网络、帮助信息网络犯罪活动等刑事案件适用法律若干问题的解释》第十二条第一款第（七）项规定的'其他情节严重的情形'：（一）收购、出售、出租信用卡、银行账户、非银行支付账户、具有支付结算功能的互联网账号密码、网络支付接口、网上银行数字证书5张（个）以上的；（二）收购、出售、出租他人手机卡、流量卡、物联网卡20张以上的"。《最高人民法院、最高人民检察院关于办理非法利用信息网络、帮助信息网络犯罪活动等刑事案件适用法律若干问题的解释》第十二条规定了认定帮助信息网络犯罪活动罪"情节严重"的6种具体情形，但在办理涉"两卡"案件时，对于这6种情形的标准把握不尽相同，且对交易"两卡"数量较大的行为，现有规定难以涵盖。因此，为了更好地解决实践中认定标准不一问题，对于非法交易"两卡"数量较大的，前述意见规定了两种情形，符合其中之一的，可以认定为第十二条第一款第七项规定的"其他情节严重的情形"。分别规定信用卡5张和手机卡20张的数量标准，主要考虑：一是与《最高人民法院、最高人民检察院关于办理非法利用信息网络、帮助信息网络犯罪活动等刑事案件适用法律若干问题的解释》相协调。该解释第十二条第一款第四项规定"违法所得一万元以上的"属于情节严重。结合当前黑灰产市场上"两卡"交易基本价格，《最高人民法院、最高人民检察院、公安部关于办理电信网络诈骗等刑事案件适用法律若干问题的意见（二）》对非法交易信用卡、电话卡的数量分别作了 5 张、20 张的数量要求，与"违法所得一万元以上"保持大体平衡。二是与妨害信用卡管理罪司法解释相协调。根据《最高人民法院、最高人民检察院关于办理妨害信用卡管理刑事案件具体应用法律若干问题的解释》第二条之规定，非法持有他人信用卡 5 张以上不满 50 张的，应当认定为《刑法》第一百七十七条之一第一款第二项规定的"数量较大"。因此，对于非法出售 5 张信用卡的行为，收购人自然属于非法持有他人信用卡"数量较大"，可能构成妨害信用卡管理罪。与之相衔接，对于非法出售信用卡行为人的入罪数量标准也应当以 5 张为宜。三是与现有的开办卡管理规定相适应。根据现有开办手机卡的规定，单个人最多能办理 15 张手机卡（即一家运营商开办 5 张卡），因此如果行为人交易 20 张手机卡，则基本可认定为职业贩卡人。这既属于当前"断卡"行动打击的重点对象，也与《最高人民法院、最高人民检察院、公安部关于办理电信网络诈骗等刑事案件适用法律若干问题的意见（二）》第七条第二项规定的"帮助"行为相对应。四是出租、出售"两卡"的数量在一定程度上反映出犯罪情节和危害。从打击治理电信网络诈骗犯罪的实践看，"两卡"多以"四件套""八件套"的形式成套出售，且大量被用于实施电信网络诈骗和网络赌博等违法犯罪活动，基本没有合法用途，社会危害严重。结合主观因素和客观实践，出租、出售"两卡"的数量在一定程度上反映出行为人帮助他人实施信息网络犯罪的社会危害性。

需要注意的是，一方面，本条主要是设置了帮助信息网络犯罪活动罪情节严重的两种认定情形。实践中，行为人非法交易"两卡"的行为是否构成帮助信息网络犯罪活动罪，不能仅以行为人出租、出售信用卡 5 张、手机卡 20 张就直接认定，仍要按照"主观明知+情节严重"的判断思路，结合各方面因素综合认定。同时，要求查实被帮助对象达到信息网络犯罪的程度。例如，非法收购、出租、出售信用卡被用于实施电信网络诈骗的，是否构成帮助信息网络犯罪活动罪，除了要认定非法收购、出租、出售信用卡 5 张外，还需要查实通过上述信用卡支付结算涉嫌诈骗金额达到犯罪的程度，即 3000 元以上。另一方面，本条在《最高人民法院、最高人民检察院关于办理非法利用信息网络、帮助信息网络犯罪活动等刑事案件适用法律若干问题的解释》第十二条第一款的基础上，增设了两种情节严重的具体认定情形，第十二条规定的 6 种情形仍然适用，实践中需要根据具体案情综合准确适用。①

【典型案例】

周某奇、尤某杰帮助信息网络犯罪活动案②

一、基本案情

2019 年 11 月上旬，周某奇伙同尤某杰在杭州某职业技术学院设立学生兼职微信群，发布招聘话务员的消息，要求应聘学生到附近营业厅办理电话卡并将卡上交。周某奇、尤某杰以上述方式购得刘某欣等 20 余名学生办理的实名制电话卡 75 张，每张卡支付给学生人民币几十元至一百元不等的费用。

2019 年 11 月中下旬，周某奇、尤某杰又通过类似方式招募了石某行等 130 余名社会人员，用大巴车将他们从河北省带至北京市办理 400 张左右实名制北京电话卡并收购，每张卡支付人民币几十元的费用。

周某奇、尤某杰明知他人利用信息网络实施犯罪，仍将上述电话卡出售供他人使用，违法所得人民币 12 万余元。上述电话卡通过非法途径流入境外，犯罪分子使用其冒充国家机关工作人员实施诈骗，骗取被害人李某等 10 余人钱款共计人民币 200 余万元。

---

① 刘太宗、赵玮、刘涛：《最高检专家解读〈关于办理电信网络诈骗等刑事案件适用法律若干问题的意见（二）〉》，载《人民检察》2021 年第 13 期。
② 《充分发挥检察职能 推进网络空间治理典型案例》，载最高人民检察院官网，https://www.spp.gov.cn/spp/xwfbh/wsfbh/202101/t20210125_507452.shtml，2022 年 9 月 12 日访问。

二、诉讼过程

2020年3月3日，浙江省杭州市公安局余杭区分局以周某奇、尤某杰涉嫌诈骗罪，移送浙江省杭州市余杭区人民检察院审查起诉。同年9月21日，杭州市余杭区人民检察院对周某奇、尤某杰以帮助信息网络犯罪活动罪提起公诉。同年12月18日，杭州市余杭区人民法院作出一审判决，以帮助信息网络犯罪活动罪分别判处被告人周某奇、尤某杰有期徒刑二年二个月，并处罚金。针对本案犯罪分子向学生、社会人员大量收购实名制电话卡的情况，杭州市余杭区人民检察院一方面向相关学校制发检察建议，提出加强教育管理的意见；另一方面通过线上线下相结合的方式，走进学校、工地等，对青年学生、打工人员、无业人员开展警示教育，引导树立正确的就业观，防止落入"犯罪"陷阱。

三、典型意义

（一）涉电话卡、银行卡（简称"两卡"）违法犯罪问题突出，社会危害严重。当前，非法出售、出租"两卡"问题较为突出。不少犯罪分子将收购的"两卡"作为犯罪工具，用于骗取被害人资金或转移赃款，掩盖犯罪事实，逃避司法机关追查。这种行为严重危害社会安全稳定，严重侵蚀社会诚信根基，必须从源头管控，从严打击防范，多管齐下，坚决遏制"两卡"泛滥，防止电信网络诈骗犯罪滋生蔓延。

（二）积极开展"断卡"行动，全力斩断电信网络诈骗犯罪链条。为遏制涉"两卡"类犯罪，2020年10月起，最高人民法院、最高人民检察院、公安部、工业和信息化部、中国人民银行等部门联合部署开展"断卡"行动，依法从严打击非法出售、出租"两卡"违法犯罪活动，重点打击专门从事非法收购、贩卖"两卡"活动的犯罪团伙，以及与之内外勾结的电信、银行等行业从业人员。检察机关要加强协作配合，会同相关部门，依法查办涉"两卡"违法犯罪团伙，联合整治涉"两卡"犯罪猖獗的重点地区，推动惩戒涉"两卡"违法犯罪失信人员，全力斩断"两卡"开办贩卖的黑灰产业链，坚决铲除电信网络诈骗犯罪滋生的土壤。

（三）提升法治意识，防止被犯罪分子所利用。根据相关法律法规，手机卡、银行卡仅限于本人使用，不得非法出租、出售。一旦出租、出售，轻则泄露个人信息，受到限制办卡等信用惩戒或行政处罚，重则可能涉嫌犯罪。社会公众要提高防范意识，切莫贪图小利，成为犯罪的"帮凶"。一旦发现涉"两卡"犯罪线索，应当立即向公安机关举报。若已实施非法出租、出售、购买"两卡"的违法犯罪活动，必须立即停止，投案自首。各电信运营商、银行应当加强营业网点管理，加强内部人员教育和监督，严格防范内外勾结、规避管控的行为发生，防止非法"两卡"流入社会。

【关联规定】

《中华人民共和国刑法》第二百八十七条之二【帮助信息网络犯罪活动罪】，《最高人民法院、最高人民检察院关于办理非法利用信息网络、帮助信息网络犯罪活动等刑事案件适用法律若干问题的解释》第十一条、《电话用户真实身份信息登记规定》第十一条、第十二条、第十四条至第十六条，《工业和信息化部、公安部关于依法清理整治涉诈电话卡、物联网卡以及关联互联网账号的通告》一至五

【条文内容】

> **第十二条　【物联网卡监管】** 电信业务经营者建立物联网卡用户风险评估制度，评估未通过的，不得向其销售物联网卡；严格登记物联网卡用户身份信息；采取有效技术措施限定物联网卡开通功能、使用场景和适用设备。
>
> 　　单位用户从电信业务经营者购买物联网卡再将载有物联网卡的设备销售给其他用户的，应当核验和登记用户身份信

息,并将销量、存量及用户实名信息传送给号码归属的电信业务经营者。

电信业务经营者对物联网卡的使用建立监测预警机制。对存在异常使用情形的,应当采取暂停服务、重新核验身份和使用场景或者其他合同约定的处置措施。

【条文主旨】

本条是关于物联网卡监管的具体规定。

【适用指南】

物联网卡是由运营商提供,用来满足智能硬件的联网、管理,以及集团公司的移动信息化应用需求的 4G/3G/2G 流量卡。物联网卡不能打电话,只能专注于上网,所以说它也是一张流量卡。作为物联网技术的核心,在相关产品上安装物联网卡实现物联网的连接是常见的应用方式。事实上,物联网是互联网的延伸,其本质还是互联网,只要有硬件或产品连接到互联网,数据交换就被称为物联网。在生活中常见的物联网应用情形与应用行业相当广泛,如智能家居、智能医疗、智慧教育、智慧农业、车联网、共享经济、智能物流等。目前物联网卡的应用场景主要是:车联网、工业物联网、公共事业、能源管理、零售服务、智慧物流、医疗健康、智慧家庭、智慧农业。如车联网主要是指车辆仪表台中控安装的终端设备,如定位终端、车载 Wi-Fi、智能后视镜、智能 ETC、导航监控终端、行车记录仪、车辆刷卡机、共享单车等。物联网技术使得我们的生活更加舒适、便捷,可以说物联网与我们的生活场景息息相关。物联网卡具有应用领域广泛,价格相对低廉,资费灵活,性能强,多卡选择等多项特点,但由于物联网卡与普通手机 SIM 卡十分相似，在市场上出现了真假难辨的"流量卡"。无需实名认证的特殊性，使得物联网卡成为网络诈骗的新型工具。

从技术上看，物联网卡除不能打电话外，在实现联网功能上与电话卡并无区别，更方便人们迅捷地使用物联网。更重要的是，手机电话卡需要实名认证，而针对物联网卡的监管则并不如此，企业在运营商那里登记名称后就能批量购卡，一些智能设备、物流企业一年需要的物联网卡数以万计乃至百万计。现实中有些卡就通过层层转卖流入了灰色市场，被用于电信网络诈骗。在监管使用物联网卡进行诈骗活动方面，最大的阻碍就在于实名制度。不管是哪一类客户，购买物联网卡都需要实名认证。消费者购买需要身份证，企业购买需要企业执照和公司法人身份信息。由于企业往往购买量较大，其中也衍生了众多大代理商、小代理商的角色。当企业完成企业认证后，就能拿到一批物联网卡，这批卡根据要求用在正规的物联网设备中。而且这批卡只有一个主人，那就是企业。企业的角色可以分三类，分别是大代理商、小代理商和物联网卡使用者。因此，当企业充当这三者其中之一的角色时，物联网卡的去向和用处就有了多种可能，其中就包括被诈骗团伙利用。当企业是大代理商时，下游往往是小代理商和物联网卡使用者。而不管企业充当何种角色，物联网卡的主人仍然只能追溯到企业端，具体每个物联网卡的使用设备仍然无法追溯。为此，运营商也在不断完善物联网卡的追溯机制，即将物联网卡与物联网设备进行绑定，当后台检测到物联网卡用于其他设备时，例如手机等，就进行封卡等操作。但是仍然会有诈骗分子利用物联网进行犯罪活动，如路由器作为合法合规的物联网设备，将物联网卡用在路由器上就不会产生机器或者机制冲突。电信网络诈骗犯罪分子可能通过各种渠道（主要通过小代理商的渠道）购买大量不需要个人实名认证的物联网卡，将其用在不受机卡绑定限制的路由器中，利用路由器因 IP[①] 不断跳动、无法被锁定的特性，使用手机连接

[①] IP（Internet Protocol），网际互连协议是 TCP/IP 体系中的网络层协议。

路由器，通过微信等社交工具进行网络诈骗，导致犯罪活动追踪困难。再如移动 POS 机也存在该问题。

鉴于此，各大代理卡商和运营商也分别采取了相应措施开展治理。在卡商层面，通过加强审核力度降低物联网卡流向非法领域。如下游企业申请物联网卡时，要求其提供企业营业执照，且必须先签订合同、盖公章才能出卡等，加强对卡片流向的管理。在运营商层面，主要通过机卡绑定的机制降低物联网卡的非法使用，特别是在诈骗发生的高危地区需要提供物联网卡和设备照片等强制性确保物联网卡的正向用途。运营商也可以通过限制域名的方法，杜绝上述诈骗现象的发生。即通过卡管理后台对常见社交场景的域名作以限制，使该物联网卡并不能正常访问受限制域名，从而达到杜绝的效果。但是物联网卡的应用场景众多，如果限制了这些常见域名，则会影响目前大部分的支付业务。因此，此类方法仍然没有得到大范围应用，物联网卡依然有被不法分子利用的可能。

2021 年 6 月 2 日，工业和信息化部和公安部联合发布了《工业和信息化部公安部关于依法清理整治涉诈电话卡、物联网卡以及关联互联网账号的通告》，其中第三条规定，电信企业、互联网企业应按照"谁开卡、谁负责，谁接入、谁负责，谁运营、谁负责"的原则，严格落实网络信息安全主体责任，加强电话卡、物联网卡、互联网账号的实名制管理，加强涉诈网络信息监测处置，强化风险防控。参照手机卡实名制，对物联网卡进行实名管理，对企业申领物联卡进行从申卡数量、申卡用途、使用场景等多方面管理，能够从源头上打击该类电信诈骗活动。同时随着科技发展，建立起物联卡电子档案，进行大数据汇总，可以形成数据画像，有助于提高侦查效率，及时挽回受害人损失。本次立法专门对物联网卡进行了规范，强化了治理力度。

办案中需要注意，《最高人民法院、最高人民检察院、公安部关于办理电信网络诈骗等刑事案件适用法律若干问题的意见（二）》规定，为他人利用信息网络实施犯罪而实施下列行为，可以认定为《刑法》第二百八十七条之二规定的"帮助"行为：（一）收购、出售、出租信用卡、银行账户、非银行支付账户、具有支付结算功能的互联网账号密码、网络支付接口、网上银行数字证书的；（二）收购、出售、出租他人手机卡、流量卡、物联网卡的。对于手机卡，指向收购、出售、出租他人的电话卡，具体包括手机卡、物联网卡、流量卡等，未将出售自己手机卡的行为纳入犯罪圈。之所以作出上述区分，主要考虑：一是从作用看，信用卡和电话卡都是电信网络诈骗犯罪中的常用工具，但实践中，信用卡多被直接用于转移诈骗资金，此时诈骗行为往往已经既遂，直接危及被害人财产安全。因此，使用非法交易的信用卡与诈骗犯罪的关联度更为紧密，社会危害性更大。而使用非法交易的手机卡，多是用于拨打诈骗电话、发送诈骗短信或是通过软件聊天"引流"等，这些往往是诈骗的预备或者实行行为，是否诈骗成功还有一定的不确定性，相较于信用卡，对合法财产侵害的紧迫程度相对较弱。二是从开办数量看，每个人能开办的电话卡为每家运营商5张，合计最多15张。而能开办信用卡的金融机构数量众多，个人能开办的信用卡数量较大。相较于信用卡，对手机卡更易于从源头加强行政管控。作此规定，既符合刑法谦抑性要求，也给行政执法、信用惩戒预留必要空间。三是与"断卡"行动要求相契合。根据"断卡"行动方案要求，明确非法交易手机卡，主要是打击收购、贩卖团伙，而不是非法出售个人手机卡的个人。[1]

【典型案例】

案例1　江苏南京侦破"11·2"案[2]

南京网安部门打掉一个运营商内部工作人员、中间人、黑卡销售公司

---

[1] 刘太宗、赵玮、刘涛：《最高检专家解读〈关于办理电信网络诈骗等刑事案件适用法律若干问题的意见（二）〉》，载《人民检察》2021年第13期。
[2] 《公安部网安局公布一批网络黑产案例》，载公安部官网，https：//www.mps.gov.cn/n2254098/n4904352/c7668083/content.html，2022年9月12日访问。

相互勾结,大肆制售物联网黑卡的犯罪链条,抓获犯罪嫌疑人13名(其中某运营商内部工作人员3名),现场查获未售出的物联网卡5万余张(涉案物联网卡共40万张)。2019年12月以来,犯罪嫌疑人戴某利用某运营商内部人员关系,违规向犯罪嫌疑人彭某提供40万张物联网卡,致使其中35万张流向电信网络诈骗、网络黑产等违法犯罪活动。

案例2 江苏徐州侦破"5·18"案[①]

一、基本案情

徐州网安部门打掉一个专门为下游犯罪提供QQ"养号"服务的特大黑产平台,抓获违法犯罪嫌疑人17名,查获恶意注册、非法获取的QQ账号2亿余组。2016年以来,犯罪嫌疑人刘某利用平台上"卡商"接入的手机卡号和验证码资源,为"号商"提供QQ"养号"服务,致使大量QQ账号被不法分子用于电信网络诈骗、网络赌博等违法犯罪活动。2019年2月以来,该平台注册用户14万余个,资金流水近9000万元,非法获利3000余万元。

二、典型意义

为乘胜追击,一鼓作气,坚决打掉网络黑灰产业链,整治网络违法犯罪生态,遏制网络犯罪高发势头,公安部网络安全保卫局2020年启动了"净网2020"专项行动,继续打击整治网络违法犯罪活动,深入整顿网上秩序,进一步营造安全、清朗、有序的网络环境。2020年,全国公安机关网安部门发起"净网2020"打击网络黑产犯罪集群战役,重拳打击为电信网络诈骗、网络赌博、网络水军等突出违法犯罪提供网号恶意注册、技术支撑、支付结算、推广引流等服务的违法犯罪活动,网安部门共侦办刑事案件4453起,抓获违法犯罪嫌疑人14311名(含电信运营商内部工作

[①] 《公安部网安局公布一批网络黑产案例》,载公安部官网,https://www.mps.gov.cn/n2254098/n4904352/c7668083/content.html,2022年9月12日访问。

人员 152 名），查处关停网络接码平台 38 个，捣毁"猫池"① 窝点 60 个，查获、关停涉案网络账号 2.2 亿余个。据相关数据显示，网络活跃接码平台日接码量降幅 67%，黑市手机号数量降幅近 50%，有力维护了网络秩序。

【关联规定】

《最高人民法院、最高人民检察院、公安部关于办理电信网络诈骗等刑事案件适用法律若干问题的意见（二）》一、二、六至十，《工业和信息化部、公安部关于依法清理整治涉诈电话卡、物联网卡以及关联互联网账号的通告》一至五

【条文内容】

> 第十三条 【改号电话识别、拦截】电信业务经营者应当规范真实主叫号码传送和电信线路出租，对改号电话进行封堵拦截和溯源核查。
>
> 电信业务经营者应当严格规范国际通信业务出入口局主叫号码传送，真实、准确向用户提示来电号码所属国家或者地区，对网内和网间虚假主叫、不规范主叫进行识别、拦截。

---

① 猫池（Modem POOL）是基于电话的一种扩充装备，它以扩充电话通信带宽和目标对象，将相当数量的调制解调器使用特殊的拨号请求接入设备连接在一起，可以同时拨打大批量的用户号码，接受多个用户拨号连接的设备。

因这个特点而被大量应用于具有多用户远程联网需求的单位或需要向多用户提供电话拨号联网服务的单位。骗子们往往利用它来提高拨打电话环节的效率。

不仅能够实现集群发布，而且使用方便、成本低廉，已经成为电信诈骗者十分常用的诈骗用具。

【条文主旨】

本条是关于改号电话识别、拦截、溯源的具体规定。

【适用指南】

近年来，电信网络诈骗犯罪滋生出买卖公民个人信息、非法收购贩卖"两卡"（银行卡、电话卡）、架设"猫池"和GOIP设备①、提供虚假平台和技术支撑、提供转账洗钱服务等一系列黑灰产业，黑灰产业又反过来"滋养"了电诈犯罪，形成所谓相伴相生的"利益共同体"。一些犯罪团伙在国内购买大量的银行卡、电话卡以及企业对公账户，转运到境外用于实施电信网络诈骗等犯罪。对此，有关部门应当加强对涉诈相关非法服务、设备、产业的治理。应当积极治理改号电话、虚假主叫和涉诈非法设备；加强涉诈APP（智能手机的第三方应用程序）、互联网域名监测治理；打击治理涉电信网络诈骗相关产业。本法加强对涉诈相关非法服务、设备、产业的治理，打击治理涉电信网络诈骗黑灰产业，将有效挤压犯罪空间，铲除犯罪土壤。改号软件其实就相当于一个网络电话，在网络电话通信中，用户接收到的内容如对方的来电显示，都相当于一个数据包，改号软件就是把这个数据包里面的来电号码进行修改，改后被叫的号码只能看到被修改之后的该号码信息。从功能特征看，改号软件属于一种VOIP技术（网络电话），该技术可以将封闭的通信系统改变为开放的通信系统，剥夺电信运营商对电话号码的唯一分配能力。当VOIP技术使用信令向通信系统发送信息或来电时，通信系统上可以显示相应的被任意造设出的号码，其平均售价在50元至300元之间，获取途径多样。有的将电话号码伪

---

① GOIP（Gsm Over Internet Protocol）设备，一种虚拟拨号设备，该设备能将传统电话信号转化为网络信号，供上百张手机卡同时运作，并通过卡池远程控制异地设备，实现人机分离、人卡分离、机卡分离等功能。

造成亲朋好友的号码"借钱",有的粉饰成公安机关电话号码骗取"保证金""赎身费",有的伪装为网络卖家电话号码收取付款。改号软件逐渐成为电信诈骗分子逃避侦查、提高诈骗成功率、创新诈骗方式的利器。近年来,使用改号软件进行电信网络诈骗的案件频发,2013年原国家工商行政管理总局明令禁止改号软件销售和服务,对网络交易平台售卖改号软件进行整改、处罚。2016年,最高人民法院、最高人民检察院、公安部、工业和信息化部、中国人民银行、原中国银行业监督管理委员会六部门联合发布《关于防范和打击电信网络诈骗犯罪的通告》,明确要求"严格落实电话用户真实身份信息登记制度"。对此,工业和信息化部在2016年11月实施的《关于进一步防范和打击通讯信息诈骗工作的实施意见》中指出,未在2016年底前实名的,一律停机,要坚决整治网络改号问题。为了落实该要求,工业和信息化部随即发布了《关于进一步清理整治网上改号软件的通知》,旨在禁止以任何形式售卖、租售改号软件及其衍生和变形工具的行为,肃清网上改号软件。从售卖形式上看,为响应国家号召,各电信和互联网企业采取措施,阻断改号软件销售渠道,取得了立竿见影的效果。同时要谨防改号软件的售卖以改头换面的形式卷土重来,交易行为变得更加隐蔽和灵活。正因为改号软件本身的非法性质,才让软件供应商隐藏自己的租售行为,进行隐蔽交易。目前全国打击治理电信网络新型违法犯罪专项行动已经取得阶段性成效,利用改号软件实施诈骗的案件总体呈下降趋势,但仍要警惕上述部分非法改号软件经营者采取改头换面和隐秘手段逃避打击治理的行为,让非法改号软件无处藏身。《关于进一步清理整治网上改号软件的通知》要求各基础电信企业和互联网企业要切实采取有效措施,在网站页面、搜索引擎、手机应用软件商店、电商平台、社交平台等空间坚决阻断改号软件的网上发布、搜索、传播、销售渠道,让非法改号软件"发不出、看不见、搜不到、下载不了"。电信运营商在打击非法改号软件的业务机制、管理制度以及技术手段上,也做了全面改进。一般情况下,在一些电商平台上输入"改号软件"进行搜索,结果显示"根据相关法律法规和政策无法显示相关宝贝"。但在个别搜索引擎推广栏以及搜索栏下面的推广关键词位置可以看到"任意显示号码软件、模拟号码打电话、手机号码改号器"等关键词，点击或搜索这些关键词进入一些论坛和软件下载站就可以看到改号软件的广告。有的提供了下载按钮、有的提供了QQ（基于互联网的即时通讯软件）号。综上，在已实行手机实名制的情况下，改号软件本身具有非法性，并非一项中立技术，即便以使用改号软件避免个人信息泄露为由，亦不能掩盖改号软件售卖、租售行为的违法属性。

法律适用中需要重点关注的是，提供改号软件的行为是否成立犯罪？这里需分两种情形讨论：第一种情形，使用改号软件进行合法活动时，如出于娱乐进行的改号，没有实施违法犯罪活动等，提供行为本身能否单独成立犯罪？根据共犯从属性理论，帮助犯的可罚性基础在于辅助正犯的实行行为实现了刑法中规定的危害后果。如果没有正犯的实行行为，帮助行为不能单独侵犯法益，就不具刑事处罚性。在我国未设立帮助信息网络犯罪活动罪之前，提供改号软件的行为只能依附于诈骗行为，按照诈骗罪定罪处罚。如果不存在诈骗行为，提供改号软件的行为就不能被单独定罪。但是帮助信息网络犯罪活动罪的设立，也并非意味着只要提供了改号软件，不论使用者作何用途，供应商均构成该罪。因为帮助信息网络犯罪活动罪明确规定，明知他人利用信息网络实施犯罪，仍提供技术支持的才构成该罪。可见，"他人利用信息网络实施犯罪"和"主观上明知"是成立该罪两个不可或缺的要素。因此，当改号软件供应商提供技术给一般人进行合法行为时，仅属于行政违法行为，而非刑事犯罪行为。第二种情形，改号软件被当作电信网络诈骗工具，而软件提供者没有与诈骗人达成明确意思联络时的构罪问题。有学者认为，提供改号软件服务在大多数情况下都属于中立帮助行为，在提供服务时会收取相关费用[1]，帮助行为虽具有可罚性，但中立帮助行为不具有可罚性。根据《最高人民法院、最高人民检察院关于办理非法利用信息网络、帮助信息网络犯罪活动等刑事案件适

---

[1] 张伟：《中立帮助行为探微》，载《中国刑事法杂志》2010年第5期。

用法律若干问题的解释》和《最高人民法院、最高人民检察院、公安部关于办理电信网络诈骗等刑事案件适用法律若干问题的意见》的相关规定，笔者赞同的观点是，提供改号软件的行为虽与中立帮助行为存在相似之处，但本质上大相径庭，该行为满足帮助行为的成立要素。就主观方面而言，改号软件提供者具有不确定的故意，即明知行为可能会导致一定的社会危害后果，对行为的对象、主体等要素不明确，放任或希望危害后果发生的主观心理状态。在意志因素上，不确定的故意希望或放任刑法上危害后果的发生，大致知晓行为的危害性，仍积极实施行为，具有刑事可罚性。改号软件提供者虽然不能具体认识到买方侵害的客体、对象要素及程度，但是清楚其提供行为必然会导致一定的危害结果，且知晓改号软件的违禁品性质。因此，用"主观上不明知"当作抗辩理由不成立。就客观层面而言，改号软件是电信网络诈骗的核心技术，对犯罪成功率的提高，侦破率的降低作用不容忽视。实践中，利用改号软件篡改号码进行诈骗是电信诈骗的惯用手段。除物理上的助力外，改号软件也为诈骗分子提供了心理支持。其在客观上对诈骗行为及结果的实质性促进作用，让改号软件提供行为具有可罚性。因此，当存在诈骗实行行为时，即便改号软件提供者没有与诈骗人形成明确的意思联络，也应排除改号软件提供行为的中立合法性质，确定其刑事违法性[1]。针对个人信息泄露问题，工业和信息化部正在严格按照《网络安全法》和《电信和互联网用户个人信息保护规定》等法律法规，积极加快推动出台电信和互联网网络数据管理和安全防护规定，并严格督促落实企业主体责任，完善行业个人信息保护和数据安全专项检查及日常巡查巡检机制。同时，针对突出的钓鱼网站问题，工业和信息化部印发了《公共互联网网络安全威胁监测与处置办法》，将钓鱼网站纳入公共互联网网络安全威胁监测处置范围，建立了基础电信企业、网络安全专业机构、互联网企业、域名机构和网络安全企业等参与的监测处置体系。此外，工业和信息化部还积极组织基础电信企业持续做好语音专线

---

[1] 刁雪云：《电信网络诈骗中改号软件提供行为的刑法认定》，载《人民检察》2020年第9期。

和"400"等重点电信业务规范管理,建立"400"外呼白名单,对白名单以外的外呼"400"号码一律重点拦截。本次立法将改号电话拦截纳入其中,明确了电信业务经营者的职责。

【典型案例】

被告人马某等帮助信息网络犯罪活动罪①

一、基本案情

被告人马某,某科技公司经营者;

被告人宋某,个体经营者。

2014年4月15日,被告人马某与张某(已判刑)以科技公司的名义租用某电信运营商安庆分公司(以下简称安庆公司)线路(号码为0556-55××××2)从事网络呼叫中心业务。被告人马某租用安庆公司电信线路后,购买服务器,通过安装VOS2009管理软件(具有计费、改号功能)架设通信平台,再对外转租电信线路,向他人提供电话群拨和透传业务,按通话时长计费收取高额费用。自2014年4月起,被告人马某通过互联网宣传将上述线路转租给被告人宋某等下线人员,被告人宋某租用被告人马某的电信线路后又转租给其发展的"kell""庄"等客户,并用VOS2009管理软件管理下线客户,收取通话费用。2014年6月5日,因被告人马某所租用的线路涉及诈骗犯罪活动,安庆公司发出《关于呼叫中心业务集团投诉处理意见函》(以下简称《意见函》),要求被告人马某彻底整改其租用线路上的诈骗犯罪活动。被告人马某明知上述诈骗活动所在线路源自被告人宋某,为获取利益,被告人马某将上述《意见函》转发给被告人宋某后仍继续将电信线路提供给被告人宋某。2014年6月7日,被

---

① (2015)锡滨刑二初字第00026号刑事判决书,载中国裁判文书网,https://wenshu.court.gov.cn/website/wenshu/181107ANFZ0BXSK4/index.html?docId=3af7cfd67e7d495996bbd4421ec8aa0d,2022年9月3日访问。

告人宋某收到被告人马某转发的《意见函》后核实到诈骗电话来源其下线客户，为获取利益，被告人宋某将安庆公司提供的0556-55××××2电话号码更改固定为0431-876××××5号码后，继续为下线客户提供线路。其间，被告人马某非法获利人民币30余万元，被告人宋某非法获利人民币8万元。

2014年6月16日至20日间，水某（女，77岁）陆续接到显示为0431-876××××5、0755-844××××9等号码拨打的诈骗电话，被冒充公安人员的犯罪分子骗走人民币计83.5万元。

案发后，被告人宋某退出人民币5万元用于赔偿被害人水某。

二、诉讼过程

本案由江苏省无锡市滨湖区人民检察院提起公诉。被告人马某辩称不知道有人利用其租用的电信线路实施诈骗，安庆公司发出的《意见函》包括技术故障、骚扰等投诉内容，其收到《意见函》后即转发给下线客户，并要求下线客户进行整改。被告人马某的辩护人提出如下辩护意见：（1）本案直接实施犯罪的人员通过经过改号的电话号码0775-844××××9对被害人实施诈骗，无证据证明其与租用马某线路的人员是同一人员。（2）被告人马某已采取一定措施。（3）行为人需帮助特定的正犯实施诈骗犯罪才能构成诈骗犯罪的帮助犯。本案中，被告人马某与诈骗行为人间没有犯意联络，被告人马某没有直接实施诈骗，也未直接帮助他人实施诈骗，马某的获利符合市场规则，其行为与诈骗后果间不存在直接的因果关系，其不属于诈骗犯罪的帮助犯。综上，公诉机关指控事实不清，证据不足，被告人马某的行为不构成犯罪。被告人宋某辩解称其已采取了限号等措施，没有放纵下线人员进行诈骗。被告人宋某的辩护人提出如下辩护意见：（1）在案发时间段内有多个号码拨打被害人的电话，被告人宋某租用的线路仅于2014年6月16日与被害人联系过一次，现有证明不能证明租用被告人宋某的线路拨打被害人电话的人员与其他通过不同号码拨打被害人电话实施诈骗的人员间存在联系。（2）即使犯罪分子是通过被告人宋某转租的线路对被害人实施了诈骗，被告人宋某已采取一定的限制措施，且其不知道具体是何人实施了诈骗,故被告人宋某无诈骗犯罪的共同故意。综上,公诉机关认定被告人宋某犯诈骗罪的事实不清、证据不足,指控的罪名不成立。无锡市滨湖区人民法院认为:被告人马某、宋某明知他人实施电信诈骗,为谋取利益仍提供用于诈骗的电信线路,其行为已构成帮助信息网络犯罪活动罪。据此,依照《刑法》第二百八十七条之二第一款、第二十五条第一款、第十二条第一款、第六十四条之规定,判决如下:(1)被告人马某犯帮助信息网络犯罪活动罪,判处有期徒刑一年六个月,并处罚金人民币1万元。(2)被告人宋某犯帮助信息网络犯罪活动罪,判处有期徒刑一年五个月,并处罚金人民币1万元。(3)被告人宋某扣押在案的人民币5万元返还被害人,责令被告人马某、宋某分别退赔被害人人民币30万元、3万元。

三、典型意义

本案是一起典型的利用电话改号软件帮助电信网络诈骗犯罪的行为,二被告人均以帮助信息网络犯罪活动罪被判刑,罚当其罪。根据《最高人民法院、最高人民检察院关于办理诈骗刑事案件具体应用法律若干问题的解释》第七条的规定,被告人马某、宋某的行为确已构成诈骗罪,但2015年11月1日施行的《刑法修正案(九)》已对该司法解释的规定进行了部分修正,将明知他人利用信息网络实施犯罪,为其犯罪提供通讯传输技术支持,情节严重的行为规定为帮助信息网络犯罪活动罪予以处罚,根据从旧兼从轻的原则,对被告人马某、宋某的行为应按照《刑法修正案(九)》的规定定罪处罚。

对于被告人马某提出其不知道有人利用从其处转租的电信线路实施诈骗的辩解,经查,被告人马某和宋某的供述、相关证人证言及安庆公司的《意见函》、邮箱截图、微信聊天记录、QQ聊天记录等证据均证实被告人马某确明知他人利用其从安庆公司租赁的线路实施诈骗活动,故其辩解与事实不符。对于被告人马某、宋某及二被告人的辩护人提出被告人马某、宋某已采取一定的防范措施,没有犯罪的主观故意的辩护意见,被告人马某、宋某违反相关通信合作安全承诺规定,架设VOS2009管理软件,对外出租可以改号后进行群拨、透传业务的通信线路，利用网络招揽客户，不进行必要的身份、资质审核，且在获悉他人利用电信线路进行诈骗后，为获取非法利益，被告人马某仅将安庆公司发出的《意见函》转发给被告人宋某，被告人宋某虽采取了一定的限制手段，但客观上并不能起到预防、阻止他人继续实施电信诈骗活动的作用，最终导致本案诈骗犯罪结果的发生，二被告人对诈骗犯罪后果的发生均持有放任的态度，均具有犯罪故意。对于被告人马某、宋某的辩护人提出对被害人水某实施电话诈骗过程中存在多个号码，现有证据不能证明拨打该些电话的人是同一人的辩护意见，事实上犯罪分子冒充公安人员于2014年6月16日通过被告人马某、宋某转租的电信线路拨打被害人水某的电话，时间长达40多分钟，此后又以其他号码不断与被害人水某联系，最终骗得83.5万元，该事实符合电信诈骗的基本特征，并有被害人的陈述、通某及汇款记录等证据证实，足以认定。对被告人马某、宋某的辩护人提出被告人马某、宋某不属于诈骗犯罪的帮助犯的辩护意见，法院认为，相关法律、司法解释根据电信诈骗犯罪的基本特征，明确规定帮助他人实施电信诈骗的行为即构成犯罪，故辩护人的该项辩护意见与法律不符，不予采纳。

【关联规定】

《中华人民共和国刑法》第二百八十五条第三款【提供侵入、非法控制计算机信息系统程序、工具罪】、第二百八十六条【破坏计算机信息系统罪】、第二百八十六条之一【拒不履行信息网络安全管理义务罪】、第二百八十七条之一【非法利用信息网络罪】、第二百八十七条之二【帮助信息网络犯罪活动罪】，《最高人民法院、最高人民检察院关于办理扰乱无线电通讯管理秩序等刑事案件适用法律若干问题的解释》第六条，《最高人民法院、最高人民检察院、公安部关于办理电信网络诈骗等刑事案件适用法律若干问题的意见》三、四，《最高人民法院、最高人民检察院、公安部关于办理电信网络诈骗等刑事案件适用法律若干问题的意见（二）》

一、二、十二,《工业和信息化部办公厅关于进一步清理整治网上改号软件的通知》。

【条文内容】

> 第十四条 【禁止制造、销售、提供、使用电信诈骗设备、软件】任何单位和个人不得非法制造、买卖、提供或者使用下列设备、软件:
> (一)电话卡批量插入设备;
> (二)具有改变主叫号码、虚拟拨号、互联网电话违规接入公用电信网络等功能的设备、软件;
> (三)批量账号、网络地址自动切换系统,批量接收提供短信验证、语音验证的平台;
> (四)其他用于实施电信网络诈骗等违法犯罪的设备、软件。
> 电信业务经营者、互联网服务提供者应当采取技术措施,及时识别、阻断前款规定的非法设备、软件接入网络,并向公安机关和相关行业主管部门报告。

【条文主旨】

本条是关于禁止制造、销售、提供、使用电信网络诈骗非法设备、软件的具体规定。

【适用指南】

随着新型工业化、信息化、城镇化和经济全球化的不断深入推进，世界已全面开启了智能化时代，世界更加互联互通、社会更加开放多元。根据国家统计局发布的2020年国民经济和社会发展统计公报，全国手机上网人数达到9.86亿人。[①] 在社会组织结构上，移动互联网加速了陌生人社会、虚拟社会的形成，催生了大量新兴行业产业。在生产生活方式上，社交工具、移动支付、虚拟货币、网购等改变了人们的生产生活方式，加快了虚拟经济、无现金社会的进程，对实体经济、现实世界形成强大冲击。在诈骗作案手段上，黑科技、网络平台和应用软件在一定程度上为电信诈骗及黑灰产犯罪升级变种、花样翻新提供了便利。每次信息技术革新无形中也刺激着电信网络诈骗犯罪的增多，特别是2014年和2020年两次爆发性增长与4G、5G技术的普及应用有着明显的直接对应关系。

随着网络和信息通信技术的进步，犯罪分子在逐渐掌握了相关技术后将其广泛应用于诈骗犯罪活动中，甚至研发和制作出专门用于实施犯罪的设备或产品，如VoIP（网络电话）、任意改号软件、短信群发器、伪基站、"钓鱼"网站、木马病毒等，电信诈骗犯罪的科技化、智能化程度越来越高。高科技作案工具的大规模使用使得电信诈骗活动"如虎添翼"，诈骗信息无处不在、泛滥成灾，发案量也剧增。由于技术手段的隐蔽性较强，真伪难辨，普通公民往往难以识破，财产损失惨重。再如GOIP（无线语音网关），能够将传统的语音电话业务和因特网数据业务相融合，具有人机分离、远程操控、异地拨号通话和支持多张电话卡等特点，而且完全可以做到无人化。不需要懂技术的人，境内的协助者只要按照诈骗者的

[①] 《我国手机上网人数达9.86亿人》，载新华网，http://www.xinhuanet.com/fortune/2021-02/28/c_1127149631.htm，2022年9月3日访问。

操作步骤安装好以后，就可以实现无人值守，由诈骗分子在境外远程呼出、控制。GOIP 的隐蔽性在于，电信运营商很难及时判别 GOIP 的通讯，因为是通过国内网络进行的呼出，而且 GOIP 设备有正规的商业用途，比如 GOIP 网关常常对接智能机器人交互系统，一个规模较大的呼叫中心因此可以省却很多人力。本法强调源头管理，对于任何单位和个人不得非法制造、销售、提供或者使用的设备、软件作出了明确规定，如电话卡批量插入设备、具有改变主叫号码、虚拟拨号、互联网电话违规接入公用电信网络等功能的设备和软件、批量接收提供短信验证和语音验证的平台等。

一些网络"灰产"治理不到位，给犯罪行为以可乘之机。如本条所规范的改号、电话卡批量插入设备等，作为"薅羊毛"、刷单、刷粉等灰产业务，离不开手机号的大量供应，因为手机号可以注册互联网上的大部分账号，可以说手机号是互联网上绝大部分灰产账号的基础。围绕着手机号，灰产中又出现了猫池供应商、注册卡供应商和账号出售方。众所周知，由于一部手机的 SIM 卡（用户身份识别卡）卡槽有限，所以市面上出现了不少可以插入大量手机卡的设备，也被称为"猫池"。有了"猫池"后，设备商就可以通过出售猫池中手机卡的验证码给需求方，从而在 APP 中注册账号，当然，一般"猫池"设备商会搭建一个"接码平台"，也被称为平台方。"接码平台"本质上是一个 WebAPP（是指基于 Web 的系统和应用，其作用是向广大的最终用户发布一组复杂的内容和功能），它依靠卡商端、"猫池"、用户端、API（操作系统留给应用程序的一个调用接口）、后台等几部分。实际上，搭建一个这样的平台，并不需要特别高的技术，只需要做好验证码的接收，并通过网页显示给用户就好了。一般而言，这种接码平台也能获利，一条验证码的利润为 1~2 元。这些"灰产"很容易被电信网络诈骗犯罪所利用，直接变为"黑产"。

电信网络诈骗手段不断翻新，与网络媒介结合后具备了更强的技术性。这一方面说明我国在反诈宣传方面的工作起到了成效；但另一方面也说明犯罪分子的诈骗手段在不断转化升级，已向智能化、技术化发展。在新型电信网络诈骗中，诈骗 APP 在迷惑被害人、转账等关键环节起到了不可替代的作用。根据全国反诈中心的数据，2021 年 1 至 3 月全国电信网络诈骗案件中有 60% 涉及诈骗 APP。[①] 在一些典型的网络投资诈骗案中，涉案的程序员均为国内顶级大学计算机专业研究生，技术能力强、编写的投资诈骗软件高度逼真。除诈骗集团外，还有专门提供技术支持如定制诈骗 APP 的团伙，一些诈骗团伙会用很高的薪水把这些会编程的人骗到国外去，专门给他们做诈骗软件，甚至用来做跑分网站，用于洗钱。

  电信、金融部门守土有责，必须强化对电信、金融行业的监管，规范相关企业或个人的经营行为，压缩电信诈骗犯罪分子的活动空间。首先，针对诈骗电话、信息"狂轰滥炸"的情况，工信部门应开展对改号软件、伪基站等设备的专项整治行动，强化对 VoIP 网络电话及其任意显号功能的管理，严格规范各电话线路的运营，严禁线路宽带流量外包，并要求电信运营商如实记录所有呼叫内容及 VoIP 服务器呼叫数据，严惩违反相关规定的行为，有效遏制犯罪分子肆意利用网络通信工具的势头。电信运营商和安全软件服务商应积极研发诈骗电话、短信识别技术，采用技术措施阻断诈骗信息的传播渠道；加强对短信收发平台的监控，利用大数据分析技术，自动预警、过滤、拦截和屏蔽疑似非法诈骗信息，并建立短信用户黑名单。本次立法，规定了电信业务经营者、互联网服务提供者应当采取技术措施，及时识别、阻断前款规定的非法设备和软件接入网络，并向公安机关和相关行业主管部门报告，从而以法律的形式对上述方面进行了规范，有利于斩断技术支持电信网络诈骗的黑手，从源头上治理电信网络诈骗。

[①] 《185 亿！1—3 月超六成网络诈骗涉及诈骗 APP》，载新华社百度号，https：//baijiahao.baidu.com/s?id=1697069774489582457&wfr=spider&for=pc，2022 年 9 月 13 日访问。

【典型案例】

案例1 唐某琪、方某帮助信息网络犯罪活动案[①]

一、基本案情

被告人唐某琪，系科技公司法定代表人；

被告人方某，系信息工程公司销售经理。

被告人唐某琪曾因其销售的GOIP设备涉及违法犯罪被公安机关查扣并口头警告，之后其仍以科技公司名义向方某购买该设备，并通过网络销售给他人。方某明知唐某琪将GOIP设备出售给从事电信网络诈骗犯罪的人员，仍然长期向唐某琪出售。自2019年12月至2020年10月，唐某琪从方某处购买130台GOIP设备并销售给他人，并提供后续安装、调试及配置系统等技术支持。其间，公安机关在广西北海、钦州以及贵州六盘水、铜仁等地查获唐某琪、方某出售的GOIP设备20台。经查，其中5台设备被他人用于实施电信网络诈骗，造成张某淘、李某兰等人被诈骗人民币共计34万余元。

二、诉讼过程

本案由广西壮族自治区北海市公安局立案侦查。2020年9月27日，北海市人民检察院介入案件侦查。2021年1月25日，公安机关以唐某琪、方某涉嫌帮助信息网络犯罪活动罪移送起诉，北海市人民检察院将本案指定由海城区人民检察院审查起诉。检察机关经审查认为，唐某琪曾因其销售的GOIP设备涉及违法犯罪被公安机关查扣并口头警告，后仍然实施有关行为；方某作为行业销售商，明知GOIP设备多用于电信网络诈骗犯罪且收到公司警示通知的情况下，对销售对象不加审核，仍然长期向唐某琪出售，导致所出售设备被用于电信网络诈骗犯罪，造成严重危害，依法均

[①]《最高人民检察院发布10件打击治理电信网络诈骗及关联犯罪典型案例》（2022年4月21日发布），载最高人民检察院官网，https：//www.spp.gov.cn/xwfbh/wsfbt/202204/t20220421_554307.shtml#2，2022年9月10日访问。

应认定为构成帮助信息网络犯罪活动罪。同年 6 月 21 日，检察机关以帮助信息网络犯罪活动罪对唐某琪、方某提起公诉。同年 8 月 2 日，北海市海城区人民法院以帮助信息网络犯罪活动罪分别判处被告人唐某琪、方某有期徒刑九个月、八个月，并处罚金人民币 12000 元、1 万元。唐某琪提出上诉，同年 10 月 18 日，北海市中级人民法院裁定驳回上诉，维持原判。

三、典型意义

GOIP 设备（Gsm Over Internet Protocol）是一种虚拟拨号设备，该设备能将传统电话信号转化为网络信号，供上百张手机卡同时运作，并通过卡池远程控制异地设备，实现人机分离、人卡分离、机卡分离等功能。电信网络诈骗犯罪分子利用 GOIP 设备拨打电话、发送信息，加大了打击治理难度。检察机关要依法从严惩治为实施电信网络诈骗犯罪提供 GOIP 等设备行为，从源头打击治理涉网络设备的黑色产业链。坚持主客观相统一，准确认定帮助信息网络犯罪活动罪中的"明知"要件。

（一）GOIP 设备被诈骗犯罪分子使用助推电信网络诈骗犯罪，要坚持打源头斩链条，防止该类网络黑灰产滋生发展。当前，GOIP 设备在电信网络诈骗犯罪中被广泛使用，尤其是一些诈骗团伙在境外远程控制在境内安置的设备，加大反制拦截和信号溯源的难度，给案件侦办带来诸多难题。检察机关要聚焦违法使用 GOIP 设备所形成的黑灰产业链，既要从严惩治不法生产商、销售商，又要注重惩治专门负责设备安装、调试、维修以及提供专门场所放置设备的不法人员，还要加大对为设备运转提供大量电话卡的职业"卡商"的打击力度，全链条阻断诈骗分子作案工具来源。

（二）坚持主客观相统一，准确认定帮助信息网络犯罪活动罪中的"明知"要件。行为人主观上明知他人利用信息网络实施犯罪是认定帮助信息网络犯罪活动罪的前提条件。对于这一明知条件的认定，要坚持主客观相统一原则予以综合认定。对于曾因实施有关技术支持或帮助行为，被监管部门告诫、处罚的，仍然实施有关行为的，如没有其他相反证据，可依法认定其明知。对于行业内人员出售、提供相关设备工具被用于网络犯罪的，要结合其从业经历、对设备工具性能了解程度、交易对象等因素，可依法认定其明知，但有相反证据的除外。

案例 2　叶某星、张某秋提供侵入计算机信息系统程序、谭某妹非法获取计算机信息系统数据案[1]

一、基本案情

叶某星，男，超市网络维护员。

张某秋，男，小学教师。

谭某妹，男，农民。

2015年1月，被告人叶某星编写了用于批量登录某电商平台账户的"小黄伞"撞库软件（"撞库"是指黑客通过收集已泄露的用户信息，利用账户使用者相同的注册习惯，如相同的用户名和密码，尝试批量登录其他网站，从而非法获取可登录用户信息的行为）供他人免费使用。"小黄伞"撞库软件运行时，配合使用叶某星编写的打码软件（"打码"是指利用人工大量输入验证码的行为）可以完成撞库过程中对大量验证码的识别。叶某星通过网络向他人有偿提供打码软件的验证码识别服务，同时将其中的人工输入验证码任务交由被告人张某秋完成，并向其支付费用。

2015年1月至9月，被告人谭某妹通过下载使用"小黄伞"撞库软件，向叶某星购买打码服务，获取到某电商平台用户信息2.2万余组。

被告人叶某星、张某秋通过实施上述行为，从被告人谭某妹处获取违法所得共计人民币4万余元。谭某妹通过向他人出售电商平台用户信息，获取违法所得共计人民币25万余元。法院审理期间，叶某星、张某秋、谭某妹退缴了全部违法所得。

---

[1] 《第十八批指导性案例（检例第68号）》，载12309中国检察网，https://www.12309.gov.cn/12309/gj/hlj/qqhesy/yaxy/zdajxx/202112/t20211227_11386833.shtml，2022年9月6日访问。

二、诉讼过程

（一）审查起诉

2016年10月10日，浙江省杭州市公安局余杭区分局以犯罪嫌疑人叶某星、张某秋、谭某妹涉嫌非法获取计算机信息系统数据罪移送杭州市余杭区人民检察院审查起诉。其间，叶某星、张某秋的辩护人向检察机关提出二名犯罪嫌疑人无罪的意见。叶某星的辩护人认为，叶某星利用"小黄伞"撞库软件批量验证已泄露信息的行为，不构成非法获取计算机信息系统数据罪。张某秋的辩护人认为，张某秋不清楚组织打码是为了非法获取某电商平台的用户信息。张某秋与叶某星没有共同犯罪故意，不构成非法获取计算机信息系统数据罪。

杭州市余杭区人民检察院经审查认为，犯罪嫌疑人叶某星编制"小黄伞"撞库软件供他人使用，犯罪嫌疑人张某秋组织码工打码，犯罪嫌疑人谭某妹非法获取网络用户信息并出售牟利的基本事实清楚，但需要进一步补强证据。2016年11月25日、2017年2月7日，检察机关二次将案件退回公安机关补充侦查，明确提出需要补查的内容、目的和要求。一是完善"小黄伞"软件的编制过程、运作原理、功能等方面的证据，以便明确"小黄伞"软件是否具有避开或突破某电商平台服务器的安全保护措施，非法获取计算机信息系统数据的功能。二是对扣押的张某秋电脑进行补充勘验，以便确定张某秋主观上是否明知其组织打码的行为是为他人非法获取某电商平台用户信息提供帮助；调取张某秋与叶某星的QQ聊天记录，以便查明二人是否有犯意联络。三是提取叶某星被扣押电脑的MAC地址（又叫网卡地址，由12个16进制数组成，是上网设备在网络中的唯一标识），分析"小黄伞"软件源代码中是否含有叶某星电脑的MAC地址，以便查明某电商平台被非法登录过的账号与叶某星编制的"小黄伞"撞库软件之间是否存在关联性。四是对被扣押的谭某妹电脑和U盘进行补充勘验，调取其中含有账号、密码的文件，查明文件的生成时间和特征，以便确定被查获的存储介质中的某电商平台用户信息是否系谭某妹使用"小黄伞"软件获取。

公安机关按照检察机关的要求，对证据作了进一步补充完善。同时，检察机关就"小黄伞"软件的运行原理等问题，听取了技术专家意见。结合公安机关两次退查后补充的证据，案件证据中存在的问题已经得到解决：一是明确了"小黄伞"软件具有以下功能特征：（1）"小黄伞"软件用途单一，仅针对某电商平台账号进行撞库和接入打码平台，这种非法侵入计算机信息系统获取用户数据的程序没有合法用途。（2）"小黄伞"软件具有避开或突破计算机信息系统安全保护措施的功能。在实施撞库过程中，一个IP地址需要多次登录大量账号，为防止被某电商平台识别为非法登录，导致IP地址被封锁，"小黄伞"软件被编入自动拨号功能，在批量登录几组账号后，会自动切换新的IP地址，从而达到避开该电商平台安全防护的目的。（3）"小黄伞"软件具有绕过验证码识别防护措施的功能。在他人利用非法获取的该电商平台账号登录时，需要输入验证码。"小黄伞"软件会自动抓取验证码图片发送到打码平台，由张某秋组织的码工对验证码进行识别。（4）"小黄伞"软件具有非法获取计算机信息系统数据的功能。"小黄伞"软件对登录成功的某电商平台账号，在未经授权的情况下，会自动抓取账号对应的昵称、注册时间、账号等级等信息数据。根据以上特征，可以认定"小黄伞"软件属于刑法规定的"专门用于侵入计算机信息系统的程序"。

二是从张某秋和叶某星电脑中补充勘查到的QQ聊天记录等电子数据证实，叶某星与张某秋聊天过程中曾提及"扫平台""改一下平台程序""那些人都是出码的"；通过补充讯问张某秋和叶某星，明确了张某秋明知其帮叶某星打验证码可能被用于非法目的，仍然帮叶某星做打码代理。上述证据证实张某秋与叶某星之间已经形成犯意联络，具有共同犯罪故意。

三是通过进一步补充证据，证实了使用撞库软件的终端设备的MAC地址与叶某星电脑的MAC地址、"小黄伞"软件的源代码里包含的MAC地址一致。上述证据证实叶某星就是"小黄伞"软件的编制者。

四是通过对谭某妹所有包含某电商平台用户账号和密码的文件进行比对，查明了谭某妹利用"小黄伞"撞库软件非法获取的某电商平台用户信息文件不仅包含账号、密码，还包含注册时间、账号等级、是否验证等信息，而谭某妹从其他渠道非法获取的账号信息文件并不包含这些信息。通过对谭某妹电脑的进一步勘查和对谭某妹的进一步讯问，确定了谭某妹利用"小黄伞"软件登录某电商平台用户账号的过程和具体时间，该登录时间与部分账号信息文件的生成时间均能一一对应。根据上述证据，最终确定谭某妹利用"小黄伞"撞库软件所得的网络用户信息为2.2万余组。

综上，检察机关认为案件事实已查清，但公安机关对犯罪嫌疑人叶某星、张某秋移送起诉适用的罪名不准确。叶某星、张某秋共同为他人提供专门用于侵入计算机信息系统的程序，均已涉嫌提供侵入计算机信息系统程序罪；犯罪嫌疑人谭某妹的行为已涉嫌非法获取计算机信息系统数据罪。

（二）出庭指控犯罪

2017年6月20日，杭州市余杭区人民检察院以被告人叶某星、张某秋构成提供侵入计算机信息系统程序罪，被告人谭某妹构成非法获取计算机信息系统数据罪，向杭州市余杭区人民法院提起公诉。11月17日，法院公开开庭审理了本案。

庭审中，3名被告人对检察机关的指控均无异议。谭某妹的辩护人提出，谭某妹系初犯，归案后能如实供述罪行，自愿认罪，请求法庭从轻处罚。叶某星和张某秋的辩护人提出以下辩护意见：一是检察机关未提供省级以上有资质机构的检验结论，现有证据不足以认定"小黄伞"软件是"专门用于侵入计算机信息系统的程序"。二是张某秋与叶某星间没有共同犯罪的主观故意。三是叶某星和张某秋的违法所得金额应扣除支付给码工的钱款。

针对上述辩护意见，公诉人答辩如下：一是在案电子数据、勘验笔录、技术人员的证言、被告人供述等证据相互印证，足以证实"小黄伞"软件具有避开和突破计算机信息系统安全保护措施，未经授权获取计算机信息系统数据的功能，属于法律规定的"专门用于侵入计算机信息系统的程序"。二是被告人叶某星与张某秋具有共同犯罪的故意。QQ聊天记录反映两人曾提及非法获取某电商平台用户信息的内容，能证实张某秋主观明知其组织他人打码系用于批量登录该电商平台账号。张某秋组织他人帮助打码的行为和叶某星提供撞库软件的行为相互配合，相互补充，系共同犯罪。三是被告人叶某星、张某秋的违法所得应以其出售验证码服务的金额认定，给码工等相关支出均属于犯罪成本，不应扣除。二人系共同犯罪，应当对全部犯罪数额承担责任。四是3名被告人在庭审中认罪态度较好且上交了全部违法所得，建议从轻处罚。

浙江省杭州市余杭区人民法院采纳了检察机关的指控意见，判决认定被告人叶某星、张某秋的行为已构成提供侵入计算机信息系统程序罪，且系共同犯罪；被告人谭某妹的行为已构成非法获取计算机信息系统数据罪。鉴于3名被告人均自愿认罪，并退出违法所得，对3名被告人判处三年有期徒刑，适用缓刑，并处罚金。宣判后，3名被告人均未提出上诉，判决已生效。

三、典型意义

该案是全国首例撞库打码案，案件的指导意义在于对有证据证明用途单一，只能用于侵入计算机信息系统的程序，司法机关可依法认定为"专门用于侵入计算机信息系统的程序"。案例对公安机关应当提供的证据和审查认定"专门用于侵入计算机信息系统的程序"的方法进行了明确。审查认定"专门用于侵入计算机信息系统的程序"，一般应要求公安机关提供以下证据：一是从被扣押、封存的涉案电脑、U盘等原始存储介质中收集、提取相关的电子数据。二是对涉案程序、被侵入的计算机信息系统及电子数据进行勘验、检查后制作的笔录。三是能够证实涉案程序的技术原理、制作目的、功能用途和运行效果的书证材料。四是涉案程序的制作人、提供人、使用人对该程序的技术原理、制作目的、功能用途和运行效果进行阐述的言词证据，或能够展示涉案程序功能的视听资料。五是能够证实被侵入计算机信息系统安全保护措施的技术原理、功能以及被侵入后果的专业人员的证言等证据。六是对有运行条件的，应要求公安机关进行侦查实验。对有充分证据证明涉案程序是专门设计用于侵入计算机信息系统、非法获取计算机信息系统数据的，可直接认定为"专门用于侵入计算机信息系统的程序"。

在证据审查中，可从以下方面对涉案程序是否属于专门用于侵入计算机信息系统的程序进行判断：一是结合被侵入的计算机信息系统的安全保护措施，分析涉案程序是否具有侵入的目的，是否具有避开或者突破计算机信息系统安全保护措施的功能。二是结合计算机信息系统被侵入的具体情形，查明涉案程序是否在未经授权或超越授权的情况下，获取计算机信息系统数据。三是分析涉案程序是否属于"专门"用于侵入计算机信息系统的程序。

根据《最高人民法院、最高人民检察院关于办理危害计算机信息系统安全刑事案件应用法律若干问题的解释》第十条和《最高人民法院、最高人民检察院、公安部关于办理刑事案件收集提取和审查判断电子数据若干问题的规定》第十七条的规定，对是否属于"专门用于侵入计算机信息系统的程序"难以确定的，一般应当委托省级以上负责计算机信息系统安全保护管理工作的部门检验，也可由司法鉴定机构出具鉴定意见，或者由公安部指定的机构出具报告。实践中，应重点审查检验报告、鉴定意见对程序运行过程和运行结果的判断，结合案件具体情况，认定涉案程序是否具有突破或避开计算机信息系统安全保护措施，未经授权或超越授权获取计算机信息系统数据的功能。本案判决认定的意义还在于，在现实生活中，确实有人开发利用专门用于侵入计算机信息系统的"违法犯罪软件"，对此，国家就要加强对此类软件开发与运用过程中的监管，及时发现与治理。此次本法，为打击治理相关问题提供了强有力的法律依据。

【关联规定】

《中华人民共和国刑法》第一百二十四条【破坏广播电视设施、公用电信设施罪】、第二百八十五条第三款【提供侵入、非法控制计算机信息系统程序、工具罪】、第二百八十六条【破坏计算机信息系统罪】、第二百八十六条之一【拒不履行信息网络安全管理义务罪】、第二百八十七条之一【非法利用信息网络罪】、第二百八十七条之二【帮助信息网络犯罪活动罪】,《最高人民法院、最高人民检察院关于办理扰乱无线电通讯管理秩序等刑事案件适用法律若干问题的解释》第一条、第二条,《最高人民法院、最高人民检察院、公安部关于办理电信网络诈骗等刑事案件适用法律若干问题的意见》第三条,《最高人民法院、最高人民检察院、公安部关于办理电信网络诈骗等刑事案件适用法律若干问题的意见(二)》十二,《最高人民法院、最高人民检察院、公安部、工业和信息化部、中国人民银行、中国银行业监督管理委员会关于防范和打击电信网络诈骗犯罪的通告》第六条

第三章 金融治理

【条文内容】

> 第十五条 【客户尽职调查制度】银行业金融机构、非银行支付机构为客户开立银行账户、支付账户及提供支付结算服务，和与客户业务关系存续期间，应当建立客户尽职调查制度，依法识别受益所有人，采取相应风险管理措施，防范银行账户、支付账户等被用于电信网络诈骗活动。

【条文主旨】

本条是关于银行业金融机构、非银行支付机构应当建立客户尽职调查制度，防范银行账户、支付账户等被用于电信网络诈骗活动的规定。

【适用指南】

本条是对银行业金融机构和非银行支付机构尽职防范、风险防控提出的具体要求。在司法实践中，电信网络诈骗犯罪分子最常用的犯罪方法，就是使用银行卡或者一些非银行支付途径，通过远程转账等方式诈骗他人财物，而其使用的核心犯罪工具实际上就是银行卡，即使是非银行支付途径，也需要与银行卡绑定之后才具有支付功能，那么对于银行账户的治理，才是源头治理的关键，犯罪分子为了逃避监管以及犯罪后的侦查，基本上不可能使用利用自己真实身份注册的银行卡，而是通过租赁、购买、盗窃、冒用大量以他人身份注册的银行卡，从而规避银行卡实名制管制，隐藏真实身份，逃避法律追究。而这些银行卡或者支付账户在日常转账业务中，往往会表现出较之于正常业务交易规律的异常之处，如只进不出、大额甚至全额提现、取款时间集中在深夜等，或者在开户时就显现出异常之处，如一人开多户、多个银行大量开户等。如果能够在其开户或者日常监管中加以注意，往往可以在早期就发现电信网络诈骗端倪，实现源头治理的目的。本条规定的主旨在于，银行账户、支付账户被用于电信网络诈骗活动可以防范，也应当防范。《最高人民法院、最高人民检察院、公安部关于办理电信网络诈骗等刑事案件适用法律若干问题的意见》规定："金融机构、网络服务提供者、电信业务经营者等在经营活动中，违反国家有关规定，被电信网络诈骗犯罪分子利用，使他人遭受财产损失的，依法承担相应责任。构成犯罪的，依法追究刑事责任。"为此，本法对金融机构开展客户尽职调查，及时发现并打掉犯罪分子的作案工具作出了规定。

本条所称的客户尽职调查是指金融机构和支付机构在与客户建立业务关系或与其进行交易时，应当通过来源可靠、独立的证明材料、数据或者信息，识别、核实和确认客户的真实身份；同时了解客户的职业或经营背景、交易目的、交易性质以及资金来源和用途等，了解实际控制客户的自然人和交易的实际受益人。这一制度最早来自反洗钱的规定。

客户尽职调查意为在与一个陌生客户签署商务协议前例行的客户背景调查程序，以对即将开展的业务关系可能存在的风险进行评估。此后，这一概念被引入银行监管和反洗钱领域，并赋予重要地位。随着金融行业的发展和我国逐步融入国际反洗钱体系，我国客户尽职调查制度也在不断地建立、健全，尤其是在反洗钱监管领域，通过客户尽职调查，识别并核对客户身份的真实性，有效拦截匿名、假名开户等行为，关注并定期审查高风险客户身份信息，对高风险业务情形进行相应的风险管理措施，从源头上对洗钱和恐怖融资活动起到了积极的预防和遏制作用。如果只注重"账户实名制"的初步尽职调查和"客户身份识别"的形式合规，又如果客户尽职调查制度缺失、"风险为本"理念落实不充分、法律层级和强制性不足、持续客户尽职调查有效性低等，就会在一定程度上制约客户尽职调查制度的作用发挥。尤其是如果缺乏系统性的"风险为本"尽职调查制度安排和有效的持续尽职调查，金融机构往往对客户在准入时就"无限额放开所有业务权限"，给后期风险防控和监测带来较大难度，就难以有效遏制洗钱、电信网络诈骗等金额巨大的非法交易，也容易造成虚假商户或空壳公司等账户的大量存在。

客户尽职调查的重要性表现在：一是掌握客户真实身份、重现客户交易全过程、发现和监测分析可疑交易，以及调查、侦查、起诉、审判电信网络诈骗、洗钱等案件的重要依据。只有真正了解客户，才能准确判断其资金来源或用途是否可疑，保护金融机构和支付机构不被犯罪分子利用。二是全面提升反电信网络诈骗、反洗钱有效性的重要支撑。客户尽职调查、大额交易和可疑交易报告、客户身份资料和交易记录保存是反电信网络诈骗、反洗钱的三项核心义务，金融机构反电信网络诈骗、反洗钱内控制度建设是保证以上三项核心义务履行的重要保障。客户尽职调查为可疑交易监测分析提供全方位的信息支撑，只有全面掌握客户的信息才可有效开展可疑交易监测分析。客户尽职调查工作的质量直接决定反电信网络诈骗、反洗钱工作的成效。三是金融机构合规经营的重要任务。在我国，客户尽职调查制度的实施要求包括：一要选择安全可靠的金融机构和支付机构办理金融业务。要选择合法的金融机构和支付机构办理金融业务；远离"地下钱庄"、非法外汇交易平台、虚拟货币交易平台、第四方支付机构，警惕打着互联网金融等幌子的非法机构、"跑分平台"及各种暗藏洗钱陷阱的APP。二要主动配合金融机构和支付机构开展客户尽职调查。具体内容包括：在开办业务时，应主动提供身份证明文件，否则，将不能办理相关业务；按照要求如实填报自然人、企业及受益人的基本信息；配合金融机构通过现场核查身份证件的真实性或以电话、信函、电子邮件等方式确认身份信息；如实回答金融机构工作人员的合理询问；积极配合金融机构和支付机构持续开展客户尽职调查；在办理大额现金存取业务时，主动出示身份证件；在替他人办理业务时，主动出示办理人和代办人的身份证件；身份证件到期更换后，应及时通知金融机构更新信息，超过合理期限仍未更新的，金融机构可中止办理相关业务；妥善保管好身份证件、账户、银行卡、密码、U盾和交易信息。三要做到"十个不要"：（1）不要出租、出借、出售以自己的身份证件开立账户。（2）不要随意暴露个人身份和账户信息。（3）不要开立匿名、假名账户和冒用他人的身份开立的账户。（4）不要出租、出借、出售自己的账户、银行卡和微信、各第三方支付平台账户及收付款二维码。（5）不要用自己的账户替他人提现和转账。（6）不要利用信用卡套现。（7）不要规避监管故意拆分和进行"伪现金"交易。（8）不要贪图便宜通过账户收取不义之财。（9）不要参与非法集资。（10）不要参与非法传销。否则，他人可能盗用、冒用客户的名义从事非法活动，包括电信网络诈骗活动，客户可能成为他人金融诈骗活动或洗钱活动的工具、帮凶，甚至构成帮助信息网络犯罪活动罪等。

我国客户尽职调查开展的法律依据是《反洗钱法》的规定，即金融机构应当按照规定建立客户尽职调查制度。金融机构在与客户建立业务关系或者为客户提供规定金额以上的现金汇款、现钞兑付等一次性金融服务时，应当要求客户出示真实有效的身份证件或者其他身份证明文件，进行核对并登记。客户由他人代理办理业务的，金融机构应当同时对代理人和被代理人的身份证件或者其他身份证明文件进行核对并登记。与客户建立人身保险、信托等业务关系，合同的受益人不是客户本人的，金融机构还应当对受益人的身份证件或者其他身份证明文件进行核对并登记。金融机构不得为身份不明的客户提供服务或者与其进行交易，不得为客户开立匿名账户或者假名账户。金融机构对先前获得的客户身份资料的真实性、有效性或者完整性有疑问的，应当重新识别客户身份。任何单位和个人在与金融机构建立业务关系或者要求金融机构为其提供一次性金融服务时，都应当提供真实有效的身份证件或者其他身份证明文件。2007年6月21日，中国人民银行、原中国银行业监督管理委员会、中国证券监督管理委员会、原中国保险监督管理委员会联合发布的《金融机构客户身份识别和客户身份资料及交易记录保存管理办法》（中国人民银行、中国银行业监督管理委员会、中国证券监管理委员会、中国保险监督管理委员会令〔2007〕第2号，已失效）以及2022年《金融机构客户尽职调查和客户身份资料及交易记录保存管理办法》对客户身份识别作出了详细的规定。此后，中国人民银行陆续发布《中国人民银行关于进一步加强金融机构反洗钱工作的通知》《中国人民银行关于加强跨境汇款业务反洗钱工作的通知》《支付机构反洗钱和反恐怖融资管理办法》《金融机构洗钱和恐怖融资风险评估及客户分类管理指引》《中国人民银行关于加强开户管理及可疑交易报告后续控制措施的通知》《中国人民银行关于加强反洗钱客户身份识别有关工作的通知》《中国人民银行关于进一步做好受益所有人身份识别工作有关问题的通知》《中国人民银行办公厅关于进一步加强反洗钱和反恐怖融资工作的通知》《法人金融机构洗钱和恐怖融资风险自评估指引》等文件进一步强化客户尽职调查工作，形成较为完善的客户尽职调查制度体系。

  尽管客户尽职调查制度最早是在反洗钱工作中发挥作用，但今天一样可以应用于反电信网络诈骗活动中，当然，与反洗钱工作所不同的是，反洗钱更多关注的是客户利用银行账户为他人犯罪后"洗白"黑钱，而反电信网络诈骗的意义在于，打掉犯罪分子开始犯罪时准备的犯罪工具，其诉源治理意义和发挥的作用，较之于反洗钱犯罪更大，也更直接，在《反电信网络诈骗法》中对客户尽职调查制度加以规范更加重要。

  具体办理此类案件时需要注意的是，应当及时收集诈骗犯罪分子使用他人银行卡或者支付账户收取所诈骗赃款的证据，同时还要查明该银行卡或者支付账户的归属、是否存在他人明知诈骗犯罪分子使用该账户作为犯罪工具而仍然为其提供，或者在诈骗犯罪得手后帮助其收款并转账，或者虽然不确知对方是电信网络诈骗犯罪分子，但应当知道对方在从事违法犯罪活动,而仍然提供上述账户,这三种行为分别对应诈骗罪共犯、掩饰隐瞒犯罪所得或犯罪所得收益、帮助信息网络犯罪活动罪。

【典型案例】

案例1 上官某1等诈骗案[①]

一、基本案情

2013年11月至2014年1月,被告人上官某1与诈骗团伙共谋后,商定帮助诈骗团伙提取诈骗所得的赃款,以谋取非法利益。其后,上官某1提供食宿,并支付每日数百元报酬,雇用被告人上官某2、上官某3取款。上官某1与诈骗团伙事先联系后,带领上官某2等人前往广东省深圳市、惠州市、东莞市等地,在银行为诈骗团伙取款或转账,一人取款时,其他人在旁望风。上官某1等人参与为诈骗团伙提取、转账诈骗赃款共计8954413.78元。此外,2013年3月至8月,上官某1还采用向不特定人发放虚假兑奖卡的手段,骗取他人财物共计88671.09元。

二、诉讼过程

本案由福建省厦门市中级人民法院审理。法院认为,被告人上官某1以非法占有为目的,采用向不特定人发放虚假兑奖卡的手段,骗取他人财物,并伙同被告人上官某2、上官某3为诈骗犯罪团伙提取、转账诈骗所得赃款,其行为已构成诈骗罪。其中,上官某1负责与诈骗团伙的上线联系取款、交款等事宜,雇用上官某2、上官某3等人取款,在共同犯罪中起主要作用,系主犯。上官某1还系累犯,依法应当从重处罚。据此,以诈骗罪判处被告人上官某1有期徒刑十三年,并处罚金人民币20万元;以诈骗罪分别判处被告人上官某2、上官某3有期徒刑八年、有期徒刑五年。现已发生法律效力。

[①] 《最高人民法院发布电信网络诈骗犯罪典型案例》(2016年3月4日发布),载最高人民法院官网,https://www.court.gov.cn/zixun-xiangqing-17152.html,2022年9月6日访问。

三、典型意义

本案是帮助诈骗团伙转取赃款犯罪的典型案件。随着电信网络诈骗犯罪的蔓延，社会上出现了专门为诈骗团伙转取赃款而谋取非法利益的"职业取款人"。这类犯罪分子通过频繁更换银行卡、身份证和手机号码，辗转各地为诈骗犯罪团伙转取款，作案手段极为隐蔽，严重干扰、阻碍了司法机关打击电信网络诈骗犯罪活动。本案中，被告人上官某1在与诈骗团伙共谋后，使用700余张银行卡，纠集、雇用人员，专门为诈骗团伙转取赃款，其取款的行为直接关系到诈骗目的能否实现，已构成诈骗罪的共犯。本案的公布，在于说明为诈骗团伙转取赃款，依法属于共同诈骗犯罪，同样要受到法律的惩处。

案例2　李某佩诈骗案[①]

一、基本案情

2017年12月10日13时许，被害人冯某民收到要求其汇款的诈骗短信，将人民币1.7万元转账至开户名为任某猛的中国农业银行卡，随后该笔资金被转至开户名为陆某的中国银行卡。被告人李某佩在明知是诈骗所得的情况下，于同日14时48分许，在广西壮族自治区南宁市武鸣县银行ATM机上用陆某的中国银行卡将上述钱款中的1.67万元取出。

2017年12月19日16时许，有人利用QQ等聊天工具冒充被害人胡某琦的哥哥李某1，要求胡某琦汇款，胡某琦将1万元转账至开户名为胡某颖的中国建设银行卡，该笔资金随后被转至开户名为黄某丽的交通银行卡。被告人李某佩在明知是诈骗所得的情况下，于同日17时52分许，在广西壮族自治区南宁市武鸣县银行ATM机上用黄某丽的交通银行卡将上述钱款中的9900元取出。

[①]　张榆：《应根据介入时间认定电信诈骗中的帮助取款行为》，载《人民司法·案例》2019年第5期。

2017年12月20日，公安机关将被告人李某佩抓获，并从其衣服口袋以及驾驶的车辆内查扣到包括用于本案取款的陆某的中国银行卡、黄某丽的交通银行卡在内的非李某佩本人名下的各类银行卡共计32张。

二、诉讼过程

检察机关指控，被告人李某佩明知他人实施诈骗犯罪，仍提供取款帮助，数额较大，其行为构成诈骗罪；李某佩非法持有他人信用卡，数量较大，其行为构成妨害信用卡管理罪，应以诈骗罪、妨害信用卡管理罪对被告人李某佩数罪并罚。

被告人李某佩对指控的犯罪事实及罪名均无异议，请求法院从轻处罚。其辩护人提出，在被告人取款之前，被害人对款项已失去控制，诈骗罪达到既遂状态，被告人的取款行为仅是帮助最终的犯罪利益实现货币转化，作用不大，应认定为从犯。被告人持有的信用卡均是上家提供，用于电信诈骗的收款、取款。根据电信诈骗犯罪相关规定，能够证明持卡是为了从事电信诈骗犯罪的，即不能认定为妨害信用卡管理罪，持卡行为被诈骗行为吸收，应定诈骗罪一罪。

一审法院经审理认为，被告人李某佩供述杨某于2017年12月初即诈骗犯罪实施之前，即将涉案的32张信用卡一次性交给他，被告人对诈骗罪正犯所要实施的犯罪持有一种概括故意，属事先介入，其实施的乃是收取赃款、保管赃款和取款行为的总和，构成诈骗罪共犯。另外，取款行为对电信诈骗犯罪目的的实现具有积极、直接的促进作用，被告人依法不能认定为从犯。对公诉机关指控的妨害信用卡管理罪，由于此罪成立的条件为没有证据证明从事电信网络诈骗犯罪活动。本案中，有2张卡被证明提取诈骗款时用过，又没有相反证据证明被告人持卡还有其他用途，故应认定被告人非法持有他人信用卡系为从事电信诈骗活动，依法不构成妨害信用卡管理罪。综上，结合被告人当庭如实供述犯罪事实、认罪态度好等情节，酌情予以从宽处罚，对被告人李某佩以诈骗罪判处有期徒刑二年六个月，并处罚金，尚未追回的赃款责令被告人李某佩退赔各被害人。

一审宣判后，被告人李某佩以量刑过重为由提出上诉。二审法院经审理，认为原判认定事实清楚，证据确实、充分，定罪正确，量刑适当，审判程序合法，裁定驳回上诉，维持原判。

三、典型意义

在电信诈骗中，取款者在诈骗犯罪实施前介入，则属于收取赃款、保管赃款和取款行为的结合，成立诈骗罪的共犯；取款者接受信用卡发生在电信诈骗过程中，则属于承继的共犯；如果取款者接受信用卡发生在电信诈骗完成并既遂之后，则不具有诈骗故意，故不构成诈骗罪的共犯，根据具体情况，可能成立掩饰、隐瞒犯罪所得罪。

本案争议焦点主要有两点：一是被告人帮助电信诈骗正犯取款的行为属于诈骗罪共犯，还是掩饰、隐瞒犯罪所得罪；二是被告人非法持有他人信用卡的行为是否另行成立妨害信用卡管理罪。

（一）电信诈骗中帮助取款行为的定性

1. 取款者须具有共同犯罪故意，才构成诈骗罪共犯。共犯的认定要求具备共同故意。共同故意包含两个方面：一是认识因素，即认识到自己在与他人共同实施犯罪行为；二是意志因素，即希望或放任危害结果的发生。意志因素在本案中没有争议，关键在于帮助取款者对电信诈骗正犯行为的认识因素的内容，对此，存在不同观点。第一种观点认为，只有认识到正犯具体实施的是何种犯罪，对特定犯罪提供帮助，才成立共犯，如果不知道正犯所实施的是诈骗犯罪，则不构成帮助犯。第二种观点认为，只要认识到其所帮助的对象可能实施的是犯罪行为即可，并不要求了解具体涉及何种罪名及犯罪的时间、地点等详细情况。笔者同意第二种观点，第一种观点会扩大故意阻却的范围，在实践中难以操作，导致大部分帮助犯无法惩处。近年来，电信诈骗犯罪手法越来越高明，分工越来越精细，呈现出职业化趋势，这也是目前刑事政策对电信诈骗严厉惩处的原因之一。犯罪活动被分解成不同步骤，交由不同的人来完成，除了总指挥之外，其余成员除了自己参与的部分，可能并不了解全部犯罪活动的其他部分。电信诈骗的取款者有些确实不知道其所取款项具体源于何种犯罪，但从取款者的社会经验，收到的高额报酬，取款时采用的戴帽子、眼镜、口罩等掩饰行为可见，其对上述行为存在犯罪风险系主观明知。本案被告人亦供认知道这个钱是不合法的。对于取款者而言，虽不确切知道正犯实施的是何种犯罪，但不论该款项是诈骗犯罪所得，还是贩卖毒品或其他犯罪所得，其均不过问，都愿意帮助取款，可见，正犯实施何种犯罪行为均不违背取款者的意志，取款者对此持放任心态，故足以认定取款者对其所帮助的犯罪行为持一种概括的犯罪故意。如果正犯构成诈骗罪，则基于共犯从属性原理，帮助取款者应构成诈骗罪的共犯。综上，对于电信诈骗的取款者，只要主观上认识到该款项可能源于犯罪行为即构成诈骗罪的共犯。

2. 取款者持有信用卡的时间节点须为事前持有，才构成诈骗罪共犯。如果是在诈骗犯罪实施前通谋的取款行为，自然成立诈骗罪的共犯。对于事前无通谋的，可分为三种情况：如果取款者在诈骗犯罪实施前介入，则属于收取赃款、保管赃款和取款行为的结合，其中收取赃款、保管赃款的行为无疑是电信诈骗罪的组成部分，成立诈骗罪的共犯；如果取款者接受信用卡发生在电信诈骗过程中，则属于承继的共犯；如果取款者接受信用卡发生在电信诈骗完成并既遂之后，则不可能具有诈骗故意，而是诈骗完成后对赃款的处理，故不构成诈骗罪的共犯，根据具体情况，可能成立掩饰、隐瞒犯罪所得罪，其侵害的是一种司法秩序。本案中，被告人供述用于取款的信用卡是杨某一次性交给他的，时间在电信诈骗活动实施之前，故依法构成诈骗罪共犯。

这里涉及诈骗罪完成形态的判断，通说采取"失控说"，即只要加害人以非法占有为目的，采用欺骗手段使被害人对其财物失去控制，即为诈骗罪既遂，不论加害人是否取得对财物的控制，因为此时被害人的财产损失已经造成。具体到电信诈骗犯罪中，被害人基于错误认识将钱款汇入加害人指定的银行账户，此时被害人已无法通过挂失等方式挽回损失，对财物已失去控制，即为诈骗罪既遂。

另外，还应考察取款者和电信诈骗犯罪分子的关系，即使取款者是在电信诈骗既遂后才第一次参与，但在第一次取款之后，取款者就应当知晓电信诈骗的行为性质，此后继续为之取款，与正犯形成一种较为稳固的合作关系，应认定为事前通谋的帮助行为，以诈骗罪的共犯论处。

（二）为从事电信诈骗而非法持有他人信用卡，不构成妨害信用卡管理罪

1. 本案属于牵连犯。牵连犯是指行为人基于一个主导的犯罪意图支配，实施了本罪行为，同时其方法行为或结果行为又触犯其他罪名的犯罪形态。在电信网络诈骗犯罪中，行为人通常不会让被害人将钱打入其实名认证的信用卡，使自己的身份轻易暴露。为了逃避侦查，使用他人信用卡收款可以起到掩饰作用，这也是电信网络诈骗的常用手段，故非法持有他人信用卡实施电信网络诈骗，属于类型化的手段行为和目的行为的牵连犯。

2. 对牵连犯该如何处断，理论上存在不同观点。我国刑法总则没有对牵连犯的处理作出规定，刑法分则条文对牵连犯规定了不同的定罪处罚原则。从一重罪处罚：如《刑法》第三百九十九条第四款规定，司法工作人员收受贿赂，有徇私枉法，民事、行政枉法裁判，执行判决、裁定失职行为，同时又构成受贿罪的，依照处罚较重的规定定罪处罚；从一重罪定罪并且从重处罚：如《刑法》第一百七十一条第三款规定，伪造货币并出售或者运输伪造的货币的，依照伪造货币罪定罪从重处罚；数罪并罚：如《刑法》第一百二十条第二款规定，组织、领导、参加恐怖组织罪并实施杀人、爆炸、绑架等犯罪的，依照数罪并罚的规定处罚。

在具体案件审理中，法律有明文规定的，应依照法律规定处理。《最高人民法院、最高人民检察院、公安部关于办理电信网络诈骗等刑事案件适用法律若干问题的意见》（本案例以下简称《意见》）第三方面规定全面惩处关联犯罪，第四项规定："非法持有他人信用卡，没有证据证明从事电信网络诈骗犯罪活动，符合刑法第一百七十七条之一第一款第（二）项规定的，以妨害信用卡管理罪追究刑事责任。"这条可理解为非法持有他人信用卡，有证据证明从事电信网络诈骗犯罪活动，不认定为妨害信用卡管理罪。对此，可以从以下几个方面加以理解：

第一，从法条的文义看，何谓"没有证据证明从事电信网络诈骗"，

这涉及一个证明程度的问题。公诉机关认为被告人持有的32张信用卡，其中只有2张在本案中取过款，另外30张可能是用来从事贩毒、洗钱等其他犯罪活动。但笔者认为，这些猜测并无依据。值得注意的是，《意见》中用的是"从事"一词，"从事"的要求显然比"用于"要宽松，即不要求被告人持有的这些信用卡每一张都在电信诈骗中使用过，而是只要证明被告人持有这些信用卡是为了从事电信诈骗活动即可，不论卡是用了还是没用。实践中，电信诈骗活动往往会准备很多信用卡，查获时很可能有的用了，有的没用，甚至犯罪分子会把用过的卡及时丢弃，剩下的都没有用过。如果将被告人非法持有的信用卡按照用过的与没用过的机械划分，对没用过的都定妨害信用卡管理罪，会使这条法律规定虚化，在实践中没有适用的空间。本案中，被告人供述查扣在案的32张信用卡系杨某一次性交给他的，让其根据指示取款。其中2张卡被证明在本案中取款用过，又没有相反证据证明被告人持卡还有其他用途，故应认定被告人非法持有他人信用卡系为了从事电信诈骗活动。

第二，从法条的体系看，《意见》第三部分对于电信诈骗中同时触犯2个罪名的情况怎样处理，均作出了规定。第一项规定实施电信网络诈骗活动，非法使用伪基站的，择一重处罚；第二项规定使用非法获取的公民个人信息实施电信网络诈骗，数罪并罚；第三项规定冒充国家机关工作人员实施电信网络诈骗，择一重处罚。由此可见，第四项的情况，如果需要数罪并罚，文字上也应该使用与第二项同样的明确表述。既然没有规定要数罪并罚，就应按照法条文义来理解，即有证据证明从事电信诈骗的，就不再认定妨害信用卡管理罪。

第三，从法条的性质看，该条文对妨害信用卡管理罪的适用作出了限制性规定，设定了适用条件，即排除了其他情况下适用该罪的可能，属于一个出罪条款。入罪条款的适用应把握严格一些，而出罪条款的适用要求应该适当放宽，以保障被告人的合法权益。

第四，从该类犯罪的司法实践看，此类电信诈骗目前比较多发，在电信诈骗中专门将取款这部分交给专人操作。从办案经验看，上游将这些信用卡交给取款者,其目的具有整体性,就是用来取诈骗款,故在分析被告人非法持有信用卡的用途时,也应该有整体观念,而不能将用过的和没用过的信用卡机械地割裂开。另外,取款行为对电信诈骗犯罪目的的实现具有积极、直接的促进作用,故被告人依法不能认定为从犯。

关于量刑,对于此类诈骗罪和妨害信用卡管理罪的牵连犯,实践中可能出现的情况是,诈骗犯罪情节一般,量刑较轻,反而是对非法持有信用卡这一手段行为法律规定了更重的刑罚。由于只能定诈骗一罪,如果非法持有信用卡被简单吸收,在量刑上没有体现,则会放纵犯罪。故笔者认为,应把非法持有信用卡这一手段行为作为量刑情节予以评价,对诈骗罪从重处罚。本案中,对被告人判处有期徒刑二年六个月,系考虑到其犯罪手段等情节,以实现罪责刑相适应。

【关联规定】

《中华人民共和国刑法》第一百七十七条之一【妨害信用卡管理罪】、第一百九十一条【洗钱罪】、第二百五十三条之一【侵犯公民个人信息罪】、第二百八十条【伪造、变造、买卖国家机关公文、证件、印章罪,盗窃、抢夺、毁灭国家机关公文、证件、印章罪】【伪造公司、企业、事业单位、人民团体印章罪】【伪造、变造、买卖身份证件罪】、第二百八十六条之一【拒不履行信息网络安全管理义务罪】、第二百八十七条之一【非法利用信息网络罪】、第二百八十七条之二【帮助信息网络犯罪活动罪】、第三百一十二条【掩饰、隐瞒犯罪所得、犯罪所得收益罪】,《中华人民共和国反洗钱法》第二条至第六条、第十条、第十四条至第二十二条、第三十二条至第三十五条,《最高人民法院、最高人民检察院关于办理非法利用信息网络、帮助信息网络犯罪活动等刑事案件适用法律若干问题的解释》第十二条,《最高人民法院、最高人民检察院、公安部关于办理电信网络诈骗等刑事案件适用法律若干问题的意见》三、四,《最高人民法院、最高人民检察院、公安部关于办理电信网络诈骗等刑事案件适用法律若干问题的意见（二）》四、六至九、十一，《个人存款账户实名制规定》第一条、第五条至第七条、第十条，《金融机构客户尽职调查和客户身份资料及交易记录保存管理办法》，《中国人民银行关于进一步做好受益所有人身份识别工作有关问题的通知》，《中国人民银行关于改进个人银行账户服务加强账户管理的通知》一、二。

【条文内容】

> **第十六条　【银行开户限制】** 开立银行账户、支付账户不得超出国家有关规定限制的数量。
>
> 对经识别存在异常开户情形的，银行业金融机构、非银行支付机构有权加强核查或者拒绝开户。
>
> 中国人民银行、国务院银行业监督管理机构组织有关清算机构建立跨机构开户数量核验机制和风险信息共享机制，并为客户提供查询名下银行账户、支付账户的便捷渠道。银行业金融机构、非银行支付机构应当按照国家有关规定提供开户情况和有关风险信息。相关信息不得用于反电信网络诈骗以外的其他用途。

【条文主旨】

本条对银行账户、支付账户开户数量以及监管问题进行了规范。

【适用指南】

随着我国金融行业的飞速发展，特别是互联网金融和现代通信技术在金融领域中的广泛运用，个人开立银行账户、支付账户越来越方便，加之银行等金融机构为业务发展，个人开立账户的数量庞大，一人多户的现象比较普遍。个人开户数量过多既容易造成个人对账户及其资产的管理不善、对账户重视不够，为买卖账户、冒名开户和虚构代理关系开户埋下了隐患，也容易造成银行管理资源浪费，长期不动的账户还会成为银行内部风险点。在电信网络诈骗犯罪活动中，不法分子为实施犯罪、逃避打击，以少量金钱诱骗一些群众出售本人的银行账户和支付账户，有的甚至直接组织个人到银行批量开户后出售，或者收购居民身份证后冒名或虚构代理关系开户，大量非法开立、买卖、"实名不实人"的账户成为犯罪分子实施电信网络诈骗的重要工具和转移诈骗资金的主要渠道。近年来，公安机关在案件侦办中缴获"两卡"动辄数十万张，几乎全为"假实名"，均非开卡者本人使用。为从源头上遏制电信网络违法犯罪的高发势头，原中国银行业监督管理委员会于 2015 年 11 月 13 日下发《关于银行业打击治理电信网络新型违法犯罪有关工作事项的通知》，规定同一客户在同一商业银行开立借记卡原则上不得超过 4 张；中国人民银行于 2015 年 12 月先后下发《关于改进个人银行账户服务加强账户管理的通知》《非银行支付机构网络支付业务管理办法》，就落实个人账户实名制、建立个人户分类管理机制、规范个人银行账户代理等作出了规定，之后又于 2016 年 9 月印发《关于加强支付结算管理防范电信网络新型违法犯罪有关事项的通知》规定，自 2016 年 12 月 1 日起，同一个人在同一家银行（以法人为单位）只能开立一个 I 类户（为银行结算账户，含银行卡），在同一家支付机构只能开立一个 III 类户（具有有限功能），同时从加强账户实名制、阻断电信网络新型违法犯罪资金转移的主要通道、加强个人支付信息安全保护、建立个人资金保护长效机制等方面明确相关措施，特别是针对电信网络违法犯罪中反映出的买卖账户、冒名开户和虚构代理关系开户这一账户管理方面的突出问题，制定了具体的惩戒措施，并且明确了暂停涉案账户开户人名下所有账户的业务、可以拒绝可疑开户、个人 ATM 转账资金在 24 小时后到账、强化可疑交易监测、建立黑名单制度、健全紧急止付和快速冻结机制等一系列针对性的监管规定，以构筑金融业支付结算安全防线。上述规定出台以来，通过各相关部门的密切协作配合，大大加强了打击防范电信网络违法犯罪的工作力度，取得了阶段性成效。

2021年11月，为全面贯彻落实党中央、国务院关于打击治理电信网络诈骗和跨境赌博工作要求，切断不法分子涉诈涉赌资金转移链条，就中国人民银行关于金融行业"资金链"治理情况的介绍，提出了以下工作措施和要求：（1）严格落实风险管理主体责任。银行、非银行支付机构不得为电信网络诈骗和跨境赌博等违法犯罪活动提供支付结算服务。严格落实"谁的账户谁负责""谁的客户谁负责""谁的商户谁负责""谁的终端谁负责""谁的钱包谁负责"主体责任。对被不法分子利用转移涉诈涉赌资金的账户、商户、产品、渠道、钱包等开展倒查，查补本单位风险防控薄弱环节和管理漏洞，完善风险防控体系。（2）建立健全账户分类分级管理体系。针对不同客户及其风险特征设定不同账户功能，审慎与客户约定并合理动态调整非柜面交易限额和身份核验方式，杜绝开户后账户功能和交易限额"一开全放"。（3）开展"一人多卡"行业风险整治。中国银联统筹推动压降银行卡数量工作，各银行针对"一人多卡"（含账户）、长期不动户开展行业风险排查清理，实现可用银行卡数量显著下降。建立跨行风险监测及银行卡核验机制，实现查询个人在全国范围内开立银行卡的情况，研究限制个人大量开立银行卡、支付账户。（4）加大对买卖"两证两卡"打击力度。严厉打击买卖个人信息等黑灰产业，组织主要互联网企业加强对通过互联网买卖个人信息、电话卡、银行账户、支付账户、收款码等行为的监测和处置力度，持续打击买卖个人身份证件、企业营业执照等为电信网络诈骗和跨境赌博提供便利条件的上游黑灰产业。严格落实买卖账户惩戒机制，推进将买卖账户的惩戒措施上升为法律规定，建立健全被惩戒单位和个人信息台账，跟踪管理被惩戒单位和个人情况。（5）建立电话卡、银行卡实名信息交叉核验工作机制。支持银行、非银行支付机构在为客户办理账户业务时开展个人手机号码实名登记信息的一致性比对。加强涉诈电话卡、涉诈银行卡等信息共享，强化开卡监测和风险管控，实现"一处涉诈、两卡受限"。（6）完善风险识别和拦截机制。银行、非银行支付机构、清算机构建立健全涉诈风险监测拦截机制，监测高危交易、高危账户，依法采取管控措施。中国银联、网联清算有限公司牵头研发风险防控模型，推进风险防控模型、高危账户、高危 IP 地址等信息共享。（7）加强涉诈涉赌外汇资金监测和处置。对排查确认的涉诈涉赌外汇资金以及电信网络诈骗和跨境赌博涉及的地下钱庄等，及时采取措施、精准协同打击、从严查处。（8）严厉打击利用虚拟货币转移涉诈涉赌资金。加大对虚拟货币兑换、买卖、提供信息中介、代币发行融资及衍生品交易等非法金融活动打击力度，金融机构和非银行支付机构不得为虚拟货币相关业务提供服务。（9）应用人脸识别技术核验账户使用人身份。针对高风险客户、高风险交易等在手机银行、网上银行、移动应用程序登录或转账环节应用人脸识别等生物技术进行增强验证。（10）严肃开展监管问责。对于工作落实不到位、公安机关通报涉案情况严重的银行、非银行支付机构，及时开展专项执法检查。对涉嫌为违法犯罪活动提供帮助甚至参与违法犯罪活动的行业内部从业人员，依法对所在单位及相关个人予以问责，等等。[①] 当然，上述相关信息不得用于反电信网络诈骗以外的其他用途。

　　本法立足于防范和打击电信网络诈骗违法犯罪工作实际，切实遵循和贯彻落实党中央、国务院关于打击治理电信网络诈骗的决策部署，注重源头治理、系统治理，继承了过去一个时期相关部门制定出台的相关文件精神、行之有效的工作机制和深入推进的重点任务，以专门的条文将对银行账户、支付账户的开户限制以及监管问题上升为法律规定，有利于促进账户开户风险管控，防止账户非法开立、买卖，堵塞涉诈资金转移通道，从根本上防范电信网络诈骗的发生。

[①] 《人民银行有关负责同志参加国新办打击治理电信网络诈骗犯罪工作进展情况发布会》，载中国人民银行微信公众号 2022 年 4 月 15 日，https：//mp.weixin.qq.com/s/nvdbaaM9et9rmtlDPy4Wyw，2022 年 9 月 12 日访问。

【典型案例】

案例1　赵某帮助信息网络犯罪活动案[①]

一、基本案情

被告人赵某经营的网络科技公司的主营业务为第三方支付公司网络支付接口代理。赵某在明知申请支付接口需要提供商户营业执照、法人身份证等五证信息和网络商城备案域名，且明知非法代理的网络支付接口可能被用于犯罪资金走账和洗钱的情况下，仍通过事先购买的企业五证信息和假域名备案在第三方公司申请支付账号，以每个账号收取2000元至3500元不等的接口费将账号卖给他人，并收取该账号入金金额千分之三左右的利润。

2016年11月17日，被害人赵某被骗600万元。其中，被骗资金50万元经他人账户后转入在第三方某股份公司开户的某贸易公司商户账号内流转，该商户账号由赵某通过上述方式代理。

二、诉讼过程

浙江省义乌市人民法院判决认为：被告人赵某明知他人利用信息网络实施犯罪，为其犯罪提供支付结算的帮助，其行为已构成帮助信息网络犯罪活动罪。被告人赵某到案后如实供述自己的罪行，依法可以从轻处罚。以帮助信息网络犯罪活动罪判处被告人赵某有期徒刑七个月，并处罚金人民币3000元。该判决已发生法律效力。

三、典型意义

为他人实施信息网络犯罪提供支付结算帮助，情节严重的，构成帮助信息网络犯罪活动罪。在司法实践中，大量电信网络诈骗案件的作案手段，就是使用他人的支付结算工具，包括实名不实人的银行卡和绑定在该

[①] 《最高人民法院发布4起非法利用信息网络罪、帮助信息网络犯罪活动罪典型案例》（2019年10月25日发布），载最高人民法院官网，https：//www.court.gov.cn/zixun-xiangqing-193721.html，2022年9月12日访问。

类银行卡上的第三方支付工具。有的人为贪图小利，出售自己的银行卡，有的人大量收购他人银行卡转卖给诈骗犯罪分子，有的人则通过非法代理网络支付的形式牟取利益，但无论使用何种形式，都掩盖不了帮助信息网络犯罪活动的本质，应当依法予以严厉打击。

案例2　杨某雄等3人帮助信息网络犯罪活动案[①]

一、基本案情

2019年11月，被告人杨某雄为谋取非法利益，明知他人收购银行卡可能用于信息网络犯罪，仍将自己的多家银行卡各1套以及向他人收购的3套银行卡以每套2000元的价格卖给吕某鹏。杨某雄提供的银行卡被用于电信网络诈骗犯罪，其本人的银行卡涉及支付结算金额535266元，从他人处收购的银行卡涉及支付结算金额3652376元。

为谋取非法利益，被告人向某林自己办理2套银行卡，在他人处收购3套银行卡，被告人杨某雄向被告人杨某雨收购5套银行卡，后二人以每套2800元的价格将上述10套银行卡卖给黄某。上述银行卡被用于电信网络诈骗犯罪，向某林的银行卡支付结算金额58290元，涉及诈骗进账23000元，从杨某雨处收购的银行卡支付结算金额3474918.92元，涉及诈骗进账222000元。

为谋取非法利益，被告人向某林从他人处收购2套银行卡，以每套银行卡2800元的价格卖给黄某。

为谋取非法利益，被告人杨某雨向他人购买1套银行卡，被告人杨某雄向他人收购3套银行卡欲卖给黄某，后因被公安机关查获，部分银行卡未售出。

本案中，被告人向某林获利20000元，被告人杨某雨获利3000元。案

[①] 《贵州法院审理电信网络诈骗犯罪典型案例》（2021年11月17日发布），载贵州高院微信公众号2021年11月17日，https：//mp.weixin.qq.com/s/dJKxxatdkgOpVjG3LM7QTw，2022年9月10日访问。

发后，被告人杨某雄退缴违法所得18000元。

二、诉讼过程

贵州省石阡县人民法院经审理认为：三被告人明知他人利用信息网络实施犯罪，仍然向他人提供支付结算帮助，情节严重，其行为均已构成帮助信息网络犯罪活动罪。在共同犯罪中，三被告人均系主犯。鉴于三被告人均系坦白、认罪认罚，依法可从宽处罚。据此，依法以帮助信息网络犯罪活动罪分别判处杨某雄有期徒刑一年零九个月，并处罚金人民币15000元；判处向某林有期徒刑一年零六个月，并处罚金人民币1万元；判处杨某雨有期徒刑一年，并处罚金人民币8000元。

三、典型意义

当前，电信网络诈骗犯罪仍多发、频发，严重侵害了人民群众财产安全，影响了社会和谐稳定。电信网络诈骗犯罪分子身份难以追查的一个重要原因，正如本案所示，犯罪分子实施犯罪所用的银行卡、电话卡往往都是从他人处非法收购而来，导致了大量"实名不实人"银行卡、电话卡的存在。严厉打击非法提供"两卡"等源头犯罪行为，是打击治理电信网络诈骗犯罪的关键一环。

近年来，全国法院充分发挥刑事审判职能，聚焦电信网络诈骗犯罪新特点，坚持突出"两卡"打击重点，依法从严惩处涉"两卡"犯罪，全力维护群众财产安全。在此，法院也提醒广大群众，在提高警惕、防范自身被骗的同时，也要防止自身成为电信网络诈骗犯罪的"工具人"。

案例3 陈某某妨害信用卡管理案[①]

一、基本案情

被告人陈某某在某车站拾得王某的身份证后，于2015年9月9日未经

[①] （2016）赣07刑终169号刑事判决书，载中国裁判文书网，https：//wenshu.court.gov.cn/website/wenshu/181107ANFZ0BXSK4/index.html? docId=333cc4fd11af453787e2a73e017101a2，2022年9月10日访问。

王某同意，使用王某的身份证，在江西省宁都县以王某的名义在甲银行宁都支行十里街分理处、乙银行宁都支行营业部、丙银行宁都支行营业部、丁农村信用社宁都中山街分社各骗领一张借记卡：分别为甲银行储蓄卡、乙银行银联卡、丙银行借记卡（办卡时存入现金100元）、丁农村信用社借记卡（办卡时存入现金100元）。

二、诉讼过程

检察机关指控，被告人陈某某违反国家信用卡管理法规，违背他人意愿，使用虚假的身份证明骗领信用卡，严重扰乱了国家金融管理秩序，其行为已构成妨害信用卡管理罪。鉴于陈某某能当庭自愿认罪，有悔罪表现，依法可酌情从轻处罚。

一审法院判决认为：被告人陈某某犯妨害信用卡管理罪，判处有期徒刑一年，并处罚金人民币1万元。二审法院经审理认为，原判认定事实清楚，证据确实充分，定性准确，量刑适当，审判程序合法。裁定驳回上诉，维持原判。

三、典型意义

本案争议焦点是被告人陈某某所办理的四张卡，是否属于妨害信用卡管理罪中的"信用卡"，这影响到罪与非罪的认定问题。对此，存在两种不同意见：第一种意见认为，《银行卡业务管理办法》（本案以下简称《办法》）中很明确地将银行卡分为信用卡和借记卡；此外，信用卡与借记卡相比，使用的社会危害性更大。因此，妨害信用卡管理罪中的"信用卡"仅指《办法》所规定的信用卡。第二种意见认为，从对《全国人民代表大会常务委员会关于〈中华人民共和国刑法〉有关信用卡规定的解释》（本案以下简称《解释》）对刑法中的"信用卡"含义的理解上，以及行为人使用他人虚假身份骗领借记卡，同样破坏了金融管理秩序这一客体上来看，妨害信用卡管理罪中的"信用卡"应包括《办法》所规定的信用卡和借记卡，即相当于《办法》所规定的银行卡。法院支持第二种意见。

1. 从立法解释的效力和文义解释来看应包括借记卡。2004年12月29

日实施的《解释》规定,《刑法》规定的"信用卡",是指由商业银行或者其他金融机构发行的具有消费支付、信用贷款、转账结算、存取现金等全部功能或者部分功能的电子支付卡。1999年3月1日起实施的《办法》规定,银行卡包括信用卡和借记卡。信用卡按是否向发卡银行交存备用金分为贷记卡、准贷记卡两类。借记卡按功能不同可以分为转账卡(含储蓄卡)、专用卡和储值卡。根据《办法》第二条、第六条至第十条的规定,信用卡具有消费支付、信用贷款、转账结算、存取现金四种功能中的全部功能,而借记卡具有除信用贷款功能外的其他三个功能中的一个至三个。

有观点认为,因为当前并无广义或狭义信用卡的说法,且《解释》也未明确《刑法》中的信用卡与《办法》中的信用卡是否存在区别。因此,《刑法》中的信用卡应当仅指《办法》所规定的具有信用贷款功能的信用卡而不应包括借记卡。笔者认为,全国人民代表大会常务委员会对《刑法》规定的"信用卡"作出的立法解释在效力上等同于法律,高于作为部门规章的《办法》,关于妨害信用卡管理罪的认定上应当适用位阶更高的《解释》中关于"信用卡"含义的界定,而不应适用《办法》的规定。而且,根据对《解释》条文进行文义解读,《解释》中有关刑法中的"信用卡"的含义与《办法》中规定的"银行卡"的内涵是一致的,即刑法中的信用卡应当包括《办法》所规定的信用卡和借记卡。

2. 虚构他人身份骗领借记卡同样破坏金融管理秩序。妨害信用卡管理罪是指违反国家信用卡管理法规,在信用卡的发行、使用等过程中,妨害国家对信用卡的管理活动,破坏信用卡管理秩序的行为,属于破坏金融管理秩序类犯罪。从社会危害性上看,与信用卡相比,使用他人身份证骗领借记卡,干扰了银行等金融机构对借记卡的正常管理,同样破坏了金融管理秩序,对社会同样造成较大的危害。且若行为人通过虚构其他事实以他人名义骗取银行贷款并将贷款打入该银行卡,同样会造成极大的社会危害性。因此,从侵犯客体上看,妨害信用卡管理中的信用卡应当包括借记卡。

【关联规定】

《中华人民共和国刑法》第一百七十七条之一【妨害信用卡管理罪】、第二百八十七条之二【帮助信息网络犯罪活动罪】,《最高人民法院、最高人民检察院关于办理妨害信用卡管理刑事案件具体应用法律若干问题的解释》第二条、第三条,《最高人民法院、最高人民检察院、公安部关于办理电信网络诈骗等刑事案件适用法律若干问题的意见》四,《个人存款账户实名制规定》第一条至第七条,《非金融机构支付服务管理办法》第一条至第三条、第六条、第三十一条至第三十五条、第四十四条、第四十七条,《非金融机构支付服务管理办法实施细则》第一条、第二条、第四条、第五条、第十五条、第三十九条、第四十条,《人民币银行结算账户管理办法》(部分条文失效)第一条至第四条、第二十二条、第二十八条、第四十五条、第五十七条至第六十八条,《中国人民银行关于加强支付结算管理防范电信网络新型违法犯罪有关事项的通知》一、二、三、四、七,《中国人民银行关于进一步加强支付结算管理防范电信网络新型违法犯罪有关事项的通知》一、二、三、四,《最高人民法院、最高人民检察院、公安部、工业和信息化部、中国人民银行、中国银行业监督管理委员会关于防范和打击电信网络诈骗犯罪的通告》五,《中国银行业监督管理委员关于银行业打击治理电信网络新型违法犯罪有关工作事项的通知》二、三、四、五,《中国人民银行关于改进个人银行账户服务加强账户管理的通知》一、二。

【条文内容】

第十七条 【企业账户风险防控机制】银行业金融机构、

> 非银行支付机构应当建立开立企业账户异常情形的风险防控机制。金融、电信、市场监管、税务等有关部门建立开立企业账户相关信息共享查询系统,提供联网核查服务。
>
> 市场主体登记机关应当依法对企业实名登记履行身份信息核验职责;依照规定对登记事项进行监督检查,对可能存在虚假登记、涉诈异常的企业重点监督检查,依法撤销登记的,依照前款的规定及时共享信息;为银行业金融机构、非银行支付机构进行客户尽职调查和依法识别受益所有人提供便利。

【条文主旨】

本条对企业开立账户及异常情况的风险防控作出了规范。

【适用指南】

现实生活中,电信网络诈骗犯罪分子往往最青睐的是包括企业对公账户在内的"四件套",因为对公账户一次性转账数额往往大大高于个人账户,又由于"对公账户"与"个人账户"相比更不易被追查到犯罪团伙的信息,更为隐匿和安全,成为代理手中的"香饽饽",同时也进一步催生了"对公账户"的买卖黑产。为犯罪分子骗取巨额资金提供了更加便利的条件,为此,他们疯狂地在国内收买由营业执照、对公账户、U盾、银行卡组成的以一个企业账户为单元的"四件套"。电信网络诈骗犯罪的频发,催生了帮助诈骗分子洗钱的黑灰产业。当受害人将钱款汇入骗子指定的银行账户,这些资金会迅速通过多个账户层层转移。可是,账户都是实名登记的，为什么诈骗团伙还敢如此明目张胆？原来这背后，隐藏着一个专门开卡的群体——"卡农"。办案中，经常会遇到专门非法买卖公司营业执照、对公账户的团伙，查获营业执照、对公账户、U盾、银行卡等，这些被卖给诈骗分子使用的对公账户，往往会在短短的时间内就产生过亿元的资金流水。一些犯罪分子专门物色那些没有工资收入、居无定所的人员，询问其想不想挣"快钱"，继而邀约其帮忙办证，只要完成数套证件的办理，即可拿到一定数量的报酬，并可提供在此期间的食宿，条件是由无业人员提供自己的身份证并随其到行政服务窗口，当面办理公司营业执照和银行对公账户，然后在代办人员（多为专门从事这一工作的"黄牛"）的帮助下，很快便成立了几家公司，但是这些公司的营业执照、对公账户、U盾、银行卡等"四件套"都要交给代办人员，通过"出卖"自己的身份并办理上述证照，无业人员从中拿到了约定的"好处费"。有的人甚至会辗转到各地城市去办理大量"四件套"获利。而这些"四件套"又会转卖给他人或者境外电信网络诈骗分子，成为诈骗大额资金的工具。那些出卖自己个人信息办理证件、银行卡的人，协助办理"四件套"的被称为"卡农"，"卡农"往往法律意识淡薄，贪图小便宜，拿着自己的身份证去办理公司营业执照、对公账户、U盾和银行卡等，再贩卖给"收卡"中介，后者再将"四件套"出售给诈骗犯罪团伙转移赃款使用，正是因为他们的帮助行为，导致一些企业账户同样有"实名不实人"的情况，诈骗犯罪离不开资金流，而资金流最重要的载体就是银行卡，诈骗分子往往利用"卡农"办理的"实名不实人"的银行卡转移赃款，以逃避公安机关追查，斩断这一利用开办对公账户为犯罪分子提供作案工具的黑灰产业，是遏制当前电信网络诈骗高发的有效措施之一。目前不法分子用于电信网络新型违法犯罪的作案账户呈现出从个人账户向单位账户转移、从银行账户向支付账户转移的趋势。同时，《非银行支付机构网络支付业务管理办法》主要对个人支付账户实名提出了具体管理要求，对单位支付账户管理和使用规定不够完善。为此，《中国人民银行关于加强支付结算管理防范电信网络新型违法犯罪有关事项的通知》和《中国人民银行关于进一步加强支付结算管理防范电信网络新型违法犯罪有关事项的通知》针对单位支付账户进一步强化了客户身份核实措施,旨在保障客户合法权益,防范不法分子开立匿名或假名单位账户从事洗钱、欺诈、套现、恐怖融资等非法活动。《中国人民银行关于加强支付结算管理防范电信网络新型违法犯罪有关事项的通知》规定,支付机构为单位客户开立支付账户时,既可以自主或委托合作机构面对面核实客户身份,也可以通过至少三个外部渠道远程交叉验证客户身份,在加强实名制管理的同时为支付机构提供了灵活的选择空间,充分考虑了电子商务的发展需要。在司法实践中,司法机关清理出了大量专门注册用于为电信网络诈骗提供帮助的"空壳公司",这些"公司"注册以后就是将"四件套"转卖给犯罪分子,根本没有任何经营活动,需要严加治理,防范后续带来更多的电信网络诈骗案件。

以浙江省杭州市检察机关为例,在治理"空壳公司"的过程中,运用检察大数据手段,多措并举,实现了对该社会问题的有效治理。

党中央、国务院高度重视深化"放管服"改革,通过不断提升政务服务能力和水平,打造高效、便利、透明的政务服务流程,激发市场主体活力。但是,一些不法分子利用商事登记的便利性,注册"空壳公司"用于违法犯罪活动,严重扰乱公司登记秩序,破坏正常的营商环境,危害人民群众的财产安全。"检察大数据战略"为该类问题的根治提供了解题思路,依托大数据赋能,检察机关主动开展类案监督,同时深入发现类案背后的治理监管漏洞,通过构建多跨场景应用等方式堵塞漏洞,促进系统治理,为营造法治营商环境提供法治保障。

"空壳公司"的危害严重。2014年3月1日起,国务院及市场监管部门大幅简化企业开设流程,注册资本由实缴制改为认缴制,"宽准入"的政策大大降低企业设立门槛,为激发市场活力提供坚实保障,与此同时,社会上也出现了大量没有实际经营活动的"空壳公司"。

"空壳公司"是一个"中性"概念,按照正规流程设立的公司并不违法,但"空壳公司"经常沦为不法分子的犯罪工具也是不争的事实,因为具有隐蔽性,这类公司常在虚开增值税发票、电信网络诈骗、网络赌博等犯罪活动的赃款"洗钱"中扮演重要角色，社会上已经形成了买卖"空壳公司""四件套"的黑灰产业链。在此链条中，下游渠道的个人会注册、提供、出售营业执照、U盾、手机SIM卡、对公账户等"四件套"，中游渠道的注册团伙则会利用"四件套"注册大量商户号、企业支付宝号，上游渠道的非法平台则会聚合第三方支付等多种支付模式对诈骗资金予以专业洗钱，伴随此类黑灰产业链条相生的亦有买卖公民个人信息、网络诈骗技术平台开发等违法犯罪行为。以浙江省杭州市某区人民检察院（以下简称某区检察院）为例，自2020年10月"断卡"行动开展至今，某区检察院共办理涉嫌买卖"空壳公司"对公账户的刑事犯罪案件75件152人。涉案嫌疑人使用本人的身份信息或者冒用他人的身份信息大量注册空壳公司，并将所办理的对公账户出售、提供并使用于电信网络诈骗、赌博等犯罪中，以转移赃款、"洗钱"牟利。

空壳公司治理存在以下的难点，具体从案例来看。

案例1：2019年12月至2020年4月，樊某某注册成立财务管理公司，先后招募多人担任公司财务、会计、经理等职务。该公司相关工作人员通过QQ群等对外发布网络广告，宣传、联系"掮客"办理"空壳公司"营业执照及银行对公账户。相关"掮客"在提供用于注册"空壳公司"的法人资料后，樊某某会另行联络他人购买用于注册空壳公司的地址信息。在收集齐全相关资料后，樊某某等人先利用线上办理平台向工商部门申请注册公司营业执照，后通过带领"法定代表人"前往相关行政服务中心领取营业执照、到达相关银行以虚假陈述手段骗取开通银行对公账户的方式，将所办理的营业执照、对公账户以每套数千元不等的价格对外出售。经查，樊某某等人先后虚假注册"空壳公司"达50余家，该类公司的银行对公账户均被用于电信网络诈骗及境外网络赌博的资金转移活动。

案例2：2020年，修某在注册公司时意外得知自己成为一家公司的股东和法人代表。该公司因存在多项异常经营行为被列入工商黑名单，修某也因此被列入黑名单无法再注册公司。为此，修某向市场监督管理局申诉要求撤销公司注册登记，但因市场监督管理局没有为证明修某身份证被冒用的调查取证权，无法启动撤销登记程序。因申诉未果，修某向法院提起诉讼，要求判决市场监督管理局撤销公司注册登记。但由于修某无法提供有力证据，面临败诉的可能，权利将无法得到救济。修某向检察机关申请监督。

案例3：2019年12月，朱某某通过购买信息等方式注册登记成立公司，并用于骗取国家补贴。经调查核实，发现朱某某参与注册登记的26家公司均系冒用他人身份信息、虚构注册地址、伪造租赁合同等方式虚假注册的"空壳公司"，且均处于异常经营状态。

检察机关在办案过程中发现，如果数据壁垒、机制不畅，相关机关将难以及时对涉"空壳公司"犯罪予以打击、预防。一方面，各行政主管部门的数据尚未互联互通。因可调动的数据资源限制，无法将工商登记数据和税务、社保数据等全面汇总分析，就会导致相关职能部门对异常信息分析研判精准度、辨识能力下降。如，注册"空壳公司"买卖对公账户犯罪往往存在"一人多企""一证多照"以及在同一时段内新办实名手机号等情况，公司登记注册后无社保缴纳、无税款缴纳等实际经营痕迹，一旦出现各相关部门之间的"数据壁垒"就会导致上述信息无法进行串联分析。如案例1中，存在同一地址注册多家公司，同一人在短期内注册多家公司，公司登记注册地址雷同，公司法定代表人身份异常等情形；案例2和案例3中，存在犯罪嫌疑人冒用他人身份信息用于注册空壳公司的情况等，因信息不畅，相关职能部门未能及时预警。另一方面，行政主管部门与司法机关之间衔接机制不畅。根据《市场主体登记管理条例》第四十四条的规定，提交虚假材料或者采取其他欺诈手段隐瞒重要事实取得市场主体登记的，由登记机关责令改正，没收违法所得，并处5万元以上20万元以下的罚款；情节严重的，处20万元以上100万元以下的罚款，吊销营业执照。如果相关行政主管部门并不能第一时间掌握司法机关办案过程中发现的"空壳公司"线索，就会导致这类公司即使已经涉及相关刑事犯罪，但未被及时列为异常或被注销，仍处于"存续"状态。如案例1中，该案起诉到法院后，涉案人员肖某某名下的多家空壳公司仍处于"存续"

状态。

检察机关通过对杭州市某区一年来注册的200余家用于电信网络诈骗的"空壳公司"调查后发现，至案件起诉时大部分公司还处于正常存续状态。此外，《市场主体登记管理条例》第十二条第二项规定，因贪污、贿赂、侵占财产、挪用财产或者破坏社会主义市场经济秩序被判处刑罚，执行期满未逾5年，或者因犯罪被剥夺政治权利，执行期满未逾5年不得担任公司、非公司企业法人的法定代表人。然而在案件办理中发现，部分"法定代表人"（提供身份信息用于虚假注册公司因此获刑的人员）此前曾以相同方法开设对公账户洗黑钱并被银行列入"黑名单"，但后续仍能再次在市场监管部门成功注册新的空壳公司。

针对上述情况，检察机关以监督促治理，一方面，依托大数据赋能，通过开展深层次类案监督全面清理"空壳公司"；另一方面，积极协同有关部门通过完善制度机制、构建多跨场景应用等方式防止新增"空壳公司"，形成治理合力，有效净化市场环境。

1. 活用数据深挖类案线索。案例2中，检察机关依法深入调查后，查明系他人冒用修某的身份信息在市场监督管理局登记设立了以修某为股东及法定代表人的广告公司，该公司登记的注册地址处，另登记注册了12家公司，经核实，上述12家公司中多家公司属于异常经营，且部分公司涉及电信诈骗刑事犯罪。检察机关判断，这并非个案，极有可能存在大量冒用他人身份信息虚假注册"空壳公司"从事违法犯罪活动的情形，应加强和改进行业监督管理，于是启动类案监督。数据来源是摸排相关类案线索的一大难点，如果执法数据不透明，检察机关就无法直接获取市场监管部门对异常公司监管处理情况。面对这一困境，检察机关转变思路，从已有的核心业务数据资源出发，综合运用人工智能、文书解析、大数据碰撞等分析处理技术深度摸排类案线索。通过对近年来办理的涉"空壳公司"案件对比分析，提炼出注册"空壳公司"用于违法犯罪活动的共性规则。锁定近年办理的刑事案件为摸排范围，重点关注通过注册"空壳公司"骗取银行对公账户、使用对公账户转移赃款的情形，从而获取有效监督线索。

2. 类案监督促进职能衔接。如果行政主管部门与执法司法机关之间存在数据壁垒、信息不畅等问题，作为犯罪工具的"空壳公司"就难以被及时发现并处置，甚至相关刑事案件办结后仍然控制在上游组织者手中继续被用于违法犯罪。基于已掌握的类案线索，检察机关向市场监管部门发出检察建议，建议其对已查明的用于违法犯罪的空壳公司启动相应的监管措施，同时建议进一步加强对公司异常注册、经营的日常巡查工作。在检察机关的督促下，一个月内，市场监管部门依法对上述公司作出相应的行政处罚，并就公司注册经营异常行为建立了日常数字化巡查工作机制。通过这一类案的办理，检察机关与市场监管等部门逐步形成相互信任协作的关系，共同建立"空壳公司"协同治理信息共享、线索移送、交流会商和研判机制，实现执法司法有序衔接。

3. 数据共享弥补监管短板。为进一步推动问题根治，检察机关针对执法司法部门之间数据共享机制不健全，导致无法形成治理合力问题开展专题调研，从社会治理角度提出意见和建议，形成研判报告和检察情况反映报送党委政府，积极争取促成系统治理。在检察机关的推动下，与市场监管、税务、人社等部门共同建立空壳公司长效治理"一件事"多跨应用场景，顺利打通数据共享通道，通过共建空壳公司筛查规则和预警模型，防止新增"空壳公司"，推进诉源治理；建立和维护相关违法犯罪人员数据库，推动行业监管、信用惩戒，避免犯罪分子利用监管漏洞、信息壁垒等实施此类犯罪，构建事前、事中、事后全流程的市场主体监管新模式。[①]

综上所述，市场主体登记机关就应当依法对企业实名登记履行身份信息核验职责；依照规定对登记事项进行监督检查，对可能存在虚假登记、涉诈异常的企业重点监督检查，依法撤销登记的，依照规定及时共享信息，为银行业金融机构、非银行支付机构进行客户尽职调查和依法识别受益所有人提供便利。需要注意的是，实践中要注意区分"空壳公司"与歇

---

① 张孟春、周昆、张仪：《检察大数据战略下涉空壳公司案件办理实践》，载《中国检察官》2022年第10期。

业企业。如果部分市场主体因各种因素影响，暂时无法开展经营活动，但有较强的经营意愿和能力，为降低市场主体维持成本，保护市场主体合法权益，《市场主体登记管理条例》借鉴域外相关制度，并结合部分地方前期试点经验，建立了市场主体歇业制度，明确因自然灾害、事故灾难、公共卫生事件、社会安全事件等原因造成经营困难的，市场主体可以自主决定在一定时期内歇业。对歇业的市场主体，《市场主体登记管理条例》明确市场主体应当在歇业前向登记机关办理备案，登记机关通过国家企业信用信息公示系统向社会公示歇业期限、法律文书送达地址等信息，终止歇业后，市场主体应当通过公示系统向社会公示，通过公示加强对歇业企业的社会监督和信用监管。歇业期限累计不超过3年。《市场主体登记管理条例实施细则》在条例的基础上，明确歇业的市场主体应当按时公示年度报告，并要求市场主体办理歇业备案后，自主决定开展或者已实际开展经营活动的，应当于30日内在国家企业信用信息公示系统上公示终止歇业。为确保市场主体履行公示义务，形成制度闭环，《市场主体登记管理条例实施细则》规定未按要求公示终止歇业的，由登记机关责令改正；拒不改正的，处3万元以下的罚款。《市场主体登记管理条例实施细则》进一步提示，市场主体恢复营业时，登记、备案事项发生变化的，应当及时办理变更登记或者备案。以法律文书送达地址代替住所（主要经营场所、经营场所）的，应当及时办理住所（主要经营场所、经营场所）变更登记。

在办案中还需要注意对于收购、出售、出租信用卡"四件套"行为的处理。行为人收购、出售、出租信用卡"四件套"（一般包括信用卡、身份信息、U盾、网银），数量较大的，可能同时构成帮助信息网络犯罪活动罪、妨害信用卡管理罪等。"断卡"行动中破获的此类案件，行为人收购、出售、出租的信用卡"四件套"，主要流向电信网络诈骗犯罪团伙或人员手中，用于非法接收、转移诈骗资金，一般以帮助信息网络犯罪活动罪论处。对于涉案信用卡"四件套"数量巨大，同时符合妨害信用卡管理罪构成要件的，择一重罪论处。

此外，《最高人民法院、最高人民检察院、公安部关于办理电信网络诈骗等刑事案件适用法律若干问题的意见（二）》规定，"无正当理由持有他人的单位结算卡的，属于刑法第一百七十七条之一第一款第（二）项规定的'非法持有他人信用卡'"。该规定主要明确"单位结算卡"属于刑法规定的"信用卡"。无正当理由持有他人的单位结算卡，符合刑法第一百七十七条之一第一款第二项规定的，可以妨害信用卡管理罪追究刑事责任。在"断卡"行动中发现，犯罪分子为迅速接收、转移、套现赃款，除大量收购他人信用卡外，对公账户和单位结算卡由于可信度高、交易额度大的特点，更为犯罪分子所青睐，在黑灰产市场的价格很高。根据《中国人民银行关于规范单位结算卡业务管理的通知》的相关规定，单位结算卡是指由发卡银行向单位客户发行、与单位银行结算账户相关联，主要具备账户查询、转账汇款、现金存取、消费等功能的支付结算工具。从其功能看，符合《全国人民代表大会常务委员会关于〈中华人民共和国刑法〉有关信用卡规定的解释》中对"信用卡"的规定。当然，要构成本罪，还应当符合相关司法解释关于罪量的规定，即无正当理由持有的数量应达到5张以上。

《最高人民法院、最高人民检察院、公安部关于办理电信网络诈骗等刑事案件适用法律若干问题的意见（二）》规定，"收购、出售、出租单位银行结算账户、非银行支付机构单位支付账户，或者电信、银行、网络支付等行业从业人员利用履行职责或提供服务便利，非法开办并出售、出租他人手机卡、信用卡、银行账户、非银行支付账户等的，可以认定为《最高人民法院、最高人民检察院关于办理非法利用信息网络、帮助信息网络犯罪活动等刑事案件适用法律若干问题的解释》第十一条第（七）项规定的'其他足以认定行为人明知的情形'"，同时规定，但有相反证据的除外。对于该规定，办案中要注意理解：一是相较于个人信用卡，单位支付结算账户开办门槛高、交易额度高，因此金融监管机关对于申请开立的用户有着更高的要求和约束。特别是随着"断卡"行动逐步深入，相关部门进一步加强对申办这类账户的监管和警示提醒。不得随意出租、转借和买卖单位支付结算账户，应当成为申办用户需要遵守的基本要求。从当前司法实践看，非法交易的单位支付结算账户，多是被用于实施电信网络诈骗等违法犯罪行为。甚至一些违法犯罪个人、团伙，专门注册"空壳公司"、开设单位支付结算账户出租、出售，社会危害很大。综合以上因素，本条规定对于收购、出售、出租单位支付结算账户的行为，可以认定具有帮助信息网络犯罪活动罪的主观明知。二是银行、电信、网络支付等行业从业人员利用履行职责或提供服务便利，从事非法交易"两卡"的行为，突破和规避了行业内部风险防控和监管制度，不仅为诈骗犯罪提供了极大便利，还往往涉及侵犯公民个人信息等犯罪。对这些行业从业人员的要求要高于一般社会公众，对其实施的非法交易"两卡"行为，结合所从事的职业特点及行业监管规定，可以认定行为人主观上明知他人利用信息网络实施犯罪而提供帮助。[①]

【典型案例】

案例1　施某凌等18人妨害信用卡管理案[②]

一、基本案情

2018年7月至2019年10月间，时在菲律宾的被告人施某凌以牟利为目的，接受被告人王某韬以及"周生""龙虾"（均系化名，另案处理）等人的委托，提供从国内运送信用卡套件到菲律宾马尼拉市的物流服务。

被告人施某凌接到订单后，直接或者通过被告人吴某鑫联系全国各地1000多名长期收集、贩卖银行卡的不法人员，通过物流快递和水客携带运输的方式，将购买的大量他人银行卡、对公账户通过四个不同层级，接力传递，运送至菲律宾。具体运输流程如下：首先由施某凌等人将从"卡商"处收购的大量银行卡以包裹形式运送至蔡某向等人经营的位于福建晋

[①] 刘太宗、赵玮、刘涛：《最高检专家解读关于办理电信网络诈骗等刑事案件适用法律若干问题的意见（二）》，载《人民检察》2021年第13期。
[②] 《最高人民检察院发布检察机关打击治理电信网络诈骗及关联犯罪典型案例》（2022年4月21日发布），载最高人民检察院官网，https://www.spp.gov.cn/xwfbh/dxal/202204/t20220421_554693.shtml，2022年9月9日访问。

江、石狮一带的物流点；再由被告人施某补等人将包裹从上述物流点取回进而拆封、统计、整理后，乘坐大巴车携带运往郑某等人经营的广东深圳、珠海一带的物流点；后由往来珠海到我国澳门特别行政区的"水客"以"蚂蚁搬家"的方式，或由被告人郑某通过货车夹带方式，将包裹运往被告人施某莉在我国澳门特别行政区设立的中转站；最终由施某莉组织将包裹从我国澳门特别行政区空运至菲律宾。包裹到达菲律宾境内后，吴某鑫再组织人员派送给王某韬以及"周生""龙虾"等人。

经查，被告人施某凌等人参与运转的涉案银行卡套件多达5万余套，获利共计人民币616万余元。

二、诉讼过程

本案由福建省晋江市公安局立案侦查。2019年11月1日晋江市人民检察院介入案件侦查。公安机关于2020年4月20日、10月4日以妨害信用卡管理罪将本案被告人分两批移送起诉。检察机关于同年8月18日、11月4日以妨害信用卡管理罪对被告人分批提起公诉，晋江市人民法院对两批案件并案审理。2021年5月6日，晋江市人民法院以妨害信用卡管理罪判处施某凌、王某韬、吴某鑫、蔡某向、施某补、郑某、施某莉等18人有期徒刑九年至二年三个月不等，并处罚金人民币20万元至2万元不等。部分被告人上诉，同年9月13日，泉州市中级人民法院二审维持原判决。

根据本案所反映出的物流行业经营的风险问题，晋江市检察机关会同当地商务、交通运输、海关、邮政部门联合制发了《晋江市物流行业合规建设指引（试行）》，通过建立健全物流行业合规风险管理体系，加强对行业风险的有效识别和管理，促进物流行业合规建设。同时，督促物流企业加强内部人员法治教育，加大以案释法，切实推进行业规范经营发展。

三、典型意义

当前，银行卡已成为电信网络诈骗犯罪的基础工具，围绕银行卡、对公账户的买卖、运输形成一条黑色产业链。检察机关要严厉打击境内运输银行卡犯罪行为，深入推进"断卡"行动，全力阻断境外电信网络诈骗犯罪物料运输通道。结合司法办案，推动物流寄递业监管，压实企业责任，提高从业人员的法治意识。

1. 严厉打击境内运输银行卡犯罪行为，全力阻断境外电信网络诈骗犯罪物料运转通道。当前，境外电信网络诈骗犯罪分子为了转移诈骗资金，需要获取大量的国内公民银行卡，银行卡的转移出境成为整个犯罪链条中的关键环节。实践中，犯罪分子往往将物流寄递作为运输的重要渠道，通过陆路、水路、航空多种方式流水作业，将银行卡运送到境外。为此，检察机关要深入推进"断卡"行动，加强物流大数据研判分析，掌握银行卡在境内运转轨迹，依法严厉打击买卖、运输银行卡的犯罪行为，尤其是要切断境内外转运的关键节点，阻断银行卡跨境运转通道。

2. 推动社会综合治理，促进物流寄递业规范经营。物流寄递具有触角长、交付快、覆盖面广等特点，因而在运输银行卡过程中容易被犯罪分子利用。对此，检察机关要结合办案，主动加强沟通，推动物流寄递业加强行业监管，压实企业主体责任，严把寄递企业"源头关"、寄递物品"实名关"、寄递过程"安检关"。对于发现的涉大量银行卡的包裹，相关企业要加强重点检查，及时向寄递人核实了解情况，必要时向公安机关反映，防止银行卡非法转移。结合典型案例，督促物流企业加强培训宣传，通过以案释法，提高从业人员的法治意识和安全防范能力，防止成为电信网络诈骗犯罪的"帮凶"。

案例2　高某林、董某志提供个人信息帮助他人诈骗案[①]

一、基本案情

2019年12月，被告人高某林、董某志明知他人实施电信网络诈骗犯罪，仍以自己的名义分别成立四家公司，并将公司营业执照、对公账户、网银U盾、绑定的手机卡等信息以每套3000元的价格出售给他人用于电

[①]《江苏法院发布电信网络诈骗犯罪典型案例》（2021年11月24日发布），载江苏高院微信公众号2020年12月1日，https：//mp.weixin.qq.com/s/xNPrQJGb6UKkWORGwJfkOQ，2022年9月10日访问。

信网络诈骗犯罪的资金流转。其中高某林提供的个人信息被用于诈骗数额55万余元，董某志提供的个人信息被用于诈骗数额11万余元。

二、诉讼过程

本案由丰县人民法院一审，现已生效。

法院认为，被告人高某林、董某志明知他人实施电信网络诈骗犯罪，仍将以自己名义成立的公司账户信息提供给他人，应以诈骗犯罪共犯论处。鉴于二名被告人系帮助他人实施诈骗，在共同犯罪中起辅助作用，系从犯，到案后均能够如实供述罪行，系坦白，且自愿接受处罚，依法均可以从宽处理。据此，以诈骗罪判处被告人高某林有期徒刑三年三个月，判处被告人董某志有期徒刑一年七个月，对二名被告人均并处相应罚金。

三、典型意义

电信网络诈骗犯罪的最终目的是骗取钱财，其关键环节是转移赃款。犯罪分子为顺利转移赃款，通过黑色渠道高价收买银行卡、U盾、手机卡、身份资料等"四件套"以及对公银行卡、U盾、法人身份证、公司营业执照、对公账户、公章等"八件套"。而一些人员为获取不法收益，以个人名义开通银行账户出售给他人，为他人实施犯罪行为提供帮助，这是当前全国范围内开展的"断卡"行动打击的重点，依法应予严惩。在此也提醒广大群众保护好个人信息，切忌为了获取非法利益出售个人信息，发现相关违法线索的，应及时向公安机关举报。

【关联规定】

《中华人民共和国刑法》第二百八十七条之二【帮助信息网络犯罪活动罪】，《最高人民法院、最高人民检察院关于办理非法利用信息网络、帮助信息网络犯罪活动等刑事案件适用法律若干问题的解释》第一条、第二条、第十二条至第十四条，《最高人民法院、最高人民检察院、公安部关于办理电信网络诈骗等刑事案件适用法律若干问题的意见》三，《最高人民法院、最高人民检察院、公安部关于办理电信网络诈骗等刑事案件适用法律若干问题的意见（二）》，《中华人民共和国市场主体登记管理条例》，《中华人民共和国市场主体登记管理条例实施细则》，《中国人民银行关于进一步加强支付结算管理防范电信网络新型违法犯罪有关事项的通知》二、三、四、五，《中国人民银行关于进一步加强支付结算管理防范电信网络新型违法犯罪有关事项的通知》二、五

【条文内容】

第十八条 【异常账户与可疑交易监测防范】银行业金融机构、非银行支付机构应当对银行账户、支付账户及支付结算服务加强监测，建立完善符合电信网络诈骗活动特征的异常账户和可疑交易监测机制。

中国人民银行统筹建立跨银行业金融机构、非银行支付机构的反洗钱统一监测系统，会同国务院公安部门完善与电信网络诈骗犯罪资金流转特点相适应的反洗钱可疑交易报告制度。

对监测识别的异常账户和可疑交易，银行业金融机构、非银行支付机构应当根据风险情况，采取核实交易情况、重新核验身份、延迟支付结算、限制或者中止有关业务等必要的防范措施。

银行业金融机构、非银行支付机构依照第一款规定开展异常账户和可疑交易监测时，可以收集异常客户互联网协议地址、网卡地址、支付受理终端信息等必要的交易信息、设备位置信息。上述信息未经客户授权，不得用于反电信网络诈骗以外的其他用途。

【条文主旨】

本条规定银行业金融机构、非银行支付机构应当对银行账户、支付账户等支付工具及支付服务异常账户、可疑交易进行监测并采取防范措施。

【适用指南】

在电信网络诈骗犯罪活动中，大量被骗资金是通过银行账户或非银行支付账户转账流转。办案中发现，实际上大量异常账户在电信网络诈骗中的活动是有规律可循的，如果按照其规律建立起识别和处置的模型，加以日常监控，很多犯罪活动本可以避免。这些规律也提醒立法者在立法过程中充分考虑这些因素，加大防范力度。电信网络诈骗的重要犯罪工具之一就是他人的银行账户和支付工具，银行等机构作为设立交易支付账户的第一道关口，应当通过对账户设立人的信息进行必要的尽职调查，对可能涉嫌电信网络诈骗的个人账户进行特征识别，在源头上防止犯罪工具的"被设立"和"被利用"。实践中，银行等金融支付机构应当要求客户提供真实的身份信息和有效证件进行实质审核，重点关注个人账户设立的数量和频率、设立的理由、设立人的年龄和从业情况等。在具体的账户监管中，由于电信网络诈骗中所骗取的资金在一般情况下都会被迅速转移，银行等机构应当对交易账户及支付结算是否属于涉案账户或可疑账户进行查验，一旦发现风险，应马上提示客户或采取紧急止付、快速冻结等管控措施。银行可从以下转账环节所发现的可疑特征，判断是否为电信网络诈骗的涉案账户。一是账户是否存在短时间内集中转入、多头转出，或多头转入、集中转出的情况。二是账户资金是否流向电信网络诈骗多发地区，并特别注意意图规避限额交易的转账行为。三是账户是否存在短时间内交易次数明显增多且账户迅速取款，几乎不留余额的情况。四是长期不动的账户突然间发生频繁的或大额的交易，或不同主体账户却使用同一个网络地址，特别是网络地址涉及境外地区的。五是账户是否存在集中取现的情况，尤其是在境外取现的频率和金额，及境内同一 ATM 机在短时间内发生多张银行卡集中取现，特别是异地卡或他行卡连续取现的可疑情况。

为此，立法中借鉴了反洗钱制度中一些成熟的经验做法，将异常账户、支付结算与可疑交易监测、处置、防范、治理立法化，从而发挥源头治理的作用，要求银行金融机构和非银行支付机构根据电信网络诈骗的特点，建立起异常账户、可疑交易监测系统，并开展日常监测，对上述情形采取必要对策。这些对策包括采取核实交易情况、重新核验身份、延迟支付结算、限制或者中止有关业务等必要的防范措施。中国人民银行要统筹建立跨银行业金融机构、非银行支付机构的反洗钱统一监测系统，会同国务院公安部门完善与电信网络诈骗犯罪资金流转特点相适应的反洗钱可疑交易报告制度。反洗钱可疑交易报告的主要内容包括：金融机构应当制定本机构的交易监测标准，并对其有效性负责。交易监测标准包括并不限于客户的身份、行为，交易的资金来源、金额、频率、流向、性质等存在异常的情形，并应当参考以下因素：一是中国人民银行及其分支机构发布的反洗钱、反恐怖融资规定及指引，风险提示，洗钱类型分析报告和风险评估报告；二是公安机关和司法机关发布的犯罪形势分析、风险提示、犯罪类型报告和工作报告；三是本机构的资产规模、地域分布、业务特点、客户群体、交易特征，洗钱和恐怖融资风险评估结论；四是中国人民银行及其分支机构出具的反洗钱监管意见；五是中国人民银行要求关注的其他因素。金融机构应当在按本机构可疑交易报告内部操作规程确认为可疑交易后，及时以电子方式提交可疑交易报告，最迟不超过 5 个工作日。

本次立法吸收借鉴反洗钱工作经验，健全完善异常账户与可疑交易监测防范机制。2006 年《反洗钱法》颁布，对反洗钱监督管理、金融机构和特定非金融机构的反洗钱义务、反洗钱行政调查、反洗钱国际合作等内容作出了明确规定,确立了中国洗钱预防制度的基本框架。中国人民银行根据《反洗钱法》的授权,会同有关金融监管部门陆续制定了《金融机构反洗钱规定》《金融机构客户尽职调查和客户身份资料及交易记录保存管理办法》《金融机构大额交易和可疑交易报告管理办法》《支付机构反洗钱和反恐怖融资管理办法》等规章制度,明确了金融机构和支付机构应当履行的反洗钱义务。中国人民银行牵头建立了反洗钱工作部际联席会议,在国务院的领导下,指导全国反洗钱工作,制定国家反洗钱的重要方针、政策,制定国家反洗钱国际合作的政策措施,协调各部门、动员全社会开展反洗钱工作。目前,反洗钱工作部际联席会议共有 23 个成员单位,人民银行与各部门共同制定了《反洗钱工作部际联席会议制度》,在反洗钱制度建设、风险评估、监管、执法、国际交流、信息共享等方面开展了广泛合作。以反洗钱义务机构报送的大额和可疑交易报告为基础,中国人民银行不断提高监测分析的专业化水平和智能化程度,深入开展反洗钱调查和协查,依法向执法部门移送大量线索,为国家预防和打击洗钱及上游犯罪提供了有力的金融情报支持。近年来,不法分子非法开立、买卖银行账户(含银行卡)和支付账户,继而实施电信诈骗、非法集资、逃税骗税、贪污受贿、洗钱等违法犯罪活动案件频发。部分案件和监管实践显示,个别银行业金融机构和非银行支付机构在开户环节,客户身份识别制度落实不严,存在一定的业务管理和风险防控漏洞,为不法分子非法开立账户提供了可乘之机。还有个别金融机构和支付机构在报送可疑交易报告后,未能对报告涉及的客户、账户及资金采取必要控制措施,仍提供无差别的金融服务,致使犯罪资金及其收益被顺利转移,洗钱等犯罪活动持续或最终发生。为进一步提高对上述违法犯罪活动的防范成效,切实维护社会经济金融秩序,保护人民群众财产安全和合法权益,2017 年中国人民银行发布《关于加强开户管理及可疑交易报告后续控制措施的通知》,包括加强开户管理,有效防范非法开立、买卖银行账户及支付账户行为。要求银行机构和支付机构切实履行客户身份识别义务,杜绝假名、冒名开户,并严格审查异常开户情形,必要时应当拒绝开户。对于不配合客户身份识别、有组织同时或分批开户、开户理由不合理、开立业务与客户身份不相符、有明显理由怀疑客户开立账户存在开卡倒卖或从事违法犯罪活动等情形,各银行业金融机构和支付机构有权拒绝开户。根据客户及其申请业务的风险状况,可采取延长开户审查期限、加大客户尽职调查力度等措施,必要时应当拒绝开户;要加强可疑交易报告后续控制措施,切实提高洗钱风险防控能力和水平。一是注重人工分析、识别,合理确认可疑交易;二是区分情形,采取适当后续控制措施,建立健全可疑交易报告后续控制的内控制度及操作流程。同时要求加大监督检查力度,严惩违法违规行为。中国人民银行高度重视数据信息共享中的个人信息保护和反洗钱信息安全问题,在工作推进过程中,将同步推进数据保密制度建设和保密技术开发,建立部门间安全电子化线路,依法设置数据查询权限,全面留存查询痕迹,做到数据信息使用情况的可查、可控,严格保护公民隐私和反洗钱信息安全。目前,反洗钱和反恐怖融资监管已经全面覆盖了银行业、证券业、保险业、非银行支付机构和银行卡清算机构,基本实现了对金融领域的全覆盖。当前,洗钱和恐怖融资活动已经逐步开始向一些非金融领域蔓延。为此,中国人民银行对部分非金融行业的洗钱风险开展了持续的监测分析,并借鉴有关国际经验,会同相关主管部门共同研究制定社会组织、房地产中介机构、珠宝和贵金属经销商、公司注册代理机构以及会计师、律师和公证行业的反洗钱制度规范。鉴于以上行业在业务模式、行业结构等方面与金融行业存在较大差异,中国人民银行将与行业主管部门共同探索建立适应行业特点、符合反洗钱工作需要的反洗钱工作模式,更加侧重行业主管部门的日常监管和行业协会的自律管理。需要说明的是,部分行业机构被纳入反洗钱监管范围,主要着眼于防范这些行业的某些产品和业务可能被用于洗钱的风险。同时,这些行业机构和从业人员具备及早发现和识别洗钱、恐怖融资风险的专业基础,特别是会计师事务所、律师事务所、公证处等专业服务机构,有较高专业水准和法治意识,充分发挥其在反洗钱领域的积极作用有利于督促行业机构进一步完善防范措施,更好地预防洗钱风险、维护自身良好社会声誉。

根据国内外反洗钱、反恐怖融资和反逃税工作（以下简称"三反"工作）的新形势，2017年6月，中国人民银行、国家税务总局和公安部作为牵头部门，会同反洗钱工作部际联席会议各成员单位，共同研究制定了《关于完善反洗钱、反恐怖融资、反逃税监管体制机制的意见》（以下简称《三反意见》）。《三反意见》从健全工作机制、完善法律制度、健全预防措施、严惩违法犯罪活动、深化国际合作、创造良好社会氛围六个方面，提出了二十余项具体措施，包括进一步完善反洗钱工作部际联席会议制度，建立国家层面的洗钱和恐怖融资风险评估机制，密切反洗钱行政主管部门、税务机关与侦查机关、行政执法机关、金融监管部门间的协调合作与信息共享，探索建立特定非金融机构反洗钱监管制度，发挥会计师、律师等专业服务机构积极作用，强化反洗钱义务机构主动防控风险意识和能力，拓宽反洗钱监测分析数据信息来源，完善跨境异常资金监控机制，严惩洗钱等违法犯罪活动，深化双边和多边国际合作，加强自律组织管理，提升社会公众反洗钱、反恐怖融资和反逃税意识。该工作涉及面广、工作链条长，需要构建协调顺畅、运转高效的工作机制。以反洗钱工作为例，构建完善的反洗钱工作机制，既需要反洗钱行政主管部门和银行、证券、保险等金融业监管部门以及特定非金融行业主管部门加强对行业机构的监督管理，督促各类反洗钱义务机构和从业人员尽责履职；也需要反洗钱行政主管部门、侦查机关充分利用金融情报挖掘线索、破获案件，以确凿的证据支持检察机关依法起诉和法院依法审判洗钱及各类上游犯罪案件；还需要与反洗钱国际组织、外国对口部门开展广泛的多边、双边合作交流。为了应对当前"三反"工作面临的新形势、新任务，《三反意见》提出健全六项工作机制，其中首要任务是"加强统筹协调、完善组织机制"，要求进一步完善反洗钱工作部际联席会议制度，统筹"三反"监管工作，强化部门间组织协调机制，制定整体战略、重要政策和措施，并推动贯彻落实。同时，还要建立国家反洗钱和反恐怖融资战略形成机制、优化打击犯罪合作机制、健全监管合作机制、健全数据信息共享机制、研究资源保障机制等任务，充分调动各部门、各层级的积极性，加强沟通协调，形成运行有序的良好机制，为"三反"工作的长远发展奠定坚实基础。《三反意见》还提出建立特定非金融机构反洗钱和反恐怖融资监管制度、发挥专业服务机构在反洗钱领域积极作用的意义。考虑到以上行业在业务模式、行业结构等方面与金融行业存在较大差异，中国人民银行将与行业主管部门共同探索建立适应行业特点、符合反洗钱工作需要的工作模式，更加侧重行业主管部门的行政监管和行业协会的自律管理。

《三反意见》提出健全预防措施、有效防控风险，其中最关键的措施就是加强反洗钱监管。反洗钱监管是"三反"工作的重要基础。随着洗钱等非法资金活动的不断演变，反洗钱监管工作必须适应新形势，不断扩大监管范围、创新监管模式、完善监管手段、堵塞监管漏洞。为此，《三反意见》在加强反洗钱监管方面提出了多项政策措施：一是强调反洗钱行政主管部门与金融监管部门之间的协调配合，进一步发挥金融监管部门作用，强化对反洗钱义务机构准入环节的合法性审查，加强反洗钱日常合规监管，在行业监管规则中嵌入反洗钱相关要求，构建涵盖事前、事中和事后的完整监管链条。二是提出适时扩大反洗钱监管范围。统筹考虑监管资源保障，近期要重点研究建立对非营利性组织、房地产中介机构、贵金属销售机构、会计师事务所、律师事务所和公证机构的反洗钱监管制度，探索适应非金融领域的反洗钱监管模式。三是进一步完善反洗钱监管模式。强化法人监管措施，优化监管政策传导机制，突出反洗钱义务机构法人总部的重要作用，在法人总部层面强化董事、监事、高级管理层的反洗钱履职责任，督促反洗钱义务机构加强自我管理、自主管理，建立对新产品、新业务的洗钱风险评估机制，根据风险水平采取有效防控措施。四是采取多种方式提升监管工作效率。突出防控风险为本，通过开展国家洗钱风险评估查找高风险领域和薄弱环节，有针对性地加强监管投入，提高监管工作效能，促进监管信息的互通共享。

在资金监管方面，为提高社会资金周转效率，让单位和个人享受高效、便捷的支付结算服务，目前银行和支付机构普遍提供转账实时到账服务，但实时到账也为电信网络新型违法犯罪分子和其他不法分子快速转移资金提供了可乘之机。为保障单位和个人正常资金转账需求，又最大限度地保障单位和个人资金安全，更好地满足客户多层次支付服务需要，《中国人民银行关于加强支付结算管理防范电信网络新型违法犯罪有关事项的通知》和《中国人民银行关于进一步加强支付结算管理防范电信网络新型违法犯罪有关事项的通知》要求银行和支付机构提供转账服务时，应当向单位和个人提供实时到账、普通到账、次日到账等多种选择。单位和个人可根据实际需求自行选择资金到账方式和时间，对于急需资金的，可以选择实时到账；对于不太紧急的资金需求，可以选择普通到账或者次日到账。电信网络新型违法犯罪中近一半受害人是在不法分子的诱骗下，通过自动柜员机具（ATM，含其他具有存取款功能的自助设备，下同）向诈骗账户转账，而其中又有很大一部分受害人是在不知情的情况下被不法分子引导在自助柜员机具的英文界面中进行转账操作。受害人大多在完成转账后的较短时间内会意识到上当受骗，但资金已经转出，并被不法分子立即转移。针对此种情况，为最大限度阻断诈骗分子诱导受害人进行资金转账和赃款变现，《中国人民银行关于加强支付结算管理防范电信网络新型违法犯罪有关事项的通知》规定，自2016年12月1日起，除向本人同行账户转账外，个人通过自动柜员机转账的，发卡行在受理24小时后办理资金转账，个人在24小时内可以向发卡行申请撤销转账。这一措施是特定阶段、特殊情况下采取的针对性措施，有助于将资金阻截在被诈骗分子转移之前，但的确也会对一些个人正常业务产生影响，并在一定程度上可能加大银行柜面工作量。对此，要充分考虑支付安全性与便捷性的平衡，要求银行和银行卡清算机构进一步积极研究提高自动柜员机转账安全性的技术措施，为下一步适时调整相关政策创造条件。与银行柜面渠道相比，网上银行、手机银行、电话银行、支付机构网站等非柜面渠道由于不能面对面接触操作人，更加难以确认账户的实际操作人是否为账户的持有人。一些电信网络新型违法犯罪分子在诈骗得逞后，往往通过非柜面转账方式将大量赃款快速拆分、跨地跨境转移。银行和支付机构虽然按照反洗钱制度，可以及时发现异常的转账交易，但却缺乏相应措施对异常交易进行事前阻断。因此，《中国人民银行关于加强支付结算管理防范电信网络新型违法犯罪有关事项的通知》要求银行加强非柜面转账管理，要求支付机构加强支付账户转账管理，采取三项管理措施：一是兼顾安全和便利，要求银行和支付机构与客户事先约定支付限额和笔数。对非柜面渠道办理的非同名账户转账业务，银行和支付机构应当与单位和个人就限额和笔数进行事先约定，超过限额和笔数的，银行账户转账应当到银行柜台办理，支付账户则不得办理。单位可以根据自身经营规模、交易特点，个人可以根据自身交易习惯，与银行和支付机构约定限额和笔数。二是强化安全验证方式。除向本人同行银行账户转账外，银行为个人办理非柜面转账业务，单日累计金额超过 5 万元的，应当采用数字证书或电子签名等安全可靠的支付指令验证方式。三是大额交易提醒。单位、个人银行账户非柜面转账日累计分别超过 100 万元、30 万元的，银行应当进行大额交易提醒，单位和个人确认后方可转账，以提醒单位和个人识别潜在交易风险，审慎作出大额资金转账决定。这三项管理措施在保障单位和个人正常转账需求和效率的同时，也有利于阻断不法分子利用非柜面转账大量转移资金，还能对账户信息泄露后不法分子通过非柜面转账窃取资金起到防范作用，能够更加有效地保护单位和个人资金安全。本法在立法中大量吸收了上述规定，要求银行业金融机构、非银行支付机构依照本条第一款规定开展异常账户和可疑交易监测时，可以收集异常客户互联网协议地址、网卡地址、支付受理终端信息等必要的交易信息、设备位置信息，从而将部门内部要求立法化，有利于实现对异常账户、支付结算和可疑交易的及时监测、及时采取相应应对措施紧急止损，从而最大限度保护人民群众财产利益。只有掌握了上述信息，监测活动才能更加精准，处置、防范、治理才更有针对性。当然，上述信息未经客户授权，不得用于反电信网络诈骗以外的其他用途。

【典型案例】

案例1 许某帮助信息网络犯罪活动不起诉案①

一、基本案情

许某,2001年3月出生,系某职业技术学院在校学生。2020年6月,许某高考后为寻找暑期兼职,联系朋友程某(另案处理)帮忙介绍工作,程某介绍许某办理银行卡出售给他人使用,每张卡价格人民币100元。许某按程某要求先自行办理了一张手机卡,后在程某带领下在7家银行各办理了1张银行卡,并将上述7张银行卡和手机卡交给程某,程某向许某转账人民币200元(另有人民币500元尚未实际支付)。交付银行卡后,程某告知许某银行卡系为他人转移赃款。许某为了赚钱,未采取补救措施。经查,上述7张银行卡被他人用于实施电信网络诈骗犯罪,被害人转入资金共计人民币22万余元。

二、诉讼过程

2020年10月12日,安徽省合肥市肥东县公安局以许某涉嫌帮助信息网络犯罪活动罪移送起诉。肥东县人民检察院在审查起诉过程中,到许某所在学校调取相关资料。当地教育部门积极配合,提供了许某的在校证明和日常表现。经工作了解,许某在校期间表现良好,无其他前科劣迹。许某到案后如实供述了犯罪事实,认罪认罚并积极退赃。2020年11月11日,肥东县人民检察院依法对许某作出不起诉决定。收卡人程某因涉嫌其他犯罪事实被另案处理。结合本案办理,肥东县人民检察院到许某所在高中及相关学校开展反电信网络诈骗和防范"两卡"犯罪宣讲。通过检察官讲述典型案例、揭示犯罪手法,教育引导学生树立正确的金钱观、消费观,提高风险防范意

---

① 《最高人民检察院发布在校学生涉"两卡"犯罪典型案例》(2021年6月23日发布),载最高人民检察院官网,https://www.spp.gov.cn/xwfbh/dxal/202106/t20210623_522118.shtml,2022年9月11日访问。

识。当地教育部门和相关学校高度重视，积极提供宣讲平台，加强检校合作，共同将"保护学生权益、加强网络空间治理"落实到日常教学管理中。

三、典型意义

实践中，在校学生容易被贩卡团伙拉拢、利诱，成为犯罪"工具人"。这之中，有的由于具有不正确的消费观、价值观，为了金钱利益，非法开办、出售"两卡"；有的在寻找实习机会、社会兼职过程中，由于法治观念淡薄，被犯罪团伙所利用，步入犯罪陷阱；有的交友不慎、识人不明，在所谓"朋友""老乡"的引诱、教唆下出租、出售"两卡"。办理涉"两卡"案件，对涉案学生要以教育、挽救、惩戒、警示为主，努力实现办案"三个效果"的有机统一。检察机关要加强与教育部门、相关学校的沟通联系，充分了解其学习情况、在校表现，是否具有帮教条件，综合评判起诉必要性。对于犯罪情节轻微，认罪态度较好的，检察机关可以依法作出不起诉决定，并会同教育部门和相关学校加强教育管理，帮助学生迷途知返、走上正途。要坚持预防为先的理念，注重源头治理、综合治理，坚持齐抓共管、群防群治。检察机关和教育部门、相关学校要共同深入推动反电信网络诈骗和防范"两卡"违法犯罪校园宣传活动，发挥案例的教育警示作用，防止在校学生成为犯罪"工具人"。

案例2　邵某雄诈骗案[①]

一、基本案情

2014年底，被告人邵某雄受他人纠集，明知是通过电信诈骗活动收取的赃款，仍然从银行取出汇入上线指定的银行账户，并从中收取取款金额的10%作为报酬。之后，邵某雄发展张某作为下线，向张某提供了数套银行卡，承诺支付取款金额的5%作为报酬，同时要求张某继续发展多名下线参与取款。通过上述方式，邵某雄逐步形成了相对固定的上下线关系。

[①] 《最高人民法院发布电信网络诈骗犯罪典型案例》（2019年11月19日发布），载最高人民法院官网，https://www.court.gov.cn/zixun-xiangqing-200671.html，2022年9月12日访问。

自 2014 年 12 月至 2015 年 7 月，被告人邵某雄参与作案 38 起，涉案金额 48.44 万元。2016 年 2 月，邵某雄到公安机关投案。

二、诉讼过程

本案由湖南省津市市人民法院一审，被告人邵某雄服判未上诉，现已发生法律效力。法院认为，被告人邵某雄以非法占有为目的，伙同他人利用电信网络采取虚构事实的方法，骗取他人财物，数额巨大，其行为已构成诈骗罪。本案系通过拨打电话、发短信对不特定的人进行诈骗，且系多次诈骗，酌情对被告人邵某雄从重处罚。本案系共同犯罪，在犯罪过程中，邵某雄仅参与了转移诈骗赃款的过程，起辅助作用，系从犯，可从轻处罚。且邵某雄有自首情节，可依法从轻处罚。据此，以诈骗罪判处被告人邵某雄有期徒刑五年三个月，并处罚金人民币 5 万元。

三、典型意义

围绕电信网络诈骗犯罪，诱发、滋生了大量上下游关联违法犯罪，这些关联犯罪为诈骗犯罪提供各种"服务"和"支持"，形成以诈骗为中心的系列"黑灰色"犯罪产业链，如出售、提供公民个人信息、帮助转移赃款等活动。《最高人民法院、最高人民检察院、公安部关于办理电信网络诈骗等刑事案件适用法律若干问题的意见》对于全面惩处关联犯罪作出了明确规定。本案中，被告人邵某雄明知赃款是诈骗犯罪所得，仍为诈骗分子转移犯罪赃款提供帮助和支持，对其以诈骗罪的共犯判处，体现了司法机关对电信网络诈骗关联犯罪从严惩处的态度。

案例 3　张某信用卡诈骗案[①]

一、基本案情

2013 年 5 月，被告人张某伙同他人事先通谋后，以虚假身份在某超市

[①] 《最高人民法院公布 11 起诈骗犯罪典型案例》（2015 年 12 月 4 日发布），载最高人民法院官网，https://www.court.gov.cn/zixun-xiangqing-16206.html，2022 年 9 月 12 日访问。

中山公园店应聘工作。其利用担任该超市收银员的身份，趁顾客刷卡时利用读卡器盗取顾客的银行卡信息并偷记密码，并利用盗取的信息制成伪卡。2013年9月18日、19日，被告人张某使用其中一张利用盗取受害人朱某某银行卡信息制作伪造的银行卡在陕西华阴市取现金3.5万元。当月20日晚，被告人张某使用另外一张利用盗取被害人篠崎某某（日本籍）银行卡信息制作伪造的银行卡在中国银行安阳市文明大道支行取现金2万元，另转款4万元至张某所控制的银行卡上，随后张某又从其所控制的该银行卡上取走现金2万元。张某在另一家中国银行准备再次取钱时被抓获，从其身上搜出现金71200元、银行卡8张、不同姓名的身份证7张、口罩4个、帽子1个。案发后，公安机关追回赃款71200元，退还受害人朱某某31200元，退还篠崎某某4万元。另查明，张某因犯妨害信用卡管理罪，于2011年8月15日被温州市鹿城区人民法院判处有期徒刑十个月，并处罚金人民币5万元，2011年12月18日刑满释放。公诉机关指控，被告人张某的行为属于伪造信用卡并使用的情形，构成信用卡诈骗罪，应予处罚。

二、诉讼过程

河南省安阳市龙安区人民法院依照《刑法》第一百九十六条、第六十五条、第五十二条、第五十三条、第六十四条作出（2014）龙刑初字第27号刑事判决书，判决被告人张某犯信用卡诈骗罪，判处有期徒刑六年六个月，并处罚金人民币6万元。责令被告人张某退赔被害人朱某某人民币3800元，退赔被害人篠崎某某人民币2万元。一审宣判后，被告人未上诉，公诉机关未抗诉，判决已发生法律效力。

三、**典型意义**

张某信用卡诈骗案是一起将盗取的信用卡信息进行复制，再利用复制的伪卡盗取现金的案件，是近年来信用卡诈骗案中出现的新型作案手段。该案例明确了盗窃信用卡信息又复制伪卡，使用伪卡盗取现金的行为，应按照信用卡诈骗罪定罪处罚。近年来，随着信息技术的快速发展和广泛应用，一方面，给人们提供了高效便捷的生产生活方式；另一方面，也给一些犯罪分子利用信息技术实施犯罪提供了便利条件。该案例既彰显了人民法院依法严惩利用信息技术实施犯罪的决心，同时也提醒人们要提高公民个人信息保护意识，维护好个人信息安全，不给犯罪分子以可乘之机。

案例4 雷某、李某洗钱案[①]

一、基本案情

被告人雷某、李某，均系瑞某商务咨询有限公司（以下简称瑞某公司）员工。

（一）上游犯罪

2013年至2018年6月，朱某（另案处理）为腾某投资管理咨询有限公司（以下简称腾某公司）实际控制人，未经国家有关部门依法批准，以高额利息为诱饵，通过口口相传、参展推广等方式向社会公开宣传特定外汇交易平台，以腾某公司名义向1899名集资参与人非法集资14.49亿余元。截至案发，造成1279名集资参与人损失共计8.46亿余元。2020年3月31日，杭州市人民检察院以集资诈骗罪对朱某提起公诉。2020年12月29日，杭州市中级人民法院作出判决，认定朱某犯集资诈骗罪，判处无期徒刑，剥夺政治权利终身，并处没收个人全部财产。宣判后，朱某提出上诉。

（二）洗钱犯罪

2016年底，朱某出资成立瑞某公司，聘用雷某、李某为该公司员工，并让李某挂名担任法定代表人，为其他公司提供商业背景调查服务。2017年2月至2018年1月，雷某、李某除从事瑞某公司自身业务外，应朱某要求，明知腾某公司以外汇理财业务为名进行非法集资，仍向朱某提供多张本人银行卡，接收朱某实际控制的多个账户转入的非法集资款。之后，雷某、李某配合腾某公司财务人员罗某（另案处理）等人，通过银行大额取

---

① 《最高人民检察院、中国人民银行联合发布惩治洗钱犯罪典型案例》（2021年3月19日发布），载最高人民检察院官网，https：//www.spp.gov.cn/xwfbh/dxal/202103/t20210319_513223.shtml，2022年9月12日访问。

现、大额转账、同柜存取等方式将上述非法集资款转移给朱某。其中，大额取现 2404 万余元，交给朱某及其保镖；大额转账 940 万余元，转入朱某实际控制的多个账户及房地产公司账户用于买房；银行柜台先取后存 6299 万余元，存入朱某本人账户及其实际控制的多个账户。其中，雷某转移资金共计 6362 万余元，李某转移资金共计 3281 万余元。二人除工资收入外，自 2017 年 6 月起每月收取 1 万元的好处费。

二、诉讼过程

2019 年 7 月 16 日，杭州市公安局某分局以雷某、李某涉嫌洗钱罪将案件移送起诉。2019 年 8 月 29 日，某区人民检察院以洗钱罪对雷某、李某提起公诉。2019 年 11 月 19 日，某区人民法院作出判决，认定雷某、李某犯洗钱罪，分别判处雷某有期徒刑三年六个月，并处罚金 360 万元，没收违法所得；李某有期徒刑三年，并处罚金 170 万元，没收违法所得。宣判后，雷某提出上诉，李某未上诉。2020 年 6 月 11 日，杭州市中级人民法院裁定驳回上诉，维持原判。案发后，中国人民银行杭州中心支行启动对经办银行的行政调查程序，认定经办银行重业绩轻合规，银行柜台网点未按规定对客户的身份信息进行调查了解与核实验证；银行柜台网点对客户交易行为明显异常且多次触发反洗钱系统预警等情况，均未向内部反洗钱岗位或上级银行对应的管理部门报告；银行可疑交易分析人员对显而易见的疑点不深纠、不追查，并以不合理理由排除疑点，未按规定报送可疑交易报告。经办银行在反洗钱履职环节的上述违法行为，导致本案被告人长期利用该行渠道实施犯罪。依据《反洗钱法》第三十二条的规定，对经办银行罚款 400 万元。

三、典型意义

1. 在非法集资等犯罪持续期间帮助转移犯罪所得及收益的行为，可以构成洗钱罪。非法集资等犯罪存在较长期的持续状态，在犯罪持续期间帮助犯罪分子转移犯罪所得及收益，符合《刑法》第一百九十一条规定的，应当认定为洗钱罪。上游犯罪是否结束，不影响洗钱罪的构成，洗钱行为在上游犯罪实施终了前着手实施的，可以认定洗钱罪。

2. 洗钱犯罪手段多样，变化频繁，本质都是通过隐匿资金流转关系，掩饰、隐瞒犯罪所得及收益的来源和性质。本案被告人为隐匿资金真实去向，大额取现或者将大额赃款在多个账户间进行频繁划转。为避免直接转账留下痕迹，将转账拆分为先取现后存款，人为割裂交易链条，利用银行支付结算业务采取了多种手段实施洗钱犯罪。实践中除上述方式外，还有利用汇兑、托收承付、委托收款或者开立票据、信用证以及利用第三方支付、第四方支付等互联网支付业务实施的洗钱犯罪，资金转移方式更专业，洗钱手段更隐蔽。检察机关在办案中要透过资金往来表象，认识行为本质，准确识别各类洗钱手段。

3. 充分发挥金融机构、行政监管和刑事司法反洗钱工作合力，共同落实反洗钱义务和责任。金融机构应当建立并严格执行反洗钱内部控制制度，履行客户尽职调查义务、大额交易和可疑交易报告义务，充分发挥反洗钱"第一防线"的作用。中国人民银行要加强监管，对涉嫌洗钱的可疑交易活动进行反洗钱调查，对金融机构反洗钱履职不力的违法行为作出行政处罚，涉嫌犯罪的，应当及时移送公安机关立案侦查。人民检察院要充分发挥法律监督职能作用和刑事诉讼中指控证明犯罪的主导责任，准确追诉犯罪，发现金融机构涉嫌行政违法的，及时移送人民银行调查处理，促进行业治理。

【关联规定】

《中华人民共和国刑法》第一百七十七条之一【妨害信用卡管理罪】【窃取、收买、非法提供信用卡信息罪】、第一百九十一条【洗钱罪】，《中华人民共和国反洗钱法》第十六条、第三十二条，《最高人民法院、最高人民检察院关于办理妨害信用卡管理刑事案件具体应用法律若干问题的解释》第一条至第五条、第十二条、第十三条，《金融机构客户尽职调查和客户身份资料及交易记录保存管理办法》第七条至第十一条、第十七条、第十八条、第二十四条至第三十条，《金融机构大额交易和可疑交易报告管理办法》第三条、第五条、第十一条、第十二条,《金融机构反洗钱和反恐怖融资监督管理办法》第十二条至第十四条,《中国人民银行关于加强支付结算管理防范电信网络新型违法犯罪有关事项的通知》二、四,《中国人民银行关于进一步加强支付结算管理防范电信网络新型违法犯罪有关事项的通知》三,《国务院办公厅关于完善反洗钱、反恐怖融资、反逃税监管体制机制的意见》二、三、四、五、六

【条文内容】

> 第十九条 【保证交易信息真实完整和支付全流程中一致性】银行业金融机构、非银行支付机构应当按照国家有关规定,完整、准确传输直接提供商品或者服务的商户名称、收付款客户名称及账号等交易信息,保证交易信息的真实、完整和支付全流程中的一致性。

【条文主旨】

本条规定银行业金融机构和非银行支付机构应当保证交易信息的真实完整和支付全流程中的一致性。

【适用指南】

交易信息不直接、不真实、不完整、不可溯源,往往是电信网络诈骗犯罪难以被及时发现,或者发现后难以查找真实犯罪分子、难以及时取证并证明犯罪的重要原因。作为提供支付服务的银行业金融机构和非银行支付机构,连接商家与客户,完整、准确传输直接提供商品或者服务的商户

名称、收付款客户名称及账号等交易信息，保证交易信息的真实、完整和支付全流程中的一致性是一个基本要求，但在实际生活中，却往往难以保证每笔交易皆是如此。如网购过程中的"发空包"，如刷POS机（销售点终端机具）套现，表面上看确实存在交易，但实际上却只是形式上的交易而已，隐藏在背后的，往往是商家的利益，甚至是电信网络诈骗。改革开放以来，我国经济高速发展，金融产品更是助推经济的强大工具。银行发放信用卡，本身是为了刺激消费，同时银行也可以盈利，然而，个别人靠刷信用卡进行消费，刷完后又无力还款。还有一部分持卡人将信用卡当成了贷款工具，直接用POS机套现出来使用，而信用卡的特点就是每个月还款后又可以恢复额度继续使用，只要按时还款就不会影响征信，所以，大量信用卡持卡人借助个人用POS机，每个月靠刷卡进行消费。巨额的交易量，产生了巨额的手续费，银行、银联、第三方支付公司、代理商都从中瓜分了手续费，获得了巨大的收益，还有POS机具厂家、小票打印纸厂家等也从中获益，上下游产业链越来越长，也吸引越来越多的利益群体。虽然部分企业和个人在这个利益链条中获利巨大，但是，这一灰色产业同样也是面临巨大风险的，一机多户、刷卡套现因交易内容不真实、不具有可回溯性，往往有些就直接沦为电信网络诈骗犯罪的工具与帮凶。所以，只有对这一现象加以限制，才能有效防范电信网络诈骗从这里钻空子。本条规定就是将此前散在于各规范中的保证交易信息真实完整的相关要求予以立法化。按照常理来说，保持支付全流程一致性是支付行业的基本要求。银行业收单领域就已经有这样的基本规范，2013年中国人民银行发布的《银行卡收单业务管理办法》第二十五条第一款规定，"收单机构应当根据特约商户受理银行卡交易的真实场景，按照相关银行卡清算机构和发卡银行的业务规则和管理要求，正确选用交易类型，准确标识交易信息并完整发送，确保交易信息的完整性、真实性和可追溯性"。本法的出台，将这一办法立法化，加强了对反电信网络诈骗的强力监管。应当说，近年来，随着打击电信网络诈骗活动的深入开展，反电信网络诈骗工作也深刻地影响了支付行业的发展轨迹。2016年10月，《中国人民银行关于加强支付结算管理防范电信网络新型违法犯罪有关事项的通知》（银发〔2016〕261号），在账户分级、资金结算时间、开户限制、禁止电销POS等方面，改变了许多支付业态。2019年3月，中国人民银行再发布《关于进一步加强支付结算管理防范电信网络新型违法犯罪有关事项的通知》（银发〔2019〕85号），在冻结止付机制、账户实名制管理、转账管理、收单管理等方面均有加强，特别是收单管理方面，对一机多户、移机、自选商户等方面打击力度加大。其中要求，要准确展示交易信息。银行、支付机构应当按照清算机构报文规范要求准确、完整报送实际交易的特约商户信息和收款方、付款方信息，并向客户准确展示商户名称或收款方、付款方名称。2022年3月执行的《中国人民银行关于加强支付受理终端及相关业务管理的通知》（银发〔2021〕259号），在增加经营码监管、POS机五要素合一、细化特约商户管理等方面都有较为细化的规定。可以说，反电信诈骗与支付强监管相伴相随，一旦支付本身存在诸多违规、潜在风险的业态，就使得其被电信诈骗产业链利用，那么监管也就要随之不断加强。

【典型案例】

案例1　郭某、林某、赵某掩饰、隐瞒犯罪所得案[①]

一、基本案情

1. 2018年7月18日18时左右，被害人韩某接到自称某电商平台工作人员的诈骗电话，后通过手机银行、微信转账等方式分四次将130800元转入诈骗电话中所提供的光大银行卡。经查，该笔赃款中共有118000元通过银行卡转账方式多次逐级转移至卡号×××（卡主李某、招商银行）、×××（卡主黄某1、招商银行）、×××（卡主黄某2、招商银行）的银行卡

[①] 《甘肃省陇南成县法院发布以案释法·电信诈骗典型案例》（2021年4月28日发布），载甘肃省陇南市成县人民法院官网，http://www.gscxfy.com/do/bencandy.php?fid=43&id=1848，2022年9月12日访问。

上。被告人郭某指使被告人林某、赵某持该三张银行卡在福建省宁德市霞浦县通过POS机刷卡方式刷走。

2. 2018年7月13日20时许，被害人常某某接到自称某电商平台员工的诈骗电话。以代为取消铂金会员为由，将其本人卡号为×××的建行储蓄卡内共计158548.89元转账到诈骗电话中所提供的中国农业银行、北京银行、光大银行三个银行卡账户内。经查，被害人常某某被骗资金中有93000元最终被逐级转账至被告人赵某所持有的福建省农村信用社卡号×××上，被告人郭某指使被告人林某、赵某在福建省霞浦县某村镇银行柜台取现。

3. 2018年7月8日，被害人陈某某被人冒充某电商平台工作人员以取消VIP会员为由，将其本人平安银行账户手机银行内121800元通过手机转账到诈骗电话中所提供的民生银行、浦发银行、光大银行三个银行卡账户内。经查，被害人陈某某被骗资金中有55000元被逐级转账至被告人赵某持有的中国银行×××卡和邮储银行×××卡中，被告人郭某指使被告人林某、赵某在中国银行霞浦支行ATM机和银行柜台取现。

二、诉讼过程

被告人郭某、林某、赵某明知是犯罪所得，而帮助他人将巨额现金散存于多个银行账户，且在不同银行账户之间频繁划转，后通过使用POS机刷卡套现等非法途径，协助转换、转移财产266000元，情节严重，其行为均已构成掩饰、隐瞒犯罪所得罪。现有证据不足以证实三被告人参与实施了虚构事实、隐瞒真相骗取被害人财物的行为，也不能证实三被告人与实施诈骗的行为人存在事前通谋。自被害人将款项转入指定的账户时，诈骗行为已经既遂，故在多次逐级转账后，三被告人帮助转移赃款的行为不构成诈骗罪。郭某在共同犯罪中起主要作用，系主犯，应当按照其所参与的或者组织、指挥的全部犯罪处罚；林某、赵某能如实供述罪行，且在共同犯罪中起次要作用，是从犯，依法可以从轻处罚。依照《刑法》的相关规定，对被告人郭某、林某、赵某分别判处五年二个月至四年有期徒刑。

三、典型意义

三被告人明知是犯罪所得，而帮助他人将巨额现金散存于多个银行账户，且在不同银行账户之间频繁划转，后通过使用POS机刷卡套现等非法途径，协助转换、转移财产266000元的行为触犯了《刑法》第三百一十二条第一款的规定，其行为已构成掩饰隐瞒犯罪所得罪。《最高人民法院、最高人民检察院、公安部关于办理电信网络诈骗等刑事案件适用法律若干问题的意见》中规定，"明知是电信网络诈骗犯罪所得及其产生的收益，以下列方式之一予以转账、套现、取现的，依照刑法第三百一十二条第一款的规定，以掩饰、隐瞒犯罪所得罪追究刑事责任。但有证据证明确实不知道的除外：1.通过使用销售点终端机具（POS机）刷卡套现等非法途径，协助转换或者转移财物的……"

结合被告人郭某、林某、赵某认知能力、既往经历、行为次数和手段，三被告人应当知道其刷卡套现、频繁划转、取现的资金来源为犯罪所得，仍然实施上述行为，其行为扰乱了司法机关查明犯罪、追缴犯罪所得及收益的正常活动，均已构成了掩饰、隐瞒犯罪所得罪。本案就是一起典型的交易信息不真实、不完整，且不是在商家与客户间直接提供商品或者服务的案例，办理此类案件需要重点关注的是，由于赃款在不同银行账户之间频繁划转，后通过POS机刷卡套现，取证时注意能够溯源时要尽可能地溯源追踪资金最初的来源，以便查明行为人是存在事先通谋还是事后参与转移赃款，进而实现准确认定罪名。对于单纯从事POS机套现行为，构成犯罪的，以非法经营罪定罪处罚。

案例2　董某等4人诈骗案[①]

一、基本案情

2015年，某网约车平台注册登记司机董某、谈某贤、高某、宋某华，分别用购买、租赁未实名登记的手机号注册网约车乘客端，并在乘客端账

[①] 《最高人民检察院第九批指导性案例（检例第38号）》，载最高人民检察院官网，https://www.spp.gov.cn/zdgz/201710/t20171017_202599.shtml，2022年9月12日访问。

户内预充打车费一二十元。随后，他们各自虚构用车订单，并用本人或其实际控制的其他司机端账户接单，发起较短距离用车需求，后又故意变更目的地延长乘车距离，致使应付车费大幅提高。由于乘客端账户预存打车费较少，无法支付全额车费。网约车公司为提升市场占有率，按照内部规定，在这种情况下由公司垫付车费，同样给予司机承接订单的补贴。四被告人采用这一手段，分别非法获取网约车公司垫付车费及公司给予司机承接订单的补贴。董某获取40664.94元，谈某贤获取14211.99元，高某获取38943.01元，宋某华获取6627.43元。

二、诉讼过程

本案由上海市普陀区人民检察院于2016年4月1日以被告人董某、谈某贤、高某、宋某华犯诈骗罪向上海市普陀区人民法院提起公诉。2016年4月18日，上海市普陀区人民法院作出判决，认定被告人董某、谈某贤、高某、宋某华的行为构成诈骗罪，综合考虑四被告人到案后能如实供述自己的罪行，依法可从轻处罚，四被告人家属均已代为全额退赔赃款，可酌情从轻处罚，分别判处被告人董某有期徒刑一年，并处罚金人民币1000元；被告人谈某贤有期徒刑十个月，并处罚金人民币1000元；被告人高某有期徒刑一年，并处罚金人民币1000元；被告人宋某华有期徒刑八个月，并处罚金人民币1000元；四被告人所得赃款依法发还被害单位。一审宣判后，四被告人未上诉，判决已生效。

三、典型意义

交易信息的真实、完整和支付全流程中的一致性，是保证交易安全、防止电信网络诈骗的重要手段，银行业金融机构、非银行支付机构按照国家有关规定，完整、准确传输交易信息内容，可以减少漏洞，提高防范效果。以非法占有为目的，采用自我交易方式，虚构提供服务事实，骗取互联网公司垫付费用及订单补贴，数额较大的行为，应认定为诈骗罪。当前，网络约车、网络订餐等互联网经济新形态发展迅速，商业竞争也日趋激烈。一些互联网公司为抢占市场，以提供订单补贴的形式吸引客户参与。某些不法分子采取违法手段，骗取互联网公司给予的补贴，数额较大的，可以构成诈骗罪。在网络约车中，行为人以非法占有为目的，通过网约车平台与网约车公司进行交流，发出虚构的用车需求，使网约车公司误认为是符合公司补贴规则的订单，基于错误认识，作出给予行为人垫付车费及订单补贴的行为，符合诈骗罪的本质特征，是一种新型诈骗罪的表现形式。

【关联规定】

《中华人民共和国刑法》第二百二十五条【非法经营罪】，《最高人民法院、最高人民检察院关于办理妨害信用卡管理刑事案件具体应用法律若干问题的解释》第十二条，《最高人民法院、最高人民检察院、公安部关于办理电信网络诈骗等刑事案件适用法律若干问题的意见》三、十一，《银行卡收单业务管理办法》，《非银行支付机构网络支付业务管理办法》，《中国人民银行关于加强支付受理终端及相关业务管理的通知》，《中国人民银行关于进一步加强支付结算管理防范电信网络新型违法犯罪有关事项的通知》十七

【条文内容】

> 第二十条 【建立完善紧急止损制度】国务院公安部门会同有关部门建立完善电信网络诈骗涉案资金即时查询、紧急止付、快速冻结、及时解冻和资金返还制度，明确有关条件、程序和救济措施。
>
> 公安机关依法决定采取上述措施的，银行业金融机构、非银行支付机构应当予以配合。

【条文主旨】

本条规定建立完善电信网络诈骗涉案资金即时查询、紧急止付、快速冻结、及时解冻和资金返还等紧急止损制度,明确有关条件、程序和救济措施。

【适用指南】

打击电信网络诈骗犯罪,人民群众不仅要求将嫌疑人缉拿归案,更对止损挽损提出了更高的希望。在办理电信网络诈骗案件中,一个重要的措施就是追赃挽损,将诈骗犯罪造成的损失降到最低限度,这一方面靠案发后办案部门的积极追赃,另一方面要靠案发过程中紧急止付、快速冻结被诈骗资金、及时让被害人查询到自己被骗资金的相关信息等,对不需要继续冻结的资金及时予以解冻等。司法实践表明,指望案件发生后从犯罪分子手中将被骗赃款追回,一般难度非常大,电信网络诈骗具有远程性、非接触性等特点,当被害人发现自己被骗时,往往根本无法知道是谁骗了自己,或者明知诈骗分子是谁,但其往往远在境外,或者隐身异地,或者已经将赃款挥霍一空、转移殆尽,根本无从追赃挽损,因此最有效的止损措施,就是在诈骗犯罪分子完成占有财物之前及时阻止资金的流转,这个环节包括资金的即时查询、紧急止付、快速冻结等,而这些措施,只有在资金尚未转账到诈骗分子账户上之前完成,才能奏效。该项措施由公安机关决定,相关部门配合完成。为提高公安机关冻结诈骗资金效率,切实保护社会公众财产安全,2016年中国人民银行、工业和信息化部、公安部、原国家工商行政管理总局以《关于建立电信网络新型违法犯罪涉案账户紧急止付和快速冻结机制的通知》(银发〔2016〕86号),建立了电信网络新型违法犯罪涉案账户紧急止付和快速冻结机制,全力在止损、挽损方面下功夫,通过建设紧急止付中心、境外改号电话拦截机制等手段,推动建立诈骗电话通报阻断、被骗资金快速止付机制，最大限度地减少了被骗群众的经济损失。为有效打击电信诈骗犯罪，提高报警止付效率，尽最大可能挽回受害人的损失，中国人民银行发布了《关于加强支付结算管理防范电信网络新型违法犯罪有关事项的通知》（银发〔2016〕261号），要求各银行金融机构积极配合公安机关处理电信诈骗相关案件，开发建立一套能够快速响应、快速处理，且稳定安全的电信诈骗风险交易事件管理平台。2016年12月6日，公安部会同银监会制定发布了《电信网络新型违法犯罪案件冻结资金返还若干规定实施细则》。根据上述规定，紧急止付为48小时，止付次数以两次为限。《中国人民银行、工业和信息化部、公安部、工商总局关于建立电信网络新型违法犯罪涉案账户紧急止付和快速冻结机制的通知》（银发〔2016〕86号）规定，公安机关应将加盖电子签章的紧急止付指令，以报文形式通过管理平台发送至止付账户开户行总行或支付机构，止付账户开户行总行或支付机构通过本单位业务系统，对相关账户的户名、账号、汇款金额和交易时间进行核对。核对一致的，立即进行止付操作，止付期限为自止付时点起48小时；核对不一致的，不得进行止付操作。止付银行或支付机构完成相关操作后，立即通过管理平台发送；紧急止付结果反馈报文。公安机关可根据办案需要对同一账户再次止付，但止付次数以两次为限。普通冻结为6个月，续冻次数不限。《中国人民银行关于进一步加强支付结算管理防范电信网络新型违法犯罪有关事项的通知》（银发〔2019〕85号）规定，加大买卖银行账户和支付账户、冒名开户惩戒力度。自2019年4月1日起，银行和支付机构对经设区的市级及以上公安机关认定的出租、出借、出售、购买银行账户（含银行卡）或者支付账户的单位和个人及相关组织者，假冒他人身份或者虚构代理关系开立银行账户或支付账户的单位和个人，5年内暂停其银行账户非柜面业务、支付账户所有业务，并不得为其开立账户。惩戒期满后，受惩戒的单位和个人办理新开立账户业务的，银行和支付机构应加大审核力度。人民银行将上述单位和个人信息移送金融信用信息基础数据并向社会公布。当然，"快速冻结"之后需要有"及时解冻"制度。因为从司法实践看，当前被冻结的涉案账户中，既有涉嫌诈骗等违法犯罪的资金，也有不少其他正常资金，如众多受害人的被骗资金和企业经营业务往来合法资金。对于后者，在能够甄别资金来源的前提下，应当及时解冻，并及时返还给受害人和企业。如长期冻结，不仅严重影响受害人的获得感和幸福感，也会影响相关企业的正常运营，容易产生社会不稳定因素。本次立法，将上述规定立法化，进一步增强了上述规定的法律效力。

【关联规定】

《最高人民法院、最高人民检察院、公安部关于办理电信网络诈骗等刑事案件适用法律若干问题的意见》一、七，《中国人民银行、工业和信息化部、公安部、国家工商行政管理总局关于建立电信网络新型违法犯罪涉案账户紧急止付和快速冻结机制的通知》，《中国银监会、公安部电信网络新型违法犯罪案件冻结资金返还若干规定》第一条至第十五条，《中国人民银行关于加强支付结算管理防范电信网络新型违法犯罪有关事项的通知》五，《电信网络新型违法犯罪案件冻结资金返还若干规定实施细则》

第四章　互联网治理

【条文内容】

> 第二十一条　【电信网络实名制度】电信业务经营者、互联网服务提供者为用户提供下列服务，在与用户签订协议或者确认提供服务时，应当依法要求用户提供真实身份信息，用户不提供真实身份信息的，不得提供服务：
> （一）提供互联网接入服务；
> （二）提供网络代理等网络地址转换服务；
> （三）提供互联网域名注册、服务器托管、空间租用、云服务、内容分发服务；
> （四）提供信息、软件发布服务，或者提供即时通讯、网络交易、网络游戏、网络直播发布、广告推广服务。

【条文主旨】

本条规定电信业务经营者、互联网服务提供者应当依法要求用户提供真实身份信息，否则不得提供相关服务。

【适用指南】

互联网以其网上的匿名性曾为人称道,但随着网络技术的日新月异,尤其是大量危害国家安全,侵犯公民人格权、隐私权、财产权,破坏社会秩序等行为在网络上大行其道,如"人肉搜索"导致当事人自杀身亡、网络诽谤让当事人"社会性死亡",尤其是电信网络诈骗利用网络匿名特质变得"来无影、去无踪",无法溯源、无法追根、无法查找实名人员的时候,人们意识到,互联网实名制是确有必要的。

网络服务提供者是指通过信息网络向公众提供信息或者为获取网络信息等目的提供服务的机构,包括网络上的一切提供设施、信息和中介、接入等技术服务的个人用户、网络服务商以及非营利组织。根据其提供的"服务"不同,网络服务提供者具体可以分为网络接入服务提供者、网络平台服务提供者、网络内容及产品服务提供者。中国网民规模较大,用户账号数量巨大,账号乱象日益突出。2015年2月4日,国家互联网信息办公室发布了《互联网用户账号名称管理规定》。该规定自当年3月1日施行。该规定中,就账号的名称、头像和简介等,对互联网企业、用户的服务和使用行为进行了规范,涉及在博客、微博客、即时通信工具、论坛、贴吧、跟帖评论等互联网信息服务中注册使用的所有账号。账号管理按照"后台实名、前台自愿"的原则,充分尊重用户选择个性化名称的权利,重点解决前台名称乱象问题,其中就账号的名称、头像和简介等,对互联网企业、用户的服务和使用行为进行了规范,涉及在博客、微博客、即时通信工具、论坛、贴吧、跟帖评论等互联网信息服务中注册使用的所有账号。要求互联网企业应当落实管理主体责任,配备与服务规模相适应的专业人员,对互联网用户提交的账号名称、头像和简介等注册信息进行审核,对含有违法和不良信息的,不予注册。对存在违法和不良信息的账号,应当采取通知限期改正、暂停使用、注销登记等措施。同时,企业还应保护用户信息及公民个人隐私，建立健全举报受理处置机制，自觉接受社会监督。国家互联网信息办公室还于 2015 年和 2017 年相继发布了《互联网用户账号名称管理规定》《互联网论坛社区服务管理规定》《互联网跟帖评论服务管理规定》，全面落实了网络实名制，明确了注册用户需"后台实名"，否则不得跟帖评论、发布信息。

针对互联网用户账号信息，2022 年 6 月，国家互联网信息办公室发布的《互联网用户账号信息管理规定》，要求互联网信息服务提供者履行账号信息管理主体责任，建立健全并严格落实真实身份信息认证、账号信息核验、信息内容安全、生态治理、应急处置、个人信息保护等管理制度。该规定于 2022 年 8 月 1 日起施行。如今，互联网平台越来越多，用户注册也越加简捷易行。但不可否认，部分用户并未如实登记真实信息，而是伪造身份，甚至还有的假冒、仿冒、捏造新闻网站、报刊社、广播电视机构、通讯社等新闻媒体的名称、标识等，还有的账号打擦边球，擅自使用"新闻""报道"等具有新闻属性的名称、标识等。"后台实名、前台自愿"已施行多年，但个别平台并未严格落实这一要求，后台实名形同虚设。同时，有的用户身份发生了改变，却并未及时更新，平台也缺少跟进，这也误导了很多社会民众。更为严重的是，一些账号编造传播虚假信息、实施网络暴力，发布有害信息，帮助违法犯罪，危害国家安全和社会公共利益，侵犯公民、法人和其他组织的合法权益，带来了严重后果。有关部门对互联网用户账号信息加强管理，颇有必要。这是促进互联网信息服务健康发展的需要，也是维护国家安全和社会公共利益的需要，更是保护公民、法人和其他组织合法权益的需要。

其实，《互联网用户账号信息管理规定》中的很多要求都是底线要求，绝非对用户提出过高期望，更不是刁难用户。该规定要求，互联网个人用户注册、使用账号信息，含有职业信息的，应当与个人真实职业信息相一致；要求互联网机构用户注册、使用账号信息，应当与机构名称、标识等相一致。至于要求互联网用户注册、使用账号信息不得假冒、仿冒、捏造政党、党政军机关、企事业单位、人民团体和社会组织的名称、标识等，更是依法治网的应有之义。因为上述行为本身就是违法的，若造成后果就应该付出法律代价，甚至追究刑事责任，即便没有造成后果也应在禁止之列。如何确保用户注册的信息真实可靠？这就首先要求互联网平台履行好主体责任，尽责监管。建立健全并严格落实真实身份信息认证、账号信息核验、信息内容安全、生态治理、应急处置、个人信息保护等管理制度，则是题中应有之义。与此同时，还要做好相应的更新工作。具体要求是，建立账号信息动态核验制度，适时核验存量账号信息。这一制度安排，可有效确保用户身份变动后得到及时更新。该规定明确账号信息管理规范，要求互联网信息服务提供者履行账号信息管理主体责任，建立健全并严格落实真实身份信息认证、账号信息核验、个人信息保护等管理制度。互联网用户账号信息是指互联网用户在互联网信息服务中注册、使用的名称、头像、封面、简介、签名、认证信息等用于标识用户账号的信息；互联网信息服务提供者，是指向用户提供互联网信息发布和应用平台服务的主体。当前，一些用户通过在账号信息中编造虚假身份、虚假职业信息等，从事招摇撞骗、电信网络诈骗等违法违规行为，损害公众合法权益。对此，该规定要求互联网个人用户注册、使用的账号信息含有职业信息时，应当与个人真实职业信息相一致，从而保证用户身份的可追溯。提供互联网新闻信息服务、网络出版服务等互联网信息服务的账号，以及从事经济、教育、医疗卫生、司法等领域信息内容生产的账号，不仅专业性强，还与人民群众的人身、财产安全密切相关，对此，《互联网用户账号信息管理规定》要求互联网信息服务提供者对上述账号加注专门标识，以便公众知悉了解，对账号信息内容作出合理判别，进一步推动账号主体合法合规运营。网信部门依法对互联网信息服务提供者管理互联网用户注册、使用账号信息情况实施监督检查。互联网信息服务提供者应当予以配合，并提供必要的技术、数据等支持和协助。对于发现互联网信息服务提供者存在较大网络信息安全风险的，省级以上网信部门可以要求其采取暂停信息更新、用户账号注册或者其他相关服务等措施。互联网信息服务提供者应当按照要求采取措施，进行整改，消除隐患。

近年来，各级网信部门结合开展"清朗"系列专项行动，其中依法查处了一批违规从事互联网新闻信息服务的网站和账号；依法关闭了一批假冒或侵权网站和账号；依法查处了一批专门从事流量造假、网络水军等活动，破坏网络生态的网站、应用程序和账号；依法查处存在设立明星榜单诱导粉丝投票打榜、开设应援集资栏目、号召粉丝刷量做数据等严重破坏网络生态问题的移动应用程序；依法下架和关停大量传播淫秽色情、低俗恶俗内容的移动应用程序。面对互联网用户各心理、行为问题，网络实名制作为一种以用户实名为基础的互联网管理方式，可以成为保护、引导互联网用户的重要手段和制度，并保护青少年免受网络不良因素影响。但是该条件下，如何保证网民的监督权和言论空间，也产生了很大争议。如今，社会已高速发展成了一个"互联网+"时代，与此同时，正因为互联网的高速发展，也导致互联网世界鱼龙混杂，滋生了网络诈骗、网络水军等影响网络健康、安全的隐患。本次立法，全面吸收了上述经验做法，将近年来行政立法与部门规章中所规范的内容以国家法律的形式加以确立，增强了监管的刚性。其中，本条中网络地址转换即 NAT（Network Address Translation），是当在专用网内部的一些主机本来已经分配到了本地 IP 地址（即仅在本专用网内使用的专用地址），但又想和因特网上的主机通信（并不需要加密）时，可使用 NAT 方法。这种方法需要在专用网（私网 IP）连接到因特网（公网 IP）的路由器上安装 NAT 软件。装有 NAT 软件的路由器叫作 NAT 路由器，它至少有一个有效的外部全球 IP 地址（公网 IP 地址）。这样，所有使用本地地址（私网 IP 地址）的主机在和外界通信时，都要在 NAT 路由器上将其本地地址转换成全球 IP 地址，才能和因特网连接。NAT 网络地址转换，其功能是将企业内部自行定义的非法 IP 地址转换为 Internet 公网上可识别的合法 IP 地址。NAT 技术能较好解决现阶段 IPV4[①] 地址短缺的问题。域名注册是因特网中用于解决地址对应问

[①] IPV4（Internet Protocol Version 4），网际协议版本 4，又称互联网通信协议第四版，是网际协议开发过程中的第四个修订版本，也是此协议第一个被广泛部署的版本。

题的一种方法。根据《互联网络域名管理办法》，域名注册服务机构及域名注册管理机构需对申请人提出的域名是否违反了第三方的权利和申请人的真实身份进行核验。每一个相同顶级域名中的二级域名注册都是不可重复的，但不同顶级域名中的二级域名可以是相同的。因此，在网络上域名是一种相对有限的资源，它的价值随着注册企业和个人用户的增多而逐步为人们所重视。域名的注册遵循先申请先注册的原则，管理认证机构对申请企业提出的域名是否违反了第三方的权利不进行任何实质性审查。在中华网库每一个域名的注册都是不可重复的。因此，在网络上域名是一种相对有限的资源，它的价值将随着注册企业的增多而逐步为人们所重视。服务器托管又称主机托管，它摆脱了虚拟主机受软硬件资源的限制，能够提供高性能的处理能力，同时有效降低维护费用和机房设备投入、线路租用等高额费用。客户对设备拥有所有权和配置权，并可要求预留足够的扩展空间。网站空间，就是存放网站内容的空间，分为传统的网站空间，如人们上网时，通过域名（网址、网站地址）就可以访问到对方的网站内容，然后看对方网站的文章或下载音乐、电影等。网站空间可以由自己购买服务器完成，但一般企业因为费用太高，且要 24 小时开机，并配备专人负责，都使用租用的形式。云服务指通过网络以按需、易扩展的方式获得所需服务。这种服务可以是 IT 和软件、互联网相关，也可是其他服务。它意味着计算能力也可作为一种商品通过互联网进行流通。云服务可以将企业所需的软硬件、资料都放到网络上，在任何时间、地点，使用不同的 IT 设备互相连接，实现数据存取、运算等目的。当前，常见的云服务有公共云（Public Cloud）与私有云（Private Cloud）两种。网络实名制的确立，增强了网络安全性，本次立法，实现了用法律的形式进一步将网络实名制以及网络安全法律保护落实到位。

【典型案例】

"JW 证券"电信网络诈骗系列案[①]

一、基本案情

"JW 证券"电信网络诈骗系列 5 个案件，涉及缅甸电信诈骗集团的刘某某等 9 人，及在境内滋生出的 5 条黑色产业。一是李某某等 7 人在河南为诈骗集团开发 JW 证券虚假股票交易平台，进行项目维护；二是张某某在广东为诈骗集团提供 VPN 网络技术支持（主要用于虚拟 IP 地址）；三是姚某某等 2 人在辽宁向诈骗集团提供大量微信号、QQ 号，并根据要求对微信号、QQ 号进行资料修改、设立群组、解封等；四是张某甲等 18 人在宁夏冒充证券公司客服，拨打电话将客户拉入微信群，并将微信群转卖给诈骗集团；五是周某等 11 人在湖南提供银行账户协助诈骗集团转移资金，通过购买 USDT 币实施洗钱行为。2019 年底至 2020 年 6 月期间，刘某某等 9 人先后出境缅甸，参加"王某""子民""King""大师""蒋某"等人针对中国大陆公民实施电信网络诈骗的犯罪集团。刘某某负责犯罪集团资金结算等财务工作；杨某、李某乙、张某乙承担管理职务，与前端提供 VPN、微信群组等资源及技术进行对接。张某丙、罗某某、颜某某、封某某、管某某等人按照小组和角色分工，在集团购买的"股易子丰""知行合一"等微信中冒充股票讲师"牛某"、助理"婷婷"及获利股民，运用拟定好的话术通过吹捧讲师能力、树立讲师权威，骗取股民的信任。2020 年 6 月 JW 证券平台正式启动，张某丙等人诱骗被害人下载"JW 证券"软件平台，使被害人通过该平台购买港股。被害人在平台充值的款项全部进入诈骗集团控制的账户，并被迅速转移至虚拟货币市场。软件后台

[①]《贵州检察机关打击电信网络诈骗及其关联犯罪典型案例》，载贵州检察网，http://www.gz.jcy.gov.cn/jcxw/202112/t20211224_3495245.shtml，2022 年 9 月 10 日访问。

人员根据被害人充值截图，操控后台数据，使平台显示出被害人投资情况。2020年6月21日左右，诈骗集团制造平台被关闭的假象，之后安排爆仓并关闭"JW证券"服务器。被害人330余人，被骗金额共计人民币1.3亿余元。

二、诉讼经过

贵阳市公安局白云分局办理"宣某某被诈骗"一案时，发现境外诈骗集团在利用虚假炒股软件实施电信诈骗，多条黑色产业链为诈骗集团提供服务，因案情复杂、取证困难，白云区人民检察院派员介入案件，提出多条引导侦查取证意见。针对境外案件特点及网络犯罪案件特征提出重点取证内容；针对被害人遍布全国各地的难点提出取证标准，通过网络公告进一步寻找被害人；针对案件证据量大、需要进行专门鉴定的电子设备多、电子证据固定难度大等问题，与侦查机关就取证的必要性及难点进行逐一研讨，避免无效侦查造成司法资源浪费及拖延办案时限。"JW证券"电信网络诈骗系列案5个案件，经贵阳市白云区人民检察院提起公诉，法院已全部判决，并已生效。办案中，白云区人民检察院综合证据情况，改变公安机关对部分犯罪嫌疑人的定性，以诈骗罪对境外诈骗人员、VPN提供者、软件开发团伙主犯、微信群提供团伙主犯、洗钱团伙主犯提起公诉，对洗钱团伙一般成员以掩饰、隐瞒犯罪所得罪提起公诉，准确认定各被告人的行为及性质。在量刑建议中对所有被告人建议不适用缓刑，并根据各被告人在犯罪中的地位作用以及查明的非法获利数额，予以量刑区分，建议法院判处相应的罚金刑，体现从严从重打击的精神。对于认罪悔罪，积极配合公安机关侦破案件的被告人，依法认定为立功，建议减轻处罚。对积极退缴违法所得的被告人，提出从轻处理，对参与犯罪人所在公司7名普通员工依法作相对不起诉。法院判决以诈骗罪对刘某某等9人分别判处十二年至五年不等有期徒刑；以诈骗罪、帮助信息网络犯罪活动罪对李某某等7人分别判处四年至一年不等有期徒刑；以诈骗罪判处张某某有期徒刑五年六个月；以帮助信息网络犯罪活动罪对姚某某等2人分别判处有期徒刑一年六个月和一年二个月；以诈骗罪、帮助信息网络犯罪活动罪对张某甲等11人分别判处三年八个月至十个月不等有期徒刑；以掩饰、隐瞒犯罪所得罪对周某等11人分别判处三年十个月至一年六个月不等有期徒刑。上述41名被告人均被判处罚金。

三、典型意义

随着信息网络的迅速发展，通过手机APP进行理财投资及在网络平台购买股票，已成为人民群众日常理财的重要途径。本案诈骗集团经过六七个月的精心谋划，在诈骗平台、VPN网络技术、微信群组、洗钱团伙等条件成熟后开始实施诈骗，诈骗平台运行20天左右即进行收割，犯罪分子通过虚假平台进行的精准诈骗，严重危害了人民群众财产安全和合法权益，损害了社会诚信和社会秩序，给被害人造成重大损失。在电信网络诈骗中，分工日益细化，催生了周边黑灰色产业链，产业链的存在，加速了电信网络诈骗的蔓延，进一步阻碍了侦查，成为幕后帮凶。本案提示我们，在该类案件办理中要更加注重端口前移和源头治理，必须加大对电信网络诈骗相关产业链违法行为的打击力度，对一切为电信网络诈骗提供支持的违法行为，必须坚决依法严惩。本案虽然只打掉了该电信网络诈骗集团一个区中的一个小组，境外幕后主犯未到案，洗钱团伙、打群团伙的主犯也未到案，但清晰梳理出"JW证券"诈骗产业链，展示了诈骗流程及作案手段，为加大电信网络诈骗打击力度，取得更大打击成效提供了参考。

【关联规定】

《中华人民共和国刑法》第二百八十五条第三款【提供侵入、非法控制计算机信息系统程序、工具罪】、第二百八十六条【破坏计算机信息系统罪】、第二百八十六条之一【拒不履行信息网络安全管理义务罪】、第二百八十七条之一【非法利用信息网络罪】、第二百八十七条之二【帮助信息网络犯罪活动罪】，《中华人民共和国网络安全法》第二十四条、第六十一条，《全国人民代表大会常务委员会关于维护互联网安全的决定》，《全国人民代表大会常务委员会关于加强网络信息保护的决定》一至六、十至十二，《最高人民法院、最高人民检察院、公安部关于办理电信网络诈骗等刑事案件适用法律若干问题的意见》三、四，《互联网用户账号名称管理规定》，《互联网用户账号信息管理规定》，《互联网用户公众账号信息服务管理规定》，《即时通信工具公众信息服务发展管理暂行规定》

【条文内容】

> 第二十二条 【涉诈异常账号互联网处置】互联网服务提供者对监测识别的涉诈异常账号应当重新核验，根据国家有关规定采取限制功能、暂停服务等处置措施。
>
> 互联网服务提供者应当根据公安机关、电信主管部门要求，对涉案电话卡、涉诈异常电话卡所关联注册的有关互联网账号进行核验，根据风险情况，采取限期改正、限制功能、暂停使用、关闭账号、禁止重新注册等处置措施。

【条文主旨】

本条对涉诈异常互联网账号的处置措施进行了规范。

【适用指南】

本条规定，为互联网服务提供者提出了"二次实人认证"的基本处置要求。互联网服务提供者作为网络服务提供方，对于网络安全负有责任，应当加强日常网络违法犯罪活动的监测识别，对异常账号进行及时有效处置。根据《网络安全法》第二十一条规定，国家实行网络安全等级保护制度。网络运营者应当按照网络安全等级保护制度的要求，履行下列安全保护义务，保障网络免受干扰、破坏或者未经授权的访问，防止网络数据泄露或者被窃取、篡改：（1）制定内部安全管理制度和操作规程，确定网络安全负责人，落实网络安全保护责任；（2）采取防范计算机病毒和网络攻击、网络侵入等危害网络安全行为的技术措施；（3）采取监测、记录网络运行状态、网络安全事件的技术措施，并按照规定留存相关的网络日志不少于六个月；（4）采取数据分类、重要数据备份和加密等措施；（5）法律、行政法规规定的其他义务。国家互联网信息办公室发布的《互联网用户账号信息管理规定》第十七条规定，互联网信息服务提供者发现互联网用户注册、使用账号信息违反法律、行政法规和本规定的，应当依法依约采取警示提醒、限期改正、限制账号功能、暂停使用、关闭账号、禁止重新注册等处置措施，保存有关记录，并及时向网信等有关主管部门报告。互联网服务提供者应当根据日常监测及公安、网信、电信部门的要求，对涉电信网络诈骗的电话卡、相关联的互联网账号进行相应的处置，包括重新核验、限期改正、限制功能、暂停使用、关闭账号、禁止重新注册等处置措施。根据工业和信息化部、公安部《关于依法清理整治涉诈电话卡、物联网卡以及关联互联网账号的通告》，电信企业要建立高风险电话卡"二次实人认证"制度，集中对公安机关通报的涉案电话卡、高风险电话卡以及关联互联网账号进行系统清理整治，着力切断电信网络诈骗通信渠道。为此，电信企业应建立电话卡"二次实人认证"工作机制，针对涉诈电话卡、"一证（身份证）多卡"、"睡眠卡"、"静默卡"、境外诈骗高发地卡、频繁触发预警模型等高风险电话卡等监测识别的涉诈异常账号应当重新核验，提醒用户在 24 小时内通过电信企业营业厅或线上方式进行实名核验，在规定期限内未核验或未通过核验的，暂停电话卡功能，有异议的可进行投诉反映，经核验通过的恢复功能。此外，互联网企业应根据公安机关、电信主管部门有关要求，对涉案电话卡、涉诈高风险电话卡所关联注册的微信、QQ、支付宝、淘宝等互联网账号依法依规进行实名核验，对违法违规账号及时采取关停等处置措施。根据该通告清理整治期间，首批依法关停公安机关通报的涉案电话卡数千张,处置涉案关联互联网账号一万多个,组织对上千万张"睡眠卡"等高风险电话卡进行了二次实人认证和处置,有力打击了各类违规办卡、养卡囤号行为。同时,要坚持把"技管结合、以技管网"作为反诈工作基础,充分发挥大数据分析能力,实现对涉诈号码、短信、互联网账号、域名网址等的快速处置,加大工作力度,持续深化防范治理电信网络诈骗各项工作,全力推进"断卡"、"打猫(猫池、GOIP 设备)"、互联网反诈、短信预警等涉及群众利益的重点事项,推动形成"标本兼治、协同联动"长效机制,坚决维护好广大人民群众的合法利益与财产安全。本次立法,将上述内容纳入法律规定。

【典型案例】

张某某等 14 人诈骗案

——以刷单为名招募兼职人员实施诈骗[1]

一、基本案情

2018 年 9 月,被告人张某某招募被告人刘某某等 13 人,通过在社交平台及语音平台上发布挂机、刷单等虚假招聘信息,夸大收益,诱导他人缴纳 620 元至 820 元不等会费成为会员,并由张某某收取会费后按一定比例分成。该团伙为会员提供的刷单或挂机任务极难获利,在会员要求退会费时,该团伙拒不退还,以此来骗取他人会费。截至案发,共骗取 2000 余名被害人财物共计 17 万余元。

二、诉讼经过

法院经审理认为,被告人张某某等 14 人以非法占有为目的,利用网络平台,以挂机、刷单为名发布虚假招聘信息,诱骗他人缴纳会费骗取财

---

[1] 《山西省高院发布 6 起电信诈骗典型案例》,载新华网,http://www.sx.xinhuanet.com/2022-07/13/c_1128826566.htm,2022 年 9 月 10 日访问。

物，其行为均已构成诈骗罪。其中，张某某等 7 人犯罪数额特别巨大，杨某某等 5 人犯罪数额巨大，豆某某等 2 人犯罪数额较大。张某某在共同犯罪中起主要作用，系主犯；刘某某等 13 人在共同犯罪中起次要作用，系从犯，应当依法从轻或减轻处罚。据此，法院以诈骗罪判处被告人张某某有期徒刑十一年，并处罚金二十万元；以诈骗罪判处刘某某等其余被告人五年至一年不等有期徒刑，并处相应罚金，对其中 1 名未成年被告人判处缓刑。

三、典型意义

近年来，刷单返利式诈骗由于返利周期短、引流成功率高，变种日渐增多、变化日渐复杂，是电信网络诈骗中多发高发的犯罪形式。诈骗犯罪分子利用被害人兼职刷单赚钱的想法，打着"足不出户、高额佣金"的旗号，通过网页、社交软件等渠道发布兼职广告，通过"新手任务"返利小额佣金骗取被害人信任，诱导被害人下载虚假APP[①]，缴纳会费、进行充值、先行垫资做"进阶任务"，非法占有被害人财物，继而完成诈骗。在此提醒，"刷单发财是套路，莫贪小利进骗局"。依靠兼职刷单动动指头就能轻松挣钱的想法本身就不切实际，先行充值或垫付资金的刷单行为多是诈骗，切莫被蝇头小利诱惑，落入他人设下的诈骗陷阱。诈骗犯罪分子在犯罪活动中，所利用的犯罪工具，多是一些虚假的 APP 等"刷单平台"，所开展的活动多为"挂机""刷单"，互联网服务者如果加强监测，一般比较容易发现。因而依法强化监测，对涉诈互联网异常账号的及时采取处置措施，有利于防范治理电信网络诈骗犯罪。

【关联规定】

《中华人民共和国网络安全法》第九条至第十二条、第二十一条、第二十四条、第二十七条、第二十八条、第四十条至第四十二条、第四十六

[①] APP（Application），多指第三方应用程序。以下不再标注。

条至第五十一条、第六十一条至第六十三条、第六十七条,《互联网用户账号信息管理规定》第四条、第六条、第九条、第十条、第十五条、第十七条、第十八条、第二十条至第二十四条,《关于依法清理整治涉诈电话卡、物联网卡以及关联互联网账号的通告》

【条文内容】

> **第二十三条 【互联网应用程序监管】**设立移动互联网应用程序应当按照国家有关规定向电信主管部门办理许可或者备案手续。
>
> 为应用程序提供封装、分发服务的,应当登记并核验应用程序开发运营者的真实身份信息,核验应用程序的功能、用途。
>
> 公安、电信、网信等部门和电信业务经营者、互联网服务提供者应当加强对分发平台以外途径下载传播的涉诈应用程序重点监测、及时处置。

【条文主旨】

本条对互联网应用程序的设立、分发、监测及涉诈应用程序处置等作出了规定。

【适用指南】

移动互联网应用程序,是指运行在移动智能终端上向用户提供信息服务的应用软件。移动互联网应用程序提供者，是指提供信息服务的移动互联网应用程序所有者或者运营者。移动互联网应用程序分发平台，是指提供移动互联网应用程序发布、下载、动态加载等分发服务的互联网信息服务提供者。国家网信办反诈中心统计显示，2021年一季度全国发生电信网络诈骗案件22万多起，其中超60%是利用设立移动互联网应用程序即APP实施诈骗，涉及理财、传销、赌博、色情、非法集资等多个领域。国家网信办反诈中心在监测中还发现多起仿冒投资平台进行诈骗的事件。[①] 诈骗分子仿冒一些知名金融平台，推出大量"山寨"式APP，以相似标志和产品介绍以假乱真，以"小额返利"等诱导网民进行访问下载，进而实施诈骗。部分网络诈骗平台甚至宣称具有"国企背景"，以"国字头"名义吸引用户，以"拉人头"模式发展下线，给一些网民造成巨大财产损失，同时还可能带来个人信息泄露，应引起足够关注。电信网络诈骗案件中，不少虚假网贷APP通过仿冒银行、金融平台，诈骗分子多方引流、大量分发，吸引用户上钩。虚假网贷APP的诈骗路数往往是以高额度、低利息、不查征信、到账快等夸张内容吸引眼球，用以筛选有借款意愿的诈骗目标，然后再以需要缴纳会员费、验资费、解冻费、保证金、代办费、税款、年息等多种名目实施诈骗，让消费者蒙受了较大甚至巨大财产损失。与此同时，个别山寨APP入驻了手机应用商店，而应用商店最主要的营收来源，是各个应用软件的推广分发费用，应用软件有下载量，应用商店就有收入，在利益驱使下，应用商店可能会对不良乃至非法应用软件"大开绿灯"。

在电信网络诈骗APP大行其道的同时，不法分子还利用"技术中立""可挣快钱"等借口利诱年轻技术人员，使其沦为电信网络诈骗案背后的"制刀者"。有的犯罪组织打着"科技公司"的旗号，招募从事网络技术开发的"IT"[②] 人，实际上在开发电信网络诈骗APP，或者提供封装、分

[①]《诈骗APP层出不穷 谁在给电信诈骗做帮凶？》，载央视网，https://news.cctv.com/2021/04/15/ARTIvYEnlhQZw2QbXC6GWlBH210415.shtml，2022年9月14日访问。

[②] IT，一般指互联网技术。以下不再标注。

发服务。有的科技公司人员众多,技术开发人员分工明确,负责编写程序代码、购买域名、租用服务器、封装等,一番操作下来,一款 APP 制作周期大多不会超过 1 个月。因其中一些 APP 需要实现的功能类似,同类 APP 可"批量开发"。有的还为下线买家组建微信群,负责后期功能调试、运维等。在一些诈骗 APP 案件中,不法分子利用"技术中立""可挣快钱"等借口利诱一些年轻技术人员,向他们订购涉诈 APP,使他们沦为电信网络诈骗案背后的帮助者。一些所谓的科技公司的技术负责人往往毕业于知名高校,设立涉诈 APP 的开发团队成员大多是 90 后,都有本科以上学历、计算机相关专业毕业,短期内即可开发大量涉及区块链、虚拟货币、电子钱包、网络商城等的 APP 与小程序,几乎全部由网络金融诈骗、传销团伙订制。有的则通过基础源代码,分裂出多个投资诈骗类 APP,能做到"骗完一人即抛弃整个 APP"。有的明知他人可能利用 APP 实施违法犯罪行为,或积极配合"直接发力",或放任不管"间接助攻",并多以"技术中立"为挡箭牌,长期游走于法律的边缘。有的公司每年开发 10 余款软件,首先由销售与客户对接项目需求,开发团队进行研发、测试,再交由客户验收,团队根据验收意见对软件进行调整。开发一款软件需多环节合作,每个程序员一般参与其中某一两个环节。有的知道可能违法,但是在别的地方也拿不到这么高的工资,以为只是开发 APP,没有直接参与诈骗,不会有问题。能赚快钱、期盼可以一夜暴富,成为一些网络科技公司或技术人员愿意铤而走险的最直接原因。虚假 APP 已成为黑灰产业链条中的重要一环,暴露出 APP 市场法律规制不完善、监督管理薄弱等问题。例如,APP 制作无准入门槛,一些封装平台审核不严、流程形同虚设,伪实名注册、更换网址重复封装现象频出;一些 APP 绕过应用商店审查,扫码即可下载,监管处于缺失状态,加之涉案网站多租用域外服务器,致使 APP "近乎处于脱管状态"。

对此,应完善法律法规,设立 APP 市场准入制度以及开发、封装、分发等各类主体实名登记备案制度,并制定行业规范、定期核查,建立严格的行业准入和退出机制,从制度层面构建安全可信的信息通信网络环境。

网信部门应加强对 APP 的监管力度，特别是确立对未在应用商城上架 APP 的监管方式，堵住监管漏洞。要加强对相关电信网络诈骗行为源头治理，引导 IT 师生不做虚假 APP 的技术助攻，发挥专业力量参与反诈，对于构建清朗网络空间、护航网络安全意义深远。为加强源头治理，《移动互联网应用程序信息服务管理规定》明确，本规定所称应用程序信息服务，是指通过应用程序向用户提供文字、图片、语音、视频等信息制作、复制、发布、传播等服务的活动，包括即时通讯、新闻资讯、知识问答、论坛社区、网络直播、电子商务、网络音视频、生活服务等类型。应用程序分发服务，是指通过互联网提供应用程序发布、下载、动态加载等服务的活动，包括应用商店、快应用中心、互联网小程序平台、浏览器插件平台等类型。国家网信部门负责全国应用程序信息内容的监督管理工作。地方网信部门依据职责负责本行政区域内应用程序信息内容的监督管理工作。应用程序提供者和应用程序分发平台应当遵守宪法、法律和行政法规，弘扬社会主义核心价值观，坚持正确政治方向、舆论导向和价值取向，遵循公序良俗，履行社会责任，维护清朗网络空间。应用程序提供者和应用程序分发平台不得利用应用程序从事危害国家安全、扰乱社会秩序、侵犯他人合法权益等法律法规禁止的活动。应用程序提供者和应用程序分发平台应当履行信息内容管理主体责任，积极配合国家实施网络可信身份战略，建立健全信息内容安全管理、信息内容生态治理、数据安全和个人信息保护、未成年人保护等管理制度，确保网络安全，维护良好网络生态。

同时，打击电信网络 APP 式诈骗，就需要真 APP、应用商店、监管部门等共同发力，建立一道有效有力的防火墙和拦截网。应用商店应该严格把好 APP 入驻关，必须要求应用商店对入驻 APP 履行好审查义务。对于监管部门，一是要及时在最大范围内通报典型案例，普及相关反诈知识，提高人们的防骗意识和识骗能力；二是要在组织开展违法违规 APP 侵害用户权益的整治行动，并对仿冒者严厉打击时，要对应用商店把关不严、审核乏力等问题严肃问责与处罚，倒逼它们切实担负起社会责任，提高 APP 审核把关的质量与效率；三是要建立畅通的渠道，鼓励用户，对虚假 APP 形成"人人喊打"的良好格局。此外，改变目前建立 APP 门槛太低的局面，在应用商店推行"官方软件标志"制度，使之与普通软件相区分，以便于人们区分权威 APP。为切实保障人民群众财产安全，国家网信办会同公安部，重拳打击仿冒投资诈骗平台，精准提示潜在受害人。本次立法，不但吸收了此前相关法律法规、部门规章的相关内容，还规定了应当加强对分发平台以外途径下载传播的涉诈应用程序重点监测、及时处置，对于进一步依法监管移动互联网应用程序，促进应用程序信息服务健康有序发展，从源头上治理电信网络诈骗犯罪，具有重要意义。

【典型案例】

案例 1　张某等人诈骗案[①]

一、基本案情

2017 年 5 月，张某联系李某盛，要求为其开发一款可在后台控制客户交易盈亏的虚假金融投资软件，软件命名为"A 商城"，双方以 4 万元的价格达成协议。"A 商城"虚假金融投资软件运行期间，李某盛伙同他人为该软件运行提供了技术支持。2018 年 3 月间"A 商城"软件改名为"B 商城"。张某依托其成立"某投资管理有限公司"和"某贸易有限公司"，组织、领导两家公司的经理、分析师、业务主管、业务员等人利用两款虚假投资软件实施诈骗活动。

张某通过网上发布招聘信息等方式，招聘业务员进入上述公司。经理、分析师、业务主管会陆续对业务员进行培训，业务员根据公司提供的诈骗话术资料及统一提供的微信、QQ、电话号码等，虚构身份通过摇一摇、漂流瓶等交友软件添加陌生男性为好友，添加成功后，不断与对方聊

[①] 《【重磅】打击电信网络诈骗犯罪！遂川法院发布 5 起电信网络诈骗典型案例》，载遂川县人民法院微信公众号 2022 年 5 月 1 日，https：//mp.weixin.qq.com/s/IAJZ3N2xJfi57T9NSqaTMQ，2022 年 9 月 15 日访问。

家常、聊感情，以骗取信任，而后在聊天中采取故意炫富、晒虚假盈利投资单等方式，以激发对方投资兴趣，再伺机推荐"A商城""B商城"两款虚假投资平台，诱使对方在平台上注册账号并充值，成为客户。当客户对业务员女性身份存疑时，前台廖某等则冒充业务员与客户进行视频聊天或电话聊天，进一步骗取信任。成功诱导客户在平台上注册后，便推荐给业务主管。业务主管以"投资顾问"的身份与先期对客户讲解金融相关基础知识及平台操作方法，伺机将客户推荐给分析师，称跟着分析师做单肯定盈利。后分析师先带客户进行几单小额投资，并通过后台控制，确保客户平台账户内先期有一定的盈利，以进一步激发投资兴趣。且分析师以一对一带客户操作必须充值最低限额资金为由，诱使客户在平台上充入更多资金。后分析师通过控制后台盈亏按钮，做亏客户在平台账号内虚拟资金。2017年5月至2018年5月25日，被告人张某组织、领导他人通过以上诈骗方式诈骗被害人人民币320余万元。

二、诉讼经过

本案由江西省遂川县人民法院一审，由江西省吉安市中级人民法院二审，现已发生法律效力。法院认为，被告人张某等人以非法占有为目的，为共同实施犯罪而组成较为固定的犯罪组织，采取虚构事实、隐瞒真相的方法，利用互联网诈骗他人财物，其行为均已构成诈骗罪。被告人李某盛明知他人实施诈骗行为，仍提供帮助，其行为亦构成诈骗罪。公诉机关指控的犯罪事实和罪名成立。其中，被告人张某、邹某、全某、席某鹏、龚某亮、曾某、李某根、李某盛犯罪数额特别巨大；被告人周某等人犯罪数额巨大。被告人张某系犯罪集团首要分子，应对集团全部犯罪负责；被告人邹某、全某、席某鹏、龚某亮犯罪集团其他主犯，应对所参与或组织指挥的全部犯罪负责；被告人曾某等人在犯罪集团中，起次要作用，系从犯，依法可从轻或者减轻处罚。根据各被告人的犯罪情节、悔罪表现，依法判处被告人张某有期徒刑十二年十个月，并处罚金人民币二十万元；判处被告人邹某、全某、席某鹏、龚某亮有期徒刑十年以上十一年以下不等，并处罚金；其余被告人判处有期徒刑三年以上十年以下不等，并处罚金。

三、典型意义

这是一起典型投资理财型诈骗，行为人利用被害人迫切想通过投资理财的方式赚钱的心理，引诱被害人使用他们设计好的虚假投资软件实施网络诈骗。投资理财型案件具有高发性、涉案金额大、隐蔽性强、新颖性强等特点。在此提醒广大投资者们切莫轻信所谓的虚拟货币投资、外汇投资等虚假投资理财平台，切实提升防范意识和能力。此外，大量电信网络诈骗犯罪，利用的是非法开发使用的应用程序，本案中的虚假投资平台正是这类非法应用程序，因此，立法对应用程序开发进行监管限制，能够发挥源头治理的重要作用。

案例 2　王某旋等 6 人诈骗案
——成立科技公司办理虚假贷款诈骗[①]

一、基本案情

2017 年 8 月，被告人王某旋发起设立某顺美网络科技有限公司，委托他人开发"顺付钱包"APP 软件，租用某产业园写字楼作为诈骗窝点，先后招聘被告人张某动等五人组建诈骗集团。2017 年 9 月至 2018 年 6 月，王某旋等人在网络上发布虚假信息，宣称其与银行有合作关系，开通"顺付钱包"APP 会员，可快速办理"无抵押、无担保"信用贷款、信用卡、开通微粒贷、提高额度等多项业务。待被害人因融资需求与其联系后，即以需交纳会员费名义骗取钱财，共骗得 161 万余元。

二、办案经过

本案经江苏省常熟市人民法院一审，现已生效。

法院认为，被告人王某旋等六人虚构事实、隐瞒真相，利用电信网络技术手段诈骗他人财物，均已构成诈骗罪。在共同犯罪中，王某旋起主要

[①] 《江苏法院发布电信网络诈骗犯罪典型案例》，载江苏长安网，http：//www.jszf.org/yasf/202012/t20201202_53033.html，2022 年 9 月 10 日访问。

作用，系主犯，且系犯罪集团的首要分子，应当按照集团所犯的全部罪行处罚；被告人王某旋退出部分赃款，可以酌情从轻处罚。综上，以诈骗罪判处被告人王某旋有期徒刑十一年，对其余五名被告人以诈骗罪分别判处五年至一年六个月不等的有期徒刑，对六名被告人均并处相应罚金。

三、典型意义

随着融资途径的多样化以及融资需求的不断涌现，以贷款服务为名的电信网络诈骗犯罪也随之产生。犯罪分子披上"科技公司"外衣，制作专门APP软件，宣称与银行有合作关系，整个犯罪行为更具迷惑性。同时，犯罪分子以交纳所谓的"会员费"骗取钱财，因金额相对较小，降低了被害人的警惕性。在此提醒广大群众，借款一定要选择正规平台，不要轻易交纳"会员费""手续费"等费用，对非正规机构的"无抵押""无担保"贷款要保持高度警惕。

【关联规定】

《中华人民共和国刑法》第二百八十五条第三款【提供侵入、非法控制计算机信息系统程序、工具罪】、第二百八十六条【破坏计算机信息系统罪】、第二百八十六条之一【拒不履行信息网络安全管理义务罪】、第二百八十七条之一【非法利用信息网络罪】、第二百八十七条之二【帮助信息网络犯罪活动罪】，《最高人民法院、最高人民检察院关于办理非法利用信息网络、帮助信息网络犯罪活动等刑事案件适用法律若干问题的解释》第一条至第十六条，《最高人民法院、最高人民检察院关于办理危害计算机信息系统安全刑事案件应用法律若干问题的解释》第二条、第三条、第九条，《最高人民法院、最高人民检察院、公安部关于办理电信网络诈骗等刑事案件适用法律若干问题的意见》三、四、五，《移动互联网应用程序信息服务管理规定》，《工业和信息化部 移动智能终端应用软件预置和分发管理暂行规定》，《移动互联网应用商店网络安全责任指南》

【条文内容】

> 第二十四条 【域名解析、域名跳转、网址链接转换等监管】提供域名解析、域名跳转、网址链接转换服务的,应当按照国家有关规定,核验域名注册、解析信息和互联网协议地址的真实性、准确性,规范域名跳转,记录并留存所提供相应服务的日志信息,支持实现对解析、跳转、转换记录的溯源。

【条文主旨】

本条规定提供域名解析、域名跳转、网址链接转换等服务,应规范域名跳转,核验相关信息真实性要求。

【适用指南】

域名,指由若干个字母、数字及符号按一定的层次和逻辑排列的一串容易记忆的字符,构成一个与互联网 IP 地址对应的既定的独一无二的网址。域名跳转是指对某一域名的访问跳转至该域名绑定或者指向的其他域名、IP 地址或者网络信息服务等。当我们变更网站域名,或者申请多个域名指向一个网站的时候,这个时候就可以用到域名跳转,又称域名重定向 redirect、域名转向。域名解析就是把域名指向网站空间 IP,让人们通过注册的域名可以方便地访问到网站的一种服务。IP 地址是网络上标识站点的数字地址,为了方便记忆,采用域名来代替 IP 地址标识站点地址。域名解析就是域名到 IP 地址的转换过程。域名的解析工作由

DNS 服务器完成。域名解析也叫域名指向、服务器设置、域名配置以及反向 IP 登记等。简单地说就是将好记的域名解析成 IP，服务由 DNS 服务器完成，是把域名解析到一个 IP 地址，然后在此 IP 地址的主机上将一个子目录与域名绑定。互联网中的地址是数字的 IP 地址，域名解析的作用主要就是为了便于记忆。网址链接转换，则是在点击此网址时，却转换到彼网址，该动作可能由事先设置而成。无论是域名跳转、域名解析还是网址链接转换，如果不加规范，其后果都可能导致无法被追踪溯源，虽然经过许可的上述动作是被允许的，但在司法实践中，却有电信网络诈骗分子以此为作案工具诈骗他人财物，如很多诈骗分子利用一些知名网站生成"跳转短链接"以逃过安全提示，然后利用租房交友、博取同情等各种手段引诱用户点击链接跳转到"钓鱼网站"上，再盗取用户的 QQ，冒充好友进行诈骗。犯罪分子生成跳转链接是想借用知名网站逃过安全检测提示，但其实这些链接跳转的结果与知名网站并无关系，为降低用户被钓鱼的风险，QQ 安全中心中将不会对此类网站的跳转地址提示安全可信。什么是跳转网址陷阱？虚假网站、链接诈骗的惯用手法是，第一步，骗子会制作虚假网站、链接，通过包装，诱使被害人点击进入链接。第二步，当被害人点击链接进入网站注册或输入银行账户信息后，骗子就会盗取被害人的身份、银行卡信息，对被害人实施诈骗。正因为域名解析、域名跳转、网址链接转换动作会被诈骗分子利用，因而对于提供互联网域名解析、域名跳转、网址链接转换服务者，就应当按照国家有关规定，核验域名注册、解析信息和互联网协议地址的真实性、准确性，规范域名跳转，同时应当记录并留存所提供相应服务的日志信息，支持实现对跳转、解析、转换记录的溯源，以便事后证据的收集与及时查获犯罪分子。

【典型案例】

案例 1　臧某泉等盗窃、诈骗案[①]

一、基本案情

（一）盗窃事实

2010 年 6 月 1 日，被告人郑某玲骗取被害人金某 195 元后，获悉金某的建设银行网银账户内有 305000 余元存款且无每日支付限额，遂电话告知被告人臧某泉，预谋合伙作案。臧某泉赶至网吧后，以尚未看到金某付款成功的记录为由，发送给金某一个交易金额标注为 1 元而实际植入了支付 305000 元的计算机程序的虚假链接，谎称金某点击该 1 元支付链接后，其即可查看到付款成功的记录。金某在诱导下点击了该虚假链接，其建设银行网银账户中的 305000 元随即通过臧某泉预设的计算机程序，经上海快某信息服务有限公司的平台支付到臧某泉提前在福州某都阳光信息科技有限公司注册的"kissal23"账户中。臧某泉使用其中的 116863 元购买大量游戏点卡，并在"小泉先生哦"的某宝网店上出售套现。案发后，公安机关追回赃款 187126.31 元发还被害人。

（二）诈骗事实

2010 年 5 月至 6 月间，被告人臧某泉、郑某玲、刘某分别以虚假身份开设无货可供的某宝网店铺，并以低价吸引买家。三被告人事先在网游网站注册一账户，并对该账户预设充值程序，充值余额为买家欲支付的金额，后将该充值程序代码植入到一个虚假某宝网链接中。与买家商谈好商品价格后，三被告人各自以方便买家购物为由，将该虚假某宝网链接通过某某旺旺聊天工具发送给买家。买家误以为是某宝网链接而点击该链接进

[①] 《指导案例 27 号：臧某泉等盗窃、诈骗案》，载最高人民法院官网，https://www.court.gov.cn/shenpan-xiangqing-13333.html，2022 年 9 月 10 日访问。

行购物、付款，并认为所付货款会汇入支某宝公司为担保交易而设立的公用账户，但该货款实际通过预设程序转入网游网站在支某宝公司的私人账户，再转入被告人事先在网游网站注册的充值账户中。三被告人获取买家货款后，在网游网站购买游戏点卡、某站Q币等，然后将其按事先约定统一放在臧某泉的"小泉先生哦"的某宝网店铺上出售套现，所得款均汇入臧某泉的工商银行卡中，由臧某泉按照获利额以约定方式分配。

被告人臧某泉、郑某玲、刘某经预谋后，先后到江苏省苏州市、无锡市、昆山市等地网吧采用上述手段作案。臧某泉诈骗22000元，获利5000余元，郑某玲诈骗获利5000余元，刘某诈骗获利12000余元。

二、诉讼经过

本案由浙江省杭州市人民检察院审查起诉，后以盗窃罪、诈骗罪向杭州市中级人民法院提起公诉。浙江省杭州市中级人民法院于2011年6月1日作出（2011）浙杭刑初字第91号刑事判决：一、被告人臧某泉犯盗窃罪，判处有期徒刑十三年，剥夺政治权利一年，并处罚金人民币三万元；犯诈骗罪，判处有期徒刑二年，并处罚金人民币五千元，决定执行有期徒刑十四年六个月，剥夺政治权利一年，并处罚金人民币三万五千元。二、被告人郑某玲犯盗窃罪，判处有期徒刑十年，剥夺政治权利一年，并处罚金人民币一万元；犯诈骗罪，判处有期徒刑六个月，并处罚金人民币二千元，决定执行有期徒刑十年三个月，剥夺政治权利一年，并处罚金人民币一万二千元。三、被告人刘某犯诈骗罪，判处有期徒刑一年六个月，并处罚金人民币五千元。宣判后，臧某泉提出上诉。浙江省高级人民法院于2011年8月9日作出（2011）浙刑三终字第132号刑事裁定，驳回上诉，维持原判。

三、典型意义

本案是一起典型的通过预先植入虚假链接将他人钱财非法占有的案件，这里网址链接转换动作成了关键的犯罪工具。案件的实体典型意义在于，如何在电信网络诈骗犯罪中准确区分盗窃罪和诈骗罪。虽然电信网络诈骗行为在大多数情况下其形式表现为远程、非接触式非法占有他人财物，但这种远程、非接触行为，也并非诈骗罪独具，司法实践中往往存在窃与骗手段交织，如先以欺骗方式获取他人相关密码，再以他人未感知手段窃取财物，或者虽有掩盖欺骗手法的行为，但核心占有财物的手段仍然是让他人自愿交付财物等，对此，就要注意在办案中加以区分，不能一看到远程、非接触、欺骗等行为，就简单认定为诈骗罪。

在本案中，法院生效裁判认为：盗窃是指以非法占有为目的，秘密窃取公私财物的行为；诈骗是指以非法占有为目的，采用虚构事实或者隐瞒真相的方法，骗取公私财物的行为。对既采取秘密窃取手段又采取欺骗手段非法占有财物行为的定性，应从行为人采取主要手段和被害人有无处分财物意识方面区分盗窃与诈骗。如果行为人获取财物时起决定性作用的手段是秘密窃取，诈骗行为只是为盗窃创造条件或作掩护，被害人也没有"自愿"交付财物的，就应当认定为盗窃；如果行为人获取财物时起决定性作用的手段是诈骗，被害人基于错误认识而"自愿"交付财物，盗窃行为只是辅助手段的，就应当认定为诈骗。在信息网络情形下，行为人利用信息网络，诱骗他人点击虚假链接而实际上通过预先植入的计算机程序窃取他人财物构成犯罪的，应当以盗窃罪定罪处罚；行为人虚构可供交易的商品或者服务，欺骗他人为支付货款点击付款链接而获取财物构成犯罪的，应当以诈骗罪定罪处罚。本案中，被告人臧某泉、郑某玲使用预设计算机程序并植入的方法，秘密窃取他人网上银行账户内巨额钱款，其行为均已构成盗窃罪。臧某泉、郑某玲和被告人刘某以非法占有为目的，通过开设虚假的网络店铺和利用伪造的购物链接骗取他人数额较大的货款，其行为均已构成诈骗罪。对臧某泉、郑某玲所犯数罪，应依法并罚。关于被告人臧某泉及其辩护人所提非法获取被害人金某的网银账户内305000元的行为，不构成盗窃罪而是诈骗罪的辩解与辩护意见，经查，臧某泉和被告人郑某玲在得知金某网银账户内有款后，即产生了通过植入计算机程序非法占有的目的；随后在网络聊天中诱导金某同意支付1元钱，而实际上制作了一个表面付款"1元"却支付305000元的假某宝网链接，致使金某点击后，其网银账户内305000元即被非法转移到臧某泉的注册账户中，对此金某既不知情，也非自愿。可见，臧某泉、郑某玲获取财物时起决定性作用的手段是秘密窃取，诱骗被害人点击"1元"的虚假链接系实施盗窃的辅助手段，只是为盗窃创造条件或作掩护，被害人也没有"自愿"交付巨额财物，获取银行存款实际上是通过隐藏的事先植入的计算机程序来窃取的，符合盗窃罪的犯罪构成要件，依照刑法第二百六十四条、第二百八十七条的规定，应当以盗窃罪定罪处罚。故臧某泉及其辩护人所提上述辩解和辩护意见与事实和法律规定不符，不予采纳。

在此类"一元木马"案件办理过程中，程序法或者证据法意义上的典型意义在于，如何及时准确固定证据，证明犯罪事实。此类案件取证中经常出现的问题，一是侦查机关未及时取证导致证据灭失。在网络犯罪案件办理过程中，如果侦查人员未及时扣押行为人作案时使用的手机和电脑，易导致手机和电脑中存储的行为人与被害人之间相关交流记录灭失，从而给后续事实认定带来困难。另外，电子数据由于时间、地域及其他技术原因难以调取或者灭失，直接影响对行为人的定罪量刑。如在"一元木马"系列案中，行为人团伙作案，各行为人使用的聊天工具（QQ、YY等即时通信工具）账号均是通过网络购买，一人掌握数个账号，行为人会经常更换登录账号，或者其相互约定每天更换QQ签名或状态，如果某行为人一天没有更新，那么同伙就会马上将与其的联系记录以及好友记录删除，此时，侦查人员的取证就遇到困难。事实上，侦查人员可以通过通信工具后台进行调取，但由于区域间协查平台不完善，协查变得困难重重，该类数据的调取存在诸多障碍，影响了案件最后的定罪量刑。二是未及时勘查导致相关数据无法调取。一是扣押涉案的电脑主机、移动硬盘等证据时，没有录像，没有及时对存储的数据进行电子勘查。二是对服务器的数据未及时远程勘查、调取，导致服务器因没有续费而无法调取相关数据。如在"一元木马"系列案中，犯罪嫌疑人通过发送"一元木马"链接或者钓鱼网站链接等方式，获取被害人的钱款，而上述链接往往是从"链接手"处购买，要精准核实用于犯罪的链接是从哪个"链接手"处购买以及该链接是如何生成的，最准确有效的方法应该是用"链接手"处的程序试生成一次，将生成的链接与用于犯罪的链接进行比对。但由于犯罪嫌疑人往往是租用的服务器，没有续费等原因，程序无法运行，致使侦查工作难以展开，这种情况进行补救的难度也比较大。无论是域名跳转、域名解析还是网址链接转换，犯罪分子的根本目的，还是使犯罪手段更加隐秘难以发现，案发后难以收集证据证明犯罪。为此，在办理此类案件中，侦查人员就要做到及时准确全面收集调取电子数据等关键证据，防止证据因收集不及时而灭失。可通过远程、协查和抽样取证确定被害人损失数额。第一，尽可能寻找并联系被害人报案并制作笔录。没有被害人报案或仅有部分被害人报案的，有网上投诉记录、聊天记录、交易记录、财务记录等证据指向存在被害人的，应尽可能寻找并联系被害人报案并制作笔录；无法找到或者被害人不愿意配合制作笔录的，应调取被害人的身份信息，并说明不愿意配合的原因。第二，当面询问被害人有困难的，可通过远程网络视频等方式进行。可由办案地侦查机关与被询问人通过网络视频直接进行远程询问。远程询问时，询问人员应着制服，出示证件，表明身份。被询问人应手持身份材料视频出示，由询问人员核实身份。远程询问时，应当对询问过程进行同步录音录像，并告知被询问人。询问结束后，由询问人员将询问笔录向被询问人宣读，确认无误后，由询问人在纸质笔录上签名，将同步录音录像作为询问笔录的一部分提交。第三，在有条件的情况下，可通过协查方式询问被害人。为确保询问效果，办案地侦查机关应先将被询问人身份情况、询问提纲提供给协查地侦查机关，以避免再次询问被害人的情况。被害人不愿配合侦查机关制作笔录或被害人在外地报过案制作过笔录，但办案地侦查机关仍需了解案件其他情况，可要求被害人以自书材料的形式提供陈述。侦查人员将自书材料的格式和需要陈述的内容告知被害人，被害人在自书材料上逐页签字、捺印，及时将自书材料、身份证明、联系方式等一并提交给办案地侦查机关。侦查人员收到后，应当在首页右上方写明"于某年某月某日收到"并签名。同时，建议建立针对网络犯罪的专门的全国协查平台，简化异地协查流程，以便快速高效提取、保全相关证据。第四，在涉众型财产类网络犯罪中，确立抽样取证制度。此类案件往往被害人众多，无法一一制作笔录，原则上对于在省内的被害人，应当制作笔录；对于在省外的被害人，可确定一定的比例抽样制作笔录。对于抽样取证，在刑事案件办理中也有例可循，如《关于办理网络犯罪案件适用刑事诉讼程序若干问题的意见》及此后代之的《关于办理信息网络犯罪案件适用刑事诉讼程序若干问题的意见》即对此进行了规定。要及时提取、鉴定证据。第一，及时调取登录记录，锁定犯罪嫌疑人身份。首先，侦查机关在抓获犯罪嫌疑人进行讯问时，应有别于普通犯罪嫌疑人，除核实其基本身份信息以外，还要注重其在网络活动中使用过的虚拟身份；涉及共同犯罪的，应当讯问同案人员的现实及虚拟身份信息等。同时，应核实犯罪嫌疑人在网络活动中使用过的作案工具，包括社交工具、支付工具、硬件设备、作案工具的获取方式、存储状态等。其次，应第一时间调取犯罪嫌疑人本人电脑、手机上各社交软件、支付工具的登录记录。最后，侦查机关可以借助第三方平台，调取社交工具、支付工具后台数据，确定案发时间，犯罪嫌疑人的社交账号的登录地以及登录时间，以锁定犯罪嫌疑人的身份。第二，及时掌握犯罪流程。网络犯罪案件，行为人的作案方式多样，根据不同作案方式，案件的定性也会有所区别。有条件的情况下，侦查机关应当在第一次讯问犯罪嫌疑人时即让其操作演示作案经过并截图保存；由侦查人员操作的，应当将操作经过交犯罪嫌疑人核实。操作过程应同步录音录像，并随案移送。第三，及时收集、扣押证据，注重电子数据的收集。在电子数据取证中，应首先尽可能地收集和保全与电子证据相关的存储介质，以免介质出现毁损、灭失等情况下电子证据再也无法收集。除传统犯罪案件办理过程中的扣押程序外，对扣押的犯罪嫌疑人的手机、电脑等通信设备，应先行勘查，提取与案件相关的通话记录、即时社交软件上的聊天记录、支付宝等支付工具上的交易记录，且应注重调取IP地址、MAC地址、银行交易明细、网上支付平台的数据、上网记录、电子邮件等数据，提取上述电子数据后，应迅速将收集到的证据备份，将扣押到的证据予以封存。为保证搜查、扣押、提取过程的合法性，全程需做好同步录音录像工作，与案卷一并提交。需要提交鉴定的证据应及时委托鉴定，避免因服务器过期等各种原因无法鉴定。[1]

办理此类案件还需要注意的是，行为人利用信息网络，诱骗他人点击虚假链接而实际通过预先植入的计算机程序窃取财物构成犯罪的，以盗窃罪定罪处罚。行为人虚构可供交易的商品或者服务，欺骗他人点击付款链接而骗取财物构成犯罪的，以诈骗罪定罪处罚。

行为人窃取或骗取他人信用卡资料后通过互联网、通讯终端等使用的，应按照前述电信网络诈骗的"特征"有关规定，严格认定是否属于电信网络诈骗犯罪。

信用卡诈骗的本质在于非持卡人以持卡人名义使用持卡人的信用卡实施诈骗财物的行为。如果行为人使用木马程序病毒等方式窃取他人信用卡密码并登录信用卡获取他人卡内数额较大的资金，可认定其行为构成盗窃罪。如果行为人未使用木马程序病毒等方式窃取信用卡密码，而是通过其他途径获知信用卡密码，冒用他人信用卡窃取数额较大的资金，可认定其行为构成信用卡诈骗罪。

案例2　吴某等非法控制计算机信息系统、侵犯公民个人信息案[2]

一、基本案情

2017年11月至2019年8月底，深圳云某科技有限公司（以下简称云某公司）实际控制人吴某等人在与多家手机主板生产商合作过程中，将木马程序植入手机主板内。装有上述主板的手机出售后，吴某等人通过之前植入的木马程序控制手机回传短信，获取手机号码、验证码等信息，并传至公司后台数据库，后由该公司商务组人员联系李某理（在逃）、管某辉

---

[1] 陈利明、高瑛、任艳丽：《网络犯罪案件办理中的取证困境与对策——以"一元木马"系列网络诈骗案为例》，载《人民检察》2018年第6期。

[2] 《充分发挥检察职能　推进网络空间治理典型案例》，载最高人民检察院官网，https://www.spp.gov.cn/spp/xwfbh/wsfbh/202101/t20210125_507452.shtml，2022年9月10日访问。

等人非法出售手机号码和对应的验证码。其间，云某公司以此作为公司主要获利方式，通过非法控制 330 余万部手机并获取相关手机号码及验证码数据 500 余万条，出售这些数据后获利人民币 790 余万元。

其中，李某理等人向云某公司购买非法获取的手机号码和验证码后，利用自行开发的"番薯"平台软件贩卖给陈某峰等人。陈某峰等人将从李某理处非法购买的个人信息用于平台用户注册、"拉新"、"刷粉"、积分返现等，非法获利人民币 80 余万元。管某辉从云某公司购买手机号码和对应的验证码后，也用于上述用途，非法获利人民币 3 万余元。

二、诉讼经过

2019 年 12 月 31 日，浙江省绍兴市新昌县公安局将本案移送新昌县人民检察院审查起诉。2020 年 6 月 19 日，新昌县人民检察院对吴某等 5 人以非法控制计算机信息系统罪，对陈某峰、管某辉等 14 人以侵犯公民个人信息罪提起公诉。2020 年 11 月 18 日，新昌县人民法院以非法控制计算机信息系统罪分别判处吴某等 5 名被告人有期徒刑二年至四年六个月不等，并处罚金；以侵犯公民个人信息罪分别判处陈某峰、管某辉等 14 名被告人有期徒刑六个月至三年六个月不等，并处罚金。

三、典型意义

（一）利用公民个人信息实施网络犯罪日益高发，获取信息方式日趋隐蔽。当前，非法获取公民个人信息的现象屡见不鲜，手段花样翻新，往往成为网络犯罪的必备前置程序。违法犯罪分子有的通过手机 APP、电脑软件，有的通过搭建钓鱼网站、发送木马链接，有的则在手机、智能手表、路由器等硬件设备的生产环节植入病毒程序，非法获取公民个人信息。这些行为侵害了公民个人隐私和人身、财产权利，滋生大量网络违法犯罪，社会危害巨大。

（二）依法严厉打击侵犯公民个人信息犯罪。根据《最高人民法院、最高人民检察院关于办理侵犯公民个人信息刑事案件适用法律若干问题的解释》，公民个人信息是指以电子或者其他方式记录的能够单独或者与其他信息结合识别特定自然人身份或者反映特定自然人活动情况的各种信息，包括姓名、身份证件号码、通信联系方式、住址、账号密码、财产状况、行踪轨迹等。随着网络技术发展，逐步扩展到人脸、虹膜等生物识别信息，以及网络支付账户信息等，而且其范围仍在逐步扩展。违反国家规定，非法获取、出售或提供上述公民个人信息，情节严重的，构成侵犯公民个人信息罪，应当依法严厉打击。

（三）提高个人防范意识，规范企业行业数据收集使用。社会公众要提高对个人信息的保护意识，不轻易点击、下载来源不明的链接和程序，务必在正规商店购买正规厂家生产的电子设备，不轻易向外透露个人信息。相关部门要加强监管，从网络硬件的生产、流通、使用各环节规范数据收集，规范网络平台、APP软件等收集、使用公民个人信息的行为，监督相关企业建立数据合规制度。

【关联规定】

《中华人民共和国刑法》第二百八十五条第三款【提供侵入、非法控制计算机信息系统程序、工具罪】、第二百八十六条【破坏计算机信息系统罪】、第二百八十六条之一【拒不履行信息网络安全管理义务罪】、第二百八十七条之一【非法利用信息网络罪】、第二百八十七条之二【帮助信息网络犯罪活动罪】，《最高人民法院、最高人民检察院关于办理非法利用信息网络、帮助信息网络犯罪活动等刑事案件适用法律若干问题的解释》第一条、第十一条、第十三条、第十四条，《最高人民法院、最高人民检察院关于办理危害计算机信息系统安全刑事案件应用法律若干问题的解释》第二条、第三条、第九条，《最高人民法院、最高人民检察院、公安部关于办理电信网络诈骗等刑事案件适用法律若干问题的意见》三、四、五，《互联网域名管理办法》，《工业和信息化部关于加强互联网域名系统安全保障工作的通知》

【条文内容】

第二十五条　【禁止为电信网络诈骗提供互联网支持】
任何单位和个人不得为他人实施电信网络诈骗活动提供下列支持或者帮助：

（一）出售、提供个人信息；

（二）帮助他人通过虚拟货币交易等方式洗钱；

（三）其他为电信网络诈骗活动提供支持或者帮助的行为。

电信业务经营者、互联网服务提供者应当依照国家有关规定，履行合理注意义务，对利用下列业务从事涉诈支持、帮助活动进行监测识别和处置：

（一）提供互联网接入、服务器托管、网络存储、通讯传输、线路出租、域名解析等网络资源服务；

（二）提供信息发布或者搜索、广告推广、引流推广等网络推广服务；

（三）提供应用程序、网站等网络技术、产品的制作、维护服务；

（四）提供支付结算服务。

【条文主旨】

本条规定禁止任何单位和个人为电信网络诈骗提供信息、技术、资金和互联网等支持。

【适用指南】

本条禁止任何单位和个人为他人实施电信网络诈骗提供支持和帮助，对电信业务经营者和互联网服务提供者，要求尽职监测识别和处置利用电信、互联网业务进行电信网络诈骗活动。

电信网络诈骗之所以能够通过远程、非接触等方式盛行，其重要原因在于，互联网时代，大量可以借助的技术、信息、资金等非法帮助，都能够通过互联网获得。因此，要解决电信网络诈骗的治理问题，并不简单在于诈骗行为本身，而在于治理为其提供帮助支持的行为，这些行为包括本条所列举的各类支持或帮助行为，即个人信息、网络资源服务、网络推广服务、网络应用程序等技术、制作、维护服务、支付结算或洗钱服务及其他支持帮助行为。

公民个人信息泄露成为电信网络诈骗犯罪的源头行为。犯罪分子或是通过非法获取的公民个人信息注册手机卡、银行卡，以此作为诈骗犯罪的基础工具；或是利用这些信息对诈骗对象进行"画像"实施精准诈骗。从检察机关办案情况看，被泄露的公民个人信息种类多，其中不乏个人敏感信息。这些信息几经流转，不少被犯罪分子所利用，给普通民众带来极大的不安全感。特别是一些行业"内鬼"泄露信息问题相对突出。从部分案例可以发现，有不少行业"内鬼"泄露个人信息，涉及通信、银行、保险、房产、酒店、物业、物流等多个行业。被告人多为层级较低工作人员，也有部分离职人员，泄露的公民个人信息种类多、数量大，部分属于个人敏感信息。本次立法，把惩治侵犯公民个人信息作为打击治理电信网络诈骗犯罪的重点工作，将行业"内鬼"和职业团伙作为重点从严惩治。在查办电信网络诈骗的同时，溯源上游个人信息泄露的渠道和人员，围绕信息获取、流通、使用等各环节，同步加强全链条打击。聚焦侵害公民个人敏感信息、特殊群体个人信息以及大规模个人信息案件，聚焦重点行业部门和平台企业整治，推动源头治理。

当前，电信网络诈骗活动已经形成分工精细的产业链，衍生出上下游诸多关联犯罪形态。在该链条各个环节中，涉及违法资金的支付、结算、转移的，无疑也是极其重要的一个环节。因为，诈骗分子只有将诈骗所得资金入账并转移，成功逃避金融监管和司法追诉，才能达成其非法占有他人财物，为己所用的最终目的。其中，不论是提供银行卡、信用卡、支付宝账户、微信账户等工具进行支付结算转移，还是利用如今所出现的比特币、泰达币等虚拟货币进行资金转移乃至"洗白"等，都是在为他人实施电信网络诈骗提供巨大帮助。例如，为电信网络诈骗提供支付结算服务，或者帮助他人通过虚拟货币交易等方式洗钱也是诈骗共犯与帮助犯的重要表现形式。以"跑分"平台为例，所谓"跑分"平台，是披着网络兼职的外衣，把一些合法第三方支付平台渠道、合作银行及其他服务商等接口进行聚合，出借、收取收款码，形成第四方支付平台，帮助电信网络诈骗犯罪分子收取赃款，进而将非法赌资进行洗白的手段。其中，以提供二维码，收取转移涉案资金的称为"码商"；收购他人出售的银行卡、手机卡、身份证复印件、银行口令牌"四件套"的称为"卡商"；出租个人收款二维码的称为"码农"；出租出售个人银行卡等"四件套"的称为"卡农"；负责取现，交易、运输现金的称为"车手"。"跑分"顾名思义，分就是钱，这个跑就是让钱跑起来。将赃款第一时间转出，避免公安机关察觉，通过大量的"跑分"人员和大量银行卡，对诈骗所得的赃款进行一个流动式洗钱，最终使钱变白，回流到诈骗团伙手中。运作模式包括：一是企业账户型，即犯罪团伙使用自持的空壳公司、租用他人公司、冒用他人公司等方式向持牌支付机构注册商户支付账户，或者购买、租用已注册好的商户支付账户生成收款二维码，并以根据诈骗需要的 IP 方式、充值时间，匹配对应的商户，供犯罪分子使用。二是个人账户型，即个人向第四方支付平台（即跑分平台）提交一定保证金后，利用个人的微信或者支付宝收款码，为别人代收款，赚取佣金。在这一支付模式中，犯罪团伙首先购买支付系统、租用服务器和域名搭建第四方支付平台，然后通过网络推广招募"跑分"会员（又称"码商"），采用类似网约车抢单的模式在 APP

上发布"跑分"订单,抢中者使用个人支付账户接收赌客等参与非法活动者的付款。这些"码商"向第四方支付平台提交一定保证金后,提供个人的微信收款码或者支付宝收款码协助非法平台收款,参与资金流转以赚取提成佣金。此外,"跑分"平台还通过国内外的"商户"代理人找到电信诈骗等非法平台代理进行合作,并让非法平台代理在"跑分"平台上注册账户成为"商户"。犯罪团伙为"商户"提供 API 接口(应用程序编程接口),让"商户"把诈骗等非法平台 APP 接入"跑分"平台。由于"跑分"模式突出的隐蔽性和便利性,目前已成为非法第四方支付平台的主流模式。司法实践中,经常会有一些电信网络诈骗犯罪团伙成员遍布全国各地,为逃避公安机关打击,在账户上的诈骗金额达到一定数额后,利用通信金融工具,将涉案资金拆分转移,分散警方注意力,其中"码商"团伙的涉案银行卡资金池可能达上百个,清洗流转资金达数以亿计。通过资金池深入研判可以查明,在一些帮助境外电信网络诈骗团伙提取并运输现金的案件中有多个"车手"团伙。"车手"团伙组织严密、分工明确,具有较强的反侦查能力,每次运送非法清洗资金时,均使用境外聊天软件约定交易地点和接头密码。"跑分"就是利用微信或支付宝收款码,为别人进行代收款,随后赚取佣金。由于招募者宣称来钱快、回报高,不少年轻人特别是在校大学生参与其中。"跑分"平台打着兼职招聘的旗号,招揽群众出借自己的支付账户,通过搭建平台网站,以类似网约车"抢单"的模式进行运作。这些租赁来的支付账户被大量用于电信网络诈骗、网络赌博、淫秽色情等违法犯罪活动进行收款,其实就是洗钱。不知情的人员参与此类"兼职",在承担经济损失风险的同时,还将可能按帮助信息网络犯罪活动罪的定罪量刑标准,负相应法律责任。《刑法》第二百八十七条之二规定,明知他人利用信息网络实施犯罪,为其犯罪提供互联网接入、服务器托管、网络存储、通讯传输等技术支持,或者提供广告推广、支付结算等帮助,情节严重的,处三年以下有期徒刑或者拘役,并处或者单处罚金。为避免"跑分"陷阱,提醒广大市民要注意保护个人信息,珍惜自己社交账号的使用权,不要轻易被网络上不切实际的高额利润所诱惑,更不要因为一时之利，随意提供自己的身份信息、个人账号和银行卡等，以免沦为犯罪分子实施犯罪的工具。本次立法进一步将一些已有的规定写入法律，增强了法律的可操作性。

随着虚拟货币的兴起，一些诈骗团伙开始利用虚拟货币转移、洗白赃款。犯罪分子为了隐藏身份，也常常使用"跑分"的手段掩饰隐瞒犯罪所得：利用互联网平台广泛发布兼职信息招募社会人员，通过交易平台买卖虚拟货币，最后由兼职者提现到跑分平台的钱包地址，兼职者中同样不乏学生甚至未成年人群体。由于区块链钱包具有匿名性，买卖过程中实际留痕的只有兼职者，监管打击面临难题。有的犯罪团伙利用交友软件吸引海外用户到诈骗团伙架设的平台投资，涉案金额上千万元。与传统意义上的通过银行卡层层转账转移赃款不同，诈骗团伙使用虚拟货币"泰达币"等洗钱。受害者打到虚假投资平台的钱款通常是国外货币，诈骗团伙将赃款用来购买虚拟货币，再将虚拟货币私下交易，兑换成人民币，完成洗钱。近年来开展的"断卡行动"，打击采用买卖、租用他人银行卡及第三方支付账户层层转账转移赃款的洗钱手段，取得一定成效，而虚拟货币由于查询、冻结难及点对点交易等特征被越来越多的诈骗团伙使用。目前电信网络诈骗80%以上具有跨境流动特点，不少诈骗团伙是在境外设立窝点，针对国内民众实施诈骗，近年来还出现回流的诈骗分子在境内设立窝点，专门针对境外人员实施诈骗，虚拟货币为诈骗团伙跨境转移赃款提供了便利。一方面，虚拟货币钱包地址体现为一串字符和数字，可点对点发送，具有可匿名、追踪难、交易便捷等特点；另一方面，虽然我国明确禁止代币发行融资和兑换活动，但由于其他很多国家和地区默许虚拟货币流通，可实现虚拟货币与全球货币的自由兑换，方便跨境清洗资金，因而被一些犯罪团伙用作洗钱工具。从公安机关破获的案件看，电信网络诈骗团伙利用虚拟货币洗钱大致分为三个阶段，首先是犯罪分子将诈骗赃款用于购买虚拟货币，随后利用虚拟货币的匿名性进行多次交易，最后将"清洗"过的虚拟货币在境外交易所或境内私下交易中变现，完成洗钱操作。在这一过程中，犯罪分子使用"跑分"手段，逃避公安机关追查资金流向。在互联网上，此类黑灰产已形成一条较为完整的链条。虚拟货币兑换、作为中央对手方买卖虚拟货币、为虚拟货币交易提供撮合服务、代币发行融资以及虚拟货币衍生品交易等虚拟货币相关业务全部属于非法金融活动，一律严格禁止，坚决依法取缔；境外虚拟货币交易所通过互联网向我国境内居民提供服务同样属于非法金融活动。要建立部门协同、央地联动的常态化工作机制；加强对虚拟货币交易炒作风险的监测预警；构建多维度、多层次的虚拟货币交易炒作风险防范和处置体系。其中，"多维度、多层次"的防范和处置体系指的是，金融管理部门、网信部门、电信主管部门、公安部门、市场监管部门密切协作，从切断支付渠道、依法处置相关网站和移动应用程序、加强相关市场主体登记和广告管理、依法打击相关非法金融活动等违法犯罪行为等方面综合施策，有关行业协会加强会员管理和政策宣传，全方位防范和处置虚拟货币交易炒作风险。通知提出，金融机构和非银行支付机构不得为虚拟货币相关业务活动提供账户开立、资金划转和清算结算等服务；互联网企业不得为虚拟货币相关业务活动提供网络经营场所、商业展示、营销宣传、付费导流等服务。司法实践中，要针对利用虚拟货币洗钱犯罪链条特点，加大分析研判，建立更为精准的风险控制体系。近年来，公安机关加大和虚拟货币交易所、银行、第三方支付平台协作，利用大数据手段，及时发现异常可疑账户信息，加大精准溯源、打击力度。建议交易所、互联网平台掌握大量用户资金和通信数据，可依托平台数据建立更加完善的分析模型，及时发现风险苗头。

当前在社交媒体、短视频平台以及部分兼职网站上，仍然能看到泰达币等虚拟货币跑分以及出售虚拟货币的信息，一些加密聊天软件成为此类犯罪活动的交流场所，此外，还有部分软件开发商在互联网公然兜售虚拟货币跑分软件，并为上游黑产从业者提供各类量身定制功能。为此，本法对此规定了具体的整治要求。工作中，进一步加强网络空间整治，消除有害信息，同时针对在校学生被蛊惑参与跑分的，联合教育部门加强以案释法，引导学生增强辨别能力和防范意识。同时，从事虚拟货币跑分，参与者即使在与上游犯罪分子没有事先共谋的情形下，也将会涉嫌帮助信息网络活动罪、洗钱罪、掩饰隐瞒非法所得罪、开设赌场罪、诈骗罪、非法经营罪等，"跑分"并非网络宣传的"低风险高利润"，一些法治意识淡薄，贪图小便宜，以为是"兼职赚外快"的群体应提高警惕。

对于提供该类服务与帮助的行为，司法实践中如何区分情形准确认定，亦成为司法实务中面临的难题。实践中，在涉及提供支付结算平台与通道、利用虚拟货币买卖转移非法资金等行为的定性方面，一般会涉及的罪名有《刑法》第二百二十五条的"非法经营罪"、第二百八十七条之二的"帮助信息网络犯罪活动罪"、第三百一十二条的"掩饰、隐瞒犯罪所得、犯罪所得收益罪"以及第一百九十一条的"洗钱罪"等，如何区分界定，非常重要。

(一) 适用非法经营罪相关要点

在是否触犯此罪方面，首先，要明确"关于资金支付结算业务的规定"是否属于非法经营罪的罪状表述中的"国家规定"。

结合《刑法》第九十六条的规定，违反国家规定，是指违反全国人民代表大会及其常务委员会制定的法律和决定，国务院制定的行政法规、规定的行政措施、发布的决定和命令，但不包括违反规章的规定，更不包括地方各级人民政府所颁布的规范性文件的规定。关于资金支付结算业务，性质上必然属于金融业务，而未经批准从事的资金支付结算业务则属于非法金融业务。《最高人民法院、最高人民检察院关于办理非法从事资金支付结算业务、非法买卖外汇刑事案件适用法律若干问题的解释》第一条规定，违反国家规定，具有下列情形之一的，属于刑法第二百二十五条第三项规定的"非法从事资金支付结算业务"：(1) 使用受理终端或者网络支付接口等方法，以虚构交易、虚开价格、交易退款等非法方式向指定付款方支付货币资金的；(2) 非法为他人提供单位银行结算账户套现或者单位银行结算账户转个人账户服务的；(3) 非法为他人提供支票套现服务的；(4) 其他非法从事资金支付结算业务的情形。虚拟币作为国家中央银行明令严格禁止、依法取缔的支付形式，用其进行资金支付，显然属于其他非法从事资金支付结算的情形，构成"违反国家规定"。

其次，如何理解非法从事资金支付结算业务。

《刑法》第二百二十五条并未作出明确的规定，而只是概括性地作出了表述。而中国人民银行发布的《支付结算办法》第三条、第六条规定，支付结算是指单位、个人在社会经济活动中使用票据、信用卡和汇兑、委托收款等结算方式进行货币给付及其资金清算的行为。银行是支付结算和资金清算的中介机构。未经中国人民银行批准的非银行金融机构和其他单位不得作为中介机构经营支付结算业务，但法律、行政法规另有规定的除外。从该《支付结算办法》列举的支付结算行为形式来看，资金支付结算行为包含货币的支付行为和资金清算两个方面的内容。从资金支付结算本质上看，无论是资金的支付还是资金的结算，其都是货币的转移支付。

那么，在为他人实施电信网络诈骗活动中提供支付结算网站、平台或通道的，若提供者未事先取得中国人民银行的行政许可批准，擅自从事资金的支付与结算业务的，符合非法经营罪的构成要件。在此要特别介绍的是，现在市面上有不少第四方支付结算平台，如何判断第四方支付平台是否涉嫌非法经营罪呢？

资金支付结算就是货币资金转移服务，具体办案中，要深入剖析相关行为是否具备资金支付结算的实质特征。

《最高人民法院、最高人民检察院关于办理非法从事资金支付结算业务、非法买卖外汇刑事案件适用法律若干问题的解释》规定了虚构支付结算（虚构交易、虚开价格、交易退款）、公转私、套取现金和支票套现等三种非法从事资金支付结算业务情形，同时规定其他非法从事资金支付结算业务的情形作为兜底条款。因此，判断第四方支付平台是否涉嫌非法经营罪，应着重考察该第四方支付平台的资金流转和运营模式，准确判断是否从事或变相从事上述纪要、解释规定的资金支付结算业务。

当前第四方支付平台主要有以下模式：一是单纯集成模式，只是整合支付通道，不提供接入服务，也不接触客户资金；二是支付转接模式，提供银行或第三方支付的接入服务，由银行和支付机构清算；三是机构直清模式，具备支付牌照的银行或第三方机构直接开展一站式资金结算服务；

四是"二清"模式,"二清"是以平台对接或大商户模式接入持证机构,留存商户结算资金,并自行开展商户资金清算。非法从事资金支付结算业务的本质是脱离监管的非法流转资金行为,是从事支付、结算、清算服务的行为。因此,如果第四方支付平台仅仅提供支付渠道单纯集成或支付转接或机构直清,钱款未经平台清算和结算,不符合上述纪要、解释规定的资金支付清算业务,不能认定为非法经营罪,如果明知他人实施网络犯罪,仅仅从事支付、结算、清算服务之外的支付衍生服务,而未开展非法资金支付结算业务,属于为网络犯罪提供支付结算帮助的行为,构成帮助信息网络犯罪活动罪。如果第四方支付平台为网络犯罪提供虚构交易、虚开价格、交易退款、套现、公转私等非法资金支付结算业务的,则构成非法经营罪,同时构成帮助信息网络犯罪活动罪的,属于想象竞合,择一重罪处罚,这在《刑法》第二百八十七条之二第三款也已经予以明确。

综上所述,以非法搭建的具有支付结算功能的网站或第四方支付系统,规避银行、支付机构等官方行政许可的支付结算系统的资金监管,进行赃款转移,首先容易触犯的是《刑法》第二百二十五条的"非法经营罪",具体是涉及本罪第一款第三项的"未经国家有关主管部门批准非法经营证券、期货、保险业务的,或者非法从事资金支付结算业务的"。而且,犯罪分子搭建非法支付平台时,为规避监管,往往会伪造交易流水来掩盖犯罪事实,具体可以在以下这则关于在他人实施网络赌博犯罪活动中自建非法支付结算系统提供资金转移服务的典型案例中得以窥见,此与为电信网络诈骗犯罪提供该类服务的风险与性质同理。

(二)适用掩饰隐瞒犯罪所得、犯罪所得收益罪与洗钱罪之争议及相关要点

对于电信网络诈骗犯罪分子而言,获取经济利益是其犯罪的最终目的,因此通过各种方式掩饰、隐瞒犯罪所得及收益是犯罪分子占有和享用非法经济利益的必经途径。由于当前电信网络诈骗犯罪已经形成一条庞大的犯罪链条,涉及上下游不同关联产业,相关人员分工细密,因此专门为诈骗活动进行"黑钱"转移和洗白的洗钱团伙或角色也就顺势产生。现

在,"自洗钱"行为已经入罪,但是对于在电信网络诈骗产业链中提供各类洗钱服务的帮助者的洗钱行为如何认定、对于关联犯罪如何界分、对于行为人是否成立电信诈骗的共犯以及在洗钱过程中第三方支付平台中介行为如何认定等问题,仍然是司法实践中面临的法律适用难点。

洗钱是将犯罪的违法所得及其产生的收益,通过各种手段掩饰、隐瞒其来源和性质,使之在形式上合法化的行为。从刑法现有的立法体系来说,我国在惩治洗钱行为方面设立了第一百九十一条规定的洗钱罪、第三百一十二条的掩饰、隐瞒犯罪所得、犯罪所得收益罪以及第三百四十九条的窝藏、转移、隐瞒毒品、毒赃罪。三个罪名之间,既有包容或交叉的关系又相互区别,共同组成我国洗钱犯罪的罪名体系。其中,第一百九十一条规定的洗钱罪,称为狭义上的洗钱罪名,其对上游犯罪种类有特殊范围规定,特指毒品犯罪、黑社会性质的组织犯罪、恐怖活动犯罪、走私犯罪、贪污贿赂犯罪、破坏金融管理秩序犯罪和金融诈骗犯罪七种类型,而第三百一十二条规定的掩饰、隐瞒犯罪所得、犯罪所得收益罪,属于最广义上的洗钱罪名,其并没有对上游犯罪的种类进行限定性规定,所有犯罪的犯罪所得及收益均可成为该罪的犯罪对象。至于《刑法》第三百四十九条,由于犯罪对象特定,指向毒品和毒赃,不涉及本书论及的电信网络诈骗犯罪,故在此不展开讨论。

那么,对于为他人实施电信网络诈骗活动提供赃款转移帮助的行为如何认定,首先立足于行为人事先有无与诈骗实施者进行诈骗的共谋故意,在处理上区分两大方向。

一是该行为人与诈骗实施者事先存在关于诈骗的共谋共同故意的,即互相就实施电信网络诈骗进行过意思联络,此时对提供支付结算和赃款转移帮助的,应当以诈骗罪的共犯论处。另外,如果行为人单方面事先知道他人实施电信网络诈骗活动,仍然提供支付结算和赃款转移帮助的,也依照诈骗罪共犯处理。明知他人实施电信网络诈骗犯罪,参加诈骗团伙或者与诈骗团伙之间形成较为稳定的配合关系,长期为他人提供信用卡或者转账取现的,可以诈骗罪论处。因此,若主观上明知上游犯罪实施何种具体的犯罪行为，仍提供帮助的，存在以上游犯罪的共犯论处的情形。

二是该行为人与诈骗实施者不存在事先关于诈骗活动的共谋，且单方也不知道的，此时应当从赃物犯罪的角度予以评价。在具体罪名上，是以掩饰、隐瞒犯罪所得、犯罪所得收益罪还是洗钱罪来定性，必须严格依照罪名的犯罪构成要件进行区分，构成要件是对各类刑事不法行为进行准确界分之基础。上述两罪，在犯罪客体和犯罪对象等方面其实都存在明显区别。一方面，在犯罪客体上，洗钱罪的犯罪客体为复杂客体，即正常的金融管理秩序和司法秩序。掩饰、隐瞒犯罪所得、犯罪所得收益罪的犯罪客体亦是复杂客体，既侵害正常的司法秩序又妨害金融管理秩序，但立法者设立此罪的主要目的，是对妨害司法机关追缴赃款赃物的行为予以刑罚的惩治。另一方面，在犯罪对象上，洗钱罪的犯罪对象是七类特殊犯罪，而掩饰、隐瞒犯罪所得、犯罪所得收益罪的犯罪对象是所有犯罪的所得及其收益，其覆盖面远远超过洗钱罪。

在电信网络诈骗犯罪活动中提供银行卡等对诈骗赃款进行转账、取现的，通常要通过金融机构或利用金融产品实施，如在不同银行开设账户，在不同账户间转移资金；或者为他人提供非本人身份证明开设的资金支付结算账户或者使用多个非本人身份证明开设的资金支付结算账户等，尤其是非法使用资金支付结算账户，在不同程度上破坏了金融管理秩序。这些行为方式与洗钱罪列举的行为有相似之处，但是从司法实践的角度来说，司法机关之所以打击为电信网络诈骗活动的实施者提供洗钱帮助的行为，主要原因在于该转移赃款的行为阻碍了司法机关对电信网络诈骗的追诉打击，尤其对追赃挽损工作更是产生妨碍，因为惩治电信网络诈骗犯罪追求的重要目的之一就是能够将赃款追回，及时返还受害者。因此，电信网络诈骗犯罪中转移赃款进行洗钱的行为所侵害的法益应是以司法机关的正常司法活动为主。而且，关于电信网络诈骗行为的司法定性，实践中仍然是以诈骗罪来确定，也就是说电信网络诈骗行为尚无涉及《刑法》第一百九十一条的洗钱罪中的上游犯罪罪名，因此对于在电信网络诈骗中提供赃款转移隐匿的，以掩饰、隐瞒犯罪所得、犯罪所得收益罪定性为宜。

那么，以掩饰、隐瞒犯罪所得、犯罪所得收益罪来追究为电信网络诈骗犯罪分子提供赃款转移和隐匿帮助的行为人刑事责任，首先从构成要件该当性上而言，必须要明确行为人主观方面系明知其所帮助转移的资金为他人犯罪所得或产生的收益。此处的明知，包括"知道"和"应当知道"。"知道"是行为人自认的主观明知，即其明确供述承认知道，当然再佐之以其他证据即可形成认定主观明知的证据链；"应当知道"则是在行为人辩解不知道的情况下，利用其他在案证据尤其是客观性证据，立足已证成的基础事实，依据刑事推定法则，从客观行为上推定行为人主观上系明知的。总之，在审查证明行为人主观明知的相关证据方面，可以按照如下逻辑开展审查：

1. 审查客观的构成要件要素。即在剔除主观构成要件要素后，在案证据能否认定行为人实施了与犯罪结果具有因果关系的行为，以明确基础事实。根据在案证据可以认定基础事实的前提下，之后就主观明知进行的审查才有其必要性。

2. 审查行为人的供述与辩解。目的在于区分"知道"和"应当知道"。如果其供认主观上是明知的，接着即可从确定性"知道"的角度，审查其供述的合法性、真实性、关联性，同时注意供述的稳定性、完整性，防止后续是否出现翻供，初步判断其供述的可采性后，仍需结合其他证据加以佐证，以巩固对明知的证明；而在行为人辩解不知道时，则要转向证明其是否属于"应当知道"的证明角度，先审查行为人辩解的证据三性，而后审查其辩解的合理性。

3. 审查客观行为的外在表现。在对行为人的辩解进行一定的审查后，主要工作重点即在其客观方面展开评价，其中要注意以逻辑合理性为准则，按照一般的社会生活常识而非按照法律或者其他专业的知识来衡量的日常评价方法进行审查。要考量行为人接触他人犯罪所得及其收益的情况，犯罪所得及其收益的种类、数额，犯罪所得及其收益的转换、转移方式等。简言之，在对比日常合法行为时，案件中行为人不合乎常理的经验规则越多，主观明知的程度就越强。司法实践中，对于行为人具有下列客观情形之一的,可以认定其主观上属于明知犯罪对象系上游犯罪所得及其收益:(1)知道他人从事犯罪活动,协助转换或者转移财物的;(2)没有正当理由,通过非法途径协助转换或者转移财物的;(3)没有正当理由,以明显低于市场的价格收购财物的;(4)没有正当理由,协助转换或者转移财物,收取明显高于市场的"手续费"的;(5)没有正当理由,协助他人将巨额现金散存于多个银行账户或者在不同银行账户之间频繁划转的;(6)协助近亲属或者其他关系密切的人转换或者转移与其职业或者财产状况明显不符的财物的;(7)其他可以认定行为人明知的情形。

4. 审查与其他在案证据的印证。不管是"知道"或"应当知道",都不能仅依据孤证定罪,此为定罪之基本要求。因此,要对在案证据之间的印证性,无论是主观性证据与客观性证据之间是否相互印证,还是言词证据与实物证据之间是否相互印证,抑或是言词证据之间是否相互印证,都应当进行审查,使得"关联事实"得以共证、"印证证据"可以求同、"矛盾之处"予以排除。

5. 审查反证的合理性。由于根据刑事推定规则推断出的事实,是建立于高概率联系——日常经验法则的基础上的结果,被以往的大量社会实践证明为真,但高度盖然的结论具有一定的不周延性,不能将之直接等同于刑事证明标准上的"排除合理怀疑"。考虑到司法人员无从获悉盖然性较低的独知性信息,必须允许行为人提供反驳,允许存在其他证据予以推翻。故对主观明知已经推定证实的情况下,如果行为人确实有提出推翻推定所确立的明知的证据的,应当要按照有利于其的方式,排除明知。

综上而言,如何证实行为人主观上"明知"所转移款项系他人犯罪所得或产生的收益,应当结合其认知能力、接触他人犯罪所得及其收益的情况、犯罪所得及其收益的种类、数额,犯罪所得及其收益的转换、转移方式以及供述等主、客观因素进行认定。

(三)适用掩饰、隐瞒犯罪所得、犯罪所得收益罪与帮助信息网络犯罪活动罪之争议及相关要点

在为他人提供支付结算或者资金转移等帮助过程中,若行为人知道他人

实施的是信息网络犯罪活动，则又会触犯《刑法》第二百八十七条之二的规定，构成帮助信息网络犯罪活动罪。因此，要对二罪的区分进行厘定。

1. 帮助信息网络犯罪活动罪发生于上游犯罪既遂前，掩饰、隐瞒犯罪所得、犯罪所得收益罪发生于上游犯罪既遂后。

掩饰、隐瞒犯罪所得、犯罪所得收益罪是赃物犯罪，是在上游犯罪既遂后对赃物的处置行为，本质上是把犯罪所得赃款赃物的性质和来源予以隐匿。因此，帮助信息网络犯罪活动罪只能形成于上游犯罪既遂之前，而掩饰、隐瞒犯罪所得、犯罪所得收益罪只能形成于上游犯罪既遂之后。根据《最高人民法院、最高人民检察院、公安部关于办理电信网络诈骗等刑事案件适用法律若干问题的意见》的规定，明知是电信网络诈骗犯罪所得及其产生的收益，以下列方式之一予以转账、套现、取现的，符合《刑法》第三百一十二条第一款规定的，以掩饰、隐瞒犯罪所得、犯罪所得收益罪追究刑事责任。同时，《最高人民法院、最高人民检察院、公安部关于办理电信网络诈骗等刑事案件适用法律若干问题的意见（二）》也用了"明知是电信网络诈骗犯罪所得及其产生的收益"这一表述。既然两份文件均以"犯罪所得及其收益"作为论述前提，而这些所得及其收益自然是在犯罪既遂之后才产生。因此，掩饰、隐瞒犯罪所得、犯罪所得收益罪的成立仅限于上游犯罪既遂之后。而帮助信息网络犯罪活动罪实质上是对上游信息网络犯罪实施过程中的一种辅助行为。因此，该帮助行为应当发生于上游犯罪既遂前。

2. 帮助信息网络犯罪活动罪对于上游犯罪通常限于概括性明知，掩饰、隐瞒犯罪所得、犯罪所得收益罪既包括概括性明知，也包括明确知道。

帮助信息网络犯罪活动罪与掩饰、隐瞒犯罪所得、犯罪所得收益罪都以"明知"为前提，但是对于"明知"的程度要求并不相同。帮助信息网络犯罪活动罪只要求行为人对于上游犯罪的性质是概括性明知，即主观上明知上游行为人极可能是实施信息网络犯罪行为或具有某种罪质特征，但具体实施何种犯罪行为并无要求。也就是说，如果提供银行卡等给他人进行资金支付结算业务的，仅单纯提供银行卡用于支付结算的行为人一般只能预见到银行卡被帮助对象用于信息网络犯罪的可能性，是或然性的认知而非确定性的认知，且更不知道上游具体的犯罪性质，此时更加符合《刑法》第二百八十七条之二的帮助信息网络犯罪活动罪定性要求。但是，如果行为人提供的信用卡被用于接收电信网络诈骗资金，但行为人未实施代为转账、套现、取现等行为，或者未实施配合他人转账、套现、取现而提供刷脸验证服务的，不宜认定为《最高人民法院、最高人民检察院关于办理非法利用信息网络、帮助信息网络犯罪活动等刑事案件适用法律若干问题的解释》第十二条第一款第二项规定的"支付结算"。

而掩饰、隐瞒犯罪所得、犯罪所得收益罪，并没有上述的限制，行为人主观上对于上游犯罪既可以是概括性明知，也可以是具体性明知，只要不存在事前通谋或单方明知的情形，均可不以上游犯罪的共同犯罪处理。同样是在提供银行卡给他人进行资金支付结算业务的犯罪行为中，提供账户并实施转账、取现等行为的人，对于资金性质和犯罪数额往往有更明确的认知，可以认定掩饰、隐瞒犯罪所得、犯罪所得收益罪。认定掩饰、隐瞒犯罪所得、犯罪所得收益罪应当注意两个问题：一是电信网络诈骗犯罪嫌疑人未到案或者案件尚未依法裁判，能否认定掩饰、隐瞒犯罪所得、犯罪所得收益罪；二是关于"明知"的认定。关于第一个问题，《最高人民法院、最高人民检察院、公安部关于办理电信网络诈骗等刑事案件适用法律若干问题的意见》已作出明确规定，即电信网络诈骗犯罪嫌疑人尚未到案或案件尚未依法裁判，但现有证据足以证明该犯罪确实存在的，不影响掩饰、隐瞒犯罪所得、犯罪所得收益罪的认定。这与 2015 年 6 月 1 日施行的《最高人民法院关于审理掩饰、隐瞒犯罪所得、犯罪所得收益刑事案件适用法律若干问题的解释》的规定相吻合。该解释第八条规定，认定掩饰、隐瞒犯罪所得、犯罪所得收益罪，以上游犯罪事实成立为前提。上游犯罪尚未依法裁判，但查证属实的，不影响掩饰、隐瞒犯罪所得、犯罪所得收益罪的认定。上游犯罪事实经查证属实，但因行为人未达到刑事责任年龄等原因依法不予追究刑事责任的，不影响掩饰、隐瞒犯罪所得、犯罪所得收益罪的认定。所谓"以上游犯罪事实成立为前提"是指无论犯罪嫌疑人是否到案、无论案件是否审理终结或是因法定原因不负刑事责任，只要现有证据足以证明上游犯罪事实确实存在，就不影响掩饰、隐瞒犯罪所得、犯罪所得收益罪的认定。关于"明知"问题的认定，从《最高人民法院、最高人民检察院、公安部关于办理电信网络诈骗等刑事案件适用法律若干问题的意见》列举的五种行为方式可知，"明知"包括确定性认识和可能性认识。确定性认识是指行为人当时确实知道资金的来源，如经公安机关审讯，犯罪嫌疑人供述资金来源于电信网络诈骗犯罪。可能性认识是指通过事实推定行为人对其进行转账、套现、取现的资金系电信网络诈骗犯罪所得或犯罪所得收益的可能性有所认识。在司法实践中，常常遭遇犯罪嫌疑人到案后，辩解自己是被他人利用并不知道上家是诈骗犯罪分子或是不知道资金来源于诈骗犯罪所得或收益，这就增加了证明难度。对此，对于可能性认识的判断，《最高人民法院、最高人民检察院、公安部关于办理电信网络诈骗等刑事案件适用法律若干问题的意见》列举了在司法实践中常见的五种方式确定关于可能性明知的认定，即除有证据证明确实不知道的外，行为人采取所列五种方式之一进行转账、套现、取现，都可认定行为人的主观为明知。

  本条还对电信业务经营者、互联网服务提供者提出了注意义务和履行职责的规定。实施电信网络诈骗活动，必然需要依托电信设备、网络桥梁进行信息传输。因此，首先离不开底层技术的架构与运行，离不开互联网领域内各类基础设施资源的供给与支持，如网络接入、服务器托管、网络存储、通讯传输、线路出租、域名解析等不同技术领域的模块，包括网上支付活动，也需要电信、网络的支持。提供这些网络资源的人，被称为"网络服务提供者"。2015年，《刑法修正案（九）》设立了"拒不履行信息网络安全管理义务罪"，在罪状表述中就出现了"网络服务提供者"，这是这一概念首次被纳入刑事法律规制的视野。《最高人民法院、最高人民检察院关于办理非法利用信息网络、帮助信息网络犯罪活动等刑事案件适用法律若干问题的解释》在第一条对网络服务提供者的服务类型作了详尽的列举。从该解释中可以看出，"网络服务提供者"的行为性质既有经营性也有非经营性，行为内容涵盖了网络基础服务、网络应用服务和网络公共服务三大方面；行为方式的特点是通过信息网络提供，行为对象包括经营者、个人、政府和其他社会组织。

"互联网接入"是指为他人提供访问互联网或者在互联网发布信息的通路。目前常用的互联网接入服务有电话线拨号接入、ADSL[①] 接入、光纤宽带接入、无线网络等方式。用户只有通过这些特定的通信线路连接到互联网服务提供商，享受其提供的互联网入网连接和信息服务，才能连接使用互联网或者建立服务器发布消息。这一规定主要针对互联网接入服务提供商，如果其明知他人利用其接入服务实施犯罪，仍继续让对方使用，情节严重的，构成《刑法》第二百八十七条之二规定的"帮助信息网络犯罪活动罪"。"服务器托管"是指将服务器及相关设备托管到具有专门数据中心的机房。托管的服务器一般由客户通过远程方式自行维护，由机房负责提供稳定的电源、带宽、温湿度等物理环境。"网络存储"通常是指通过网络存储、管理数据的载体空间，如常用的百度网盘、QQ 中转站等。"通讯传输"是指用户之间传输信息的通路。例如，电信诈骗犯罪中犯罪分子常用的 VOIP[②] 电话，这种技术能将语音信号经技术处理后通过互联网传输出去。另一种常用的通讯传输通道是 VPN（即虚拟专用网络），该技术能在公用网络上建立专用网络，进行加密通讯。目前很多网络犯罪嫌疑人使用 VPN 技术隐藏其真实位置。此外，除上述明确列举的几种技术支持外，常见的为他人实施网络犯罪提供技术支持的行为方式还有销售赌博网站代码，为病毒、木马程序提供免杀服务，为网络盗窃、QQ 视频诈骗制作专用木马程序，为设立钓鱼网站等提供技术支持等行为。网络服务提供者是指通过计算机互联网、广播电视网、固定通信网、移动通信网等信息

---

① ADSL（Asymmetric Digital Subscriber Line），非对称数字用户线路，是数字用户线路服务中的一种。

② VOIP（Voice over Internet Protocol），基于 IP 的语音传输是一种语音通话技术，经由网际协议（IP）来达成语音通话与多媒体会议，也就是经由互联网来进行通信。

网络，向公众提供网络服务的机构和个人。当前网络违法犯罪数量巨大且具有跨区域性，仅靠以条块架构组织起来的传统国家管理部门难以管控，而网络服务提供者能够在第一时间管控信息网络空间的违法犯罪活动，其实时管理能力超过专门的社会管理部门。因此，结合当前电信网络诈骗犯罪的猖獗状况，对于在其中提供各类网络服务的，必须要加以刑事责任警示。在刑事立法上，关于网络服务提供者的单独刑事责任，《刑法》在第二百八十七条之一规定了"非法利用信息网络罪"。具体而言，该罪的行为方式可分类为三种：一是设立用于实施违法犯罪活动的网站、通讯群组；二是发布有关制作或者销售违禁物品、管制物品或者其他违法犯罪信息；三是为实施诈骗等违法犯罪活动发布信息。除非法利用信息网络罪外，网络服务提供者还可能构成《刑法》第二百五十三条之一规定的侵犯公民个人信息罪。另外，网络服务提供者不仅可能单独构成上述犯罪，而且如果与其他网络犯罪行为人存在明确的共同故意，并实施了共同的犯罪行为，则可以构成共犯。与传统物理空间中作为共犯行为的帮助行为不同，网络空间的帮助行为具有如下特征：第一，在客观上，网络帮助行为很少出现"一对一"的情形，而是更多体现为"一对多""多对多"，一个帮助行为可能为众多网络犯罪行为提供帮助；第二，在主观上，与传统共同犯罪不同，网络犯罪上下游之间往往缺乏明确的犯罪意思联络，彼此甚至是完全陌生的人；第三，在危害性上，由于网络帮助行为往往涉及众多网络犯罪行为，因此其危害性凸显，远远超过传统共犯帮助行为的危害性。因此，在电信网络诈骗活动领域，网络服务提供者责任的明确和落实，重要性不言而喻。例如，如果在电信网络诈骗犯罪发生之后，网络服务提供者对于他人侵害其所管理的公民个人信息不作为的，可能会构成拒不履行信息网络安全管理义务罪；如果是在他人实施电信网络诈骗活动的实行过程中，网络服务提供者知道或者应当知道他人利用信息网络实施犯罪，仍然为他人提供各类网络设施资源的技术支持或帮助的，可能会构成帮助信息网络犯罪活动罪。当然若该明知确实是建立在上述服务提供者和诈骗实行者事先通谋的基础上的，服务者的帮助行为亦能够成立诈骗罪的共犯。与此同时，要注意，提供这类网络资源服务的行为，通常情况下属于不针对特定对象的中性业务行为。如果要将其纳入犯罪的性质范围予以评价，则行为人主观方面必须属于明知。因此，实务中需要审查网络服务提供者的主观故意，要坚持客观归责的法理，避免将提供正常网络服务的中立行为作为处罚对象。如何审查确立是否"明知"，此处以帮助信息网络犯罪活动罪的主观"明知"要件的审查为例。首先，需要确定网络服务提供者对他人利用信息网络实施犯罪是否"明知"，实际审查过程中行为人可能会以各种理由辩解否认其"明知"。如何解决这一"明知"主观要件的确定，《最高人民法院、最高人民检察院关于办理非法利用信息网络、帮助信息网络犯罪活动等刑事案件适用法律若干问题的解释》第十一条就如何从客观方面判断行为人的主观明知，提供了详细的可供使用的审查指引方向，具体可以从以下方面进行判断：经监管部门告知后仍然实施有关行为的；接到举报后不履行法定管理职责的；交易价格或者方式明显异常的；提供专门用于违法犯罪的程序、工具或者其他技术支持、帮助的；频繁采用隐蔽上网、加密通信、销毁数据等措施或者使用虚假身份，逃避监管或者规避调查的；为他人逃避监管或者规避调查提供技术支持、帮助的；其他足以认定行为人明知的情形。当然，由于上述方法是以刑事推定的规则来间接解决主观明知的证明任务，因此在推定结果方面允许如果有相反证据证明确实不知道的，则必须排除行为人的主观明知。其次，对于该罪的"明知"要件，是应当达到哪一程度的明知，是要知道具体犯罪性质，还是要知道犯罪行为实施者已经构成犯罪，这一点也应当需要厘清界限。实务中，电信网络诈骗实施者和网络服务提供者之间不一定存在具体的明确的犯意交流，二者大多是通过网络的资源和信息共享机制发生关联，网络服务提供者难以直接获悉对方是否达到犯罪程度以及具体犯罪种类。故而对于被服务对象利用信息网络实施"犯罪"的明知，并不需要网络服务提供者知道确切的犯罪性质，只需要知道是行为意义上的犯罪即可；也不需要信息网络犯罪活动实施者犯罪行为已经构成确切的、达到刑法评价程度的犯罪。而且，在涉及信息网络犯罪活动的模式中，服务提供者与接受者其实主要是"一对多"的关系，即网络服务提供者可以同时为多个信息网络违法犯罪活动实行者提供技术支持或帮助，尽管分别实施危害行为的各行为人可能尚未达到犯罪的程度，但是网络技术服务的危害作用有时候会远远超过信息网络犯罪活动实行行为的危害作用。因此，为了避免因为信息网络犯罪活动实施者未构成刑法上的犯罪定性而导致网络服务提供者的帮助行为难以规制以及责任难以评价，此处的"明知"，更不应限制于要求提供者知道他人实施的具体罪名以及犯罪是否已经成立。

现实生活中，诈骗犯罪活动需要通过虚假理财、虚假产品、虚假婚恋等各种名目进行诈骗，并通过各种话术引人上钩，那就需要推广、广告、引流等帮助，如冒充银行、证券公司客服人员，使用专门话术诱导受害人添加诈骗团伙的微信后进行诈骗。这就需要有一批人帮助进行广告推广、"吸粉引流"，很多时候，诈骗分子以兼职、就业为诱饵，吸引一批涉世未深的年轻人，甚至是在校大学生、中学生作为帮凶。一些犯罪分子借成立公司大量招募"兼职人员"拨打电话，为诈骗分子提供"引流"帮助。他们可能冒充银行、证券公司等多家公司客服，以点赞返利、低息网络贷款、荐股理财等名义拨打客户电话，诱导客户添加微信，每添加一个微信号，支付一定费用。在打击电信诈骗犯罪过程中发现，除出售、出租、出借本人银行或第三方支付账户外，为电信网络犯罪提供资金结算帮助，为犯罪集团"吸粉引流"的案件数量也在激增。"吸粉引流"是诈骗手段翻新的一种方式，充当帮凶的犯罪嫌疑人通过拨打电话、发送短信等方式，诱导受害人添加微信、QQ等。"引流"是骗子实施电信网络诈骗的首要环节，目的是诱导受害人与骗子建立联系。对于这些帮助行为，本次立法明确予以禁止，构成犯罪的，应当以帮助信息网络犯罪活动罪予以处罚。具体在刑法罪名上，可能构成虚假广告罪、非法利用信息网络罪、帮助信息网络犯罪活动罪等，当然诈骗共犯亦是其中的可能定性之一。虚假广告罪，是指广告主、广告经营者、广告发布者违反国家规定，利用广告对商品或者服务作虚假宣传，情节严重的行为。虚假广告会放大其他犯罪的社会危害性，涉及电信网络诈骗的虚构的事实，通常会通过线上线下推广，危害面非常广。如果是采用广告形式发布推广的，会触犯《刑法》第二百二十二条关于虚假广告罪的规定。在此罪的构成要件中，主体方面的要求必须是广告主、广告经营者、广告发布者。根据《广告法》的规定，"广告主"，是指为推销商品或者提供服务，自行或者委托他人设计、制作、发布广告的自然人、法人或者其他组织；"广告经营者"，是指受委托提供广告设计、制作、代理服务的自然人、法人或者其他组织；"广告发布者"，是指为广告主或者广告主委托的广告经营者发布广告的自然人、法人或者其他组织。那么对于发布相关广告性质消息的网络搜索引擎服务商，在主体上是否符合本罪要求，这在原国家工商行政管理总局的《互联网广告管理暂行办法》中已经明确，该文件已经将推送或展示互联网广告的搜索引擎服务商明确为具有广告发布者的法律属性的主体，该主体在互联网从事广告活动时受《广告法》的约束。客观方面，行为人实施了违反国家规定，利用广告对商品或者服务进行虚假宣传的行为。这里的"广告"，是指商品经营者或者服务提供者承担费用，通过一定媒介和形式直接或者间接地介绍自己所推销的商品或者所提供的服务的商业广告。"违反国家规定"，在这里主要是指违反了国家制定发布的有关广告管理的法律、行政法规。《广告法》规定，广告不得含有虚假的内容，不得欺骗和误导消费者，并且对规范广告活动作了更为具体明确的规定，主要有：广告内容必须真实，广告不得含有虚假的内容，不得欺骗和误导消费者；广告必须合法，不得损害国家的尊严或者利益，不得损害社会公共利益、妨碍社会公共秩序和违背社会良好风尚；广告内容必须准确、清晰等。例如，规定"广告中对商品的性能、功能、产地、用途、质量、成分、价格、生产者、有效期限、允诺等或者对服务的内容、提供者、形式、质量、价格、允诺等有表示的，应当准确、清楚、明白"；"广告使用数据、统计资料、调查结果、文摘、引用语等引证内容的，应当真实、准确，并表明出处。引证内容有适用范围和有效期限的，应当明确表示"。《刑法》第二百二十二条规定的"利用广告对商品或者服务作虚假的宣传"，就是指违反了上述法律及有关法律、行政法规规定，利用广告这种特殊的传播媒介，对所生产的产品或者提供的服务作夸张、虚伪和不实的宣扬或传播，足以产生使消费者受到欺骗或误导消费者的消费行为的行为。另外，《刑法》第二百二十二条还规定了构成犯罪必须达到一定情节，即需要达到情节严重的程度。对此，司法实践中主要在违法所得数额、两年内是否利用广告虚假宣传受过二次以上行政处罚、危害后果或社会影响等方面予以考虑行为是否符合"情节严重"这一要素。

办案实践中还需要注意的是，电信网络诈骗犯罪一般都是多人共同犯罪，分工较细，环节较多，流程较长，形成较为完整的犯罪链条。通常又衍生侵犯公民个人信息，扰乱无线电通讯管理秩序，掩饰、隐瞒犯罪所得、犯罪所得收益等上下游关联犯罪，形成以诈骗为中心的系列犯罪产业链。对电信网络诈骗犯罪进行有效打击，必须斩断其犯罪链条，综合惩治，确保全方位打击，不留死角。

第一，《最高人民法院、最高人民检察院、公安部关于办理电信网络诈骗等刑事案件适用法律若干问题的意见》规定了扰乱无线电通讯管理秩序罪，侵犯公民个人信息罪，妨害信用卡管理罪，掩饰、隐瞒犯罪所得、犯罪所得收益罪，拒不履行信息网络安全管理义务罪，非法利用信息网络罪，帮助信息网络犯罪活动罪等各种电信网络诈骗上下游关联犯罪的处理原则，如使用非法获取的公民个人信息实施电信网络诈骗，构成犯罪的，依法进行数罪并罚。从这方面继续加强国家对公民个人信息安全的保护，严惩公然利用公民个人信息实施的犯罪活动。

第二，电信网络诈骗犯罪分子为实现非法占有他人财物的目的，常常依靠下家为其转账、套现、取现，对此也必须坚决予以惩处。《最高人民法院、最高人民检察院、公安部关于办理电信网络诈骗等刑事案件适用法律若干问题的意见》规定，为电信网络诈骗犯罪分子骗得的赃款进行转账、套现、取现的行为，应当以掩饰、隐瞒犯罪所得、犯罪所得收益罪追究刑事责任。如果有事先通谋，则以诈骗共同犯罪论处。另外，针对司法实践中存在一些实施转账、套现、取现行为的下家往往先于诈骗上家到案的情况，《最高人民法院、最高人民检察院、公安部关于办理电信网络诈骗等刑事案件适用法律若干问题的意见》规定，即便电信网络诈骗犯罪嫌疑人尚未到案或案件尚未裁判，但现有证据足以证明行为人有转账、套现、取现犯罪事实的，不影响掩饰、隐瞒犯罪所得、犯罪所得收益罪的认定。

第三，实践中，还存在一些为电信网络诈骗犯罪提供犯罪工具、设备和技术支持等情况，均应依法惩处。《最高人民法院、最高人民检察院、公安部关于办理电信网络诈骗等刑事案件适用法律若干问题的意见》明确规定，明知他人实施电信网络诈骗犯罪，而为他人提供公民个人信息、提供银行卡或手机卡、提供"伪基站"设备、提供互联网接入或者支付结算、提供场所或者交通等帮助行为的，以诈骗共同犯罪论处。

第四，实践中有一些不法分子，虽然本人没有到诈骗窝点参与实施具体的诈骗行为，但其为诈骗分子撰写并提供诈骗"剧本"等，或者负责在社会上引诱、招募人员并向诈骗集团或团伙输送，本人从中牟取非法利益。这些行为，都是电信诈骗犯罪活动不可或缺的内容，危害甚大。《最高人民法院、最高人民检察院、公安部关于办理电信网络诈骗等刑事案件适用法律若干问题的意见》对此明确规定，以诈骗共同犯罪论处。

第五，针对司法实践中存在电信网络诈骗团伙成员到案时间先后不一的情况，《最高人民法院、最高人民检察院、公安部关于办理电信网络诈骗等刑事案件适用法律若干问题的意见》规定，部分犯罪嫌疑人在逃，但不影响对已到案共同犯罪嫌疑人、被告人的犯罪事实认定的，可以依法先行追究已到案共同犯罪嫌疑人、被告人的刑事责任。以提高办案效率，实现司法公正，确保打击效果。

第六，关于对《最高人民法院、最高人民检察院、公安部关于办理电信网络诈骗等刑事案件适用法律若干问题的意见（二）》第五条、第六条的理解。即："五、非法获取、出售、提供具有信息发布、即时通讯、支付结算等功能的互联网账号密码、个人生物识别信息，符合刑法第二百五十三条之一规定的，以侵犯公民个人信息罪追究刑事责任。对批量前述互联网账号密码、个人生物识别信息的条数，根据查获的数量直接认定，但有证据证明信息不真实或者重复的除外。""六、在网上注册办理手机卡、信用卡、银行账户、非银行支付账户时，为通过网上认证，使用他人身份证件信息并替换他人身份证件相片，属于伪造身份证件行为，符合刑法第二百八十条第三款规定的，以伪造身份证件罪追究刑事责任。使用伪造、变造的身份证件或者盗用他人身份证件办理手机卡、信用卡、银行账户、非银行支付账户，符合刑法第二百八十条之一第一款规定的，以使用虚假身份证件、盗用身份证件罪追究刑事责任。实施上述两款行为，同时构成其他犯罪的，依照处罚较重的规定定罪处罚。法律和司法解释另有规定的除外。"

关于第五条。该条包含两款内容，第一款主要针对在实施电信网络诈骗犯罪中侵犯公民个人信息的问题，在传统个人信息种类的基础上，将"具有信息发布、即时通讯、支付结算等功能的互联网账号密码、个人生物识别信息"认定属于公民个人信息。主要基于两点考虑：一是2011年《最高人民法院、最高人民检察院关于办理侵犯公民个人信息刑事案件适用法律若干问题的解释》第一条将传统的"账号密码"列为公民个人信息。但随着网络经济的发展，电信网络诈骗案件中被告人主要利用微信、QQ、支付宝等具有信息发布、即时通讯和支付结算功能的软件工具实施犯罪。对于这些互联网账号密码进行批量注册、贩卖，已成为支撑电信网络诈骗犯罪的黑灰产链条上的重要一环。为此，《最高人民法院、最高人民检察院、公安部关于办理电信网络诈骗等刑事案件适用法律若干问题的意见（二）》将非法获取、出售、提供具有上述功能的互联网账号密码的行为，明确列入侵犯公民个人信息的违法犯罪范围。二是随着信息技术的深入运用，人脸、虹膜、声纹等生物识别信息日益用于网络软件的注册、登录、支付，发挥着与传统的账号密码相同的功能作用。2017年施行的《网络安全法》第七十六条第五项也将个人生物识别信息列入个人信息范围。从实践情况看，非法获取人脸信息等生物识别信息的情形呈现日益增长态势，危害十分严重。考虑到司法实践发展和需要，并与网络安全法相关规定保持衔接,《最高人民法院、最高人民检察院、公安部关于办理电信网络诈骗等刑事案件适用法律若干问题的意见（二）》明确对于非法获取、出售、提供上述生物识别信息，符合刑法第二百五十三条之一规定的，以侵犯公民个人信息罪追究刑事责任。第二款规定参照2017年《最高人民法院、最高人民检察院关于办理侵犯公民个人信息刑事案件适用法律若干问题的解释》第十一条第三款之规定，对批量互联网账号密码、个人生物识别信息的条数，根据查获的数量直接认定，但有证据证明信息不真实或者重复的除外。这里的"除外"是指对于信息不真实或者重复的，应予扣除，不计入信息总条数。

  关于第六条。随着网络技术的发展，传统犯罪日益向网络迁移发展，身份证的使用场景也发生了很大变化。随着网络实名制要求的落实和网上申办渠道的开通发展，身份证件网上认证已成为必要环节，个别不法分子为规避实名制管理，通过"深度伪造"技术，以"使用他人真实的姓名、身份证号码等身份证件信息，同时替换他人身份证件相片"的形式通过网上实名验证。此种行为虽未伪造出实体身份证件，但能通过网上认证，已实际具备了实体身份证件的功能，严重妨害了国家对身份证件的管理秩序，符合伪造身份证件罪的构成要件，可以该罪定罪处罚。关于适用该条的入罪门槛把握，目前司法解释关于刑法第二百八十条的适用，仅就伪造、变造、买卖机动车行驶证、登记证书的情形规定了入罪标准，并没有就伪造其他身份证件行为设定入罪标准。参照最高人民检察院法律政策研究室2016年《关于〈关于伪造机动车登记证书如何适用法律的请示〉的答复意见》，检察机关在办案中应当根据案件的具体情况处理，注意把握行政处罚与刑事处罚的衔接，注意把握行为的社会危害性。[①]

[①] 刘太宗、赵玮、刘涛：《最高检专家解读〈关于办理电信网络诈骗等刑事案件适用法律若干问题的意见（二）〉》，载《人民检察》2021年第13期。

【典型案例】

案例 1　刘某峰等 37 人诈骗案
——以组建网络游戏情侣为名引诱玩家高额充值骗取钱款[1]

一、基本案情

被告人刘某峰，系某网络科技公司实际控制人；

杨某明等 36 名被告人均系某网络科技公司员工。

2018 年 8 月至 2019 年 4 月，某网络科技公司代理运营推广江苏某网络科技有限公司的两款网络游戏，被告人刘某峰招聘杨某明等 36 人具体从事游戏推广工作。为招揽更多的玩家下载所推广的游戏并充值，刘某峰指使杨某明等员工冒充年轻女性，在热门网络游戏中发送"寻求男性游戏玩家组建游戏情侣"的消息与被害人取得联系。在微信添加为好友后，再向被害人发送游戏链接，引诱被害人下载所推广的两款网络游戏。在游戏中，被告人与被害人组建游戏情侣，假意与被害人发展恋爱关系，通过发送虚假的机票订单信息截图、共享位置截图等方式骗取被害人的信任，诱骗被害人向游戏账号以明显超过正常使用范围的数额充值。部分被告人还以给付见面诚意金、报销飞机票等理由，短时间多次向被害人索要钱款，诱使被害人以向游戏账号充值的方式支付钱款。经查，刘某峰等人骗取 209 名被害人共计人民币 189 万余元。

二、诉讼过程

本案由天津市公安局津南分局立案侦查。2019 年 9 月 9 日，公安机关以刘某峰等 37 人涉嫌诈骗罪移送天津市津南区人民检察院起诉。同年 12 月 2 日，检察机关以诈骗罪对刘某峰等 37 人提起公诉。2020 年 12 月 21

---

[1] 《检察机关打击治理电信网络诈骗及关联犯罪典型案例》，载最高人民检察院官网，https://www.spp.gov.cn/spp/xwfbh/wsfbt/202204/t20220421_554307.shtml#2，2022 年 9 月 11 日访问。

日，天津市津南区人民法院以诈骗罪分别判处刘某峰等37人有期徒刑十三年至一年不等，并处罚金人民币三十万元至一万元不等。刘某峰提出上诉，2021年3月3日，天津市第二中级人民法院裁定驳回上诉，维持原判。

结合本案办理，检察机关制作反诈宣传视频，深入大中专院校、街道社区进行宣传，警示游戏玩家警惕"游戏托"诈骗，对游戏中发布的信息要仔细甄别，理性充值，避免遭受财产损失。同时，检察人员深入游戏研发企业座谈，提出企业在产品研发、市场推广中存在的法律风险，督促企业规范产品推广，审慎审查合作方的推广模式，合理设定推广费用，加强产品推广过程中的风险管控。

三、典型意义

本案是一起较为典型的"吸粉引流"加"游戏托"诈骗案件。此类行为隐蔽套路深，欺骗性诱惑性强。检察机关要穿透"游戏托"诈骗骗局，通过对"交友话术欺骗性、充值数额异常性、获利手段非法性"等因素进行综合分析，准确认定其诈骗本质，依法以诈骗罪定罪处罚，同时通过办案引导广大游戏玩家提高自我防范能力，督促网络游戏企业强化内控、合规经营，促进行业健康发展。

（一）以游戏充值方式骗取行为人资金，在"游戏托"诈骗中较为常见，要准确认定其诈骗本质，依法从严惩治。"游戏托"诈骗是新近出现的一种诈骗方式。犯罪分子在网络游戏中扮演异性角色，以"奔现交友"（系网络用语，指由线上虚拟转为线下真实交友恋爱）等话术骗取被害人信任，以游戏充值等方式诱骗被害人支付明显超出正常范围的游戏费用，具有较强的隐蔽性和欺骗性。检察机关要透过犯罪行为表象，通过对"交友话术欺骗性、充值数额异常性、获利手段非法性"等因素进行综合分析，认定其诈骗犯罪本质，依法予以严厉打击。

（二）强化安全防范意识，提高游戏玩家自我防范能力。网络游戏用户规模大、人数多，犯罪分子在网络游戏中使用虚假身份，运用诈骗"话术"，极易使游戏玩家受骗。对于广大游戏玩家而言，应当提高安全防范意识，对于游戏中发布的信息仔细甄别，对于陌生玩家的主动"搭讪"保持必要的警惕，以健康心态参与网络游戏，理性有节制进行游戏充值，防止落入犯罪分子编织的"陷阱"。

（三）推动合规建设，促进网络游戏行业规范健康发展。结合司法办案，检察机关协同有关部门要进一步规范网络游戏行业，严格落实备案制度，完善游戏推广机制，加强对游戏过程中违法犯罪信息的监控查处，推动网络游戏企业加强合规建设，督促企业依法依规经营。

在办理"吸粉引流"案件中需要注意的是，要区分行为属于诈骗共犯、非法利用信息网络罪还是帮助信息网络犯罪活动罪。一般需要从主观方面是否具有诈骗的共同故意、与诈骗犯罪分子是否具有共同的诈骗行为，还是独立于该诈骗团伙之外的帮助行为或是利用信息网络的行为。如非法利用信息网络罪和帮助信息网络犯罪活动罪（帮信罪）之间的区别，最明显的就是帮信罪的行为中具有技术支持和支付结算的行为，而非法利用信息网络罪中并没有。其次是非法利用信息网络罪在发布信息方面有详细规定，要向一定数量的对象发布诈骗信息或者发布一定数量的诈骗信息。虽然投放广告和发布信息的行为模式有点类似，但非法利用信息网络罪主要针对的是发布信息以及对象的数量，而帮信罪主要在于提供非法账户、技术支持、支付帮助、资金的金额。同时，非法利用信息网络犯罪侧重点在于提供通讯群组、发布信息、引流帮助，但与具体实施诈骗犯罪分子无直接通谋，大部分情况下只是知道他们在利用这些信息做违法犯罪的事，但不清楚具体到什么程度、什么种类的违法犯罪事实。而帮信罪侧重于提供账户、技术、赃款"跑分"，与实施诈骗的人虽有较多的联系，但尚未达到诈骗共犯的程度，诈骗罪则侧重于主观明知和犯意沟通。联系紧密程度上的区别，是实质性区别，即非法利用信息网络犯罪是诈骗罪的预备犯罪，不管上家有无实施诈骗犯罪活动，只要行为人利用信息网络发布诈骗信息、建立通讯群组都构成犯罪。而帮信罪是帮助诈骗分子实施诈骗行为，是帮助犯的正犯化，要求上家已经在实施诈骗活动，有实际的被害人被骗，所以他们之间有较为紧密的联系。

还需要注意的是，行为人如果在信息网络上发布信息系为犯罪活动创造条件，情节严重的，应以非法利用信息网络罪认定。如果该行为同时符合破坏公用电信设施罪或扰乱无线电通讯管理秩序罪构成要件的，择一重罪定罪处罚。行为人如果在信息网络上发布诈骗信息，且达5000条以上，未骗取财物的，可认定为诈骗罪未遂；发布的信息在5000条以下，情节严重的，可认定为非法利用信息网络罪。

案例2　邱某儒等诈骗案
——虚构艺术品交易平台以投资理财为名实施网络诈骗[①]

一、基本案情

被告人邱某儒，系某文公司股东；

被告人陶某龙，系某文公司后援服务中心总经理；

被告人刘某，系某金公司股东、法定代表人；

被告人郑某辰，系某惠公司法定代表人；

被告人蒋某，系某美公司实际控制人；

2016年3月，被告人邱某儒设立某文公司后，通过组织人员、租赁办公场所、购买交易软件、租用服务器，搭建了以"飞天蜡像"等虚构的文化产品为交易对象的类期货交易平台。陶某龙等人通过一级运营中心某金公司刘某发展了某惠公司、某美公司等30余家会员单位。为实现共同骗取投资者财物的目的，会员单位在多个股票投资聊天群中选择投资者，拉入事先设定的聊天群。同时，安排人员假扮"老师"和跟随老师投资获利的"投资者"、发送虚假盈利截图，以话术烘托、虚构具有盈利能力等方式，骗取投资者的信任，引诱投资者在平台上入金交易。

交易过程中，某文公司和会员单位向投资者隐瞒"平台套用国际期货行情趋势图并无实际交易"等事实，通过后台调整艺术品价格，制造平台

[①] 《检察机关打击治理电信网络诈骗及关联犯罪典型案例》，载最高人民检察院官网，https：//www.spp.gov.cn/spp/xwfbh/wsfbt/202204/t20220421_554307.shtml#2，2022年9月11日访问。

交易平稳、未出现大跌的假象。投资者因此陷入错误认识，认为在该平台交易较为稳妥，且具有较大盈利可能性，故在平台上持续多笔交易，付出高额的手续费。邱某儒、陶某龙、刘某、郑某辰、蒋某等人通过上述手段骗取黄某等6628名投资者共计人民币4.19亿余元。

二、诉讼经过

本案由广东省深圳市公安局南山分局立案侦查。2017年2月，深圳市检察机关介入案件侦查，引导公安机关围绕犯罪主体、诈骗手法、诈骗金额等问题夯实证据并及时追缴赃款。深圳市公安局南山分局于2017年7月至2018年6月分批以诈骗罪将邱某儒等237人向深圳市南山区人民检察院移送起诉。由于邱某儒以及陶某龙、刘某等7人（系某文公司后援服务中心及相关内设部门、某仝公司主要成员）及郑某辰、蒋某等23人（系会员单位主要负责人）涉案金额特别巨大，深圳市南山区人民检察院依法报送深圳市人民检察院审查起诉。根据级别管辖和指定管辖，其余206人分别由南山区、龙岗区人民检察院审查起诉。2018年2月至12月，深圳市人民检察院以诈骗罪对邱某儒、陶某龙、刘某、郑某辰、蒋某等31人分批向深圳市中级人民法院提起公诉。

2019年1月至7月，深圳市中级人民法院以非法经营罪判处邱某儒有期徒刑七年，并处罚金人民币二千八百万元；以诈骗罪判处陶某龙、刘某等7人有期徒刑十年至三年六个月不等，并处罚金人民币三十万元至十万元不等；以非法经营罪判处郑某辰、蒋某等23人有期徒刑八年至二年三个月不等，并处罚金人民币一千万元至五万元不等。一审判决后，邱某儒、陶某龙等10人提出上诉，深圳市人民检察院审查认为邱某儒、郑某辰、蒋某等24人虚构交易平台，通过多次赚取高额手续费的方式达到骗取投资钱款目的，其行为构成诈骗罪，一审判决认定为非法经营罪确有错误，对邱某儒、郑某辰、蒋某等24人依法提出抗诉，广东省人民检察院支持抗诉。2020年5月至2021年5月，广东省高级人民法院作出二审判决，驳回邱某儒、陶某龙等10人上诉，对邱某儒、郑某辰、蒋某等24人改判诈骗罪，分别判处有期徒刑十三年至三年不等，并处罚金人民币二千八百万元至五万元不等。

办案过程中，深圳市检察机关引导公安机关及时提取、梳理交易平台电子数据，依法冻结涉案账户资金共计人民币8500万余元，判决生效后按比例返还被害人，并责令各被告人继续退赔。深圳市检察机关向社会公开发布伪交易平台类电信网络诈骗典型案例，开展以案释法，加强防范警示。

三、典型意义

本案是一起使用复合手段进行诈骗的典型案例，且由于行为具有较大的迷惑性，在罪名认定上也会产生较大分歧。如具有购买交易软件、租用服务器，搭建虚构的文化产品为交易对象的类期货交易平台，在多个股票投资聊天群中选择投资者，经引流拉入事先设定的聊天群并安排人员假扮"老师"和跟随老师投资获利的"投资者"、发送虚假盈利截图，以话术烘托、虚构具有盈利能力等方式，骗取投资者的信任，引诱投资者在平台上入金交易等诈骗手段。而其所骗取财物的对象，并非投资款，却是高额手续费，这一操作手法也更具隐蔽性。对于以频繁交易方式骗取高额手续费行为，办案中要全面把握投资平台操作模式，准确认定其诈骗本质，依法精准惩治。准确区分诈骗集团中犯罪分子的分工作用，依法全面惩治集团内部各个层级的诈骗犯罪分子。强化追赃挽损，及时阻断诈骗资金的转移和处置，维护人民群众合法权益。

（一）以频繁交易方式骗取高额手续费行为迷惑性强，要全面把握交易平台运行模式，准确认定这类行为诈骗本质。在投资型网络诈骗中，犯罪分子往往以"空手套白狼""以小套大"等方式实施诈骗。但在本案中，犯罪分子利用骗术诱导投资者频繁交易，通过赚取高额手续费的方式达到骗取钱款目的。与传统诈骗方式相比，这种"温水煮青蛙"式的诈骗欺骗性、迷惑性更强，危害群体范围也更大。检察机关在审查案件时，要围绕"平台操控方式、平台盈利来源、被害人资金流向"等关键事实，准确认定平台运作的虚假性和投资钱款的非法占有性，全面认定整个平台和参与成员的犯罪事实，依法予以追诉。法院判决确有错误的，依法提起抗诉，做到不枉不纵、罚当其罪。

（二）准确区分诈骗集团中的犯罪分子的分工作用，依法全面惩治各个层级的诈骗犯罪分子。电信网络诈骗集团往往层级多、架构复杂、人员多，对于参与其中的犯罪分子的分工作用往往难以直接区分。对此，检察机关要围绕平台整体运作模式和不同层级犯罪分子之间的行为关联，准确区分集团内部犯罪分子的分工作用。既要严厉打击在平台上组织开展诈骗活动的指挥者，又要依法惩治在平台上具体实施诈骗行为的操作者，还要深挖诈骗平台背后的实质控制者，实现对诈骗犯罪集团的全面打击。

（三）强化追赃挽损，维护人民群众合法权益。投资类诈骗案件往往具有涉案人数多、犯罪事实多、涉案账户多等特点，在办理这类案件时，检察机关要把追赃挽损工作贯穿办案全过程，会同公安机关及时提取、梳理投资平台的后台电子数据。从平台资金账户、犯罪分子个人账户入手，倒查资金流向，及时冻结相关的出入金账户；通过资金流向发现处置线索，及时扣押涉案相关财物，阻断诈骗资金的转移和处置，最大限度挽回被害人的财产损失。

案例3　石某某等非法利用信息网络案[①]

一、基本案情

石某某、熊某某、韩某某、郭某某、黄某某5人均为在校高三学生，2019年8月以来，石某某等5人发展十多名学生，通过QQ网络平台发送虚假网络赌博信息的方式非法获利，每成功发送1条信息获利0.1元，同时对下线的获利进行抽成。石某某等人将发送信息数统计报给上家，上家将石某某等人的报酬分别汇入石某某、韩某某等人提供的银行卡，石某某、韩某某等人扣除自己的报酬后，再将剩余的获利资金通过微信转给下线。其中石某某通过QQ发送虚假网络赌博信息5000条，介绍韩某某等人

[①]《贵州检察机关打击电信网络诈骗及其关联犯罪典型案例》，载贵州检察网，http://www.gz.jcy.gov.cn/jcxw/202112/t20211224_3495245.shtml，2022年9月10日访问。

发送信息 4 万余条并从中抽成，获利共计 7860 元；熊某某发送信息 15000 条、介绍他人发送信息并从中抽成，获利共计 2200 元；韩某某发送信息 10000 余条、介绍他人发送信息并从中抽成，获利共计 2500 元；黄某某发送信息 4000 余条、介绍他人发送信息并从中抽成，获利共计 2000 余元；郭某某发送信息 8000 余条、介绍他人发送信息并从中抽成，获利共计 860 元。

二、诉讼经过

贵州省大方县人民检察院在案件办理过程中，综合考虑 5 名犯罪嫌疑人在本案中的犯罪情节、地位作用、一贯社会表现、社会危害性、认罪认罚态度、悔罪表现等情节，依法对石某某作出批准逮捕和提起公诉决定，对熊某某等 4 人作出不批准逮捕和不起诉决定，于 2021 年 4 月 22 日以石某某涉嫌非法利用信息网络罪向法院提起公诉。针对本案暴露出的在校学生被犯罪分子利用的情况，大方县人民检察院与学校加强检校协作，到涉案学校通过以案释法、法治宣传讲座等方式，揭示犯罪手法；提示学校通过主题班会、全校学生大会、家长会等方式加强法治教育。大方县人民法院于 2021 年 4 月 28 日判决石某某犯非法利用信息网络罪，判处有期徒刑十个月，并处罚金人民币两千元，判决已生效。

三、典型意义

本案是一起典型的"跑分"案件。近年来，在校学生违法犯罪时有发生，学生法律意识淡薄，容易被网络犯罪分子利用，在诱惑面前迷失方向，沦为电信网络诈骗等犯罪的"工具人"。检察机关在办理此类案件时，坚持教育、挽救、惩戒、警示相结合，落实宽严相济刑事政策，全面、准确把握审查逮捕、审查起诉条件，依法妥善处理在校生涉网络犯罪问题。对在犯罪中起主要作用，主观恶性较深，社会危害性较大的，依法严惩，以儆效尤；对涉罪不深、社会危害性不大的，从轻处罚，给其悔过自新机会。同时通过与教育部门的协作配合，加强法治宣传，引导学生形成积极、健康、向上的生活态度和价值追求，助推法治教育走深走实。办理此类案件需要关注的是，要贯彻落实好宽严相济的刑事司法政策。《最高人民法院、最高人民检察院、公安部关于办理电信网络诈骗等刑事案件适用法律若干问题的意见（二）》要求，办理电信网络诈骗犯罪案件，应当充分贯彻宽严相济刑事政策。在侦查、审查起诉、审判过程中，应当全面收集证据、准确甄别犯罪嫌疑人、被告人在共同犯罪中的层级地位及作用大小，结合其认罪态度和悔罪表现，区别对待，宽严并用，科学量刑，确保罚当其罪。对于电信网络诈骗犯罪集团、犯罪团伙的组织者、策划者、指挥者和骨干分子，以及利用未成年人、在校学生、老年人、残疾人实施电信网络诈骗的，依法从严惩处。对于电信网络诈骗犯罪集团、犯罪团伙中的从犯，特别是其中参与时间相对较短、诈骗数额相对较低或者从事辅助性工作并领取少量报酬，以及初犯、偶犯、未成年人、在校学生等，应当综合考虑其在共同犯罪中的地位作用、社会危害程度、主观恶性、人身危险性、认罪悔罪表现等情节，可以依法从轻、减轻处罚。犯罪情节轻微的，可以依法不起诉或者免予刑事处罚；情节显著轻微危害不大的，不以犯罪论处。办案中要切实突出打击重点，发挥刑罚导向作用，实现办理一案、教育一片，教育感化挽救大多数的目的。

案例 4　罗某杰诈骗案[1]

一、基本案情

2020 年 2 月 13 日，被告人罗某杰在境外与诈骗分子事前通谋，计划将诈骗资金兑换成虚拟货币"泰达币"，并搭建非法跨境转移通道。罗某杰通过境外地下钱庄人员戴某明和陈某腾（均为外籍、另案处理），联系到中国籍虚拟货币商刘某辉（另案处理），共同约定合作转移诈骗资金。同年 2 月 15 日，被害人李某等通过网络平台购买口罩被诈骗分子骗取人民币 110.5 万元后，该笔资金立即转入罗某杰控制的一级和二级账户，罗某杰将该诈骗资金迅速转入刘某辉账户；刘某辉收到转账后，又迅速向陈

---

[1] 《检察机关打击治理电信网络诈骗及关联犯罪典型案例》，载最高人民检察院官网，https://www.spp.gov.cn/spp/xwfbh/wsfbt/202204/t20220421_554307.shtml#2，2022 年 9 月 10 日访问。

某腾的虚拟货币钱包转入14万余个"泰达币",陈某腾扣除提成,即转给罗某杰13万个"泰达币"。后罗某杰将上述13万个"泰达币"变现共计人民币142万元。同年5月11日,公安机关抓获罗某杰,并从罗某杰处扣押、冻结该笔涉案资金。

二、办案经过

本案由山东省济宁市公安局高新技术产业开发区分局立案侦查。2020年5月14日,济宁高新区人民检察院介入案件侦查。同年8月12日,公安机关以罗某杰涉嫌诈骗罪移送起诉。因移送的证据难以证明罗某杰与上游诈骗犯罪分子有共谋,同年9月3日,检察机关以掩饰、隐瞒犯罪所得罪提起公诉,同时开展自行侦查,进一步补充收集到罗某杰与诈骗犯罪分子事前联络、在犯罪团伙中专门负责跨境转移资金的证据,综合全案证据,认定罗某杰为诈骗罪共犯。2021年7月1日,检察机关变更起诉罪名为诈骗罪。同年8月26日,济宁高新区人民法院以诈骗罪判处罗某杰有期徒刑十三年,并处罚金人民币十万元。罗某杰提出上诉,同年10月19日,济宁市中级人民法院裁定驳回上诉,维持原判。图片高新区检察院、高新区公安分局与国家外汇管理局济宁市中心支局召开座谈会,共商金融风险防控。

结合本案办理,济宁市检察机关与外汇监管部门等金融监管机构召开座谈会,建议相关单位加强反洗钱监管和金融情报分析,构建信息共享和监测封堵机制;加强对虚拟货币交易的违法性、危害性的社会宣传,提高公众防范意识。

三、典型意义

利用虚拟货币非法进行资金跨境转移,严重危害经济秩序和社会稳定,应当依法从严全链条惩治。对于专门为诈骗犯罪团伙提供资金转移通道,形成较为稳定协作关系的,应以诈骗罪共犯认定,实现罪责刑相适应。

(一)利用虚拟货币非法跨境转移资金,严重危害经济秩序和社会稳定,应当依法从严惩治。虚拟货币因具有支付工具属性、匿名性、难追查等特征,往往被电信网络诈骗犯罪团伙利用,成为非法跨境转移资金的工具,严重危害正常金融秩序,影响案件侦办和追赃挽损工作开展。检察机关要依法加大对利用虚拟货币非法跨境转移资金行为的打击力度,同步惩治为资金转移提供平台支持和交易帮助的不法虚拟货币商,及时阻断诈骗集团的资金跨境转移通道。

(二)专门为诈骗犯罪分子提供资金转移通道,形成较为稳定协作关系的,应以诈骗罪共犯认定。跨境电信网络诈骗犯罪案件多是内外勾结配合实施,有的诈骗犯罪分子在境外未归案,司法机关难以获取相关证据,加大了对在案犯罪嫌疑人行为的认定难度。检察机关在办理此类案件时,要坚持主客观相统一原则,全面收集行为人与境外犯罪分子联络、帮助转移资金数额、次数、频率等方面的证据,对于行为人长期帮助诈骗团伙转账、套现、取现,或者提供专门资金转移通道,形成较为稳定协作关系的,在综合全案证据基础上,应认定其与境外诈骗分子具有通谋,以诈骗罪共犯认定,实现罪责刑相适应。

案例 5 林某甲等非法经营案[①]

一、基本案情

2018 年 1 月至 9 月,林某甲以杭州某智能科技有限公司名义,在未获得支付结算业务资质的情况下,伙同林某乙、张某等人,以支付宝、微信等第三方支付平台为接口,自建非法"第四方支付"系统。林某甲等人通过向他人收买、要求本公司员工注册等方式收集大量无实际经营业务的空壳公司资料(包括工商资料、对公银行账户、法人资料等),利用上述资料在支付宝、微信等第三方支付平台注册数百个公司支付宝、微信等账户,再将上述账户绑定在其自建的支付平台上,实现资金的非法支付结算。

[①]《充分发挥检察职能 推进网络空间治理典型案例》,载最高人民检察院官网,https://www.spp.gov.cn/spp/xwfbh/wsfbh/202101/t20210125_507452.shtml,2022 年 9 月 10 日访问。

上述非法"第四方支付"系统与境外赌博网站联通，协助资金支付转移。赌客在赌博网站点击充值后，赌博网站即向该系统发送指令，系统随机调用已接通的空壳公司支付宝、微信等账户，与赌客间生成一笔虚假商业交易（如购买电子书等），并给赌客发送收款码。赌客扫描收款码支付赌博资金，资金直接进入空壳公司支付宝、微信等账户，再转移到空壳公司的对公银行账户，经过层层转账后，最终转入赌博平台实际控制的账户。

林某甲等人以上述方法为境外赌博网站等非法提供资金支付结算服务，结算金额共计人民币46亿余元。

二、诉讼经过

2018年12月11日，浙江省杭州市公安局网络警察分局以林某甲等8人涉嫌开设赌场罪，移送杭州市西湖区人民检察院审查起诉。杭州市西湖区人民检察院经审查，追加认定17家空壳公司账户为涉赌账户并予以冻结，犯罪数额从人民币30亿余元增加至人民币46亿余元，追缴涉案资金人民币6000余万元。杭州市西湖区人民检察院经审查认为，林某甲等人的行为同时构成开设赌场罪和非法经营罪，按照想象竞合从一重处断的原则，应当以处罚较重的非法经营罪追究刑事责任。2019年6月19日，杭州市西湖区人民检察院对林某甲等8人以非法经营罪提起公诉。2020年6月18日，杭州市西湖区人民法院以非法经营罪判处被告人林某甲有期徒刑十二年六个月，并处没收财产人民币五千万元，对林某乙、张某等其他7名被告人分别判处有期徒刑二年至七年不等，并处罚金人民币五万元至七百万元不等。2020年6月22日，林某甲等人提出上诉。2020年9月14日，杭州市中级人民法院裁定，驳回上诉，维持原判。

三、典型意义

（一）非法"第四方支付"平台日益成为网络犯罪资金流转通道，危害经济金融安全。非法"第四方支付"平台为获取非法利益，在未取得国家支付结算许可的情况下，违反国家金融管理制度，以正常商业交易为掩护，依托正规第三方支付平台，利用收集的大量支付账户，短时间内快速流转资金，导致支付结算活动"体外"循环。这些非法第四方支付平台的存在，不仅极大地便利了赌博、电信网络诈骗等犯罪资金流转，成为网络犯罪产业链上的重要一环，还严重破坏金融管理秩序，威胁金融安全，必须依法严厉打击。

（二）坚持全链条打击，斩断非法支付结算通道。犯罪分子搭建非法"第四方支付"平台时，为规避国家监管，往往会大量收购银行卡、收款二维码、对公账户等形成"资金池"，伪造正常商业交易层层转账，以掩盖犯罪事实。尤其是对公账户可信度高、交易额度大，更为犯罪分子所青睐。非法"第四方支付"平台的存在，催生了工商资料、对公账户、非银行支付账户买卖的黑灰产业链。对此，要坚持源头管控、综合治理。既要严厉打击非法支付结算的行为，又要深挖线索，一体化打击买卖工商资料、对公账户、非银行支付账户的关联违法犯罪。对于不构成犯罪但违反行政法规的，及时移送行政机关加大行政处罚力度，摧毁整个违法犯罪链条。

（三）依法开立、使用支付账户，自觉防范抵制洗钱风险。社会公众要提高法治意识、风险意识，不能为了经济利益而注册空壳公司、出售工商资料、对公账户等，否则就要承担相应法律责任。银行和非银行支付机构在账户开立过程中，应严格遵守国家关于客户身份识别、风险防控和"反洗钱"的各项要求，加强对公账户内大额资金流转的监管，有效防范违法犯罪的风险。

【关联规定】

《中华人民共和国刑法》第二百八十五条第三款【提供侵入、非法控制计算机信息系统程序、工具罪】、第二百八十六条【破坏计算机信息系统罪】、第二百八十六条之一【拒不履行信息网络安全管理义务罪】、第二百八十七条之一【非法利用信息网络罪】、第二百八十七条之二【帮助信息网络犯罪活动罪】，《中华人民共和国网络安全法》第二十七条、第四十六条，《全国人民代表大会常务委员会关于维护互联网安全的决定》四、五，《全国人民代表大会常务委员会关于加强网络信息保护的决定》一至六，《最高人民法院、最高人民检察院关于办理非法利用信息网络、帮助信息网络犯罪活动等刑事案件适用法律若干问题的解释》第一条、第五条、第六条、第九条至第十一条、第十三条、第十四条，《最高人民法院、最高人民检察院关于办理危害计算机信息系统安全刑事案件应用法律若干问题的解释》第二条，《最高人民法院、最高人民检察院、公安部关于办理电信网络诈骗等刑事案件适用法律若干问题的意见》三、四

【条文内容】

> 第二十六条 【互联网服务者反诈协助义务】公安机关办理电信网络诈骗案件依法调取证据的，互联网服务提供者应当及时提供技术支持和协助。
>
> 互联网服务提供者依照本法规定对有关涉诈信息、活动进行监测时，发现涉诈违法犯罪线索、风险信息的，应当依照国家有关规定，根据涉诈风险类型、程度情况移送公安、金融、电信、网信等部门。有关部门应当建立完善反馈机制，将相关情况及时告知移送单位。

【条文主旨】

本条规定互联网服务提供者要加强日常监测并报告异常账号，配合公安机关调取电信网络诈骗犯罪证据。

【适用指南】

本条对互联网服务提供者提出了两方面的义务：一是在日常运营中应当加强监测，遇有异常账号可疑犯罪线索及风险信息时，要根据涉诈骗风险程度及时向公安、金融、电信、网信等部门移送相关线索；二是公安机关在办理电信网络诈骗案件向服务提供者调取证据时，应当及时提供技术支持和协助。有关部门也应当建立完善反馈机制，将相关情况及时告知移送单位，以便进一步开展防范治理工作。

电信网络诈骗犯罪活动持续高发，犯罪分子只需动动手指，就能骗取、转移受害人的财产。面对严峻的形势，有效的事前预防显得尤为重要。因此，有必要针对电信网络诈骗的特点，将制度建设下沉到前端，通过对"信息链、资金链、技术链、人员链"的全环节把控，来实现对电信网络诈骗的综合治理和防范。在这方面，无论是电信业务经营者、金融机构，还是互联网服务提供者，都要切实承担起安全主体责任。

事实上，夯实相关企业的主体责任，正是反电信网络诈骗法立法的重要内容。此次立法重点强调了电信网络诈骗反制技术措施的重要性，明确了跨行业、企业技术措施建设等内容，而非仅限于电信、支付结算等相关领域，这表明互联网企业即使本身不提供相关领域服务，也有义务为反诈提供技术、信息支持。对于互联网服务提供者应当承担的义务，法律已有一些明确的规定。例如，《网络安全法》第二十一条规定，国家实行网络安全等级保护制度。网络运营者应当按照网络安全等级保护制度的要求，履行下列安全保护义务，保障网络免受干扰、破坏或者未经授权的访问，防止网络数据泄露或者被窃取、篡改：（1）制定内部安全管理制度和操作规程，确定网络安全负责人，落实网络安全保护责任；（2）采取防范计算机病毒和网络攻击、网络侵入等危害网络安全行为的技术措施；（3）采取监测、记录网络运行状态、网络安全事件的技术措施，并按照规定留存相关的网络日志不少于六个月；（4）采取数据分类、重要数据备份和加密等措施；（5）法律、行政法规规定的其他义务。第三十四条规定，除本法第二十一条的规定外，关键信息基础设施的运营者还应当履行下列安全保护义务：（1）设置专门安全管理机构和安全管理负责人，并对该负责人和关键岗位的人员进行安全背景审查；（2）定期对从业人员进行网络安全教育、技术培训和技能考核；（3）对重要系统和数据库进行容灾备份；（4）制定网络安全事件应急预案，并定期进行演练；（5）法律、行政法规规定的其他义务。第三十六条规定，关键信息基础设施的运营者采购网络产品和服务，应当按照规定与提供者签订安全保密协议，明确安全和保密义务与责任。第六十九条规定，网络运营者违反本法规定，有下列行为之一的，由有关主管部门责令改正；拒不改正或者情节严重的，处五万元以上五十万元以下罚款，对直接负责的主管人员和其他直接责任人员，处一万元以上十万元以下罚款：（1）不按照有关部门的要求对法律、行政法规禁止发布或者传输的信息，采取停止传输、消除等处置措施的；（2）拒绝、阻碍有关部门依法实施的监督检查的；（3）拒不向公安机关、国家安全机关提供技术支持和协助的。

从实际情况看，目前大多数互联网企业在提供视频内容、电商等主营业务外，都或多或少提供广告推送、信息收集等服务，而这些服务很有可能成为电信网络诈骗的温床。例如，一名用户在某视频平台上看到一个在线申请信用卡的网址，正好有办信用卡意愿的他就直接点了进去。结果，不仅个人信息被非法收集、转卖，还被电信诈骗团伙以各种名目骗去数万元。其中的视频平台推广了办理信用卡的广告，根据本法的精神和原则，包括信用卡办理在内的各类广告或服务，其所属企业、平台都应当加强内容审核和技术监测，尤其涉金融电信领域，不仅要在案发后积极提供技术支持、信息共享，而且要在前端服务推送、展示阶段进行风险监测、拦截和处置，在监测中发现的可疑犯罪线索和风险信息，要移送相关监管部门。《互联网信息服务管理办法》规定，互联网信息服务提供者不得制作、复制、发布、传播含有侮辱或者诽谤他人，侵害他人合法权益的；含有法律、行政法规禁止的其他内容。互联网信息服务提供者发现其网站传输的信息明显属于该办法第十五条所列内容之一的，应当立即停止传输，保存有关记录，并向国家有关机关报告。总而言之，预防、遏制和惩治电信网络诈骗活动，加强反电信网络诈骗工作，相关企业必须承担起主体责任。只有这样，才能进一步压缩电信网络诈骗活动的生存空间，更好保护公民合法权益，维护社会稳定和国家安全。

实践中，公安司法机关在调取电信网络诈骗案件证据时，往往需要通过技术手段获取相应的证据，尤其是电子数据等，这就需要互联网服务提供者及时提供技术支持和协助。

办案中还需要注意的是，《最高人民法院、最高人民检察院、公安部关于办理电信网络诈骗等刑事案件适用法律若干问题的意见（二）》规定，电商平台预付卡、虚拟货币、手机充值卡、游戏点卡、游戏装备等经销商，在公安机关调查案件过程中，被明确告知其交易对象涉嫌电信网络诈骗犯罪，仍与其继续交易，符合《刑法》第二百八十七条之二规定的，以帮助信息网络犯罪活动罪追究刑事责任。同时构成其他犯罪的，依照处罚较重的规定定罪处罚。实践中，诈骗分子利用电商平台预付卡、虚拟货币、手机充值卡、游戏点卡、游戏装备等转移赃款的情况较为常见。从办案实践看，侦查人员往往通过调查经销商入手追溯诈骗行为，有的经销商以正常经营活动为由，既不配合调查也不终止交易，严重影响案件的办理。为此，对于已被公安机关明确告知交易对象涉嫌电信网络诈骗犯罪，经销商仍与其继续交易，符合帮助信息网络犯罪活动罪构成要件的，可以此罪追究刑事责任。有意见认为对于此种情况也可能构成诈骗犯罪共犯、拒不履行信息网络安全管理义务罪等。考虑到实践中情况较为复杂，故《最高人民法院、最高人民检察院、公安部关于办理电信网络诈骗等刑事案件适用法律若干问题的意见（二）》增加规定"同时构成其他犯罪的，依照处罚较重的规定定罪处罚"，以适应具体办案实践，体现规定周延性。[1]

---

[1] 刘太宗、赵玮、刘涛：《最高检专家解读〈关于办理电信网络诈骗等刑事案件适用法律若干问题的意见（二）〉》，载《人民检察》2021年第13期。

【典型案例】

郭某飞等诈骗案
——冒充优质男性利用虚假赌博平台实施"杀猪盘"电信诈骗[①]

一、基本案情

郭某飞、冯某恒、彭某旻（另案处理）在遂川县合伙实施"杀猪盘"网络诈骗活动。2020年初，郭某飞租下某小区一商品房作为犯罪窝点，并购买了诈骗所需的笔记本电脑、手机、手机卡等物品及"腾讯竞技"赌博平台、微信号、银行卡，负责管理"腾讯竞技"赌博平台和银行卡，控制赌博平台后台数据、账目等；彭某旻负责统计业务员业绩、发展并充当业务员；冯某恒负责发展业务员及后勤。李某斌、万某卿、郑某深（另案处理）等被冯某恒发展成业务员。该团伙通过soul等聊天软件利用虚假身份大量添加女性网友，在同对方交流取得信任后，添加对方为微信好友，并谎称自己有办法在网络赌博中盈利，让女性网友跟随其在"腾讯竞技"赌博平台中赌博，该团伙通过控制平台的后台数据，让被害人在赌博中输钱从而达到诈骗的目的。2020年3月至4月，该团伙骗取被害人刘某玲、唐某瑶、张某崔等人款项共计281595.2元。2020年5月，郭某飞、彭某旻与冯某恒拆伙，由冯某恒接手作案工具。冯某恒后吸收李某斌、万某卿等人入伙继续实施诈骗活动，由冯某恒负责日常管理、控制后台数据、账目，李某斌、万某卿等人发展诈骗对象实施诈骗，所得收益由股东均分。其间，该团伙骗取李某、刘某凤、张某崔等被害人共计人民币55809.6元。

[①] 《【重磅】打击电信网络诈骗犯罪！遂川法院发布5起电信网络诈骗典型案例》，载遂川县人民法院微信公众号2022年5月1日，https://mp.weixin.qq.com/s/IAJZ3N2xJfi57T9NSqaTMQ，2020年9月15日访问。

二、诉讼过程

本案由江西省遂川县人民法院一审，由江西省吉安市中级人民法院二审，现已发生法律效力。法院认为，被告人郭某飞、冯某恒、万某卿、李某斌以非法占有为目的，通过电信网络实施诈骗，骗取他人财物数额巨大，四被告人的行为均已构成诈骗罪，且系共同犯罪，应予惩处。根据各被告人在共同犯罪中的作用及相关量刑情节，法院对郭某飞、冯某恒等4人判处有期徒刑五年九个月至三年十个月不等，并处相应罚金。责令四被告人退赔被害人的损失。作案工具予以没收。

三、典型意义

所谓"杀猪盘"就是通过网络交友诱导被害人投资或者赌博类型的诈骗方式。犯罪分子利用虚假社交账号对自己的形象进行包装，伪装成优质男性等形象，建立"猪圈"。通过社交平台选择犯罪对象，即"选猪"。在社交平台上使用话术培训的方法与被害人进行交流，建立情感关系，获取被害人的信任，此为"养猪"。在和被害人不断接触过程中，以投资、博彩等高利润为诱饵，以情感关系为保证，怂恿被害人参加虚假平台的投资或赌博。在被害人小额投资尝到甜头后，诱骗被害人在虚假诈骗平台进行大额交易，从而骗取财物，即"杀猪"。这种骗局由犯罪团伙集体作案，团队分工明确，步步下套。本案系一起典型的"杀猪盘"电信诈骗案件，犯罪分子在欺骗被害人感情的同时，给被害人造成巨大的经济损失，应予严厉打击。人民法院对本案部分被告人判处五年以上重刑，也体现了对电信网络诈骗犯罪的打击力度和决心。在此提醒大家，网恋有风险，特别是对方提出转账要求时，务必提高警惕，远离陷阱。

电信网络诈骗案件的认定，往往靠的是大量客观性证据如电子数据、后台数据分析、数据恢复等，这些证据的获取，往往需要技术力量的配合，互联网服务提供者一般情况下会有条件提供这些内容，有必要在法律中加以明确规定。同时，对于办案机关而言，一定要重视从互联网服务提供者处获取更多的电子数据，用以证明犯罪。2021年1月22日，最高人民检察院发布《人民检察院办理网络犯罪案件规定》，规定了六款具体的取证意见，主要可归结为三个方面：一是对于存储介质设备，注意引导能够扣押、封存原始存储介质的，要及时扣押、封存；扣押可联网设备，注重引导及时采取信号屏蔽、信号阻断或者切断电源等方式。对此，需要指出的是，有的办案人员往往只提取相关电子数据而未扣押原始存储介质，一旦出现提取过程不规范或提取数据不全面，反过来再去扣押原始存储介质时，往往存储介质已找不到，或者存储在里面的数据已被删除更改。还有的涉案联网设备如手机，办案人员扣押时未及时关机或设置为飞行模式，导致核心数据被远程删除，无法恢复提取。对此，检察机关在引导取证时要特别注意。二是对于电子数据，注意引导侦查机关及时提取电子设备（如手机、电脑等）、账户密码（包括网络账户如邮箱、云盘等，应用软件账户如微信、支付宝等的账户密码），以及存储于其中的聊天记录、电子邮件、交易记录等数据；注意引导侦查机关及时提取动态数据，包括内存、缓存、网络连接数据。这些数据随着软件程序运行而变化，动态记录着系统运行状况和行为人的行动轨迹；注意引导侦查机关及时提取依赖于特定网络环境的数据，包括局域网、虚拟专线网络中的数据等，以防止脱离特定网络环境后无法提取。三是对于书证、物证等客观证据，同步引导侦查机关提取，便于与电子数据相互印证。

公安机关办理电信网络诈骗案件依法调取证据的，互联网服务提供者应当及时提供技术支持和协助。

实际上，在具体办案中，往往会遇到互联网服务提供者没有开展异常账号监测、没有日常日志记录，甚至案发后大量原始证据被删除、毁损的情况，或者在侦查人员调查取证时，技术人员不配合、不提供全部证据等情况，此次立法要求互联网服务提供者在依照本法规定对互联网账号异常使用监测、涉诈支持、帮助活动监测和其他涉诈信息、活动监测中发现的可疑犯罪线索、风险信息等，应当依照规定，根据涉诈风险程度情况主动移送公安、网信、电信等部门，在调查取证时积极提供技术支持和帮助，为有力查证电信网络诈骗提供先决条件。

【关联规定】

《中华人民共和国刑法》第二百八十六条之一【拒不履行信息网络安全管理义务罪】,《中华人民共和国网络安全法》第二十一条、第二十八条、第六十九条、第七十二条,《最高人民法院、最高人民检察院、公安部关于办理电信网络诈骗等刑事案件适用法律若干问题的意见(二)》六,《最高人民法院、最高人民检察院、公安部关于办理信息网络犯罪案件适用刑事诉讼程序若干问题的意见》三、四、五,《互联网信息服务管理办法》第一条至第四条、第十四条至第二十三条,《互联网信息搜索服务管理规定》,《最高人民法院、最高人民检察院、公安部关于办理刑事案件收集提取和审查判断电子数据若干问题的规定》,《人民检察院办理网络犯罪案件规定》第七条至第二十九条、第四十二条至第四十五条、第六十二条、第六十三条

第五章 综合措施

【条文内容】

> **第二十七条 【公安机关打击治理电信网络诈骗工作机制】** 公安机关应当建立完善打击治理电信网络诈骗工作机制,加强专门队伍和专业技术建设,各警种、各地公安机关应当密切配合,依法有效惩处电信网络诈骗活动。
>
> 公安机关接到电信网络诈骗活动的报案或者发现电信网络诈骗活动,应当依照《中华人民共和国刑事诉讼法》的规定立案侦查。

【条文主旨】

本条规定公安机关应当建立完善打击治理电信网络诈骗工作机制,提升治理能力,及时立案查处电信网络诈骗犯罪。

【适用指南】

作为打击治理电信网络诈骗犯罪活动的主力军,公安机关在打击电信网络诈骗犯罪方面发挥了重要作用。一是侦查打击成效明显,电信网络诈骗猖獗的势头得到了有效遏止。二是"断卡"行动战果显著,全国公安机关将继续会同检察、法院、通信、金融等部门,打团伙、摧网络、断通道,严厉打击、整治、惩戒非法开办、贩卖电话卡、银行卡等违法犯罪活动,犯罪工具被有效打掉。三是重拳打击跨境诈骗,成效显著。全国公安机关出重拳、下狠手、用重典,持续开展大案攻坚,组织集群战役,深挖幕后"金主",严厉打击犯罪分子嚣张气焰。四是预警防范工作全面铺开,把预警防范工作作为重中之重,全力开展事前预警、事中拦截、事后追缴等各项工作,最大限度地减少发案,最大力度地挽回损失,预警劝阻工作得到群众称赞。五是全力开展反诈宣传。全国公安机关会同有关部门,充分运用各种媒体平台,组织开展形式多样的反诈宣传活动,提高反诈宣传的覆盖面和精准度,不断提升群众防骗识骗能力,充分发动人民群众,营造全民参与、全社会反诈的浓厚氛围,打响了反诈人民战争。根据本条要求,公安机关要继续充分发挥打击电信网络诈骗犯罪主力军的作用,强化侦查打击,以打开路,保持严打高压态势,转变侦查模式,创新打法战法,确保打出声威、打出实效。一直以来,电信网络诈骗犯罪发案率高、破案率低、主犯抓获少,追赃挽损难度大,是人民群众不满意的焦点问题。要从根本上解决这一问题,首先就要提高破案率,有效打击犯罪,积极追赃挽损。其主要原因,还是此类犯罪链条长、分布广、人员多,各类违法犯罪行为交织,单纯打击一个团伙、一个窝点、一条资金链或技术链往往很难奏效,这就需要公安机关建立完善打击治理电信网络诈骗工作机制,通过加强专门队伍和专业技术建设,发挥体制机制的优势打击犯罪;各警种、各地公安机关也应当密切协调配合,形成打击全力。

为了解决电信网络诈骗案件立案难的问题,本条专门规定了公安机关接到电信网络诈骗活动的报案或者发现电信网络诈骗活动,应当依照《刑事诉讼法》的规定立案侦查。之所以这样规定,是因为以往电信网络诈骗案件立案难度很大,现实生活中有个别公安机关"推管辖"或者"抢管辖"的情况存在,造成人民群众不满意,社会效果不好。究其原因,并非公安机关不愿立案,而是被害人没有相关被侵害证据或是没有明确的犯罪嫌疑人线索，或是该类犯罪属于远程作案，公安机关对案件有没有管辖权存在争议或者疑问，担心立案后刑事诉讼活动无法顺利进行。加之办理电信网络诈骗案件需要使用多种技术手段、多警种密切配合，甚至异地公安机关联手，而受理案件的公安机关往往是基层派出所，办案能力有限，初查线索少、难度高，受害者能够提供的证据基本就是银行流水及手机上的一些聊天记录或骗子平台的一些内容，因此证据非常有限。这让公安机关办案难度非常大，导致立案难。本次立法对这一问题进行了明确，即由公安机关担负起立案侦查的职责。

当然，由于电信网络诈骗犯罪案件环节多、链条长，犯罪人、被害人往往人数众多、散布各地，办理此类案件中，在考虑案件管辖时，也经常存在争议。对于管辖问题，《最高人民法院、最高人民检察院、公安部关于办理信息网络犯罪案件适用刑事诉讼程序若干问题的意见》再次进行了规范，可供具体办案中参考。该意见第二部分专门对信息网络犯罪案件的管辖规则作了规定。具体而言：

1. 信息网络犯罪案件的管辖原则。根据《刑事诉讼法》关于刑事案件的管辖规定，该意见第二条第一款明确："信息网络犯罪案件由犯罪地公安机关立案侦查。必要时，可以由犯罪嫌疑人居住地公安机关立案侦查。"针对信息网络犯罪匿名性、远程性的特点，为方便被害人报案维权，及时查处犯罪，该意见第二条第二款对管辖连结点采取了相对宽松的标准，规定："信息网络犯罪案件的犯罪地包括用于实施犯罪行为的网络服务使用的服务器所在地，网络服务提供者所在地，被侵害的信息网络系统及其管理者所在地，犯罪过程中犯罪嫌疑人、被害人或者其他涉案人员使用的信息网络系统所在地，被害人被侵害时所在地以及被害人财产遭受损失地等。"考虑到信息网络犯罪案件的多环节特点，特别是实行行为与帮助行为往往相对独立，实行犯与帮助犯常处异地，该意见第二条第三款规定："涉及多个环节的信息网络犯罪案件，犯罪嫌疑人为信息网络犯罪提供帮助的，其犯罪地、居住地或者被帮助对象的犯罪地公安机关可以立案侦查。"还需提及的是，其他规范性文件对特定信息网络犯罪案件的管辖设有专门规定，如《最高人民法院、最高人民检察院、公安部关于办理电信网络诈骗等刑事案件适用法律若干问题的意见（二）》第一条规定："电信网络诈骗犯罪地，除《最高人民法院、最高人民检察院、公安部关于办理电信网络诈骗等刑事案件适用法律若干问题的意见》规定的犯罪行为发生地和结果发生地外，还包括：（一）用于犯罪活动的手机卡、流量卡、物联网卡的开立地、销售地、转移地、藏匿地；（二）用于犯罪活动的信用卡的开立地、销售地、转移地、藏匿地、使用地以及资金交易对手资金交付和汇出地；（三）用于犯罪活动的银行账户、非银行支付账户的开立地、销售地、使用地以及资金交易对手资金交付和汇出地；（四）用于犯罪活动的即时通讯信息、广告推广信息的发送地、接受地、到达地；（五）用于犯罪活动的'猫池'（Modem Pool）、GOIP设备、多卡宝等硬件设备的销售地、入网地、藏匿地；（六）用于犯罪活动的互联网账号的销售地、登录地。"对有关案件，除可以适用《意见》关于信息网络犯罪案件管辖的一般规定外，还可以适用相关规范性文件的特别规定。

2. 信息网络犯罪案件管辖争议的处理。根据《刑事诉讼法》和相关规定，《最高人民法院、最高人民检察院、公安部关于办理信息网络犯罪案件适用刑事诉讼程序若干问题的意见》第三条明确："有多个犯罪地的信息网络犯罪案件，由最初受理的公安机关或者主要犯罪地公安机关立案侦查。有争议的，按照有利于查清犯罪事实、有利于诉讼的原则，协商解决；经协商无法达成一致的，由共同上级公安机关指定有关公安机关立案侦查。需要提请批准逮捕、移送审查起诉、提起公诉的，由立案侦查的公安机关所在地的人民检察院、人民法院受理。"需要注意的是，本条规定系针对争议公安机关均是犯罪地公安机关、依法享有管辖权的情形，因此，上级公安机关指定管辖后，受指定公安机关所在地人民检察院、人民法院，作为犯罪地司法机关当然可以依法管辖相关案件，无须就批准逮捕、审查起诉、提起公诉以及案件审判办理指定管辖，也就解决了案件下一步出路问题。基于此，该意见第三条进一步明确："……需要提请批准逮捕、移送审查起诉、提起公诉的，由立案侦查的公安机关所在地的人民

3. 信息网络犯罪案件的并案处理。信息网络犯罪呈现明显的链条化特征，内部分工关系复杂，依法并案处理，有利于查清案件事实、提高办案质效。基于此，根据《最高人民法院、最高人民检察院、公安部、国家安全部、司法部、全国人大常委会法制工作委员会关于实施刑事诉讼法若干问题的规定》第三条的规定，《最高人民法院、最高人民检察院、公安部关于办理信息网络犯罪案件适用刑事诉讼程序若干问题的意见》第四条第一款明确，具有下列情形之一的，公安机关、人民检察院、人民法院可以在其职责范围内并案处理：（1）一人犯数罪的；（2）共同犯罪的；（3）共同犯罪的犯罪嫌疑人、被告人还实施其他犯罪的；（4）多个犯罪嫌疑人、被告人实施的犯罪行为存在关联，并案处理有利于查明全部案件事实的。在此基础上，该意见第四条第二款明确："对为信息网络犯罪提供程序开发、互联网接入、服务器托管、网络存储、通讯传输等技术支持，或者广告推广、支付结算等帮助，涉嫌犯罪的，可以依照第一款的规定并案侦查。"

对于公安机关应当立案而不立案的，人民检察院可以根据《刑事诉讼法》第一百一十三条的规定进行立案监督。

【典型案例】

杨某瑞等 11 人诈骗案[①]

一、基本案情

2017 年 11 月至 2019 年 5 月间，杨某瑞与他人合伙成立公司，在网络直播平台开设直播间，招募刘某醒、孙某林等人担任女主播，程某楠等人

[①] 《充分发挥检察职能 推进网络空间治理典型案例》，载最高人民检察院官网，https：//www.spp.gov.cn/spp/xwfbh/wsfbh/202101/t20210125_507452.shtml，2022 年 9 月 15 日访问。

担任业务员。各被告人相互配合,由业务员使用女主播身份和头像照片,通过婚恋交友网站等途径结识赵某等被害人,加为好友后,使用话术引诱被害人在上述网络直播平台注册成为会员,进入直播间观看女主播直播。其间,业务员虚构女主播感情故事、个人遭遇等与被害人互动交流,博取同情信任。如被害人提出见面,则安排女主播与被害人视频聊天或线下见面。通过上述系列行为,女主播与被害人确立虚假恋爱关系。之后,女主播编造"完成平台业绩任务才能领取提成""想与平台解约需要解约金"等理由,先后欺骗赵某等4名被害人在直播平台为主播打赏或者直接向主播转账,合计诈骗人民币17.2万余元。杨某瑞等人还涉嫌其他诈骗犯罪事实。

二、诉讼经过

2019年9月3日,公安局以杨某瑞等11人涉嫌诈骗罪,移送人民检察院审查起诉。检察机关通过梳理发现,其他多个直播间存在以类似手段实施诈骗的情况,遂向公安机关移送线索、提出进一步侦查取证建议,公安机关再破获类似案件16起,抓获直播平台经营者和多个直播诈骗团伙成员。同年11月21日,人民检察院以诈骗罪对杨某瑞等11人提起公诉。同年12月30日,人民法院作出一审判决,以诈骗罪分别判处杨某瑞、刘某醒、孙某林、程某楠等11名被告人拘役四个月至有期徒刑四年不等,并处罚金。

三、典型意义

这是一起检察机关在审查起诉过程中发现其他多个直播间存在以类似手段实施电信网络诈骗的案件,经向公安机关移送线索、提出进一步侦查取证建议,最终再破获类似案件16起,打掉多个诈骗团伙的典型案例。司法机关除了接受被害群众报案外,在日常工作中也应当依职权发现电信网络诈骗犯罪活动,依法予以打击。

1. 依法严惩以直播打赏为名实施的诈骗行为。对于犯罪分子虚构网络身份、冒充主播,使用话术建立虚假恋爱关系,采用线上线下相结合方式,使被害人陷入错误认识而骗取财物的,依法应认定为诈骗犯罪。这类诈骗犯罪不仅侵害人民群众财产安全,也严重危害网络直播行业生态,必须依法精准打击。

2. 理性参与网络直播，切实维护自身利益。网络直播在为用户提供更具参与性和人际互动性的良好体验的同时，也容易助长违法犯罪和社会不良风气。对于广大用户而言，关键是要以健康心态参与网络直播互动，切不可抱着"猎奇""猎艳"等不良心态，落入违法犯罪分子精心编织的"陷阱"。

3. 加强平台监管治理，维护直播行业良好秩序。网络平台要切实担起主体责任，加大对直播行为的常态化排查和技术管控，强化各平台之间的信息共享，对列入"黑名单"主播施以严格联动管理，彻底封住其违规复活之路，净化网络直播空间生态。

【关联规定】

《中华人民共和国刑事诉讼法》第一百零九条至第一百一十三条，《最高人民法院、最高人民检察院、公安部关于办理电信网络诈骗等刑事案件适用法律若干问题的意见（二）》一，《最高人民法院、最高人民检察院、公安部关于办理信息网络犯罪案件适用刑事诉讼程序若干问题的意见》二、三，《关于防范和打击电信网络诈骗犯罪的通告》一、二，《人民检察院办理网络犯罪案件规定》第十四条

【条文内容】

> **第二十八条　【对落实本法规定的监督检查】**金融、电信、网信部门依照职责对银行业金融机构、非银行支付机构、电信业务经营者、互联网服务提供者落实本法规定情况进行监督检查。有关监督检查活动应当依法规范开展。

【条文主旨】

本条规定相关职能部门应当对与反电信网络诈骗有关经营者依法进行监督检查。

【适用指南】

金融、电信、网信部门是反电信网络诈骗犯罪活动的重点部门，只有肩负起部门职责，狠抓监督检查与落实，才能有效防范、打击、治理电信网络诈骗，形成综合治理的态势。事实证明，很多电信网络诈骗案件就是利用了各部门之间管理的壁垒、使用融合手段进行诈骗，如果金融、电信、网信等部门能够严格落实监督检查，大量电信网络诈骗活动就可以避免。因此，上述部门应当依照职责，依法规范开展对银行业金融机构、非银行支付机构、电信业务经营者、互联网服务提供者落实本法规定情况进行监督检查。对此，相关部门均有行政法规与部门规章依据，本法将这些规范上升到国家法律层面，提高了监督检查的权威性与严肃性。

【典型案例】

田某等 7 人掩饰、隐瞒犯罪所得案
——跨境利用国内商户银行卡、移动支付账户为电信网络犯罪团伙洗钱[①]

一、基本案情

2020 年 8 月 11 日至 8 月 23 日，被告人田某、李某豪应张某明（在

[①] 《【重磅】打击电信网络诈骗犯罪！遂川法院发布 5 起电信网络诈骗典型案例》，载遂川县人民法院微信公众号 2022 年 5 月 1 日，https：//mp.weixin.qq.com/s/IAJZ3N2xJfi57T9NSqaTMQ，2022 年 9 月 15 日访问。

逃）的邀请，被告人周某健应龚某国（在逃）的邀请，陆续来到缅甸第四特区码头会合后共同从事网络犯罪资金洗钱事宜。由被告人田某负责联系上线犯罪人员，被告人李某豪负责统计、计算收取资金及各人违法所得等事项，被告人周某健负责发展被告人张某文、胡某樟、胡某、李某鑫、蔡某（另案处理）等人在江西省吉安市遂川县、宜春市奉新县收集商户聚合二维码及个人银行卡，提供给他人转移赃款共计人民币460929元。被告人张某文、胡某樟、胡某、李某鑫参与转移赃款共计人民币364505元，其中通过被告人张某文、胡某樟、胡某、李某鑫等人收集的聚合二维码转移电信诈骗犯罪所得合计人民币170629.57元。以上电信诈骗犯罪所得转入商户等人的收款码中，在扣除手续费后或转入被告人张某文、胡某樟、胡某、李某鑫等人提供的移动支付账号中，或通过付现方式取走。被告人张某文、胡某樟、胡某、李某鑫等人继续通过移动支付、银行卡转账给被告人周某健，被告人周某健按照犯罪团伙成员要求将赃款转移到上游犯罪团伙收款账号中。

二、诉讼过程

江西省遂川县人民法院认为，被告人田某、李某豪、周某健、张某文、胡某樟、胡某、李某鑫明知是犯罪所得而予以转移，情节严重，七被告人的行为均已构成掩饰、隐瞒犯罪所得罪，且系共同犯罪，应予惩处。被告人田某、李某豪、周某健在共同犯罪中均起主要作用，系主犯，依法应当按照其所参与的或者组织、指挥的全部犯罪处罚。被告人张某文、胡某樟、胡某、李某鑫在共同犯罪中起次要作用，系从犯，应当减轻处罚。据此，以掩饰、隐瞒犯罪所得罪判处被告人田某有期徒刑三年十个月，并处罚金人民币三万元；以掩饰、隐瞒犯罪所得罪判处被告人李某豪等人有期徒刑三年六个月至一年四个月不等，并处相应罚金。

三、典型意义

近年来，在境内外形成了一些专门为电信网络诈骗犯罪及其他网络犯罪转移资金的黑色产业链，为电信网络诈骗犯罪贴上了"隐身符"，增强了司法机关打击的难度，严重危害了人民群众的财产安全，影响社会和谐稳定。本案被告人田某等7人跨境并利用国内商户聚合二维码、银行卡、移动支付账号实施洗钱犯罪，为电信网络犯罪团伙转移犯罪所得，隐匿犯罪资金去向，干扰司法机关查处，逃避司法机关对赃款的追缴，极大地妨害了司法秩序，客观上也导致了仍有部分上游犯罪无法及时查处，且涉案被害人的财物绝大部分未能挽回，社会危害性大。《最高人民法院关于审理掩饰、隐瞒犯罪所得、犯罪所得收益刑事案件适用法律若干问题的解释》明确认定掩饰、隐瞒犯罪所得、犯罪所得收益罪，以上游犯罪事实成立为前提。上游犯罪尚未依法裁判，但查证属实的，不影响掩饰、隐瞒犯罪所得、犯罪所得收益罪的认定。本案虽上游犯罪尚未依法裁判，但根据现有证据能够查证属实。本院在罪责刑相适应原则的前提下对被告人田某等7人以掩饰、隐瞒犯罪所得罪依法作出判决。案例同时说明，只有金融、电信、网信等部门严格落实监督检查责任，及时监测、识别、发现并处置异常交易、转账，才能最大限度防范电信网络诈骗犯罪的发生。

【关联规定】

《中华人民共和国中国人民银行法》第三十二条，《中华人民共和国银行业监督管理法》第二条至第八条，《中华人民共和国网络安全法》第八条至第十条，《中华人民共和国个人信息保护法》第六十条至第六十四条，《中华人民共和国电信条例》第三条、第四条，《关于防范和打击电信网络诈骗犯罪的通告》七

【条文内容】

> **第二十九条　【个人信息保护】**个人信息处理者应当依照《中华人民共和国个人信息保护法》等法律规定，规范个

人信息处理，加强个人信息保护，建立个人信息被用于电信网络诈骗的防范机制。

履行个人信息保护职责的部门、单位对可能被电信网络诈骗利用的物流信息、交易信息、贷款信息、医疗信息、婚介信息等实施重点保护。公安机关办理电信网络诈骗案件，应当同时查证犯罪所利用的个人信息来源，依法追究相关人员和单位责任。

【条文主旨】

本条规定的是个人信息处理者、履行个人信息保护职责的单位应当履行的保护个人信息的义务。

【适用指南】

在电信网络诈骗活动中，除了诈骗犯罪分子的实行行为之外，往往还会涉及其他人员在不同方面为电信网络诈骗行为的实施、非法获利的转移等提供各类技术上或是资源上的支持或者帮助。例如，电信网络诈骗实行行为人在寻求公民个人信息收集、网络资源接入、诈骗信息广告引流推广、诈骗网站及产品制作与维护、违法资金支付结算与转移等方面的帮助时，其他人员提供了相关的支持或帮助，是整个电信网络诈骗活动得以持续进行以及诈骗成功不可或缺的因素。因此，对提供的各类支持或者帮助行为，刑事法律及时将之纳入调整范围。本条款以五项列举式的详细指引和一项兜底式的规定，对在电信网络诈骗活动中普遍存在的支持或者帮助行为明确发出禁止性命令。

在电信网络诈骗活动中，具体实施诈骗行为的犯罪分子，囿于自身时间、空间、资金、技术等方面的限制,并不能亲自完成电信网络诈骗活动系统从无到有、从前到后的上下游整体犯罪框架的构建和维持。例如,在涉及目标群体个人信息获取、诈骗网站建立与运行、APP开发维护、媒介宣传推广、网络线路资源供给、非法信息存储传输、违法资金结算转移等方面,由于这些事项分属于不同功能领域,电信网络诈骗实施者难以大包大揽,亲力亲为。因此,不法分子通常会找寻其他途径获得支持或者帮助,从而保障诈骗活动的顺利、持续进行。对于为电信网络诈骗活动提供各类支持或者帮助的行为,实务中应当如何进行有效法律规制,是全方位、全链条治理电信网络诈骗乱象必须探索和解决的重大问题之一。总的来说,要注意的是,立法者对于上述支持或者帮助行为的规制,已经在现行《刑法》中制定了多类不同罪名,因此司法实务必须结合各类司法解释或指导性意见,严格审查案件证据,严格依照主客观相一致原则,严格从构成要件上予以界分,进而准确界定相关行为之此罪与彼罪、罪与非罪,同时准确判定不同情节,确定刑罚档次,最终确保罪刑相当、罚当其罪。

大数据时代,个人信息的整理、收集和传输变得越来越容易,因个人信息泄露导致的电信网络诈骗等各种违法犯罪活动更是愈演愈烈。不法分子非法获取个人信息的渠道主要有三种:第一种是"无意识泄露":互联网时代,在网络上遗留个人信息的地方很多,如发表评论、网上求职、就医、购物记录、填写测试问卷等;另外,可能随意丢弃一些纸质单据,如火车票、售后服务单、快递单、证件复印件等,这些都极其容易被不法分子收集利用。第二种是"诱惑型收集":不法分子可以利用有些人爱占"小便宜"的心理,假借"扫码送礼品""扫码促销""扫码中大奖""优惠会员填表"等名义,诱使用户填写个人信息。例如,扫码送礼等获取个人信息进行转卖。第三种是"应用程序(APP)恶意收集":聊天记录、消费记录、出行住宿、行车线路等个人信息极易被各种服务类APP掌握和收集。因此,大数据时代个人信息泄露的可能性越来越大,由此引发的侵害公民个人信息的违法犯罪日益突出。公民个人信息泄露成为电信网络诈骗犯罪的源头行为。犯罪分子通过非法获取的公民个人信息注册手机卡、银行卡，作为诈骗犯罪的基础工具；或利用这些信息对诈骗对象进行"画像"，实施精准诈骗。办案发现，有不少行业"内鬼"泄露个人信息。检察机关起诉泄露公民个人信息的"内鬼"，大量涉及通信、银行、保险、房产、酒店、物业、物流等多个行业。被告人多为层级较低工作人员，也有部分离职人员，泄露的公民个人信息种类多、数量大，部分属于个人敏感信息。因此，从源头上堵住个人信息泄露漏洞十分重要。要积极落实个人信息保护相关规定，加强个人信息保护。《个人信息保护法》《数据安全法》《网络安全法》等法律法规都明确要求，规范个人信息处理活动、保护个人信息权益。因此，有关单位和个人应该严格落实有关法律规定，进一步建立防范个人信息被用于电信网络诈骗的工作机制。加强重点领域内个人信息的监管和保护。对通信、银行、保险、房产、酒店、物流等领域内可能被电信网络诈骗利用的重要信息，履行个人信息保护职责的部门、单位应当实施重点监管和保护。如2022年4月，国家邮政局、公安部、国家互联网信息办公室联合启动邮政快递领域个人信息安全治理专项行动，聚焦突出问题，确保涉邮政领域侵犯公民个人信息违法犯罪得到明显遏止。严肃查处个人信息非法交易产业链。① 要实现对电信网络诈骗的有效治理，就必须铲除诈骗犯罪的上游生存土壤，将个人信息保护有关法律法规贯彻到底。公安机关在办理利用个人信息实施电信网络诈骗案件时，应当同时查实个人信息来源，依法追究相关人员和单位的责任。禁止任何单位或个人为电信网络诈骗提供便利条件。在用户实名制登记背景下，任何单位和个人不得非法买卖、出租、出借电话卡、物联网卡、银行账户、支付账户、互联网账号，不得为非法行为提供实名核验帮助。对于实施非法行为和帮助行为的单位和个人，可以采取限制其有关卡、账户、账号功能、暂停新业务等惩戒措施。

为保护公民个人信息，我国的立法在不断健全完善。2009年2月28

---

① 《国家邮政局 公安部 国家互联网信息办公室联合启动邮政快递领域个人信息安全治理专项行动》，载中华人民共和国国家邮政局，https://www.spb.gov.cn/gjyzj/c100015/c100016/202204/b0969cffe9914195be09eb58d34328b6.shtml，2022年9月12日访问。

日起施行的《刑法修正案（七）》增设了刑法第二百五十三条之一，规定了出售、非法提供公民个人信息罪和非法获取公民个人信息罪。随着侵犯公民个人信息犯罪的高发，为加大对公民个人信息的保护力度，2015年11月1日《刑法修正案（九）》对刑法第二百五十三条之一作出修改完善：一是扩大犯罪主体的范围，规定任何单位和个人违反国家有关规定，获取、出售或者提供公民个人信息，情节严重的，都构成犯罪；二是明确规定将在履行职责或者提供服务过程中获得的公民个人信息，出售或者提供给他人的，从重处罚；三是加重法定刑，增加规定"情节特别严重的，处三年以上七年以下有期徒刑，并处罚金"。修改后，"出售、非法提供公民个人信息罪"和"非法获取公民个人信息罪"被整合为"侵犯公民个人信息罪"。此后，我国加速了对公民个人信息安全保护的立法进程。2016年《网络安全法》出台，对网络运营者对个人信息保护的义务和责任作了具体规定。此外，《商业银行法》《职业医师法》《居民身份证法》等法律从不同角度对各自领域的自然人隐私和个人信息进行了保护：一方面在侵犯自然人隐私权和个人信息行为较为严重的领域，明确当事人各方的权利义务；另一方面规定了侵犯隐私权和个人信息的民事责任、行政责任及刑事责任，加大惩罚力度。2019年《最高人民法院、最高人民检察院关于办理非法利用信息网络、帮助信息网络犯罪活动等刑事案件适用法律若干问题的解释》对侵犯公民个人信息犯罪的定罪量刑标准和有关法律适用问题作了全面、系统的规定，明确了"公民个人信息"的范围包括身份识别信息和活动情况信息，同时明确了侵犯公民个人信息罪的定罪量刑标准。2020年1月《民法典》正式施行，并以"个人信息"的用词取代了《网络安全法》中"个人身份信息"的用词，其中第一千零二十八条、第一千零三十九条、第一千二百二十六条等多个条款，对个人信息处理者、国家机关及行政机构、医疗机构三类主体提出了信息保护保密的规范要求以及违反该类规定将承担的侵权责任。2021年11月1日《个人信息保护法》正式施行，与《网络安全法》《民法典》《刑法》等法律规范共同形成了对个人信息予以多层次保护的法律规制体系，在《民法典》规定的基础上采用"识别+关联"的双重判断方式,将"个人信息"的涵摄范围扩大到自然人有关的各种信息,包括以电子或者其他方式记录的与已识别或者可识别的自然人有关的各种信息,从而在立法上实现了对个人信息的系统性保护。

本条中的个人信息是指以电子或者其他方式记录的与已识别或者可识别的自然人有关的各种信息,不包括匿名化处理后的信息。个人信息的处理包括个人信息的收集、存储、使用、加工、传输、提供、公开、删除等。其中,敏感个人信息指的是一旦泄露或者非法使用,容易导致自然人的人格尊严受到侵害或者人身、财产安全受到危害的个人信息,包括生物识别、特定身份、医疗健康、金融账户、行踪轨迹等信息,以及不满十四周岁未成年人的个人信息。只有在具有特定的目的和充分的必要性,并采取严格保护措施的情形下,个人信息处理者方可处理敏感个人信息。个人信息处理者是指在个人信息处理活动中自主决定处理目的、处理方式的组织、个人。其中关于组织的范围,根据我国《民法典》的相关规定,可以包括公司等营利法人,也包括事业单位、社会团体、基金会、社会服务机构等非营利法人,以及机关法人、农村集体经济组织法人、城镇农村的合作经济组织法人、基层群众性自治组织法人等特别法人,也包括个人独资企业、合伙企业。据此,《个人信息保护法》在涉及个人信息保护问题上,覆盖范围更广,几乎任何个人和组织都有可能成为个人信息处理者。那么又如何界定个人或组织能否"自主决定"个人信息处理活动?对此,《个人信息保护法》并未提供判断标准。根据互联网个人信息处理的实践,一般来说,网站、移动互联网应用程序(手机APP)、平台小程序的运营者等可以"自主决定"个人信息处理而称之为个人信息处理者。本条的主体是履行个人信息保护职责的部门,《个人信息保护法》第六十条第一款、第二款规定:"国家网信部门负责统筹协调个人信息保护工作和相关监督管理工作。国务院有关部门依照本法和有关法律、行政法规的规定,在各自职责范围内负责个人信息保护和监督管理工作。县级以上地方人民政府有关部门的个人信息保护和监督管理职责,按照国家有关规定确定。"该规定将履行个人信息保护责任的部门分为三类：（1）网信部门；（2）国务院其他有关部门；（3）县级以上人民政府的有关部门。其中网信部门是主要负责的单位，除非有法律的明确规定，否则应该由网信部门负责个人信息的保护工作。

本条确立了个人信息处理应遵循的原则，强调处理个人信息应当遵循合法、正当、必要和诚信原则，具有明确、合理的目的，限于实现处理目的的最小范围，公开处理规则，保证信息准确，采取安全保护措施等，并将上述原则贯穿于个人信息处理的全过程、各环节。确立以"告知—同意"为核心的个人信息处理一系列规则，要求处理个人信息应当在事先充分告知的前提下取得个人同意，并且个人有权撤回同意；重要事项发生变更的应当重新取得个人同意；不得以个人不同意为由拒绝提供产品或者服务。考虑到经济社会生活的复杂性和个人信息处理的不同情况，本法还对基于个人同意以外合法处理个人信息的情形作了规定。根据个人信息处理的不同环节、不同个人信息种类，对个人信息的共同处理、委托处理、向第三方提供、公开、用于自动化决策、处理已公开的个人信息等提出有针对性的要求。设专节对处理敏感个人信息作出更严格的限制，只有在具有特定的目的和充分的必要性的情形下，方可处理敏感个人信息，并且应当取得个人的单独同意或者书面同意。国家机关处理个人信息的规则，在保障国家机关依法履行职责的同时，要求国家机关处理个人信息应当依照法律、行政法规规定的权限和程序进行。对于没有履行相关义务的个人信息处理者，除了依照本法规定可能被追究民事侵权责任外，构成刑事犯罪的，也须依法追究。《刑法修正案（九）》增设了拒不履行信息网络安全管理义务罪，规定网络服务提供者不履行法律、行政法规规定的信息网络安全管理义务，经监管部门责令采取改正措施而拒不改正，致使违法信息大量传播、用户信息泄露造成严重后果、刑事案件证据灭失情节严重，或者有其他严重情节的，处三年以下有期徒刑、拘役或者管制，并处或者单处罚金。但是该条文中的"网络服务提供者"是否等同于"个人信息处理者"？正如前文所述，"个人信息处理者"包含个人信息的收集、提供、发布和所涉平台的运营者等,而"网络服务提供者"的范畴应当小于"个人信息处理者",仅限于提供信息交换媒介服务的网络平台服务提供者。因其对平台上的违法信息具有采取过滤、移除、屏蔽等技术措施的权限和能力,国家为了充分发挥网络平台服务提供者所具有的技术控制"专长",责令其履行一定的信息网络安全管理义务,协助打击网络违法犯罪,净化网络环境,维护网络安全。履行个人信息保护职责的部门、单位,对可能被电信网络诈骗利用的物流信息、交易信息、贷款信息、医疗信息、婚介信息等敏感个人信息,要实施重点监管和保护。公安机关办理利用个人信息实施电信网络诈骗案件,应当同时查证个人信息来源,依法追究相关人员和单位责任。检察机关在办理案件中,也要对此进行监督,必要时应当通过立案监督、追捕追诉的形式追加遗漏的犯罪分子。

具体司法实践中,办理此类案件需要重点注意的是,以"非法侵犯公民个人信息罪"的角度处理"出售、提供公民个人信息"的行为时,在证据以及事实的审查方面,应当要特别注意以下要点:一是对"公民个人信息"的审查认定;二是对"违反国家有关规定"的审查认定;三是对"出售、提供"行为的审查认定;四是对"情节严重"和"情节特别严重"不同情节的审查认定;五是对关联犯罪的审查认定。

一要注意证明侵犯的对象属于"公民个人信息"。关于此项客观要素的审查,可以从以下证据中展开:勘验检查笔录、电子数据、司法鉴定意见及公民信息查询结果说明、被害人陈述、被害人提供的原始信息资料和对比资料等,证实信息的种类是否涵盖刑法保护范围内的"公民个人信息"。首先要明确的是,何谓"公民个人信息",其内涵如何。《最高人民法院、最高人民检察院关于办理侵犯公民个人信息刑事案件适用法律若干问题的解释》中明确规定,"公民个人信息",是指以电子或者其他方式记录的能够单独或者与其他信息结合识别特定自然人身份或者反映特定自然人活动情况的各种信息,包括姓名、身份证件号码、通信通讯联系方式、住址、账号密码、财产状况、行踪轨迹等。但是,随着网络经济的发展,电信网络诈骗案件中行为人也开始主要利用具有信息发布、即时通信和支付结算功能的社交软件工具实施犯罪。对于这类互联网账号密码进行批量注册、贩卖，已成为支撑电信网络诈骗犯罪的黑灰产链条上的重要一环。为此，《最高人民法院、最高人民检察院、公安部关于办理电信网络诈骗等刑事案件适用法律若干问题的意见（二）》将非法获取、出售、提供具有上述功能的互联网账号密码的行为，也明确列入侵犯公民个人信息的违法犯罪行为范围。另外，随着信息技术的深入运用，人脸、虹膜、声纹等生物识别信息逐渐用于网络软件的注册、登录、支付，发挥着与传统的账号密码相同的功能作用。2017年施行的《网络安全法》第七十六条第一款第五项也将个人生物识别信息列入个人信息范围。因此，公民个人信息的含义与范围已经越来越广，仍然有扩张补充的空间，实务中需要识别清楚。当然，与此同时，审查中也要注意关于"公民个人信息"的除外规定——经过处理无法识别特定自然人且不能复原的信息，虽然也可能反映自然人活动情况，但由于难以直接关联到某特定自然人，信息的有用性较低，因此可以将之排除于公民个人信息的范畴。

与此同时，必须证明涉案公民个人信息是真实的。对此，应当审查被害人陈述、被害人提供的原始信息资料、权威数据鉴定单位出具的信息同一性鉴定意见。

另外，企业工商登记中所包含的手机、电话号码等信息，应当明确该号码的用途。对由公司购买、使用的手机、电话号码等信息，不属于个人信息的范畴，要严格区分"手机、电话号码等由公司购买，归公司使用"与"公司经办人在工商登记等活动中登记个人电话、手机号码"两种不同情形。

二要证明违反"国家有关规定"。一方面，对于行为人是否有"违反"的行为，证据上主要审查行为人关于所从事的职业的供述、其所在公司的工商注册资料、公司出具的行为人职责范围说明、劳动合同、保密协议及公司领导、同事关于行为人职责范围的证言等。另一方面，要注意，《刑法修正案（九）》将《刑法》原第二百五十三条之一的"违反国家规定"修改为"违反国家有关规定"，显然拓宽了本条空白罪状中可以适用的"规定"范围。《刑法》总则部分在第九十六条对"国家规定"进行了具体解释，即"国家规定"仅限于全国人大及其常委会制定的法律和决定，国务院制定的行政法规、规定的行政措施、发布的决定和命令。侵犯公民个人信息罪的立法修正将之修改为"国家有关规定"，显然此规定还囊括国务院组成部门的行政规章和其他规范性文件，此类规定非常之多，散见于金融、电信、交通、教育、医疗、统计、邮政等各个监管领域。因此，在审查侵犯公民个人信息案件过程中，需要对可能涉及的"国家有关规定"的规范文本进行详细查找，防止遗漏，并且要注意文本的时效性。

三要证明实施了"出售、提供公民个人信息"的行为。"出售、提供"行为是非法侵犯公民个人信息犯罪活动中的一类行为，由于《反电信网络诈骗法》第二十五条规定的是"出售、提供"，因此需要特别注意对该类行为的审查。应当收集以下方面的证据：远程勘验笔录及即时通信工具聊天记录、论坛、贴吧、电子邮件、手机短信记录等电子数据，用以证明行为人通过上述途径向他人出售、提供、交换公民个人信息的情况；公民个人信息贩卖者、提供者、担保交易人及购买者、收受者的证言或供述，相关银行账户明细、第三方支付平台账户明细，用以证明出售公民个人信息的违法所得情况。此外，如果行为人系通过信息网络发布方式提供公民个人信息的，证明该行为的证据还包括远程勘验笔录、扣押笔录、扣押物品清单、对手机、电脑存储介质、云盘、文件传输协议（FTP）等的司法鉴定意见等。

四要证明属于"情节严重"或"情节特别严重"。在证明不同情节的证据方面，可以审查公民个人信息购买者或者收受者的证言或供述；公民个人信息购买、收受公司工作人员利用公民个人信息进行电话或短信推销、商务调查等经营性活动后出具的证言或供述；公民个人信息购买者或者收受者利用所获信息从事违法犯罪活动后出具的证言或供述；远程勘验笔录、电子数据司法鉴定意见书、最高人民检察院或公安部指定的机构对电子数据涉及的专门性问题出具的报告、公民个人信息资料等。另外，还有行为人通过即时通信工具、电子邮箱、论坛、贴吧、手机等向他人出售、提供、购买、交换、收受公民个人信息的情况等电子数据证据；银行账户明细、第三方支付平台账户明细以及死亡证明、伤情鉴定意见、医院诊断记录、经济损失鉴定意见、相关案件起诉书、判决书等书证。至于上述不同情节的具体认定标准，以《最高人民法院、最高人民检察院关于办理侵犯公民个人信息刑事案件适用法律若干问题的解释》为依据，有以下区分和详细规定。

1. 关于"情节严重"的具体认定标准，主要涉及五个方面：（1）信息类型和数量。行踪轨迹信息、通信内容、征信信息、财产信息，此类信息与公民人身、财产安全直接相关，数量标准为五十条以上，且仅限于上述四类信息，不允许扩大范围。对于财产信息，既包括银行、第三方支付平台、证券期货等金融服务账户的身份认证信息（一组确认用户操作权限的数据，包括账号、口令、密码、数字证书等），也包括存款、房产、车辆等财产状况信息。住宿信息、通信记录、健康生理信息、交易信息等可能影响公民人身、财产安全的信息，数量标准为五百条以上，此类信息也与人身、财产安全直接相关，但重要程度要弱于行踪轨迹信息、通信内容、征信信息、财产信息。对"其他可能影响人身、财产安全的公民个人信息"的把握，应当确保所适用的公民个人信息涉及人身、财产安全，且与"住宿信息、通信记录、健康生理信息、交易信息"在重要程度上具有相当性。除上述两类信息以外的其他公民个人信息，数量标准为五千条以上。（2）违法所得数额。对于违法所得，可直接以犯罪嫌疑人出售公民个人信息的收入予以认定，不必扣减其购买信息的犯罪成本。同时，在审查认定违法所得数额过程中，应当以查获的银行交易记录、第三方支付平台交易记录、聊天记录、犯罪嫌疑人供述、证人证言综合予以认定，对于犯罪嫌疑人无法说明合法来源的用于专门实施侵犯公民个人信息犯罪的银行账户或第三方支付平台账户内资金收入，可综合全案证据认定为违法所得。（3）信息用途。公民个人信息被他人用于违法犯罪活动的，不要求他人的行为必须构成犯罪，只要行为人明知他人非法获取公民个人信息用于违法犯罪活动即可。（4）主体身份。如果行为人系将在履行职责或者提供服务过程中获得的公民个人信息出售或者提供给他人的,涉案信息数量、违法所得数额只要达到一般主体的一半,即可认为"情节严重"。(5)主观恶性。曾因侵犯公民个人信息受过刑事处罚或者二年内受过行政处罚,又非法获取、出售或者提供公民个人信息的,即可认为"情节严重"。

2. 关于"情节特别严重"的认定标准,主要在上述"情节严重"部分规定的基础上按照倍数提高或者结合行为后果予以判断:(1)信息数量或者违法所得数额达到"情节严重"规定标准十倍以上的,即可认定为"情节特别严重"。(2)信息用途引发的后果,造成人身伤亡、重大经济损失、恶劣社会影响等严重后果。对此,注意需要审查认定行为人侵犯公民个人信息的行为与严重后果之间存在刑法上的因果关系。同时,还要注意,对于涉案公民个人信息数量的认定,根据《最高人民法院、最高人民检察院关于办理侵犯公民个人信息刑事案件适用法律若干问题的解释》的规定,非法获取公民个人信息后又出售或者提供的,公民个人信息的条数不重复计算;向不同单位或者个人分别出售、提供同一公民个人信息的,公民个人信息的条数累计计算;对批量出售、提供公民个人信息的条数,根据查获的数量直接认定,但是有证据证明信息不真实或者重复的除外。实践中,如果犯罪嫌疑人多次获取同一条公民个人信息,一般认定为一条,不重复累计;但获取的该公民个人信息内容发生了变化的除外。对于涉案公民个人信息的数量、社会危害性等因素的审查,应当进行综合审查。涉案公民个人信息数量极少,但造成被害人死亡等严重后果的,应审查犯罪嫌疑人行为与该后果之间的因果关系,符合条件的,可以认定为实施司法解释第五条第一款第十项"其他情节严重的情形"的行为,造成被害人死亡等严重后果,从而认定为"情节特别严重"。如涉案公民个人信息数量较多,但犯罪嫌疑人仅仅获取而未向他人出售或提供,则可以在认定相关犯罪事实的基础上,审查该行为是否符合司法解释第五条第一款第三项、第四项、第五项、第六项、第九项及第二款第三项的情形,符合条件的,可以分别认定为"情节严重""情节特别严重"。

此外,针对为合法经营活动而购买、收受公民个人信息的行为,在适用《最高人民法院、最高人民检察院关于办理侵犯公民个人信息刑事案件适用法律若干问题的解释》第六条定罪量刑标准时须满足三个条件：一是为了合法经营活动，对此可以综合全案证据认定，但主要应当由行为人一方提供相关证据；二是限于普通公民个人信息，即不包括可能影响人身、财产安全的敏感信息；三是信息没有再流出扩散，即行为方式限于购买、收受。如果将购买、收受的公民个人信息非法出售或者提供的，则定罪量刑标准应当适用《最高人民法院、最高人民检察院关于办理侵犯公民个人信息刑事案件适用法律若干问题的解释》第五条的相关规定。

五要注意对关联犯罪的审查认定。对于侵犯公民个人信息犯罪与电信网络诈骗犯罪相交织的案件，应严格按照《最高人民法院、最高人民检察院、公安部关于办理电信网络诈骗等刑事案件适用法律若干问题的意见》的规定进行审查认定，即通过认真审查非法获取、出售、提供公民个人信息的行为人对电信网络诈骗犯罪的参与程度，结合能够证实其认知能力的学历文化、聊天记录、通话频率、获取固定报酬还是参与电信网络诈骗犯罪分成等证据，分析判断其是否属于诈骗共同犯罪、是否应该数罪并罚。在此，司法实践中会出现的争议是，出售、提供个人信息的行为人主观上明知买受方、收受方获取公民个人信息后的用途是实施电信网络诈骗活动，但是其并没有诈骗实行行为，此时对其"出售、提供"的行为如何定性。争议原因在于司法解释以及司法指导性文件的不同规定。一方面，《最高人民法院、最高人民检察院、公安部关于办理电信网络诈骗等刑事案件适用法律若干问题的意见》规定："……明知他人实施电信网络诈骗犯罪，具有下列情形之一的，以共同犯罪论处，但法律和司法解释另有规定的除外……2.非法获取、出售、提供公民个人信息的……"另一方面，《最高人民法院、最高人民检察院关于办理侵犯公民个人信息刑事案件适用法律若干问题的解释》第五条规定："非法获取、出售或者提供公民个人信息，具有下列情形之一的，应当认定为刑法第二百五十三条之一规定的'情节严重'……（二）知道或者应当知道他人利用公民个人信息实施犯罪，向其出售或者提供的……"显然，《最高人民法院、最高人民检察院、公安部关于办理电信网络诈骗等刑事案件适用法律若干问题的意见》对这类情况确立了以共同犯罪论处为原则，但也规定了除外情形，而除外情形已经在《最高人民法院、最高人民检察院关于办理侵犯公民个人信息刑事案件适用法律若干问题的解释》中有所体现。实务中有的观点主张以侵犯公民个人信息罪定罪处理，有的观点主张行为构成侵犯公民个人信息罪与诈骗罪，应当按照想象竞合从一重的规则处理。之所以出现上述两种观点的对立，根本原因在于未厘清主观"明知"对两罪适用的关键意义。《最高人民法院、最高人民检察院、公安部关于办理电信网络诈骗等刑事案件适用法律若干问题的意见》中"明知他人实施电信网络诈骗犯罪"中的"明知"，分为两种含义：第一种是行为人单方面知道他人实施电信网络诈骗，而向他人出售、提供了公民个人信息；第二种是双方事先达成通谋合意，即提供者与实行犯之间存在共同实施电信网络诈骗的意思交流，提供者仍然出售、提供公民个人信息用于实施诈骗。

对于上述第二种情形，显然是传统意义上的共同犯罪形态，因此按照共犯认定构成诈骗罪并与侵犯公民个人信息罪想象竞合处理。而对于第一种情形，涉及片面共犯的理论。我国刑法理论对片面帮助行为持肯定的态度。《最高人民法院、最高人民检察院、公安部关于办理电信网络诈骗等刑事案件适用法律若干问题的意见》的上述规定显然涉及片面共犯的规定，因为：第一，如果行为人与电信网络诈骗实行犯达成诈骗共谋的故意，行为人提供或者出售公民个人信息用于诈骗的，本就应当按照诈骗罪共犯处罚，此时在该意见中规定共犯，意义不大；第二，从文理解释的角度出发，"以共同犯罪论处"实际上是法律拟制的表述，即行为本身并不符合某种犯罪构成，而法律上将其视为某种犯罪，如非法拘禁使用暴力致人伤残死亡的，以故意伤害罪、故意杀人罪论处。此处片面共犯因无合意而在刑法上不能视为共犯，只能通过拟制来定性，而又为了体现严谨性，作了"法律和司法解释另有规定的除外"的指引。所以，对于明知他人实施网络电信诈骗而出售、提供公民个人信息的定性，不能一概认定为诈骗罪与侵犯公民个人信息罪的竞合或者侵犯公民个人信息罪一罪，应当分情况进行审查再定性。一是当行为人与电信网络诈骗实行者事先达成通谋,为实行者出售或者提供公民个人信息的,此时当然构成诈骗罪的共犯,同时该行为又符合《最高人民法院、最高人民检察院关于办理侵犯公民个人信息刑事案件适用法律若干问题的解释》规定的情形,构成诈骗罪(帮助犯)与侵犯公民个人信息罪的想象竞合犯,择一重罪处罚;二是当行为人未与电信网络诈骗实行犯达成合意,仅是其单方面明知(知道或者应当知道)实行犯利用个人信息是实施电信网络诈骗犯罪,此时适用《最高人民法院、最高人民检察院、公安部关于办理电信网络诈骗等刑事案件适用法律若干问题的意见》,以"但书"条款指向适用《最高人民法院、最高人民检察院关于办理侵犯公民个人信息刑事案件适用法律若干问题的解释》,以侵犯公民个人信息罪论处。

另外,在涉及其他关联犯罪方面,根据《最高人民法院、最高人民检察院关于办理侵犯公民个人信息刑事案件适用法律若干问题的解释》第八条规定,设立用于实施出售、提供或者非法获取公民个人信息违法犯罪活动的网站、通讯群组,情节严重的,应当依照《刑法》第二百八十七条之一的规定,以非法利用信息网络罪定罪;同时构成侵犯公民个人信息罪的,应当认定为侵犯公民个人信息罪。对于违反国家有关规定,采用技术手段非法侵入合法存储公民个人信息的单位数据库窃取公民个人信息的行为,也符合《刑法》第二百八十五条第二款非法获取计算机信息系统数据罪的客观特征,同时触犯侵犯公民个人信息罪和非法获取计算机信息系统数据罪的,应择一重罪论处。因此,在审查办理非法侵犯公民个人信息案件中,同时应当审查行为人除侵犯公民个人信息的行为之外,有无其他行为侵害其他法益,从而准确定罪处罚。

总之,对于在他人实施电信网络诈骗活动的链条中"出售、提供个人信息"的行为必须予以禁止,而在证据审查与定性处罚上,应坚持"犯罪事实清楚,证据确实、充分"的刑事证明标准,严格审查与处理关联犯罪,确保定罪量刑的事实均有牢固的证据予以支撑,并且达到排除合理怀疑的证明程度。

【典型案例】

案例 1　柯某侵犯公民个人信息案[1]

一、基本案情

被告人柯某，系安徽某信息技术有限公司经营者，开发了"房利帮"网站。

2016年1月起，柯某开始运营"房利帮"网站并开发同名手机APP，以对外售卖上海市二手房租售房源信息为主营业务。运营期间，柯某对网站会员上传真实业主房源信息进行现金激励，吸引掌握该类信息的房产中介人员注册会员并向网站提供信息，有偿获取了大量包含房屋门牌号码及业主姓名、电话等非公开内容的业主房源信息。柯某在获取上述业主房源信息后，安排员工冒充房产中介人员逐一电话联系业主进行核实，将有效的信息以会员套餐形式提供给网站会员付费查询使用。上述员工在联系核实信息过程中亦未如实告知业主获取、使用业主房源信息的情况。

自2016年1月至案发，柯某通过运营"房利帮"网站共非法获取业主房源信息30余万条，以会员套餐方式出售获利达人民币150余万元。

上海市公安局金山分局在侦办一起侵犯公民个人信息案时，发现该案犯罪嫌疑人非法出售的部分信息购自"房利帮"网站，根据《最高人民法院、最高人民检察院、公安部关于办理网络犯罪案件适用刑事诉讼法若干问题的意见》的规定，柯某获取的均为上海地区的业主信息，遂对柯某立案侦查。

二、诉讼过程

2017年11月17日，金山分局以柯某涉嫌侵犯公民个人信息罪向上海市金山区人民检察院提请批准逮捕。11月24日，金山区人民检察院作出批准逮捕决定，并建议公安机关从电子数据、言词证据两方面，针对信息

---

[1] 《最高人民检察院第三十四批指导性案例（检例第140号）》，载最高人民检察院官网，https://www.spp.gov.cn/jczdal/202202/t20220221_545125.shtml，2022年9月15日访问。

性质和经营模式继续取证。公安机关根据建议，一是调取了完整的运营数据库进行鉴定，确认了信息数量；二是结合"房利帮"网站员工证言，进一步向柯某确认了该公司是由其个人控制经营，以有偿获取、出售个人信息为业，查明本案属自然人犯罪而非单位犯罪。2018年1月19日，金山分局将本案移送审查起诉。经退回补充侦查并完善证据，查清了案件事实。一是对信息数据甄别去重，结合网站的资金支出和柯某供述，进一步明确了有效业主房源信息的数量；二是对相关业主开展随机调查，证实房产中介人员向"房利帮"网站上传信息未经业主事先同意或者另行授权，以及业主在信息泄露后频遭滋扰等情况。7月27日，金山区人民检察院以柯某涉嫌侵犯公民个人信息罪提起公诉。2019年1月16日，上海市金山区人民法院依法公开开庭审理本案。审理中，柯某及其辩护人对柯某的业务模式、涉案信息数量等事实问题无异议，但认为柯某的行为不构成犯罪。辩护人提出，第一，房源信息是用于房产交易的商用信息，部分信息没有业主实名，不属于刑法保护的公民个人信息；第二，网站的房源信息多由房产中介人员上传，房产中介人员获取该信息时已得到业主许可，系公开信息，网站属合理使用，无须另行授权；第三，网站对信息核实后，将真实房源信息整合，主要向房产中介人员出售，促进房产交易，符合业主意愿和利益。公诉人答辩指出，柯某的行为依法构成犯罪。第一，业主房源信息中的门牌号码、业主电话，组合后足以识别特定自然人，且部分信息有业主姓名，符合刑法对公民个人信息的界定；第二，业主委托房产中介时提供姓名、电话等，目的是供相对的房产中介提供服务时联系使用，不能以此视为业主同意或者授权中介对社会公开；第三，柯某安排员工冒充房产中介向业主核实时，仍未如实告知信息获取的途径及用途。而且，该网站并不从事中介业务帮助业主寻找交易对象，只是将公民个人信息用于倒卖牟利。2019年12月31日，金山区人民法院作出判决，采纳金山区人民检察院指控的犯罪事实和意见，以侵犯公民个人信息罪判处柯某有期徒刑三年，缓刑四年，并处罚金人民币一百六十万元。宣判后，柯某未提出上诉，判决已生效。

三、典型意义

业主房源信息是房产交易信息和身份识别信息的组合，包含姓名、通信通讯联系方式、住址、交易价格等内容，属于法律保护的公民个人信息。未经信息主体另行授权，非法获取、出售限定使用范围的业主房源信息，系侵犯公民个人信息的行为，情节严重、构成犯罪的，应当依法追究刑事责任。检察机关办理案件时应当对涉案公民个人信息具体甄别，筛除模糊、无效及重复信息，准确认定侵犯公民个人信息数量。

1. 包含房产信息和身份识别信息的业主房源信息属于公民个人信息。公民个人信息，是指以电子或者其他方式记录的能够单独或者与其他信息结合识别特定自然人身份或者反映特定自然人活动情况的各种信息，包括姓名、身份证件号码、通信通讯联络方式、住址、账号密码、财产状况、行踪轨迹等。业主房源信息包括房产坐落区域、面积、租售价格等描述房产特征的信息，也包含门牌号码、业主电话、姓名等具有身份识别性的信息，上述信息组合，使业主房源信息符合公民个人信息"识别特定自然人"的规定。上述信息非法流入公共领域存在较大风险。现实生活中，被害人因信息泄露被频繁滋扰，更有大量信息进入黑灰产业链，被用于电信网络诈骗、敲诈勒索等犯罪活动，严重威胁公民人身财产安全、社会公共利益，甚至危及国家信息安全，应当依法惩处。

2. 获取限定使用范围的信息需信息主体同意、授权。对生物识别、特定身份、医疗健康、金融账户、行踪轨迹等敏感个人信息，进行信息处理须得到信息主体明确同意、授权。对非敏感个人信息，如上述业主电话、姓名等，应当根据具体情况作出不同处理。信息主体自愿、主动向社会完全公开的信息，可以认定同意他人获取，在不侵犯其合法利益的情况下可以合法、合理利用。但限定用途、范围的信息，如仅提供给中介供服务使用的，他人在未经另行授权的情况下，非法获取、出售，情节严重的，应当以侵犯公民个人信息罪追究刑事责任。

3. 认定公民个人信息数量，应当在全面固定数据基础上有效甄别。侵犯公民个人信息案件中，信息一般以电子数据形式存储，往往数据庞杂、真伪交织、形式多样。检察机关应当把握公民个人信息"可识别特定自然人身份或者反映特定自然人活动情况"的标准，准确提炼出关键性的识别要素，如家庭住址、电话号码、姓名等，对信息数据有效甄别。对包含上述信息的认定为有效的公民个人信息，以准确认定信息数量。

案例2　杜某禹侵犯公民个人信息案[①]

一、基本案情

被告人杜某禹通过植入木马程序的方式，非法侵入某省2016年普通高等学校招生考试信息平台网站，取得该网站管理权，非法获取2016年某省高考考生个人信息64万余条，并向另案被告人陈某辉出售上述信息10万余条，非法获利14100元，陈某辉利用从杜某禹处购得的上述信息，组织多人实施电信诈骗犯罪，拨打诈骗电话共计1万余次，骗取他人钱款20余万元，并造成高考考生徐某死亡。

二、诉讼过程

山东省临沂市罗庄区人民法院认为，被告人杜某禹违反国家有关规定，非法获取公民个人信息64万余条，出售公民个人信息10万余条，其行为已构成侵犯公民个人信息罪。被告人杜某禹作为从事信息技术的专业人员，应当知道维护信息网络安全和保护公民个人信息的重要性，但却利用技术专长，非法侵入高等学校招生考试信息平台的网站，窃取考生个人信息并出卖牟利，严重危害网络安全，对他人的人身财产安全造成重大隐患。据此，以侵犯公民个人信息罪判处被告人杜某禹有期徒刑六年，并处罚金人民币六万元。

三、典型意义

侵犯公民个人信息犯罪被称为网络犯罪的"百罪之源"，由此滋生了

[①] 《电信网络诈骗犯罪典型案例》，载最高人民法院官网，https://www.court.gov.cn/zixun-xiangqing-200671.html，2022年9月15日访问。

电信网络诈骗、敲诈勒索、绑架等一系列犯罪，社会危害十分严重，确有打击必要。被告人杜某禹窃取并出售公民个人信息的行为，给另案被告人陈某辉精准实施诈骗犯罪得以骗取他人钱财提供了便利条件，杜某禹应当对其出售公民个人信息行为所造成的恶劣社会影响承担相应的责任。法院在审理过程中适用《侵犯公民个人信息解释》相关规定，案件宣判后，被告人认罪服判未上诉，取得了良好的法律效果和社会效果。

【关联规定】

《中华人民共和国刑法》第二百五十三条之一【侵犯公民个人信息罪】，《中华人民共和国民法典》第一百一十一条、第一千零三十二条至第一千零三十九条，《中华人民共和国网络安全法》第四十条至第四十五条，《中华人民共和国治安管理处罚法》第四十二条，《中华人民共和国个人信息保护法》，《最高人民法院、最高人民检察院关于办理侵犯公民个人信息刑事案件适用法律若干问题的解释》，《最高人民法院、最高人民检察院、公安部关于办理电信网络诈骗等刑事案件适用法律若干问题的意见》三，《最高人民法院、最高人民检察院、公安部关于办理电信网络诈骗等刑事案件适用法律若干问题的意见（二）》五，《电信和互联网用户个人信息保护规定》第一条至第十八条，《互联网信息服务算法推荐管理规定》第一条至第七条

【条文内容】

> **第三十条 【专业化反诈宣传与警示要求】** 电信业务经营者、银行业金融机构、非银行支付机构、互联网服务提供者应当对从业人员和用户开展反电信网络诈骗宣传，在有关

> 业务活动中对防范电信网络诈骗作出提示，对本领域新出现的电信网络诈骗手段及时向用户作出提醒，对非法买卖、出租、出借本人有关卡、账户、账号等被用于电信网络诈骗的法律责任作出警示。
>
> 　　新闻、广播、电视、文化、互联网信息服务等单位，应当面向社会有针对性地开展反电信网络诈骗宣传教育。
>
> 　　任何单位和个人有权举报电信网络诈骗活动，有关部门应当依法及时处理，对提供有效信息的举报人依照规定给予奖励和保护。

【条文主旨】

本条规定的是电信、银行金融机构、非银行支付机构及互联网服务提供者以及大众传媒应当尽到反电信网络诈骗警示提示宣传义务。

【适用指南】

近年来，随着电信网络诈骗逐步呈现出专业化、多元化、跨平台化、跨地域化甚至跨国际等新特点，使得有关方面针对网络诈骗的打击和治理面临着极大的挑战。在诈骗手法快速迭代，"精准诈骗"成为常态化手段的今天，再靠传统说教式的教育防范手段已经无法达到最佳效果。必须研究电信网络诈骗高频率发生场景，有针对性地施策防范，才能收到满意效果。如电信网络诈骗针对普通大众的场景化诈骗日益普遍，有的诈骗甚至会有一整套话术系统或者"剧本"。例如，通过居委会工作人员的名义添加好友建群，或者通过银行、证券公司客户经理、小区物业管理、新房装修、汽车4S店经理、高考入学顾问、小升初、中考服务、物流、快递、外卖服务等名义添加好友建群，进行日常事务通知、活动介绍，逐渐建立互信关系，最终目的是实施电信网络诈骗。又如，在不同时间段针对特定人群的精准诈骗。如房价出现波动时期针对房产的诈骗活动高发；大、中、小学入学时段，五一、国庆婚庆活动较多时期针对入学、婚庆的诈骗活动高发；各类市场主体集中年报工作启动，涉及有关工商执照换领、注销以及变更等诸多事项集中进行，这时出现针对企业主的"工商执照换领诈骗"；清明节、春节等法定假期，是私家车主跨地区出行高峰期，以私家车主电子不停车收费系统（ETC）用户为目标的电信网络诈骗案件集中发生。这种情况下，只依靠泛化的一般意义上的诈骗防范手法已经没有针对性。为此，就需要开展有针对性、专业化的防范宣传教育和警示。本条要求电信业务经营者、银行业金融机构、非银行支付机构、互联网服务提供者，首先要加强对本单位从业人员的反电信网络诈骗宣传教育，教育他们加强行业自律，不做行业"内鬼"，同时在工作中切实提高警惕，及时提醒客户加强自身防范，用实际案例宣传教育客户；要持续不断地向用户开展反电信网络诈骗宣传，在有关业务活动中对防范电信网络诈骗作出提示，对非法买卖、出租、出借本人有关卡、账户、账号等被用于电信网络诈骗的法律责任作出警示，可以通过日常监管、技术手段监控实现早发现、及时采取必要措施；可以通过建立相关有效模型，模拟诈骗团伙针对易受骗人群发送刷单点赞诈骗私信，引导易受骗人群参与活动，体验从收到诈骗私信、点击链接参与刷单点赞活动、发现无法提现等诈骗流程，从而实现防骗反诈教育提醒。

新闻、广播、电视、文化、互联网信息服务等单位，应当有针对性地面向社会开展反电信网络诈骗宣传教育防范。充分发挥新闻、广播、电视、文化、互联网信息服务媒体的宣传作用，通过各种舆论宣传工具，对用户进行个人信息保护知识的宣传，提高公民对个人信息安全的认识和重视程度，树立公民保护个人信息、尊重他人个人信息的理念。

打击防范电信网络诈骗犯罪，唯有从最根本之处打下扎实的反诈"基本盘"，才能让既有的以"宣防、劝阻、管控、治理、打击"为主要手段的反诈组合拳发挥现实作用。第一，在普法教育上，让每个容易误入电信网络诈骗深渊的人，特别是年轻人，接受了实效性更强的普法教育，深刻认识到以"高薪"和"兼职"为诱饵的"出借出租账户"等行为的不当性，最大限度地压降潜在电信网络诈骗从业人群。第二，在信息公开上，不断加强对买卖账户，出借出租金融账户、手机号码、身份证、工商执照等行为惩戒公开的力度和广度，形成以案释法的强有力震慑。通过大量的实际案例，以及劝阻成功案例分析出，构建一套以风险为本的有效打防管控体系。第三，进一步提高防范电信网络诈骗宣传教育的有效性。一方面，通过针对不同时间、节假日，不同人群集中办理特定事项等，要求执法、监管、金融机构以及市场主体等根据自身业务和职责特点，动态建立电信网络诈骗防范宣传和风险提示机制。在不增加义务机构现有宣传义务和投入成本的基础上，调整宣传策略。例如，ETC类风险事件，主要集中在ETC市场占有率高的银行的持卡用户群。银行作为防范电信网络诈骗宣传的重要窗口，在节假日前进行相关宣传和风险防范准备，将会有良好的效果。另一方面，调整优化风险提示渠道，在原有电话、短信、公告等形式的基础上，通过普及率较高的社交软件、短视频平台实时前置风险提示，避免将所有压力传导集中到金融机构。通过建立精准有效灵活的新型打防管控体系，坚持以人民为中心，统筹发展和安全，努力建设更高水平的平安中国和法治中国。第四，要营造好人人勇于与电信网络诈骗作斗争的良好氛围。任何单位和个人有权举报电信网络诈骗活动，有关部门应当依法及时处理，对提供有效信息的举报人依照规定给予奖励和保护，从而形成电信网络诈骗如"过街老鼠，人人喊打"的局面。

【典型案例】

周某平、施某青帮助信息网络犯罪活动案[①]

一、基本案情

被告人周某平，系某通信公司宽带营业网点负责人；被告人施某青，系某通信公司驻某大学营业网点代理商工作人员。

2019年上半年起，被告人周某平在网上获悉他人求购宽带账号的信息后，向施某青提出购买需求。施某青利用负责面向在校学生的"办理手机卡加1元即可办理校园宽带"服务的工作便利，在学生申请手机卡后，私自出资1元利用申请手机卡的学生信息办理校园宽带账号500余个，以每个宽带账号人民币200元的价格出售给周某平，周某平联系买家出售。周某平、施某青作为电信行业从业人员，明知宽带账号不能私下买卖，且买卖后极有可能被用于电信网络诈骗等犯罪，仍私下办理并出售给上游买家。同时，为帮助他人逃避监管或规避调查，两人还违规帮助上游买家架设服务器，改变宽带账号的真实IP地址，并对服务器进行日常维护。周某平、施某青分别获利人民币8万余元、10万余元。经查，二人出售的一校园宽带账号被他人用于电信网络诈骗，致一被害人被骗人民币158万余元。

二、诉讼过程

2021年6月4日，公安机关以周某平、施某青涉嫌帮助信息网络犯罪活动罪移送人民检察院起诉。同年6月30日，检察机关对周某平、施某青以帮助信息网络犯罪活动罪提起公诉。同年7月12日，人民法院以帮助信息网络犯罪活动罪判处周某平有期徒刑八个月，并处罚金人民币一万元；判处施某青有期徒刑七个月，并处罚金人民币一万元。被告人未上

[①] 《检察机关打击治理电信网络诈骗及关联犯罪典型案例》，载最高人民检察院官网，https://www.spp.gov.cn/spp/xwfbh/wsfbt/202204/t20220421_554307.shtml#2，2022年9月15日访问。

诉，判决已生效。针对本案办理中所暴露的宽带运营服务中的管理漏洞问题，检察机关主动到施某青所在通信公司走访，通报案件情况，指出公司在业务运营中所存在的用户信息管理不严、业务办理实名认证落实不到位等问题，建议完善相关业务监管机制，加强用户信息管理。该公司高度重视，对涉案的驻某高校营业厅处以年度考评扣分的处罚，并规定"1元加购宽带账户"的业务必须由用户本人到现场拍照确认后，方可办理。检察机关还结合开展"反诈进校园"活动，提示在校学生加强风险意识，防范个人信息泄露，重视名下个人账号管理使用，防止被犯罪分子利用。

三、典型意义

本案是通信公司内部人员为他人逃避监管或者规避调查，非法办理、出售网络宽带账号，情节严重的情形，其行为均构成帮助信息网络犯罪活动罪，应当依法打击、严肃惩处。检察机关要会同相关部门规范电信运营服务、严格内部从业人员管理。加强校园及周边综合治理，深化法治宣传教育，共同牢筑网络安全的校园防线。

1. 非法买卖宽带账号并提供隐藏 IP 地址等技术服务，属于为网络犯罪提供技术支持或帮助，应当依法从严惩治。宽带账号直接关联用户网络个人信息，关系到互联网日常管理维护，宽带账号实名制是互联网管理的一项基本要求。电信网络从业人员利用职务便利，冒用校园用户信息开通宽带账户倒卖，为犯罪分子隐藏真实身份提供技术支持帮助，侵犯用户的合法权益、影响网络正常管理，也给司法办案制造了障碍。对于上述行为，情节严重的，构成帮助信息网络犯罪活动罪，应当依法追诉；对于行业内部人员利用工作便利实施上述行为的，依法从严惩治。

2. 规范通信运营服务，严格行业内部人员管理，加强源头治理，防范网络风险。加强通信行业监管是打击治理电信网络诈骗的重要内容。网络黑灰产不断升级发展，给电信行业监管带来不少新问题。对此，检察机关要结合办案所反映出的风险问题，会同行业主管部门督促业内企业严格落实用户实名制，规范用户账号管理；建立健全用户信息收集、使用、保密管理机制，及时堵塞风险漏洞，对于频繁应用于诈骗等违法犯罪活动的高风险业务及时清理规范。要督促有关企业加强对内部人员管理，加大违法违规案例曝光力度，强化警示教育，严格责任追究，构筑企业内部安全"防火墙"。

3. 加强校园及周边综合治理，深化法治宣传教育，共同牢筑网络安全的校园防线。当前，校园及周边电信网络诈骗及其关联案件时有发生，一些在校学生不仅容易成为诈骗的对象，也容易为了眼前小利沦为诈骗犯罪的"工具人"。要深化检校协作，结合发案情况，深入开展校园及周边安全风险排查整治，深入开展"反诈进校园"活动，规范校园内电信、金融网点的设立、运营，重视加强就业兼职等重点领域的法治教育。

【关联规定】

《中华人民共和国网络安全法》第十九条，《互联网信息服务算法推荐管理规定》第四条至第九条、第十四条至第三十三条，《中国人民银行关于加强支付结算管理防范电信网络新型违法犯罪有关事项的通知》，《中国人民银行关于进一步加强支付结算管理防范电信网络新型违法犯罪有关事项的通知》，《关于银行业打击治理电信网络新型违法犯罪有关工作事项的通知》，《中国人民银行、公安部对买卖银行卡或账户的个人实施惩戒的通知》

【条文内容】

> **第三十一条 【禁止为电信网络诈骗提供任何帮助】**任何单位和个人不得非法买卖、出租、出借电话卡、物联网卡、电信线路、短信端口、银行账户、支付账户、互联网账号等，不得提供实名核验帮助；不得假冒他人身份或者虚构代理关系开立上述卡、账户、账号等。

> 对经设区的市级以上公安机关认定的实施前款行为的单位、个人和相关组织者,以及因从事电信网络诈骗活动或者关联犯罪受过刑事处罚的人员,可以按照国家有关规定记入信用记录,采取限制其有关卡、账户、账号等功能和停止非柜面业务、暂停新业务、限制入网等措施。对上述认定和措施有异议的,可以提出申诉,有关部门应当建立健全申诉渠道、信用修复和救济制度。具体办法由国务院公安部门会同有关主管部门规定。

【条文主旨】

本条是关于禁止为电信网络诈骗提供通信、账户等"两卡"支持的细化规定。

【适用指南】

电信网络诈骗案件中,需要重点解决的一个问题,就是犯罪分子所使用的犯罪工具问题。由于电信网络诈骗的犯罪手段采取的是非接触、远程的方式,其基本犯罪工具是非实名的通信账户、银行卡、支付账户,包括电话卡、电信线路、短信端口、物联网卡、银行账户、支付账户、互联网账号以及虚拟币、"猫池"等支付手段,甚至涵盖了提供实名验证服务,由自己开办后出售、出租、出借给犯罪分子的包括信用卡、身份信息、U盾、网银的"四件套"。这些账户因其并非犯罪分子真实姓名下所有,因而犯罪分子的诈骗活动难以被发现、追踪、查证,既难以在案发后及时有效获取证据,又难以对被骗财物追回挽损,增加了打击和防范电信网络诈骗犯罪的难度。究其原因,是大量通信账户、支付账户被出租、出售后用于犯罪。手机卡、银行卡买卖、租用导致的"实名不实人"问题,很可能被用于电信诈骗、网络贩毒、网络赌博等犯罪。如果有人出售了自己的电话卡、银行卡、对公账户,很可能会被卡贩子层层转卖,最终被诈骗集团用于实施诈骗或洗钱,难以追踪和打击。同时,这种行为本身也可能涉嫌帮助信息网络犯罪活动罪,应当承担刑事责任。现实生活中,存在大量人员为获得蝇头小利而出租出售自己的上述账户,最终因构成犯罪被追究刑事责任,有些还是在校学生、未成年人,教训深刻,令人痛心。为此,2020年10月10日,国务院打击治理电信网络新型违法犯罪工作部际联席会议召开全国"断卡"行动部署会议,决定在全国范围内部署开展以打击、治理、惩戒开办贩卖"两卡"违法犯罪团伙为主要内容的"断卡"行动。[1]"断"是指斩断电话卡、银行卡的买卖链条,斩断诈骗集团的"信息流和资金流",铲除电信网络诈骗、跨境赌博犯罪滋生的土壤。"卡",一是指银行卡,既包括个人银行卡、个人支付账户、单位银行账户、结算卡等,也包括非银行支付机构账户,即人们平时使用的第三方支付。二是指电话卡,指三大运营商发行的手机卡、虚拟运营商发行的电话卡和物联网卡等。在国务院打击治理电信网络新型违法犯罪工作部际联席会议办公室的统一部署下,"断卡"行动深入推进,打击整治成效日益明显,有力遏制了电信网络诈骗犯罪持续高发的势头,也为打击与防范电信网络诈骗犯罪积累了丰富的经验。"断卡"行动集中侦破了一批电信网络诈骗"两卡"违法犯罪案件,集中整治了开办贩卖手机卡、物联网卡、个人银行卡、对公账户及结算卡、非银行支付机构账户,集中曝光了一批开办"两卡"较多的通信运营商和银行网点,集中惩戒了一批涉"两卡"违法失信单位和人员,推动完善刑事、行政、民事、惩戒处理体系,有力遏制了涉"两卡"违法犯罪活动。行动期间,各地各部门将宣传防范工作贯穿始终,曝光企业"内鬼",公开被惩戒人员,营造全国严治社会氛围,

---

[1] 《国务院打击治理电信网络新型违法犯罪工作部际联席会议决定在全国范围内开展"断卡"行动》,载中国政府网,http://www.gov.cn/xinwen/2020-10/11/content_5550326.htm,2022年9月12日访问。

进一步丰富载体推进"全民反诈"。各地反诈中心会同公安、检察、法院融媒体中心开展"全覆盖"式媒体网络，发出《防骗手册》等助力防范电信网络诈骗，持续营造"全民反诈"热潮，"断卡"行动中的一些经验做法，如对经设区的市级以上公安机关认定的实施为电信网络诈骗提供帮助行为的单位、个人和相关组织者，以及因从事电信网络诈骗活动或者关联犯罪受过刑事处罚的人员，可以按照国家有关规定记入信用记录，采取限制其有关卡、账户、账号等功能和停止非柜面业务、暂停新业务、限制入网等措施，为此次立法所吸收，这无疑对打击防范电信网络诈骗犯罪将起到重要的作用。当然，对上述认定和措施有异议的，可以提出申诉，有关部门应当建立健全申诉渠道、信用修复和救济制度。具体办法由国务院公安部门会同有关主管部门规定。

适用此条，需要理解禁止为电信网络诈骗活动提供相应帮助，尤其是提供"两卡"以及为打击上述行为而采取限制其有关卡、账户、账号等功能和停止非柜面业务、暂停新业务、限制入网等措施的意义所在。非法提供"两卡"的危害性具体表现在：一是严重损害人民群众的合法利益。"两卡"是当前电信网络诈骗犯罪的必备工具。每年因遭受电信诈骗而导致的悲剧时有发生，对社会治安和家庭幸福造成了严重威胁。二是危害国家安全。非法买卖"两卡"不仅是电信网络诈骗犯罪的根源，也大量滋生恐怖、毒品、跨境赌博、经济犯罪等各类违法犯罪，严重危害国家安全。三是侵蚀社会诚信根基。非法开办贩卖"两卡"主要是学生、农民等群体。这类群体辨别是非能力较差，容易受犯罪分子蛊惑蒙蔽。"两卡"问题如不及时遏止，将严重败坏社会风气，动摇社会诚信根基。"断卡"行动中，打击的重点对象包括开卡团伙，即自行或组织前往银行、运营商或通过信息化手段开办银行卡、电话卡的人员；带队团伙，即在各类群组等发布收购银行卡、电话卡信息，与开卡团伙交易，支付费用后将"两卡"交给收卡团伙的人员；收卡团伙，即接收带队团伙的银行卡、电话卡，交送贩卡团伙的人员；贩卡团伙，即接收全国各地收卡团伙的银行卡、电话卡，层层贩卖赚取差价的人员。整治的重点内容包括"两卡"犯罪活动猖猡的开办地、涉案"两卡"人员较多的户籍地、涉案"两卡"较多的运营商和银行营业网点。

根据《中国人民银行关于进一步加强支付结算管理 防范电信网络新型违法犯罪的通知》规定，中国人民银行、公安部依法加大买卖银行账户和支付账户、冒名开户惩戒力度，主要措施包括：

1. 限制业务

为提升不法分子和相关单位、个人的违规成本，自 2017 年 1 月 1 日起，银行和支付机构对经设区的市级及以上公安机关认定的出租、出借、出售、购买银行账户（含银行卡，下同）或支付账户的单位和个人，组织购买、出租、出借、出售银行账户或支付账户的单位和个人，假冒他人身份或者虚构代理关系开立银行账户或支付账户的单位和个人，5 年内停止其银行账户非柜面业务、支付账户所有业务，3 年内不得为其新开立账户。同时，人民银行还将上述单位和个人信息移送金融信用信息基础数据库并向社会公布。该项措施将限制违规单位和个人新开账户，限制其参与社会经济活动的便利性，影响其征信记录，违规成本大幅增加，将对不法分子和违规单位、个人起到强有力的震慑作用。

根据公安机关反映的情况，不法分子通常利用个人出售或遗失的居民身份证开立大量账户，用于实施电信网络新型违法犯罪，通过分散资金、迅速转移等手法打乱资金交易路径，阻碍公安机关追查。除涉案账户外，不法分子通常还掌握大量同一开户人名下的多个账户，一旦涉案账户被冻结，还可以继续使用其他账户实施诈骗，这对于社会公众以及开户人本人都存在较大的威胁，暂停涉案账户开户人名下所有账户，能够及时阻断不法分子继续转移资金。另外，这项措施对个人也是一种保护，提醒其身份已经被不法分子冒用于违法犯罪，有必要及时与银行主动确认、停止相关账户的使用，避免违法犯罪活动侵犯其权益或者承担连带法律责任。为此，对于涉案账户开户人名下的其他账户，银行和支付机构应当通知开户人重新核实身份。开户人未在 3 日内到银行柜面或者向支付机构重新核实身份的，银行应当对账户开户人名下所有账户暂停非柜面业务，支付机构应当对账户开户人名下所有账户暂停业务，重新核实身份后，账户使用恢复正常。

为减少对因身份证件遗失而被不法分子冒名开户的个人的影响，《中国人民银行关于进一步加强支付结算管理 防范电信网络新型违法犯罪的通知》保留了个人通过银行柜面办理业务的渠道，且个人向银行和支付机构重新核实身份后即可恢复账户使用。同时，规定如个人确认被冒名开户的，向银行和支付机构出具被冒用身份开户并同意销户的声明后即可销户。

银行和支付机构对经设区的市级及以上公安机关认定的出租、出借、出售、购买银行账户（含银行卡）或者支付账户的单位和个人及相关组织者，假冒他人身份或者虚构代理关系开立银行账户或者支付账户的单位和个人，5年内暂停其银行账户非柜面业务、支付账户所有业务，并不得为相关个人新开立账户。惩戒期满后，受惩戒的单位和个人申请办理新开立账户业务的，银行和支付机构应加大审核力度。

2. 信用惩戒

为发挥信用惩戒作用，《严重违法失信企业名单管理暂行办法》要求，工商行政管理部门将严重违法失信企业名单信息与其他政府部门互联共享，实施联合惩戒。《中国人民银行关于进一步加强支付结算管理 防范电信网络新型违法犯罪的通知》规定，被纳入"严重违法失信企业名单"的企业，银行和支付机构不得为其开户，配合工商行政管理部门实施信用约束、联合惩戒。

3. 刑事处罚

出租、出借、出售和买卖银行账户的行为还可能触犯法律，涉嫌帮助信息网络犯罪活动罪、妨害信用卡管理罪等罪名，人民法院、检察院将依法从快从严惩处。无法刑事处罚的，公安机关将按照治安处罚法等顺格处理。

在办理涉本条案件中，除了上述内容之外，还需要关注以下几个方面：

一要注意全面收集证据，准确证明犯罪事实。尤其是有关犯罪主观方面，要全面收集证据，综合审查判断主观故意。要高度重视犯罪嫌疑人主观故意方面证据的收集、审查和认定，依法准确适用帮助信息网络犯罪活动罪相关法律条款。要准确把握《最高人民法院、最高人民检察院关于办理非法利用信息网络、帮助信息网络犯罪活动等刑事案件适用法律若干问题的解释》第十一条之规定，实践中，对于多次出租、出售信用卡或者出租、出售多张信用卡的，结合其认知能力、既往经历、生活环境、交易对象等情况，可以认定行为人明知他人利用信息网络实施犯罪。对于犯罪嫌疑人提出的主观明知方面的辩解，要高度重视、认真查证、综合认定。对于出租、出售信用卡达不到多次、多张的，认定构成犯罪要特别慎重。认定行为人是否"明知"他人利用信息网络实施犯罪，应当坚持主客观相一致原则，即要结合行为人的认知能力、既往经历、交易对象、与信息网络犯罪行为人的关系、提供技术支持或者帮助的时间和方式、获利情况，出租、出售"两卡"的次数、张数、个数，以及行为人的供述等主客观因素，同时注重听取行为人的辩解并根据其辩解合理与否，予以综合认定。司法办案中既要防止片面倚重行为人的供述认定明知；也要避免简单客观归罪，仅以行为人有出售"两卡"行为就直接认定明知。特别是对于交易双方存在亲友关系等信赖基础，一方确系偶尔向另一方出租、出售"两卡"的，要根据在案事实证据，审慎认定"明知"。在办案过程中，可着重审查行为人是否具有以下特征及表现，综合全案证据，对其构成"明知"与否作出判断：（1）跨省或多人结伙批量办理、收购、贩卖"两卡"的；（2）出租、出售"两卡"后，收到公安机关、银行业金融机构、非银行支付机构、电信服务提供者等相关单位部门的口头或书面通知，告知其所出租、出售的"两卡"涉嫌诈骗、洗钱等违法犯罪，行为人未采取补救措施，反而继续出租、出售的；（3）出租、出售的"两卡"因涉嫌诈骗、洗钱等违法犯罪被冻结，又帮助解冻，或者注销旧卡、办理新卡，继续出租、出售的；（4）出租、出售的具有支付结算功能的网络账号因涉嫌诈骗、洗钱等违法犯罪被查封，又帮助解封，继续提供给他人使用的；（5）频繁使用隐蔽上网、加密通信、销毁数据等措施或者使用虚假身份，逃避监管或者规避调查的；（6）事先串通设计应对调查的话术口径的；（7）曾因非法交易"两卡"受过处罚或者信用惩戒、训诫谈话，又收购、出售、出租"两卡"的。

二要坚持主客观相统一，准确认定犯罪情节。对于涉"两卡"案件，要全面收集主客观证据，加强对"两卡"交易细节、流向用途和造成后果的查证。对于明知他人利用信息网络实施犯罪向三个以上的个人（团伙）出租、出售电话卡、信用卡，被帮助对象实施的诈骗行为均达到犯罪程度的；或者出租、出售的信用卡被用于实施电信网络诈骗，达到犯罪程度，该信用卡内流水金额超过三十万元的；或者利用被出租、出售的电话卡、信用卡实施的电信网络诈骗犯罪，造成被害人及其近亲属死亡、重伤、精神失常的，按照符合《最高人民法院、最高人民检察院关于办理非法利用信息网络、帮助信息网络犯罪活动等刑事案件适用法律若干问题的解释》第十二条规定的"情节严重"处理。行为人出售、出租以自己真实身份信息办理的银行卡或收购他人以真实身份信息办理的银行卡并提供给信息网络犯罪分子使用，情节严重的，可以帮助信息网络犯罪活动罪定罪处罚；如能进一步认定行为人与电信网络诈骗分子有共谋或其他帮助行为，已经形成共犯关系的，应择一重罪，以诈骗罪共犯处理。对于收购他人以真实身份信息办理的银行卡并提供给信息网络犯罪分子使用的行为，不宜以收买、非法提供信用卡信息罪定罪处罚。窃取、收买非法提供信用卡信息罪规制的犯罪行为是指行为人窃取、收买发卡代码、持卡人账户、账号、密码等信用卡信息资料，或者是将自己合法持有的上述信用卡信息资料非法提供给他人，被用于伪造出可用于交易的信用卡。若能进一步认定窃取、收买、非法提供信用卡信息资料的行为人与伪造信用卡、信用卡诈骗的犯罪分子有共谋及其他行为，已经形成共犯关系的，应择一重罪，以伪造金融凭证罪、信用卡诈骗罪的共犯处理。

三要正确区分帮助信息网络犯罪活动罪，掩饰、隐瞒犯罪所得、犯罪所得收益罪与诈骗罪的界限。在办理涉"两卡"犯罪案件中，存在准确界定前述三个罪名之间界限的问题。应当根据行为人的主观明知内容和实施的具体犯罪行为，确定其行为性质。以信用卡为例：（1）明知他人实施电信网络诈骗犯罪，参加诈骗团伙或者与诈骗团伙之间形成较为稳定的配合关系，长期为他人提供信用卡或者转账取现的，可以诈骗罪论处。（2）行为人向他人出租、出售信用卡后,在明知是犯罪所得及其收益的情况下,又代为转账、套现、取现等,或者为配合他人转账、套现、取现而提供刷脸等验证服务的,可以掩饰、隐瞒犯罪所得、犯罪所得收益罪论处。(3)明知他人利用信息网络实施犯罪,仅向他人出租、出售信用卡,未实施其他行为,达到情节严重标准的,可以帮助信息网络犯罪活动罪论处。

四要注意收购、出售、出租信用卡的行为性质认定,可否以窃取、收买、非法提供信用卡信息罪追究刑事责任的问题。《刑法修正案(五)》设立了窃取、收买、非法提供信用卡信息罪,主要考虑是:利用信用卡信息资料复制磁条卡的问题在当时比较突出,严重危害持卡人的财产安全和国家金融安全,故设立本罪,相关司法解释将本罪入罪门槛规定为1张(套)信用卡。其中的"信用卡信息资料",是指用于伪造信用卡的电子数据等基础信息,如有关发卡行代码、持卡人账户、密码等内容的加密电子数据。在"断卡"行动破获的此类案件中,行为人非法交易信用卡的主要目的在于直接使用信用卡,而非利用其中的信息资料伪造信用卡。故当前办理"断卡"行动中的此类案件,一般不以窃取、收买、非法提供信用卡信息罪追究刑事责任。

五要准确认定收购、出售、出租信用卡"四件套"行为的处理。行为人收购、出售、出租信用卡"四件套"(一般包括信用卡,身份信息,U盾,网银),数量较大的,可能同时构成帮助信息网络犯罪活动罪、妨害信用卡管理罪等。"断卡"行动中破获的此类案件,行为人收购、出售、出租的信用卡"四件套",主要流向电信网络诈骗犯罪团伙或人员手中,用于非法接收、转移诈骗资金,一般以帮助信息网络犯罪活动罪论处。对于涉案信用卡"四件套"数量巨大,同时符合妨害信用卡管理罪构成要件的,择一重罪论处。

六要注意出租、出售的信用卡被用于实施电信网络诈骗,达到犯罪程度,该信用卡内流水金额超过三十万元的,依法定罪处罚。在适用时应把握单向流入涉案信用卡中的资金超过三十万元,且其中至少三千元经查证系涉诈骗资金。行为人能够说明资金合法来源和性质的,应当予以扣除。以上述情形认定行为"情节严重"的，要注重审查行为人的主观明知程度，出租、出售信用卡的张数、次数，非法获利的数额以及造成的其他严重后果，综合考虑与《最高人民法院、最高人民检察院关于办理非法利用信息网络、帮助信息网络犯罪活动等刑事案件适用法律若干问题的解释》第十二条第一款其他项适用的相当性。行为人出租、出售的信用卡被用于接收电信网络诈骗资金，但行为人未实施代为转账、套现、取现等行为，或者未实施为配合他人转账、套现、取现而提供刷脸等验证服务的，不宜认定为该解释第十二条第一款第二项规定的"支付结算"行为。该解释第十二条第一款第四项所规定"违法所得一万元"中的"违法所得"，应理解为行为人为他人实施信息网络犯罪提供帮助，由此所获得的所有违法款项或非法收入。行为人收卡等"成本"费用无须专门扣除。

七要注意刑事政策的把握。要坚持依法从严惩处和全面惩处的方针，坚决严惩跨境电信网络诈骗犯罪集团和人员、贩卖"两卡"团伙头目和骨干、职业"卡商"、行业"内鬼"等。同时，还应当注重宽以济严，对于初犯、偶犯、未成年人、在校学生，特别是其中被胁迫或蒙骗出售本人名下"两卡"，违法所得、涉案数额较少且认罪认罚的，以教育、挽救为主，落实"少捕慎诉慎押"的刑事司法政策，可以依法从宽处理，确保社会效果良好。

通过"断卡"行动，也暴露出在"两卡"治理、刑事打击、宣传教育方面存在的问题。针对"两卡"案件治理的对策建议，一是完善立法和加强案例指导工作。实践中各地"两卡"类犯罪态势、入罪门槛不尽相同，对于需要"全链条"打击的案件，往往会遭遇管辖、证据标准、罪名认定、数额认定等各类问题。对于管辖问题，《最高人民法院、最高人民检察院、公安部关于办理电信网络诈骗等刑事案件适用法律若干问题的意见（二）》进一步扩大了电信网络诈骗犯罪管辖的范围，确保了对关联犯罪的全链条整治，并对实践中"帮信"罪，掩饰、隐瞒犯罪所得罪，妨害信用卡管理罪等罪名适用争议问题进行了回应。但由于法律规定的抽象性及个案的复杂性，规则的准确适用仍需要在个案中体现，比较有效的方法，第一，是加强案例指导；第二，是完善立法，如将电信诈骗等纳入洗钱罪的上游犯罪同时结合数据分析，进一步明确"帮信"罪的量刑标准，以求形成司法实务经验。此次反电信网络诈骗立法，解决了立法层面的问题。

二是建立健全银行金融机构交易监测和风险防控机制。各地区人民银行应督促商业银行落实央行关于支付结算管理的相关规定，健全账户实名认证机制，严格落实账户实名制要求，强化企业银行结算账户管理，建立健全异常交易监测和风险预警防控系统；督促商业银行自查多次开办、挂失补办、注销并新开办银行账户（卡）或支付账户等异常情况线索及高危可疑账户信息，整理报送公安机关开展大数据分析；对涉案银行卡、对公账户、支付账户开展倒查工作，对未尽到审核义务的银行营业网点、支付机构、内部人员，依法依规处罚，限期整改；落实新开账户单位、个人的法律责任书面告知程序，明确告知非法出租、出借、出售银行卡、对公账户是违法犯罪行为及需要承担的法律责任；落实7×24小时紧急联系人机制，协助公安机关开展查询、止付和快速冻结工作。

三是电信运营商应落实行业监管职责，强化风险防控，填补监管漏洞。电信运营商应更加严格落实电话号码实名制；自查一年内多次开办、补办、注销并新办手机卡等异常情况线索，整理报送公安机关开展大数据分析；落实新开手机卡法律责任书面告知程序，对违反相关规定开办电话卡、手机卡的营业网点，按照有关规定给予处罚；加强技术防范手段研究，更新升级已有的诈骗电话防范系统等，全面提升系统的监测防范、综合分析和预警处置能力，积极推动技术反制能力从电信网向互联网延伸覆盖；落实行业监管职责，加强系统风控管理，通过自查自纠发现行业监管漏洞，提升发现和管控涉诈手机卡的能力。

四是政府相关部门应加强联动，形成联席办协调、公安牵头、相关部门协作配合的整体"断卡"专项打击格局。政府各部门应建立多部门跨界联动的防范治理体系，并将"断卡"行动纳入平安建设考评项目。宣传部门协调媒体加强公益宣传，通过电视等多种渠道，及时揭露诈骗的新手法，提升群众安全防范意识，对开办涉案"两卡"较多的营业网点、纳入惩戒的"两卡"人员进行曝光，形成震慑；市场监管部门应强化企业注册审核力度，梳理可疑登记信息线索，及时报送有关部门，并督促电商平台对商户及商品进行全面排查，清理可疑高危商户；邮政部门严格落实快递行业实名制以及验视工作，及时发现并向公安机关报告夹带"两卡"行为；教育部门联合公安部门开展校园反诈宣传工作，将出售、贩卖"两卡"的危害、法律责任传达到位，杜绝非法"两卡"其他涉诈虚拟账号从校园流出。此外，建议加强市场监督管理局、银保监会等职能部门的业务衔接、监管协同，实现跨区域、跨部门的数据共享、业务协同，避免犯罪嫌疑人利用监管漏洞、信息壁垒等实施"两卡"犯罪。

五是加强宣传引导，提升公众法治理念。"两卡"问题之所以会源源不断，一大原因是大众对于"两卡"犯罪的认识不足，守法意识不强。在办案中应注重预防，针对重点领域、特殊群体，加强以案释法，强化风险警示教育，特别是对老年人、大学生等特殊群体做好教育、挽救工作。建议通过普法进校园进社区、公益广告、警示短信等方式，开展教育宣传活动，并对"两卡"案件高发地区及涉案人员所在地域、场所（如高校等）等需进行重点宣传，以鲜活案例警示广大群众，延伸案件办理的社会效果。[1]

【典型案例】

案例1　涂某通、万某玲帮助信息网络犯罪活动案[2]

一、基本案情

涂某通，系某大学在校学生。万某玲，作案时系某职业技术学校在校学生，案发时系某医院员工。

---

[1] 叶玉秋、桑涛、沈盼盼：《"断卡"行动案件若干问题研究》，载《中国检察官》2021年7月（经典案例版）。

[2] 《在校学生涉"两卡"犯罪典型案例》，载最高人民检察院官网，https：//www.spp.gov.cn/spp/xwfbh/wsfbt/202106/t20210623_522065.shtml#3，2022年9月15日访问。

2018年起,涂某通明知他人利用信息网络实施犯罪,为牟取非法利益,长期收购银行卡提供给他人使用。2018年,涂某通与万某玲通过兼职认识后,涂某通先后收购了万某玲的3套银行卡(含银行卡、U盾、身份证照片、手机卡),并让万某玲帮助其收购银行卡。2019年3月至2020年1月,万某玲为牟利,在明知银行卡被用于信息网络犯罪的情况下,以亲属开网店需要用卡等理由,从4名同学处收购8套新注册的银行卡提供给涂某通,涂某通将银行卡出售给他人,用于实施电信网络诈骗等违法犯罪活动。经查,共有21名电信网络诈骗被害人向万某玲出售的上述银行卡内转入人民币207万余元。

二、诉讼过程

2020年11月3日,公安局以涂某通、万某玲涉嫌帮助信息网络犯罪活动罪移送起诉。同年12月3日,人民检察院以帮助信息网络犯罪活动罪对涂某通、万某玲提起公诉。鉴于万某玲犯罪时系在校大学生,因找兼职误入歧途而收购、贩卖银行卡,主动认罪认罚,人民检察院对其提出从轻处罚的量刑建议。涂某通在审查起诉阶段不认罪,也不供述银行卡销售去向、获利数额等情况。2020年12月31日,人民法院作出一审判决,以帮助信息网络犯罪活动罪判处涂某通有期徒刑一年四个月,并处罚金人民币一万元;判处万某玲有期徒刑十个月,并处罚金人民币五千元。涂某通、万某玲未上诉,判决已生效。针对在校大学生违法收购、贩卖银行卡用于网络犯罪的情况,人民检察院会同学校所在地检察院,向涉案学生所在高校制发检察建议,提示在校学生涉"两卡"违法犯罪风险。相关学校积极开展法治宣传,通过以案释法,加强对全校学生的教育引导。人民检察院还会同本辖区内学校开展"断卡"宣传进校园活动,将包括本案在内的多个真实案例纳入宣讲;制作"断卡"普法小漫画进行推送宣传,着力提高在校学生学法懂法、遵法守法的意识。

三、典型意义

从近年的办案情况来看,手机卡、银行卡(以下简称"两卡")已经成为电信网络诈骗犯罪分子实施诈骗、转移赃款的重要工具。为依法严厉打击非法出租、出售"两卡"违法犯罪活动，2020年10月起，最高人民法院、最高人民检察院、公安部、工业和信息化部、中国人民银行等五部门联合部署开展"断卡"行动，以斩断电信网络诈骗违法犯罪的信息流和资金链。[1] 工作中发现，部分在校学生由于社会阅历不足、法治观念淡薄，已成为非法买卖"两卡"的重要群体之一。在利益诱惑面前，有的学生迷失方向，一步步陷入违法犯罪泥潭，从办卡、卖卡发展到组织收卡、贩卡，成为潜伏在校园中的"卡商"。本案被告人即是这样的"卡商"，他们不仅出售自己的银行卡，还在学校里招揽同学出售银行卡。这些银行卡经过层层周转，落入诈骗人员等犯罪分子手中，用于流转非法资金，危害不容小觑。对于从"工具人"转变为"卡商"的在校学生，应当综合其犯罪事实、情节和认罪态度，依法追究刑事责任。对于办案中发现的在校学生涉电信网络诈骗以及"两卡"犯罪风险点，检察机关和教育部门要加强以案释法，深入校园开展形式多样的法治宣传教育活动。特别是对于案件相对多发的学校，要共同研究加强教育管理的意见，提升在校学生的风险意识和防范能力，避免成为犯罪"工具人"。办案地和学校所在地检察机关要加强沟通衔接，及时通报情况，积极提供协助，共同推动做好社会治理工作。

案例2 郭某凯、刘某学、耿某云帮助信息网络犯罪活动案[2]

一、基本案情

郭某凯，初中文化，无固定职业。刘某学，系某学院在校学生。耿某云，高中文化，无固定职业。

2020年8月，刘某学办理休学手续后去打工，在网上看到收购手机卡的信息后，办理多张手机卡出售给郭某凯所在的贩卡团伙。后为尽快挣

---

[1] 《国务院打击治理电信网络新型违法犯罪工作部际联席会议决定在全国范围内开展"断卡"行动》，载中国政府网，http://www.gov.cn/xinwen/2020-10/11/content_ 5550326.htm，2022年9月12日访问。

[2] 《在校学生涉"两卡"犯罪典型案例》，载最高人民检察院官网，https://www.spp.gov.cn/spp/xwfbh/wsfbt/202106/t20210623_ 522065.shtml#3，2022年9月15日访问。

钱，刘某学主动加入该团伙成为"收卡人"。该团伙长期收购手机卡，贩卖给电信网络诈骗等违法犯罪团伙使用。经统计，郭某凯通过自己及其下线收购、贩卖手机卡 3700 张，获利人民币 5.7 万余元；刘某学收购、贩卖手机卡 871 张，获利人民币 1.5 万余元。

2020 年 8 月 23 日，耿某云在兼职群内看到郭某凯团伙发布的收购手机卡信息后，用自己身份证办理 9 张手机卡并按照郭某凯要求交给刘某学，由刘某学验卡、拍照后通过快递寄出，耿某云获利人民币 450 元。其中一张手机卡被用于实施电信网络诈骗犯罪，导致一名被害人被骗人民币 35 万余元。

二、诉讼过程

2020 年 10 月 9 日和 11 月 16 日，公安局以郭某凯、刘某学、耿某云涉嫌帮助信息网络犯罪活动罪提请批准逮捕。人民检察院经审查，决定批准逮捕郭某凯、刘某学，不批准逮捕耿某云。2021 年 3 月 10 日，公安局对耿某云终止侦查，进行训诫。同年 3 月 25 日，省通信管理局对耿某云作出惩戒决定，2 年内停止新入网业务，各基础运营商只保留 1 个手机号码。有关部门向耿某云宣读省通信管理局惩戒决定。

2020 年 12 月 15 日，公安局以郭某凯、刘某学涉嫌帮助信息网络犯罪活动罪移送起诉。2021 年 1 月 12 日，人民检察院以帮助信息网络犯罪活动罪对郭某凯、刘某学提起公诉。2021 年 3 月 16 日，人民法院作出一审判决，以帮助信息网络犯罪活动罪判处郭某凯有期徒刑一年十个月，并处罚金人民币二万元；判处刘某学有期徒刑八个月，并处罚金人民币一万元。郭某凯、刘某学未上诉，判决已生效。人民检察院及时向刘某学所在学校制发检察建议，提示校方加强学生网络法治教育、严格日常管理，积极推动形成预防网络犯罪检校合力。校方高度重视，根据检察建议内容，立即下发通知，要求各系部、任课教师、辅导员强化对学生（包括因休学、实习等原因暂时不在学校的学生）的监督管理，及时了解、掌握学生动态；结合案例情况，完善思想政治、法律常识公共课程内容，有针对性地开展警示教育；积极对接当地司法机关，深入开展"法治进校园"活动，通过张贴海报、开展讲座、组织公开课等方式，推动法治教育走深走实。

三、典型意义

当前，手机卡是犯罪分子实施电信网络诈骗犯罪的重要工具。随着网络实名制要求的落实，办理银行卡、注册网络账号等基本都需要绑定实名制手机卡。司法实践中，犯罪分子为逃避打击，往往非法收购他人手机卡来实施电信网络诈骗，绕过实名制监管要求，成为网络黑灰产业链条上的重要一环。对于明知他人利用信息网络实施犯罪，仍然收购、贩卖他人手机卡的"卡头""卡商"，构成犯罪的，要依法追究刑事责任。对于仅出售自己手机卡的，一般不作为犯罪处理，但需要同步进行信用惩戒，强化教育管理。在深入推进"断卡"行动过程中，检察机关要会同相关部门综合运用好行政和刑事措施，加强行刑衔接，多管齐下，实现罚当其罪，发挥综合效应。对于涉案情节较轻不追究刑事责任的，检察机关要督促相关行政执法部门依法及时给予惩戒。既让违法者承担应有的法律责任，受到警示教育；也向社会传递依法从严惩治涉"两卡"违法犯罪、坚决遏制电信网络诈骗犯罪高发多发势头的立场，推动社会共治。教育部门和大中专、高职院校，要加强对在校学生的关心、关怀、关爱。对于休学和因各种原因未在校学生，密切与家长、学生、实习单位的沟通，详细了解休学原因、生活近况、工作实习情况等，共同加强对学生的日常教育管理。

案例3 吴某豪等9人掩饰、隐瞒犯罪所得案[①]

一、基本案情

吴某豪等9人，分别系某高校或中专在校学生。侯某，无固定职业。杨某辉，某网络公司员工。

2019年10月至12月，侯某、杨某辉伙同他人，通过发布付费交友的虚假信息，引诱被害人扫描二维码付款，并利用事先植入的软件，将实际

[①] 《在校学生涉"两卡"犯罪典型案例》，载最高人民检察院官网，https://www.spp.gov.cn/spp/xwfbh/wsfbt/202106/t20210623_522065.shtml#3，2022年9月15日访问。

扣款金额扩增至百倍，以此方式实施诈骗。为便于接收、转移赃款，杨某辉以人民币600元至1000元不等的价格，收购他人成套银行卡资料（含身份证复印件、银行卡号、手机号），用于注册商户号，并生成收款二维码，供诈骗团伙使用。其中，吴某豪等9人向杨某辉各出售一套银行卡资料。被害人扫描侯某提供的二维码付款后，资金转入对应的微信商户号，并根据后台设置于次日凌晨自动转入该商户号绑定的吴某豪等人的银行账户内。吴某豪等9人明知本人银行账户内转入资金系他人犯罪所得，仍按照杨某辉的要求通过手机银行转入指定账户，转移诈骗资金分别为人民币2.45万元至29.16万元不等。

二、诉讼过程

2020年3月19日、6月30日，公安局分别以侯某、杨某辉涉嫌诈骗罪，吴某豪等9人涉嫌掩饰、隐瞒犯罪所得罪移送起诉。同年8月3日，人民检察院以诈骗罪对侯某、杨某辉，以掩饰、隐瞒犯罪所得罪对吴某豪等9人提起公诉。2020年9月14日，人民法院作出一审判决，以诈骗罪判处侯某、杨某辉有期徒刑七年四个月和六年十个月，并处罚金人民币五万元和二万元；以掩饰、隐瞒犯罪所得罪分别判处吴某豪等9名被告人有期徒刑六个月至三年不等，均适用缓刑，并处罚金人民币一千五百元至三千元不等。各被告人未上诉，判决已生效。检察院检察官对多所大学、高中近万名师生开展以防范"两卡"犯罪为主题的"开学第一课"宣讲活动。在办案过程中，人民检察院主动与涉案学生所在的外省学校加强联系，共同开展协同帮教等工作，通过了解学生在校表现材料、安排心理辅导老师谈心谈话等方式，对涉案学生行为危害、悔罪表现、能否继续接受教育等情况进行评估。同时，校方还制定罪错学生后续在校学习监督管理预案，并向当地教育部门汇报。最终，经三方反复沟通和教育部门同意后，所在学校对其中7名涉案学生保留学籍，人民检察院依法提出适用缓刑建议。目前，有3名涉案中专生顺利升为大专生。人民检察院持续加强与校方跨省联系，通过公众号云分享"两卡"犯罪典型案例及"反诈"主题宣传视频等素材。同时，面向本地多所大学、高中近万名师生开展以防范

"两卡"犯罪为主题的"开学第一课"宣讲活动,通过搭建检校协作平台,形成了集"打击—协作—预防—宣传"于一体的社会综治型办案机制。

三、典型意义

从"断卡"行动情况看,犯罪分子大量收购银行卡、非银行支付账户等用于接收、转移赃款,绕过金融监管,导致诈骗资金迅速流转、拆解、混同,极大地增加了打击犯罪和追赃挽损的难度,社会危害巨大。对于非法出租、出售包括银行卡在内的"两卡"行为,检察机关要坚持源头打击、全链条惩治。既要依法打击涉"两卡"犯罪行为,又要深挖上下游犯罪线索,依法严惩电信网络诈骗、网络赌博等犯罪团伙,努力铲除整个犯罪链条。对于涉"两卡"违法犯罪的在校学生,检察机关要坚持惩治与挽救相结合,全面、准确评价起诉必要性,依法、精准提出量刑建议。对于依法需要提起公诉,但被告人具有从犯、认罪认罚、退赃退赔等从宽情节的,可以提出轻缓的量刑建议。要注重做好办案"后半篇文章",检察机关和教育部门、相关学校要加强沟通联系,根据涉案学生的犯罪情节、认罪悔罪态度、在校一贯表现等情况,在法律政策允许的范围内,给予犯罪情节较轻的涉案学生以继续留校完成学业的机会。同时,加强思想工作和批评教育,使其真正认识错误,悔过自新,努力成为合格守法公民。

案例4 罗某成、罗某胜假冒某聊天软件好友诈骗案[①]

一、基本案情

2014年8月至11月,被告人罗某成、罗某胜利用在互联网上盗取的某聊天软件号码或者利用将其申请的某聊天软件号码信息更改为被害人亲属的信息等方式,冒充被害人亲属的身份,以"亲友出车祸急需借钱救

[①] 《在校学生涉"两卡"犯罪典型案例》,载最高人民检察院官网,https://www.spp.gov.cn/spp/xwfbh/wsfbt/202106/t20210623_ 522065.shtml#3,2022年9月15日访问。

治"等理由，诱骗被害人汇款至其指定账户。罗某成、罗某胜用此种手段实施诈骗二起，骗得金额共计65000元。

二、诉讼过程

广西壮族自治区宾阳县人民法院认为，被告人罗某成、罗某胜以非法占有为目的，通过某聊天软件采取虚构事实、隐瞒真相的方式，骗取他人财物，数额巨大，其行为均已构成诈骗罪；罗某胜明知是犯罪所得而予以转移，其行为还构成掩饰、隐瞒犯罪所得罪。据此以诈骗罪判处被告人罗某成有期徒刑四年，并处罚金人民币一万元；以诈骗罪，掩饰、隐瞒犯罪所得罪判处被告人罗某胜有期徒刑二年，并处罚金人民币五千元。

三、典型意义

本案是假冒网络聊天软件好友身份进行诈骗的典型案件。目前网络聊天软件已经替代传统方式成为社会主流沟通方式之一。这种以网络账号代表身份、"见字不见人"的聊天方式，容易被犯罪分子利用进行诈骗。本案中，被告人通过某聊天软件号码冒充被害人亲属，以"亲友出车祸急需借钱救治"等容易使被害人心急冲动而不进行理性分析判断的借口，诱骗被害人汇款至其指定账户。希望广大网络聊天软件注意对本人网络聊天工具用户信息的保护，以防被盗，一旦被盗要及时向软件运营方报案。同时，在收到亲友网上发送的要求转账之类的信息时，应认真进行核实，切不可贸然汇款。此外，网络聊天工具的运营方也应加强监管和技术革新，切实保护用户的个人信息安全。

案例5 高某、张某帮助信息网络犯罪活动案[①]

一、基本案情

被告人高某、张某设立工作室，雇用多人共同经营"帮助账号解封"

[①] 《刚刚，杭州法院发布打击治理电信网络诈骗犯罪十大典型案例》，载杭州中院微信公众号2021年5月27日，https：//mp.weixin.qq.com/s/FKpEpPdZv1snNJLXEDdM3A，2022年9月15日访问。

业务。高某、张某在明知涉案账号被他人用于电信网络犯罪的情况下，仍伙同他人多次以"预加好友"或"人脸解封"的方式解封已被查封的账号，致使被解封的账号再次被用于诈骗他人财物达50万余元。

二、诉讼过程

原杭州市江干区人民法院（现杭州市上城区人民法院）认为，被告人高某、张某明知他人利用信息网络实施犯罪，仍为其犯罪提供帮助，情节严重，其行为均已构成帮助信息网络犯罪活动罪。法院分别判处被告人高某有期徒刑一年六个月，并处罚金1.5万元，判处被告人张某有期徒刑一年二个月，并处罚金1万元。

三、典型意义

本案是一起与电信网络诈骗犯罪相关联的案件。本案二名被告人均系在校大学生，所雇用的工作人员也系在校学生。本案的判决对广大群众，特别是在校学生提供了很好的警示，必须加强法律知识的学习，提高法治意识，不要为了赚快钱误终身，同时发现电信网络犯罪应及时举报，做到不参与、不帮助。

【关联规定】

《中华人民共和国刑法》第一百七十七条之一【妨害信用卡管理罪】、第二百五十三条之一【侵犯公民个人信息罪】、第二百六十六条【诈骗罪】、第二百八十条第三款【伪造、变造、买卖身份证件罪】、第二百八十条之一【使用虚假身份证件、盗用身份证件罪】、第二百八十七条之二【帮助信息网络犯罪活动罪】、第三百一十二条【掩饰、隐瞒犯罪所得、犯罪所得收益罪】，《全国人大常委会关于〈中华人民共和国刑法〉有关信用卡规定的解释》，《最高人民法院、最高人民检察院、公安部关于办理诈骗刑事案件具体应用法律若干问题的解释》第一条、第二条，《最高人民法院关于适用〈中华人民共和国刑事诉讼法〉的解释》第四百零五条，《最高人民法院、最高人民检察院、公安部关于办理电信网络诈骗等刑事案件适用法律若干问题的意见》二、三、四,《最高人民法院、最高人民检察院、公安部、关于办理电信网络诈骗等刑事案件适用法律若干问题的意见(二)》,《中国人民银行、公安部对买卖银行卡或账户的个人实施惩戒的通知》

【条文内容】

> **第三十二条** 【电信网络诈骗反制措施建设】国家支持电信业务经营者、银行业金融机构、非银行支付机构、互联网服务提供者研究开发有关电信网络诈骗反制技术,用于监测识别、动态封堵和处置涉诈异常信息、活动。
>
> 国务院公安部门、金融管理部门、电信主管部门和国家网信部门等应当统筹负责本行业领域反制技术措施建设,推进涉电信网络诈骗样本信息数据共享,加强涉诈用户信息交叉核验,建立有关涉诈异常信息、活动的监测识别、动态封堵和处置机制。
>
> 依据本法第十一条、第十二条、第十八条、第二十二条和前款规定,对涉诈异常情形采取限制、暂停服务等处置措施的,应当告知处置原因、救济渠道及需要提交的资料等事项,被处置对象可以向作出决定或者采取措施的部门、单位提出申诉。作出决定的部门、单位应当建立完善申诉渠道,及时受理申诉并核查,核查通过的,应当即时解除有关措施。

【条文主旨】

本条规定国家应当统筹建立电信网络诈骗技术反制机制,用于监测识别、动态封堵和处置涉诈信息、活动。

【适用指南】

随着信息网络科技快速发展,近年来,电信网络诈骗治理技术对抗性日益加大:一方面,电信网络诈骗分子新技术运用使得溯源查处难度增大,如电信诈骗犯罪分子通过呼叫转换设备 GOIP、改号软件 VOIP 等可远程拨打电话、收发短信,这使通信联络手段更隐蔽,违法犯罪行为更难被发现。另一方面,新型诈骗技术的迷惑性和精准度显著增强,诈骗手法加速迭代变化,诈骗集团紧跟社会热点,不断变化诈骗手法和"话术"迷惑性强,同时根据非法获取的精准个人信息进行精准诈骗。诈骗集团利用区块链、虚拟货币、AI 智能等新技术、新业态,不断更新升级犯罪工具,同时跨国有组织特征趋势日趋明显。部分电信网络诈骗违法犯罪行为,采用云计算、大数据挖掘、机器学习、人工智能等技术,不仅快速"寻找"或"匹配"相应受害群体,还"深度伪造"其他人的声音或视频(即换脸换声)。一些诈骗集团采取"分包运营",底层是基础技术环节,如验证码识别、自动化软件开发、钓鱼网站制作等;中层则是一些账号、用户信息提供商,组织、运营和推广诈骗活动,发展下线;再往上,就是进行诈骗活动者,利用窃取的信息、账号和诈骗工具等开展包括欺诈、盗窃、钓鱼等诈骗行为,实现获利。很多诈骗公司早已发展出一套包括思想课、技术课、角色扮演等在内的完整"培训流程"。他们动辄编写一百多页的"剧本",传授行骗话术,集团成员还要进行角色扮演,模拟对战。骗子编写剧本时,甚至会考虑用户不同程度的警戒心与消极反应,设置不同方案来瓦解对方心理防线。如触发紧张情绪,也要兼顾风土人情、时令节气,自然说出台词。除了不断翻新的骗术，诈骗的"产业链上下游"也在"进化"。大量的技术支持也使电信网络诈骗门槛降低。十年前，电信诈骗有一定门槛。在境外建设窝点，可能需要数百万元投入，而且要懂点技术。而现在，只要一个人、一台电脑就够了，其他外包给专门的技术人员如引流推广、养号、支付渠道、洗钱，发展出一条完整的黑灰产业链，电信网络诈骗犯罪已经形成由养号租号买卖、打码接码推广、技术团队运营、话术脚本编制以及洗钱通道所构建的链条式黑灰产组织，加速了网络诈骗犯罪的蔓延泛滥。当前，网络诈骗与反诈的技术对抗往往处于胶着状态，基本上相关治理部门每破解一道骗术，犯罪分子技术手段就会升级，呈现出"道高一尺，魔高一丈"的状态。

因此，运用科技信息化手段提升技术反制能力，监测、识别和处置涉诈信息和活动，建立涉诈网站、APP及诈骗电话、诈骗短消息处置机制，颇为必要。其基本原理是，凡诈骗必留下痕迹，无论通过电话、短信、钓鱼网址还是外挂软件，这些痕迹都会成为大数据的一部分，数据量越大，分析技术越强，对于电信网络诈骗的预防、发现和打击越精准有效，这也是技术手段不可违背的定律。为此，工信部组织建设了信息通信行业反诈大平台，实现对涉案号码、域名、互联网账号等全网一体化处置。反诈是需要各方面社会力量共同参与的综合治理工作，主要包括打击犯罪、预警劝阻、行业治理、宣传防范等。而要构建群防群治机制，还需加强组织协调，进一步解决信息共享、犯罪预防治理、法规建设等问题。

电信网络违法犯罪的治理，涉及公共权力的行使、公共利益的保护、各个企业的风险控制，国家、社会和企业利益与个人信息上所承载的个体权益之间的冲突如何衡量，亟须相应指引和规范。一些企事业单位在治理工作中发现的问题和线索，由于没有明确治理权，大量预警线索和信息未能得到充分利用。一方面，由于企业发现的问题往往还未导致案情，或找不到受害人，公安机关很难快速定性并依法处置；另一方面，金融机构、电信运营商、互联网企业对于发现的涉诈线索，无法定性处置，也很难做到自身业务范围以外的联防联控。这让法规建设、权责明确成为当务之急。立法就应首先对监管部门、司法部门、金融机构、电信运营商、互联网公司等在反电信网络诈骗中的分工、责任和协同联通机制进行明确，形成治理合力。一方面要从法规层面要求互联网服务提供商从技术、责任、道德多方面对数据安全保护担责；另一方面全方位、大力度惩治网诈行为。同时建立公共信息平台，形成信息、宣传、技术的能力聚合与共享，集结安全厂商的能力，推进涉电信网络诈骗样本信息数据共享，加强涉诈用户信息交叉核验，建立有关涉诈异常信息、活动的监测识别、动态封堵和处置机制，更好地服务用户。本次立法及时地解决了这一问题，侧重前端防范，加强防范性制度与反制技术措施建设，变"亡羊补牢"为"未雨绸缪"，变"重打击"为"打防管控"并重；坚持问题导向，坚持急用先行，以小切口的专门法律适应当前实践迫切需要。

根据本条规定，要支持研发电信网络诈骗反制技术措施，统筹推进跨行业、企业统一监测系统建设，为利用大数据反诈提供制度支持。规定金融、通信、互联网等领域涉诈异常情形的监测、识别和处置，包括高风险电话卡、异常金融账户和可疑交易、异常互联网账号等，规定相应救济渠道；规定金融、通信、互联网行业主管部门统筹推进相关跨行业、企业的统一监测系统建设，推进涉诈样本信息数据共享；要求互联网企业移送监测发现的嫌疑线索。要重视技术协同治理的理念。在电信网络诈骗犯罪全链条治理中，电信业务经营者、银行业金融机构、非银行支付机构、互联网服务提供者等，除依法承担风险防控义务和责任外，还应积极研究开发有关电信网络诈骗反制技术措施，包括利用机器学习、数据挖掘等技术开展涉诈信息关联分析，推动涵盖虚拟拨号识别、诈骗电话拦截与预警、钓鱼网页和仿冒APP下载链接研判、诈骗团伙关联挖掘、涉诈转账识别和拦截等关键技术的研发，从而为涉诈信息的预警、拦截和处置提供技术支撑。要统筹跨行业、企业涉诈监测平台，通过汇集通信、金融、互联网和公安等部门的反诈数据来提升对涉诈号码、账号、域名、APP等的监测预警和协同处置能力。加快制定电信网络诈骗反制技术标准，为涉诈电信网络资源分类和评价提供统一的标准和接口。推动电信网络涉诈样本信息数据共享，为利用大数据技术反诈提供制度支持。对高风险电话卡、异常金融账户和互联网账号、可疑交易等，电信、网络和金融等行业经营者应依法及时采取重新核验、限制功能、阻断链接、暂停服务或关停账户等技术措施（如通过内部诈骗防控系统实现对诈骗电话、短信等信息的预警和拦截），并及时向公安机关或行业主管部门报告。总之，国务院公安部门、金融管理部门、电信主管部门和国家网信部门等应当各司其职，统筹负责本行业领域反制技术措施建设，推进涉电信网络诈骗样本信息数据共享，加强涉诈用户信息交叉核验，建立有关涉诈异常信息、活动的监测识别、动态封堵和处置机制。同时，经由技术系统监测识别的可疑犯罪线索和风险信息等应依法及时移送相关部门。此外，对涉诈异常情形采取限制、暂停服务等处置措施的，应当告知处置原因、救济渠道及需要提交的资料等事项，被处置对象可以向作出决定或者采取措施的部门、单位提出申诉。作出决定的部门、单位应当建立完善申诉渠道，及时受理申诉并核查，核查通过的，应当即时解除有关措施。

  技术的两面性在数字时代日益凸显，技术的发展让人们的生活和工作更高效，但是移动支付、场景化消费为人们提供便利服务的同时，也为不法分子作案提供了便利性。因此，就技术而言，唯有顺势而为用技术手段才能最大限度地降低技术被利用带来的侵害。例如，利用以大数据分析和智能预警算法为基础的 AI 技术进行反网络诈骗。在工信部等部门的主导下，利用大数据优势，将相关数据通过反诈骗机制进行共享，进而提高反诈骗的精准度。建立专门人工智能安全机构，制定人工智能标准，对 AI 技术进行管理和监督，监督 AI 技术在不同领域内的应用。采取措施保证人工智能系统使用的数据被合理限制、管理和控制，以此来保护隐私权，在保护数据安全的情况下，不禁止利用 AI 技术造福公众。

【典型案例】

周某、杨某盗窃、传授犯罪方法案[①]

一、基本案情

2016年10月底至2016年11月17日，被告人周某从网上他人处购买大量公民信息（包括他人身份证信息、手机号码、银行卡信息、公民手持身份证照片等），通过用他人手机号码登录他人支付平台时点击"找回登录密码"，然后根据系统提示输入公民身份信息或回答问题等，登录他人支付平台账户，后用事先做好的自己头像与他人头像的合成照片和自己头像的动态小视频，骗过支付平台后台的验证，改绑他人支付平台账户绑定的手机号码，从而重置他人支付密码，把他人支付平台账户内的资金转走，占为己有。被告人周某单独作案12起，非法转走他人支付平台账户内资金共计20万余元。2016年10月，被告人周某在聊天中向被告人杨某讲述其可以"偷支付平台"，并将如何转走他人支付平台账户内的资金操作给杨某看。被告人杨某掌握上述犯罪方法后，利用上述方法单独作案5起，非法转走他人支付平台账户内资金共计3万余元。

二、诉讼过程

2017年5月23日，人民检察院以盗窃罪、传授犯罪方法罪对二人提起公诉。2017年12月12日，法院判决周某犯盗窃罪、传授犯罪方法罪，数罪并罚判处有期徒刑四年两个月，并处罚金三万五千元；判决杨某犯盗窃罪，判处有期徒刑三年十个月，并处罚金四万元。

三、典型意义

随着电子商务的繁荣发展，网上银行和移动支付得到广泛应用，逐渐

[①] 《四川省检察机关2018年度十大网络犯罪典型公诉案件》，载四川省人民检察院官网，http://www.sc.jcy.gov.cn/jcwh/201901/t20190117_2469556.shtml，2019年1月17日访问。

成为消费者的主要支付方式之一。但由于网络支付往往和公民身份信息、金融财产信息密切关联，因而也容易被不法分子所利用，本案就具有典型代表性。被告人周某从网上获取大量公民信息并破解支付平台账号转走资金。相关主管部门应当加强网络监管，确保对可疑情况要及时发现、早做防范，以免为犯罪分子带来可乘之机。广大群众一定要妥善保护好自己的个人信息，防止被不法分子窃取利用，使合法财产遭受损失，发现支付异常时，及时修改密码、提高支付的安全等级。

本案也是移动支付功能升级后犯罪手段随之也调整升级的典型案例。随着人脸识别技术在移动支付中的运用，许多群众开始使用便利快捷的"刷脸"支付方式，但随之带来的问题是犯罪分子利用非法获取的被害人身份证照片，合成被害人的"人脸"进而骗过支付平台后台的验证，改绑并重置密码后非法获取他人财物。针对这种新型犯罪手段，相关部门就应当加强技术反制措施，从而防范此类案件发生。

【关联规定】

《中华人民共和国网络安全法》第五条、第十条、第二十一条、第二十九条，《全国人民代表大会常务委员会关于加强网络信息保护的决定》十、十一，《中国人民银行关于加强支付结算管理防范电信网络新型违法犯罪有关事项的通知》一、四，《中国人民银行关于进一步加强支付结算管理防范电信网络新型违法犯罪有关事项的通知》一、二，《关于银行业打击治理电信网络新型违法犯罪有关工作事项的通知》二至五，《中国人民银行、公安部对买卖银行卡或账户的个人实施惩戒的通知》，《工业和信息化部、公安部关于依法清理整治涉诈电话卡、物联网卡以及关联互联网账号的通告》三至五，《工业和信息化部关于贯彻落实〈反恐怖主义法〉等法律规定进一步做好电话用户真实身份信息登记工作的通知》二、三

【条文内容】

> **第三十三条 【网络身份认证服务】** 国家推进网络身份认证公共服务建设,支持个人、企业自愿使用,电信业务经营者、银行业金融机构、非银行支付机构、互联网服务提供者对存在涉诈异常的电话卡、银行账户、支付账户、互联网账号,可以通过国家网络身份认证公共服务对用户身份重新进行核验。

【条文主旨】

本条规定国家应当推进网络身份认证公共服务建设,用以对涉诈相关用户重新进行核验。

【适用指南】

《网络安全法》第二十四条规定,国家实施网络可信身份战略,支持研究开发安全、方便的电子身份认证技术,推动不同电子身份认证之间的互认。当前,网络空间已成为陆、海、空、天之外的主权空间,"没有网络安全就没有国家安全"。网络空间主体是人,电信网络诈骗行为就是一种典型的危害网络安全的行为,正是由于该行为存在大量不可信内容,才导致了人民群众财产的损失。由此,网络可信身份管理成为网络信息时代为公民提供服务而确保主体行为可信的必要手段。当今世界主要国家均对网络身份管理进行了顶层设计,完善立法,成为国家网络安全战略不可或缺的组成部分。反观我国,近年来,随着信息技术的迅猛发展和深入应用，以互联网为主体的网络空间已经成为人类社会生产生活的新空间，极大促进了经济社会繁荣进步，同时也带来了新的安全风险和挑战。一是我国网络犯罪案件量和占比均呈逐年上升趋势，由于缺少网络可信身份导致的网络诈骗占比最高。二是网民直接使用真实身份信息验证或认证身份，导致公民个人信息存在泄露风险，且个人信息泄露问题日渐加剧，对个人、企业及社会造成了严重现实危害。三是网络实体和网络应用呈爆炸式增长态势，数据服务和网络虚拟化技术迅速普及，各类网络应用服务商分散独立建立网民身份（账号），不仅增加了网民负担，也使得公民身份信息等国家战略数据资源存在安全风险。四是线下业务大量快速向线上迁移，原来在线下通过实体身份证等法定证件来证明身份的方式已无法满足各种线上身份认证场景需求。

网络身份是在网络空间中识别特定主体的数字化标志，是网络身份认证的要素，也是确定身份特征的依据，与现实身份相绑定。网络身份应当通过身份认证技术，确保和现实身份达到一致，也就是身份是可信的，不是假冒的。由此，形成了网络可信身份体系。网络可信身份体系以密码技术为基础（相当于人体的 DNA），由法律法规、技术标准和基础设施组成，解决了网络应用中的身份认证、授权管理和责任认定等难题。网络身份认证就是网络可信身份实现的重要途径。

网络身份认证的基本原理，简单地说就是：网络环境下的认证不是对某个事物的资质审查，而是对事物真实性的确认。结合起来考虑，身份认证就是要确认通信过程中另一端的个体是谁（人、物、虚拟过程）。如何才能知道通信的另一端是谁呢？通常，通信协议都要求通信者把身份信息传输过来，但这种身份信息仅用于识别，不能保证该信息是真实的，因为这个身份信息在传输过程中是可以被恶意篡改的。一般来说，电信网络诈骗犯罪分子使用的，都是这种经过恶意篡改或者假冒他人身份信息来活动的。那么，怎样才能防止身份信息在传输过程中被恶意篡改呢？事实上要完全杜绝恶意篡改是不可能的，特别是在公共网络（如互联网）上传输的信息，而能做的，就是在身份信息被恶意篡改后，接收端可以很容易检测出来。要识别真伪，首先要"认识"真实的身份。通过网络传递的身份可能是陌生人的身份，如何判断真伪？必须先有信任。在网络环境下，信任不是对一个人可靠性的认可，而是表明已经掌握了被验证身份者的重要秘密信息，如密钥信息，这是常用的认证手段。为什么要设置支付密码？为什么我们去银行柜台支取现金时，也一样要输入密码？这个密码其实就是认证手段。假设客户与银行之间有一个得到确信的共享密钥，不管这个共享密钥是怎么建立的，他们之间就建立了相互信任。如果银行确信掌握客户的公开密钥，也可以说银行对客户建立了信任，但还不能说明客户对银行建立了信任。从上述讨论不难看到，在完全没有信任基础的情况下，新的信任是不能通过网络建立的，否则是不可靠的。身份认证的目的是鉴别通信中另一端的真实身份，防止伪造和假冒等情况发生。进行身份认证的技术方法主要是密码学方法，包括使用对称加密算法、公开密钥密码算法、数字签名算法等。对称加密算法就是将一个密钥和一个数据充分混淆和置乱，使非法用户在不知密钥的情况下无法获得原始数据信息。公钥密码算法需要2个密钥和2个算法：一个是公开密钥，用于对消息的加密；一个是私钥（私有密钥），用于对加密消息的解密。根据名称可以理解，公开密钥是一个能公开的密钥，而私钥只能由合法用户掌握。数字签名实际是公钥密码的一种应用，其工作原理是，用户使用自己的私钥对某个消息进行签名，验证者使用签名者的公开密钥进行验证，这样就实现了只有拥有合法私钥的人才能产生数字签名（不可伪造性）和得到用户公钥的公众才可以进行验证（可验证性）的功能。

在当前平台掌握大量数据和网络安全问题频发的背景下，网络安全审查已逐渐成为常态化的工作。保障各行业网络、数据安全，对于维护国家安全越发重要，网络安全与数据保护成为各行企业必须正视的重大合规问题，处理好安全和发展的关系成为企业迫在眉睫的发展议题。一是安全运营的需要。面对日益严峻的网络安全形势，网络可信身份建设的重要性日益凸显，成为维护国家网络安全和社会稳定的重要基础。因此，互联网企业在为用户提供服务时对其进行真实身份认证，从而判断该用户提供的信息是否真实有效是互联网企业安全运营的第一步。二是合规发展的需要。网络身份认证服务由国家引导、网民自愿、平台优先使用的基本原则，指明了国家通过网络身份认证公共服务基础设施，提供个人身份认证服务的实施路线。根据相关政策法规的要求，互联网企业在进行网络身份认证环节，应当支持并优先使用国家网络身份认证公共服务基础设施提供的个人身份认证服务。合规发展是互联网企业的必然之径，而相关政策法规的落地也为互联网企业提供了法律保护，使互联网企业可以在标准化、安全化、规范化的正向道路上持续深入。电信业务经营者、银行业金融机构、非银行支付机构、互联网服务提供者在这项服务基础上，对存在涉诈异常的电话卡、银行账户、支付账户、互联网账号，可以通过国家网络身份认证公共服务对用户身份重新进行核验。

我国网络可信身份建设得益于我国法定身份管理所具有的良好资源基础，尤其是我国于2004年正式实施的《居民身份证法》，确立了居民身份证为证明我国公民身份的法定身份证件，金融、电信、医疗、教育、交通、电子商务等行业已广泛应用，这为我国居民的网络可信身份管理奠定了合法、可信、实用的坚实基础，使得我国网络可信身份管理形成后来居上的发展态势。我国从2013年开始研制网络可信身份凭证（CTID），简称网证，以此建立了网络身份认证标准和平台。2014年9月，在厦门试点试用取得成功，效益显著，现推广到政务、交通、医疗、司法等9大行业260余家应用机构以及各类互联网应用。2018年国务院办公厅发文明确要求，基于"互联网+可信身份认证平台"和国家人口基础信息库为国家政务服务平台提供实名支撑，建设全国一体的政务服务模式。① 以"互联网+可信身份认证平台"为代表的我国网络可信身份实践已在路上，将这一科学合理的网络身份认证模式引入网络空间环境治理，在现实生活的各行各业广泛开展应用，人民群众对美好生活的向往未来可期。

---

① 《国务院办公厅关于印发进一步深化"互联网+政务服务"推进政务服务"一网、一门、一次"改革实施方案的通知》，载中国政府网，http://www.gov.cn/zhengce/content/2018-06/22/content_5300516.htm，2022年9月14日访问。

【关联规定】

《中华人民共和国网络安全法》第二十三条、第二十四条、第二十六条,《中华人民共和国个人信息保护法》第六十二条,《电子认证服务管理办法》

【条文内容】

> 第三十四条 【建立预警劝阻和追赃挽损机制】公安机关应当会同金融、电信、网信部门组织银行业金融机构、非银行支付机构、电信业务经营者、互联网服务提供者等建立预警劝阻系统,对预警发现的潜在被害人,根据情况及时采取相应劝阻措施。对电信网络诈骗案件应当加强追赃挽损,完善涉案资金处置制度,及时返还被害人的合法财产。对遭受重大生活困难的被害人,符合国家有关救助条件的,有关方面依照规定给予救助。

【条文主旨】

本条规定相关部门应建立预警劝阻和追赃挽损救助工作机制。

【适用指南】

打击治理电信网络诈骗犯罪,需要事前预警、事中止损、事后挽损救济,才能保住群众的"钱袋子",进一步增强人民群众的安全感、获得感。

本法一个鲜明的特点，就是立足综合治理、源头治理和依法治理，侧重前端防范。针对电信网络诈骗发生的信息链、资金链、技术链、人员链等各个环节，加强防范性制度措施建设，变"亡羊补牢"为"未雨绸缪"，变重"打击"为"打防管控"并重。为最大限度预防和减少电信网络诈骗案件的发生，全力守护好群众"钱袋子"，全国各地都建立起了以公安为主、各职能部门以及政府共同参与的预警劝阻专业队伍，并使用各类技术手段开展电信网络诈骗预警劝阻工作，取得了良好的效果。实践证明，建立完善的预警劝阻系统，及时发现潜在受害人并加以劝阻，会大大降低电信网络诈骗案件的发案率，减少财产损失。

  作为承担打击犯罪的公安机关，最直接、最常态接触电信网络诈骗，因此，公安机关应当会同金融、电信、网信部门，组织银行业金融机构、非银行支付机构、电信业务经营者、互联网服务提供者等建立预警劝阻系统，对预警发现的潜在被害人，根据情况及时采取相应劝阻措施。这里，潜在的被害人，不仅靠接报案去发现，更应当靠日常巡查与监管，以及各类情报信息的汇总研判，这就要求不仅依靠人力摸排掌握，更需要借助大数据资源与手段，根据其他各相关部门提供的共享信息去分析确定。为此，要建立合理的预警机制，使反诈中心民警接到预警线索推送后，第一时间能够对当事人进行劝阻拦截，发出危险警示，最大限度避免或减少当事人财产损失。目前，公安机关主要采取"96110"预警电话、短信系统和上门劝阻等方式，劝阻预警发现的潜在受害人。在此基础上，还应根据实际情况做到及时、灵活劝阻。对不同风险等级的涉诈活动，可以按照从低到高的评估结果分别采取自动短信和语音劝阻，人工电话和网络劝阻、上门劝阻，以及主动关停阻断和其他保护性止付等措施。此外，有的受害人短暂被犯罪分子"心理控制"或"洗脑"，不信任甚至抵触民警劝阻，这种情况在实际执法中非常普遍。此时，预警劝阻可以采取动员受害人亲友、专家联动等方式，进行适当心理干预和辅导。要持续跟进预警劝阻效果，探索劝阻长效机制。为使反诈劝阻充分发挥应有的作用，要建立劝阻回访制度，无论劝阻是否成功或以何种方式劝阻，都应当进行事后回访，以进一步加强情报研判,更新劝阻方法,提升劝阻效能。要推动劝阻管理规范化,即依托智慧警务系统建立规范劝阻流程,建立劝阻考核和激励机制,实现劝阻工作专业化、精准化和制度化。工信部联合公安部启动"12381"涉诈预警劝阻短信系统,对于遭遇潜在电信网络诈骗的用户,以发短信的方式提示风险。该系统的运行模式是:公安机关向工信部提供涉嫌电信网络诈骗的电话号码,工信部用大数据、人工智能技术分析发现这些号码曾经联系过的所有电话号码,然后利用"12381"短信功能及时向这些号码发送预警劝阻短信,力争抢在用户上当受骗前,提醒他们注意潜在的受骗风险。这个系统支持对全国范围内潜在受害用户进行预警,也支持多类别预警,并且高度重视个人隐私保护。预警系统会根据公安机关提供的涉案号码的诈骗类型进行标记,按照贷款类、刷单返利类、冒充公检法等多类不同的类别,发送相应的预警劝阻短信。

应当看到,当前预警劝阻工作也存在诸多问题,一是协同理念待提高。公安机关"单打独斗"情况没有得到根本转变,严重地制约电信网络诈骗案件预警劝阻水平的提升。二是预警数据滞后、信息不准确。实际预警工作中,有些预警在当事人接到诈骗电话几个小时后才推送,即使反诈民警能够第一时间联系到当事人,其中一些防范意识低的受害人也早已完成了转账,预警滞后严重影响了劝阻成效。三是预警劝阻能力欠缺。随着电信网络诈骗案件预警的不断加强,各类预警数据和信息越来越多,但一些劝阻民警接触预警劝阻工作时间不长,缺乏主动劝阻的积极性,劝阻措施、话术单一,仅停留在电话、短信劝阻的层面,难以说服当事人,同时因为缺乏劝阻经验,不能根据说话语气、逻辑等细节识别出被深度洗脑的当事人,出现劝阻失误。四是心理干预能力有待加强。电信网络诈骗案件发生过程中,公安机关联合其他机构运用"96110"预警电话、短信系统以及上门劝阻等预警方式,针对大概率发生的电信网络诈骗案件,向潜在被害人发出危险警示,劝阻其不要向诈骗团伙转款。但在一些场合下,即使劝阻人员"面对面"向潜在被害人讲解其所遭遇的新型骗术,一些被害人仍然表现出不信任、抵触,甚至抗拒,直至转款被骗后才恍然大悟。当前，预警劝阻人员欠缺心理学知识，不能针对不同人格特征的潜在被害人调整劝阻策略。强化预警劝阻人员的心理干预能力，使预警劝阻活动向心理辅导发生转变，才能实现预警劝阻"反洗脑"功能与诈骗话术剧本"洗脑"作用的抗衡。有效的预警劝阻可以成功避免电信网络诈骗案件的发生，保护当事人财产免受损失。针对上述问题，在本法执行过程中，一要坚持科技赋能不断提升预警深度和广度。公安机关要推进警企合作，加强同通信管理局等有关部门、通信运营商、金融机构和相关互联网企业的合作，依据预警原理，加大预警系统研发，建立本地大数据情报资源池，搭建分析模型，提升技术预警发现能力，对各种涉诈后台的数据进行渗透获取，深度挖掘各类通信工具中诈骗工具项，汇集涉嫌电信网络诈骗"黑名单"，通过 AI 人工智能自动比对、自动研判，不断增加预警数量，扩大预警信息的覆盖面，增强预警信息的全面性，做到及时准确进行预警。二要强化队伍建设，不断提升预警劝阻能力。不断总结诈骗手法及作案规律，梳理总结成功劝阻经验，根据不同的诈骗类型，制定相应的劝阻流程及劝阻话术，编写预警劝阻工作手册，提高民警辅警"能劝""会劝"能力水平，同时更要形成全民劝阻的局面，而不是民警唱独角戏，要组建各方社会力量共同参与的预警劝阻队伍，由公安、金融、电信、网信作为组织力量，组织动员银行和非银行支付机构、电信运营商、互联网服务提供者共同做好人、财、物保障。三要加强心理研究，不断提升预警劝阻效能。进一步增强预警话术中"反洗脑"心理控制术原理应用，强化受害人心理研究，以对抗诈骗话术的心理控制，能够在预警解除过程中准确判断被害人的反应，在短时间内建立被害人对预警人员的身份认同感和信任，终止被害人转账行为。四要强化部门协作，不断凝聚预警劝阻合力。着力推动相关行业部门落实监管主体责任，督促金融、通信、互联网企业履行社会责任，不断前移管控关口，形成源头治理、系统治理的整体合力。深化互联网整治，及时发现、快速处置网上涉诈有害信息，营造清朗干净的网络空间，积极会同网信办等部门，加强对互联网企业的联合监管，完善公民信息安全防护机制，进一步堵塞漏洞、防范风险，实现对电信网络诈骗犯罪的被害人精准劝阻。

在加强劝导预防的同时，加大追赃挽损力度也非常重要。政法机关肩负惩罚犯罪，保护人民的神圣职责。电信网络诈骗犯罪，直接侵害群众的财产权等合法权益，特别是一些普通群众的生活费、治病钱、学费等被骗走，导致这些群众的生活更加困难，精神受到打击，造成严重物质和精神损害。政法机关在依法严惩犯罪分子并加大财产刑处罚力度的同时，尽最大力量挽回被害群众的经济损失，切实维护人民群众利益。《电信网络诈骗意见》就此问题也专门作出规定。第一，加大财产刑适用力度。《电信网络诈骗意见》提出明确要求，对实施电信网络诈骗犯罪的被告人，应当更加注重依法适用罚金、没收财产等财产刑，加大经济上的惩罚力度，最大限度削弱犯罪分子的经济实力，最大限度剥夺犯罪分子再犯的能力。第二，依法追缴涉案账户内违法资金。为最大限度追赃挽损，弥补被害群众的经济损失，同时防止犯罪分子虽受到刑事处罚，但却捞到经济上的实惠，《电信网络诈骗意见》规定，对查获的涉案银行账户内权属明确的被害人的合法财产，应当及时返还；确因客观原因无法查实全部被害人，但有证据证明该账户系用于电信网络诈骗犯罪，且被告人无法说明款项合法来源的，根据《刑法》第六十四条的规定，应认定为违法所得，予以追缴。第三，依法追缴已被转移的赃款。诈骗犯罪分子作案后，会采用各种方式、手段来转移、隐匿赃款，企图对犯罪所得进行"洗白"，坐享其成。对此，《电信网络诈骗意见》明确规定，被告人已将诈骗财物用于清偿债务或者转让给他人，但他人明知是诈骗财物而收取，或者他人无偿取得诈骗财物，或者他人以明显低于市场的价格取得诈骗财物，或者他人取得诈骗财物系源于非法债务或者违法犯罪活动的，司法机关将一律依法追缴。

在此过程中，要注意以下问题：

一是案件犯罪数额的认定。在电信网络诈骗集团或团伙中，不同层级的人员如何把握和认定犯罪数额问题。对诈骗集团或团伙的首要分子，以诈骗集团或团伙所犯罪行的全部数额认定；对诈骗集团或团伙的其他主犯，以其参与、组织、指挥的全部犯罪数额认定。普通业务组长，以其参与期间主管的小组成员诈骗数额总额认定,量刑时参考具体犯罪时间和作用。普通业务员,原则上认定为从犯并以个人参与的诈骗数额作为量刑依据,同时参考其具体犯罪时间和收入。被认定为从犯的行政等人员,按照其参与犯罪期间的数额认定,量刑时还应考虑得赃情况。

二是涉案财物的处置。电信网络诈骗犯罪涉案财物包括犯罪分子的犯罪所得,犯罪分子用于犯罪的工具和其他具有经济价值的物品等。如果系赃物,以溯源返还为原则;如果系赃款,以统一分配为原则。涉案专门账户内无法说明合理来源的资金,应结合账户是否仅为被告人所控制和使用、涉案账户内资金流水是否发生于电信网络诈骗时间段、被告人是否有其他正当商业行为等综合认定。如确有证据证实涉案账户系被告人合法收入的,应予剔除。第三人善意取得诈骗财物的,不予追缴。异地进行资金冻结、划转的,公安机关、人民检察院、人民法院应积极协作配合。案件移送给有管辖权的公安机关时,应将相关款项随案移送。公安机关移交银行卡时,一般应同时说明账户信息、卡内余额等。为查明案件事实、避免遗漏被害人、推进案款退赔,公安机关在侦查时应一并要求被害人提供返还资金申请表、本人身份证复印件、本人银行账号等必要资料信息,并结合电子数据等证据核对被害人的身份及损失金额,制作包括姓名、身份证号码、联系电话、住址、损失金额等信息的清单,附卷随案移送。对确实无法查明身份的人员,可予单列。被害人或资金来源明确的案件,人民法院以节约当事人领款成本为原则,在审查核实被害人身份后,可根据返还资金申请表、身份证复印件、银行账号等必要资料,依法予以发还。

在电信网络诈骗共同犯罪中,主犯和从犯的退赔义务,一般应如下掌握:主犯原则上具有共同的退赔义务。首要分子按照犯罪集团所犯罪行的全部数额进行退赃和退赔,其他主犯按其参与、组织、指挥的全部犯罪数额进行退赃和退赔。从犯一般按实际违法所得进行退赃和退赔。被告人主动退赔或其亲友代为退赔的数额超过实际违法所得的,可在量刑时予以酌情从宽处罚。

有的案件,存在未报案被害人权益保护的问题。对此,司法机关可根据被告人供述、银行交易明细以及相关人员电子数据等证据，认定未报案被害人的被骗事实、被骗金额和具体身份。未报案被害人可与其他已报案的被害人享有平等的返还资金的权利。未报案或案件判决后报案的，根据被告人供述、银行交易明细及相关电子数据等能够认定被害人被骗事实及被骗数额，可在案件判决后由被害人向人民法院申请分配查扣的赃款。人民法院依法审核，确认该被害人系交付被骗款项的当事人身份后，可参与分配。人民法院判决未将未报案的被害人被骗的犯罪事实和被骗金额认定在内的，如案件尚在执行期间，报案数额不影响被告人定罪量刑的，由人民法院依法审核确认报案人是否可参与分配；如已执行终结，应依法另行处理。如果被告人退赃数额或查扣钱款超过已查明的被害人被骗钱款总额的，超过的数额不应冲抵被告人应缴的财产刑。人民法院可与财政等部门协调，设立单独账户接受此类资金留待本案其他被害人报案后，依据公安机关调查查明的事实向人民法院申请，参与专门账户内资金的发还。

此外，对于遭受重大生活困难的被害人，符合国家有关救助条件的，有关方面依照规定给予救助。

【关联规定】

《最高人民法院、最高人民检察院、公安部关于办理电信网络诈骗等刑事案件适用法律若干问题的意见》七，《最高人民法院、最高人民检察院、公安部关于办理电信网络诈骗等刑事案件适用法律若干问题的意见（二）》十七，《最高人民法院、最高人民检察院、公安部关于办理信息网络犯罪案件适用刑事诉讼程序若干问题的意见》二十二，《非银行支付机构重大事项报告管理办法》第七条、第八条，《关于银行业打击治理电信网络新型违法犯罪有关工作事项的通知》五，《中国人民银行关于加强支付结算管理防范电信网络新型违法犯罪有关事项的通知》二、五，《中国人民银行关于进一步加强支付结算管理防范电信网络新型违法犯罪有关事项的通知》一、三，《中国银监会、公安部电信网络新型违法犯罪案件冻结资金返还若干规定》，《人民检察院国家司法救助工作细则（试行）》第一条至第三十三条，《人民法院国家司法救助案件办理程序规定（试行）》第一条至第二十三条

【条文内容】

> **第三十五条　【特定地区风险防范措施】** 经国务院反电信网络诈骗工作机制决定或者批准，公安、金融、电信等部门对电信网络诈骗活动严重的特定地区，可以依照国家有关规定采取必要的临时风险防范措施。

【条文主旨】

本条规定电信、金融、公安等部门经批准可以对电信网络诈骗活动严重的特定地区采取临时风险防范措施。

【适用指南】

本条规定了经国务院反电信网络诈骗工作机制决定或者批准，电信、金融、公安等部门对电信网络诈骗活动严重的特定地区，可以采取相应的风险防范措施。该条规定了三方面的内容，一是电信网络诈骗活动严重的特定地区，二是决定或批准的机构为国务院反电信网络诈骗工作机制相关机构，三是采取相应的防范措施。

首先，电信网络诈骗一个重要的特征，就是带有浓厚的地域性。我国的电信网络诈骗犯罪一般以一村一家为团伙，聚集家族成员，他们以血缘

关系、朋友、同乡为纽带形成犯罪团伙，形成了众多诈骗聚集区，从事电信网络诈骗犯罪。在打击电信网络诈骗活动中，全国各地都能够采取强有力的措施，深入推进打击治理电信诈骗专项行动，也取得了显著成效。然而，也有个别地方重视不够，认识不到位，没有把重点地区整治工作作为大事来抓，而是一味强调客观困难和问题；一些地方打击深度还不够，由于所在地方的诈骗集团成员立足本地骗全国，并不骗同乡，而诈骗案件往往又发生在外地，当地公安机关没有实际破案压力，长期底数不清、情况不明，没有主动出击开展打击。打击电信网络诈骗专项行动以来，各地虽然动起来了，但仅仅停留在搞清查的层面，没有在情报研判的基础上开展经常性打击，只停留在打现行，以至于往往因证据单薄，大批骗子抓了放、放了抓，打击处理上不去，没有形成震慑作用；各方共治的工作格局还未形成，一些地方整治工作仅靠公安机关单打独斗，相关职能部门还没有动起来，警银、警企协同作战机制尚未建立，或者虽然建立了但还未投入实体化运行，影响了整治工作推进力度。

其次是跨区域。如今的电信网络诈骗犯罪大多为跨区域、跨国境犯罪，犯罪涉及面积较广。在我国加大对电信网络诈骗的打击以后，犯罪分子为更好躲避抓捕、逃避打击，开始流动性、跨区域、跨国家作案。例如，在国内跨区域作案，一个案件可以涉及多地。在国外建立犯罪窝点，常在东南亚建立基地，面向国内进行诈骗，其中尤以边境地区的情况严重。边境地区小道山路水路众多，偷渡活动防范困难，这就使得犯罪分子可以在两国之间进行流动，一些被查获的犯罪分子大多为无关紧要的小头目或者团伙外围人员，团伙的核心人员则藏匿于国外进行远程操控，而跨国抓捕涉及问题较多，难以实施，使犯罪活动难以彻底根除。

最后是组织性、专业性程度提高。电信网络诈骗犯罪通常以团伙进行犯罪，呈现出组织性的特点。近年来电信网络诈骗犯罪组织性不断加强，各成员间的分工越发明确，出现职业化倾向，例如：两卡贩卖的人员、线路维护人员、病毒制作者、诈骗团队以及取款人员等。一些大的诈骗团伙以公司化运作管理，其拥有严密的组织结构，内部分工明确各司其职。"专项任务由专人负责"的理念贯穿诈骗的整个环节，诈骗团伙内部分成各种部门，各部门的业务要经过严格的培训，才能"上岗"，其甚至定期召开会议自我复盘，每一套剧本、每一局对话要经过不断斟酌，反复考量，以此不断精进技艺、提高水平。应当说，诈骗犯罪分子聚集地区，电信网络诈骗活动猖獗的境外地区对应的境内边境地区，为电信网络诈骗提供技术、支付等帮助、支持活动猖獗等的地区，都属于电信网络诈骗行动严重的特定地区。

目前国务院对打击治理电信网络新型诈骗违法犯罪有相应的防范措施，包括断网、终止服务、拉入黑名单、停止支付、关闭账号、限制业务、信用惩戒、对滞留境外不归的电信网络诈骗人员采取的临时性相应措施等。

例如，针对中缅边境地区电信网络诈骗犯罪活动猖獗、严重侵害民众财产安全的情况，国务院打击治理电信网络新型违法犯罪工作部际联席会议办公室组织开展专项打击行动，决定自 2019 年 10 月 14 日起，对缅北部分电信网络诈骗活动严重区域的 QQ、微信、支付宝、POS 机等社交和支付账户采取封停措施。对于没有实施电信网络诈骗活动而被误封停的，可以联系公安部驻云南普洱工作站，公安机关将快速甄别，对因技术原因误关停的账号予以解封。[①] 一些电信网络诈骗分子聚集地的户籍地政府，也专门出台敦促本地籍非法滞留境外人员回国的通告，并对滞留不归的人员采取相应的整治措施，也都取得了一定的成效。

根据《中国人民银行关于进一步加强支付结算管理 防范电信网络新型违法犯罪有关事项的通知》规定，中国人民银行、公安部依法加大买卖银行账户和支付账户、冒名开户惩戒力度，主要措施包括：限制业务。银行和支付机构对经设区的市级及以上公安机关认定的出租、出借、出售、购买银行账户（含银行卡）或者支付账户的单位和个人及相关组织

[①] 《中缅边境电信网络诈骗活动严重区域 QQ、微信、支付宝等社交和支付账户被封停》，载新华社百度号，https://baijiahao.baidu.com/s?id=1647456847223535672&wfr=spider&for=pc，2022 年 9 月 15 日访问。

者，假冒他人身份或者虚构代理关系开立银行账户或者支付账户的单位和个人，5年内暂停其银行账户非柜面业务、支付账户所有业务，并不得为相关个人新开立账户。惩戒期满后，受惩戒的单位和个人申请办理新开立账户业务的，银行和支付机构应加大审核力度。信用惩戒。人民银行将相关单位和个人信息移送金融信用信息基础数据库并向社会公布。刑事处罚。出租、出借、出售和买卖银行账户的行为还可能触犯法律，涉嫌帮助信息网络犯罪活动罪、妨害信用卡管理罪等罪名，人民法院、检察院将依法从快从严惩处。无法刑事处罚的，公安机关将按照治安处罚法等顶格处理。

打击电信诈骗专项行动，将一些地方作为重点整治，本质上是重典治乱的内在要求。其成效也有目共睹：12321举报受理中心接报的诈骗电话举报数量呈现整体持续下降趋势；电信诈骗发案总量历年最低。可以说，电信网络诈骗高发势头得到了初步遏制。但囿于电信诈骗的高流动性、裂变性以及方式的不断更迭，打击电信诈骗的高压态势仍须臾不可放松。由专项、必要的临时性整治迈向常态化、制度化治理，由治标迈向治本，让社会普遍告别电信诈骗之害，仍需再接再厉。本次立法，将确定特定地区、采取相应的风险防范措施进行整治，既是对上述各种有效举措的总结与吸收，更是明确的立法确认，增强了采取相应风险防范措施的法律依据和严肃性。

【关联规定】

《中华人民共和国网络安全法》第五十八条，《全国人民代表大会常务委员会关于加强网络信息保护的决定》十一，《中华人民共和国个人信息保护法》第六十七条，《中国人民银行关于进一步加强支付结算管理防范电信网络新型违法犯罪有关事项的通知》（二）（三）（四）（五）

【条文内容】

> 第三十六条 【特定地区人员出境限制】对前往电信网络诈骗活动严重地区的人员，出境活动存在重大涉电信网络诈骗活动嫌疑的，移民管理机构可以决定不准其出境。
>
> 因从事电信网络诈骗活动受过刑事处罚的人员，设区的市级以上公安机关可以根据犯罪情况和预防再犯罪的需要，决定自处罚完毕之日起六个月至三年以内不准其出境，并通知移民管理机构执行。

【条文主旨】

本条规定前往电信网络诈骗活动严重地区诈骗嫌疑人员及受过刑事处罚人员不准出境。

【适用指南】

随着国内对电信网络诈骗犯罪的打击，该类犯罪在国内的发展空间日益缩小，很多电信网络诈骗犯罪集团转而辗转到境外继续进行诈骗犯罪活动。由于电信网络诈骗犯罪的远程性、非接触性特点，加之境外一些地方受到中国传统文化的影响深厚，有的地方甚至整体环境类似于国内，官方语言里包括汉语，甚至人民币也可以无障碍流通，通信设备也能够使用到中国国内三大运营商移动、联通、电信的信号，而境外一些地方法治涣散，管理松懈，地方政府控制能力虚弱，甚至为犯罪分子提供了诸多便利，这为电信网络诈骗分子提供了良好的栖身之地。一些国内诈骗团伙以挣快钱、赚钱轻松，只要点点鼠标就能赚钱为诱饵，欺骗同乡、失业人员通过旅游签证、务工甚至偷渡方式来到境外，从事诈骗犯罪活动。很多犯罪集团假借高薪务工的幌子引诱国内人员偷渡出境，后将其控制，以暴力相威胁逼迫其从事电信网络诈骗等违法犯罪活动。由于电信诈骗犯罪分子在国外，抓捕工作只能依靠国外当地警方。被抓捕后，还需要繁杂的遣返程序。对此，需要采取特殊的手段加以打击治理，尤其是有高度参与诈骗嫌疑的人来自这些地区，或者从国内前往这些地区的，其参与电信网络诈骗的可能性非常高，准许其出境，会导致其出境后进行针对境内的犯罪活动，对其加以出境禁止非常有必要。同时，因从事电信网络诈骗活动已经受过刑事处罚的人员，再出境前往这些地区，同样具有再次从事电信网络诈骗犯罪的高度可能，对其出境时间期限加以限制也很必要。为此，本条规定对前往电信网络诈骗活动严重地区人员，如果其不具有合法、真实出境事由，出境活动存在重大涉诈嫌疑的，移民管理机构可以决定不准其出境；根据《出入境管理法》的相关规定，对因从事电信网络诈骗活动受过刑事处罚的人员，设区的市级以上公安机关可以决定自处罚完毕之日起六个月至三年以内不准其出境，由移民管理机构执行该决定。

适用中需要注意两个方面，一是认定参加境外诈骗犯罪集团或者犯罪团伙，一年内多次前往境外犯罪窝点，或者在窝点时间累计 30 天以上的，可以推定认定其构成诈骗罪；二是要重点打击偷越国边境犯罪行为。为严厉打击跨境电信网络诈骗团伙犯罪，《最高人民法院、最高人民检察院、公安部关于办理电信网络诈骗等刑事案件适用法律若干问题的意见（二）》规定，有证据证实行为人参加境外诈骗犯罪集团或犯罪团伙，在境外针对境内居民实施电信网络诈骗犯罪行为，诈骗数额难以查证，但一年内出境赴境外诈骗犯罪窝点累计时间 30 日以上或多次出境赴境外诈骗犯罪窝点的，以诈骗罪依法追究刑事责任。在司法适用时，要注意把握以下三个要求：（1）有证据证明行为人参加了境外电信网络诈骗犯罪集团或犯罪团伙，且在境外针对境内居民实施了具体的诈骗犯罪行为；（2）行为人一年内出境赴境外诈骗犯罪窝点累计 30 日以上，应当从行为人实际加入境外诈骗犯罪窝点的日期开始计算时间；（3）诈骗数额难以查证，是指基于客观困难，确实无法查清行为人实施诈骗的具体数额。在办案中，应当首先全力查证具体诈骗数额；在诈骗数额难以查清的情况下，根据《最高人民法院、最高人民检察院关于办理诈骗刑事案件具体应用法律若干问题的解释》和《最高人民法院、最高人民检察院、公安部关于办理电信网络诈骗等刑事案件适用法律若干问题的意见》的规定，还应当查证发送诈骗信息条数和拨打诈骗电话次数，如二者均无法查明，才适用该条规定。

关于出境活动存在重大涉诈涉嫌的，可以结合我国出入境管理法、《关于办理妨害国（边）境管理刑事案件应用法律若干问题的解释》、最高人民法院、最高人民检察院、公安部、国家移民管理局《关于依法惩治妨害国（边）境管理违法犯罪的意见》相关规定予以认定，如不具有合法、真实出境事由、曾经有电信网络诈骗违法犯罪前科等；有的行为构成组织他人偷越国边境罪、骗取出境证件罪或者偷越国边境罪的，也应当依法予以打击。关于组织他人"持证"骗取核准出入境行为的认定。随着我国对外开放的持续深化，出入境管理便民水平不断提升，出入境证件的办理手续不断简化，不少国家与我国签订了互免签证协议或者是采取"落地签"方式。在此背景下，组织无出入境证件的人员或者使用伪造、变造出入境证件的人员偷越国（边）境的情形，实践中已相对少见。但是，利用我国与其他国家的互免签证政策，组织已持有出入境证件的人员通过虚构事实、隐瞒真相等方式掩盖非法出入境目的，骗取出入境边防检查机关核准出境入境的情况则较为普遍，日益成为相关妨害国（边）境管理活动的重要方式。对于此类组织持证人员骗取出入境边防检查机关核准出入境的行为，应当认定为组织他人偷越国（边）境，主要考虑是：（1）《出境入境管理法》明确规定，出入我国国（边）境，"应当向出入境边防检查机关交验本人出境入境证件，履行规定的手续，经查验准许"。根据双边互免签证协议出入境的情形，一般针对团体旅游、短期探亲、访问等特定事由，而且，仍应依法经出入境边防检查机关查验准许。组织他人以虚构事实、隐瞒真相等方式掩盖非法出入境目的，骗取出入境边防检查机关核准出入境的行为，违反了相关出入境管理规范，与组织无证、假证人员偷越国（边）境一样，妨害了国（边）境管理秩序。（2）从实践来看，组织此类持证人员偷越国（边）境，一般直接参与介绍、招募相关持证人员，并负责被组织者非法出入境后的接应事宜等，发挥聚合偷越人员和整合行为链条的作用，行为实质与传统的组织无证、假证人员偷越国（边）境并无差异。（3）此类组织行为多因相关持证人员出入境后非法务工，甚至从事电信网络诈骗、赌博等犯罪被查获而案发，社会危害性与传统的组织他人偷越国（边）境行为具有相当性。鉴此，《关于依法惩治妨害国（边）境管理违法犯罪的意见》第二条规定："具有下列情形之一的，应当认定为刑法第三百一十八条规定的'组织他人偷越国（边）境'行为：（1）组织他人通过虚构事实、隐瞒真相等方式掩盖非法出入境目的，骗取出入境边防检查机关核准出入境的……"关于偷越国（边）境次数的计算。根据《关于办理妨害国（边）境管理刑事案件应用法律若干问题的解释》第五条规定，偷越国（边）境3次以上的，应当认定为刑法第三百二十二条规定的"情节严重"。对于偷越国（边）境的次数，是将每次非法出境、入境分别计算为1次，还是将非法入境（出境）后又非法出境（入境）的合并计算为1次，实践中认识不一。根据《关于依法惩治妨害国（边）境管理违法犯罪的意见》的理解，行为人偷越国（边）境后并不是必然返程，计算偷越次数时均要求存在相对应的非法出境和非法入境并不现实。基于此，该意见第八条规定："对于偷越国（边）境的次数，按照非法出境、入境的次数分别计算。"同时，考虑到偷越国（边）境的实践情况较为复杂，为确保案件处理符合罪责刑相适应原则，该条进一步规定："对于非法越境后及时返回，或者非法出境后又入境投案自首的，一般应当计算为一次。"

【典型案例】

胡某某、杜某组织他人偷越国（边）境案[1]

一、基本案情

2020年初，被告人胡某某以去缅甸从事电信诈骗可以获得高薪进行拉拢、引诱，在明知陈某等人无有效出入境证件的情况下，其先后两次策划联络安排陈某等人偷渡到缅甸。2020年3月22日，胡某某将人员集中后，安排杜某带领8人乘坐胡某某事先联系好的网约车到达贵阳龙洞堡机场，再乘坐飞机抵达西双版纳嘎洒机场。后杜某等人通过乘车、步行方式绕过边防检查站，穿越边境偷渡到达缅甸。2020年3月25日，胡某某组织14人乘坐飞机抵达西双版纳嘎洒机场，后通过乘车、步行方式绕过边防检查站，穿越边境偷渡到缅甸。其中3人被西双版纳嘎洒机场工作人员劝返后，胡某某又安排该3人从西双版纳乘坐飞机前往昆明，乘坐私家车到达云南省景洪市，后通过乘车、步行方式绕过检查站，穿越边境偷渡到缅甸。

二、诉讼过程

贵州省思南县人民检察院于2021年10月15日以胡某某、杜某犯组织他人偷越国（边）境罪依法提起公诉。思南县人民法院于2021年10月28日开庭审理并当庭宣判，以组织他人偷越国（边）境罪判处胡某某有期徒刑七年十个月，并处罚金人民币2万元；判处杜某有期徒刑二年六个月，并处罚金人民币5000元。判决已生效。

办案中，贵州省思南县人民检察院积极主动作为，提前介入引导侦查取证，锁定胡某某的组织行为及偷越国（边）境人数等犯罪情节，确保案

---

[1] 《贵州省人民检察院发布5件打击电信网络诈骗及其关联犯罪典型案例》，载贵州检察网，http://www.gz.jcy.gov.cn/jcxw/202112/t20211224_3495245.shtml，2022年9月11日访问。

件在审查起诉时做到了"不延不退""一步到位"的高效打击效果。审查逮捕环节，发现杜某受胡某某的安排，帮忙联系、带领偷渡人员绕过检查站穿越边境偷渡到缅甸，已涉嫌犯罪，成功追诉了被告人杜某。同时，对办案过程中发现的2件偷越国（边）境案开展了立案监督。在案件审查逮捕、审查起诉、公开审判阶段进行大力宣传，被胡某某组织偷渡滞留缅甸的人员已全部回国，对其中涉嫌偷越国（边）境罪的人员，将进行认真查证后依法处理。与该案相关联的组织他人偷越国（边）境罪犯罪嫌疑人邓某某回国自首，现已被逮捕。

三、典型意义

随着国家加大对电信网络诈骗犯罪活动的打击力度，诈骗窝点加速向境外转移，犯罪分子通过高薪引诱、拉拢介绍、人托人等方式，组织招募不明真相的人员，偷越国（边）境到缅甸从事电信网络诈骗、赌博等违法犯罪活动。组织他人偷越国（边）境犯罪成为电信网络诈骗犯罪的关联犯罪，聚焦全链条打击，从严从快打击该类犯罪，有利于打击电信网络诈骗犯罪向境外转移的新形势，最大可能压缩电信网络诈骗犯罪的生存土壤和发展空间，最大限度减少电信网络诈骗违法犯罪活动。一些省份滞留境外涉诈高危人员人数多，对回国投案自首从宽处理的政策仍持观望态度，同时仍有不少人员在所谓"高薪"诱惑下，前往境外实施违法犯罪活动。检察机关在案件办理过程中，就案办案，注重延伸打击和大力宣传，在依法打击关联偷越国（边）境犯罪、督促犯罪分子回国自首方面取得明显成效，做法值得借鉴推广。

【关联规定】

《中华人民共和国刑法》第三百一十八条【组织他人偷越国（边）境罪】，《中华人民共和国出境入境管理法》第十二条、第二十一条、第二十八条、第六十五条、第七十五条，《最高人民法院、最高人民检察院关于办理妨害国（边）境管理刑事案件应用法律若干问题的解释》，《最高人

民法院、最高人民检察院、公安部、国家移民管理局关于依法惩治妨害国（边）境管理违法犯罪的意见》二

【条文内容】

> 第三十七条 【加强打击电信网络诈骗的国际司法合作】国务院公安部门等会同外交部门加强国际执法司法合作，与有关国家、地区、国际组织建立有效合作机制，通过开展国际警务合作等方式，提升在信息交流、调查取证、侦查抓捕、追赃挽损等方面的合作水平，有效打击遏制跨境电信网络诈骗活动。

【条文主旨】

本条规定公安部门等会同外交部门加强国际执法司法合作，与有关国家、地区和国际组织建立有效合作机制，共同推进跨境电信网络诈骗犯罪打击治理。

【适用指南】

电信网络诈骗问题，已经成为世界性问题，不仅在中国，实际上随着互联网技术的发展以及移动支付的发达，远程购物与支付成为习惯，虚拟货币在很多国家已经盛行，电信网络诈骗问题也在向世界各地渗透。尤其是在我国，由于大部分诈骗犯罪分子转移到境外对我国公民诈骗，对这部分人的打击，必须通过国际执法司法合作进行。近年来，我国打击境内外电信网络诈骗犯罪活动成效明显，在境外战场上，公安部先后组织多地公

安机关共同派工作组赴印度尼西亚、柬埔寨、泰国、老挝、马来西亚等国，开展落地侦查及犯罪嫌疑人抓捕工作，在公安机关的高压严打和各部门齐抓共管下，各地电信诈骗"重灾区"发案出现明显下降趋势。实践证明，打击电信网络诈骗犯罪，需要与有关国家和地区建立有效合作机制，共同推进跨境电信网络诈骗犯罪打击治理。例如，2016年上半年，公安机关发现，在西班牙境内有大量针对我国民众疯狂实施诈骗的电信网络诈骗窝点，北京、江苏、浙江、广东等地接连发生多起涉案千万元以上的重大案件，被骗群众损失惨重。公安部对此高度重视，自当年起先后多次派员赴西班牙开展执法合作，与西班牙国家警察总局组成联合专案组，追查电信网络诈骗窝点，查找犯罪嫌疑人，收集固定违法犯罪证据。在外交部和中国驻西班牙大使馆的大力支持和积极推动下，联合专案组经艰苦细致的工作，初步查明了电信网络诈骗犯罪团伙的网络和组织构成。在掌握相关犯罪事实和证据基础上，2016年12月13日，中西警方共同派员开展代号为"长城行动"的联合抓捕行动，共捣毁位于马德里、巴塞罗那等地的诈骗窝点13个，抓获200余名主要来自中国台湾地区的犯罪嫌疑人，查明诈骗金额1600多万欧元。2017年，西班牙司法机关判决将所有犯罪嫌疑人引渡回中国。[①]"长城行动"是我国首次与欧洲国家联合开展打击电信网络诈骗违法犯罪警务执法合作行动，也是我国警方跨境打击电信网络诈骗违法犯罪联合行动中规模较大、战果丰硕的一次，重创了跨境电信网络诈骗犯罪集团，有力震慑了此类违法犯罪活动。此次行动彰显了中西两国警方共同打击犯罪、保护人民群众生命财产安全的决心和信心。

以此为例，本条总结了近年来我国打击电信网络诈骗犯罪国际执法合作经验，以立法的形式将司法机关会同外交部门积极稳妥推进国际执法司法合作，与有关国家、地区和国际组织建立有效合作机制，通过开展国际警务合作等方式，提升在信息交流、调查取证、侦查抓捕、追赃挽损等方

[①] 《中西警方共同举行"长城行动"证据移交仪式》，载中华人民共和国中央人民政府网，http://www.gov.cn/xinwen/2018-06/02/content_5295688.htm，2022年9月16日访问。

面的合作水平，有效打击遏制跨境电信网络诈骗活动，共同推进跨境电信网络诈骗犯罪打击治理，始终保持对此类犯罪的严打高压态势，不断创新打法战法，持续开展打击行动，坚决捣毁境内外诈骗窝点，坚决将不法分子绳之以法，切实保障人民群众财产安全和合法权益。

司法实务中需要注意以下问题。

(一) 关于犯罪地的把握

电信网络诈骗活动一般属于跨地域特别是跨境案件，甚至诈骗团伙实施的同一桩诈骗案，可能存在各个犯罪环节分布在不同地方的情况，而属地管辖原则应优先适用。办案中，大多数案件侦破是从实施诈骗犯罪的信息流、资金流、设备流入手，通过查获用于违法犯罪活动的手机卡、信用卡等通信联络、支付结算工具设备，"顺藤摸瓜"进而查获电信网络诈骗犯罪分子。鉴于此类犯罪具有链条式、分散式、开放式等特征，从有利于侦查、诉讼角度考虑，近年来的相关规定适当扩大了此类犯罪的管辖连接点。《最高人民法院、最高人民检察院、公安部关于办理电信网络诈骗等刑事案件适用法律若干问题的意见》规定，网站服务器、网站运营人员、被侵害系统计算机信息系统所在地，诈骗电话、信息、电子邮件等的拨打地、发送地、到达地、接受地，属于"犯罪行为发生地"以及诈骗行为持续发生的实施地、预备地、开始地、途经地、结束地，将被害人被骗时所在地，以及诈骗所得财物的实际取得地、藏匿地、转移地、使用地、销售地，属于"犯罪结果发生地"。《最高人民法院、最高人民检察院、公安部关于办理电信网络诈骗等刑事案件适用法律若干问题的意见（二）》规定，手机卡和信用卡的开立地、转移地、藏匿地等，即时通信信息的发送地、到达地等，以及硬件设备的销售地、入网地、藏匿地等认定为"犯罪地"。《最高人民法院、最高人民检察院、公安部关于办理电信网络诈骗等刑事案件适用法律若干问题的意见（二）》适当扩张了案件的管辖地就是考虑到此类犯罪手段复杂性和严重社会危害性。

(二) 关于境外证据的审查

第一，证据来源合法性的审查。境外证据的来源包括：外交文件（国际条约、互助协议），司法协助（刑事司法协助、平等互助原则），警务合作（国际警务合作机制、国际刑警组织）。由于上述来源方式均需要有法定的程序和条件，对境外证据的审查要关注：证据来源是否是通过上述途径收集，审查报批、审批手续是否完备，程序是否合法；证据材料移交过程是否合法，手续是否齐全，确保境外证据的来源合法性。第二，证据转换的规范性审查。对于不符合我国证据种类和收集程序要求的境外证据，侦查机关要重新进行转换和固定，才能作为证据使用。着重审查以下几方面：（1）境外交接证据过程的连续性，是否有交接文书，交接文书是否包含接收证据。（2）接收移交、开箱、登记时是否全程录像，确保交接过程的真实性，交接物品的完整性。（3）境外证据按照我国证据收集程序重新进行固定的，依据相关规定进行，注意证据转换过程的连续性和真实性的审查。（4）公安机关是否对境外证据来源、提取人、提取时间或者提供人、提供时间以及保管移交的过程等作出说明，有无对电子数据完整性等专门性问题的鉴定意见等。（5）无法确认证据来源、证据真实性，收集程序违法无法补正等境外证据应予排除。第三，特殊情形的证据审查。对于境外移交的证据，受司法体制、执法习惯、法律规定等差异的影响，如果境外警方未提供相关证据的发现、收集、保管、移交情况等材料的，并非一律否定其证据效力，而是允许公安机关进行补正，对证据来源、移交过程等作出书面证明并加盖公安机关印章，经审核能够证明案件事实的，可以作为证据使用。第四，其他来源的境外证据的审查。通过其他渠道收集的境外证据材料，作为证据使用的，应注重对其来源、提供人、提供时间以及提取人、提取时间进行审查。能够证明案件事实且符合刑事诉讼法规定的，可以作为证据使用。

（三）关于羁押期限的折抵

司法实践中，部分电信网络诈骗行为人被境外警方抓获后，在正式移交我国之前，往往在境外已被羁押一段时间。为了体现出我国法治的公平正义和人文关怀，有利于国际刑事司法合作的开展，参考我国与多个国家签订的司法协助条约，《最高人民法院、最高人民检察院、公安部关于办理电信网络诈骗等刑事案件适用法律若干问题的意见（二）》规定，境外羁押期间可以折抵刑期。

（四）办理跨境电信网络诈骗案件，涉及多个法律及政策性问题，且具有重大国际影响，应当慎之又慎

1. 落实专人专办，强化制度保障。办理此类案件，应当成立专门的办案组织，强化领导。针对网络犯罪专业性强及类型化等特点，指派经验丰富的办案人员组成案件办理专班，有效提高该类案件的办理质效，提升网络犯罪的理论及调研水平，实现对网络犯罪的精确打击。

2. 高度重视案件办理中的法律适用及程序问题，及时沟通解决争议问题。跨境电信网络诈骗案件种类新、涉及人员广、人员身份复杂，又涉及国际司法合作等问题，一定要做到程序严谨、万无一失，针对案件办理中遇到的法律适用及程序问题，要组织开展专家会诊，为办理该案提供强有力的支撑。

3. 及时解决案件管辖问题。根据《关于办理信息网络犯罪案件适用刑事诉讼程序若干问题的意见》规定：根据《刑事诉讼法》关于刑事案件的管辖规定，明确"信息网络犯罪案件由犯罪地公安机关立案侦查。必要时，可以由犯罪嫌疑人居住地公安机关立案侦查"。针对信息网络犯罪匿名性、远程性的特点，为方便被害人报案维权，及时查处犯罪，该意见第二条第二款对管辖连接点采取了相对宽松的标准，规定："信息网络犯罪案件的犯罪地包括用于实施犯罪行为的网络服务使用的服务器所在地，网络服务提供者所在地，被侵害的信息网络系统及其管理者所在地，犯罪过程中犯罪嫌疑人、被害人或者其他涉案人员使用的信息网络系统所在地，被害人被侵害时所在地以及被害人财产遭受损失地等。"

4. 在无法找到全部被害人的情况下，如何认定犯罪金额。由于境外的组织、个人针对中华人民共和国境内实施电信网络诈骗活动的，或者为他人实施针对境内的电信网络诈骗活动提供产品、服务等帮助的电信网络诈骗案件的被害人人数众多、分布范围广，尤其是一些案件侦查活动距离案发已接近数年，部分被害人难以取得联系，取证困难，诈骗集团又往往与

多个专业的洗钱团伙合作进行支付结算，通过资金流向来认定犯罪数额较为困难。办案中要注意从查获的电脑、手机等作案工具中查找发现记载有如"话务员"、电脑手、厨师等人的工资提成表和一二三线话务员的业绩表等客观性证据，可以通过对业绩表、记账凭证等相关书证记录的审查，逐一比对每个被害人在不同日期的转账金额，与业绩表的记录能否基本印证。根据《最高人民法院、最高人民检察院、公安部关于办理电信网络诈骗等刑事案件适用法律若干问题的意见》规定："办理电信网络诈骗案件，确因被害人人数众多等客观条件的限制，无法逐一收集被害人陈述的，可以结合已收集的被害人陈述，以及经查证属实的银行账户交易记录、第三方支付结算账户交易记录、通话记录、电子数据等证据，综合认定被害人人数及诈骗资金数额等犯罪事实。"

5. 犯罪集团中的厨师、司机等"后勤保障人员"是否可以诈骗共犯追究刑事责任。根据《最高人民法院、最高人民检察院、公安部关于办理电信网络诈骗等刑事案件适用法律若干问题的意见（二）》规定，境外的组织、个人针对中华人民共和国境内实施电信网络诈骗活动的，或者为他人实施针对境内的电信网络诈骗活动提供产品、服务等帮助的，如提供资金、场所、交通、生活保障等帮助的，依照有关规定处理和追究责任。办理跨境类电信网络诈骗案件中，经常遇到在犯罪集团中从事后期保障的人员能否认定为共犯的问题，如窝点内的司机，负责专门接送窝点人员及外出采购；窝点内的厨师，负责外出采购及做饭。对上述在电信网络诈骗犯罪集团中从事后勤保障的人员是否构成诈骗罪的共犯存在两种意见。一种意见认为厨师、司机的行为虽然对集团的运行有一定的帮助，但仅是提供一般的劳务，不宜评价为共同犯罪。另一种意见认为由于境外诈骗窝点普遍实行全封闭管理模式，作息时间日夜颠倒，严格限制人员外出，该模式决定窝点内部需要有专人负责外出采购及做饭等后勤工作，否则窝点无法正常运行。因此厨师、司机等后勤保障人员是诈骗集团得以运行的重要岗位，具有不可或缺、不能替代的作用，应当按照共同犯罪追究相应刑事责任。对于这一问题，应当根据犯罪集团管理是否严密、参加人员对整个集团或者团伙的行为能否准确认识等情节作出认定。如果从事后勤保障的工作人员自愿加入犯罪集团，接受集团的统一管理，足以表明其与其他犯罪嫌疑人共同追求完成同一犯罪，并且与其他犯罪嫌疑人相互配合实施了犯罪行为，应当按照共同犯罪追究刑事责任。对此，《最高人民法院、最高人民检察院、公安部关于办理电信网络诈骗等刑事案件适用法律若干问题的意见》规定，明知他人实施电信网络诈骗犯罪，具有下列情形之一的，以共同犯罪论处，但法律和司法解释另有规定的除外：提供资金、场所、交通、生活保障等帮助的。

【典型案例】

周某某等电信网络诈骗案[1]

一、基本案情

2018年9月，周某某、梅某、黄某预谋搭建虚假炒指数平台，赴境外实施诈骗活动；由张某某等人搭建名为"某某国际"的虚假炒指数平台；由毛某某等人分别在常州、台州、杭州、宁波、缅甸等地成立由负责人、股东成员、业务员组成的团队；周某某等人分工负责会计、讲师与后勤保障。

2018年10月起，黄某分批组织团队成员偷渡到缅甸果敢老街某大厦实施电信网络诈骗。被告人通过拨打电话、加微信等方式（俗称"吸粉"）为被害人提供炒股咨询，逐步引诱被害人在"某某国际"平台投资炒指数（俗称"入金"）。被害人投资后，讲师通过授课方式诱导被害人反向购买、逆势加仓，业务员冒充投资人配合讲师实施诱导行为。之后，周某某等人通过在后台调整、控制平台K线走势等方式，制造被害人亏损假象，非法占有被害人投资款。截至2019年1月，周某某、梅某、黄某等人通过"某某国际"平台骗取53名被害人共计2100余万元。

---

[1] 《江苏省连云港市人民检察院典型案例发布》，载连云港市人民检察院，http：//lyg.jsjc.gov.cn/zt/dxalfb/202111/t20211112_1304493.shtml，2022年9月11日访问。

其间，周某某等人通过通信工具从被告人王某处交换获得证券公司开户资料2万条，从投资公司赵某某处购买股民电话号码30万条，用于诈骗犯罪。

二、诉讼过程

2019年1月11日，江苏省连云港市公安局海州分局（以下简称海州公安分局）接到被害人陆某某报警，称其被炒股平台诈骗1400余万元。海州公安分局于同日立案侦查，经研判锁定犯罪嫌疑人周某某等人真实身份。2019年12月10日至12日，海州区法院公开开庭审理本案。海州区检察院出庭支持公诉。2019年12月31日，海州区法院以被告人周某某等50人犯诈骗罪、侵犯公民个人信息罪、组织他人偷越国境罪、偷越国境罪、帮助信息网络犯罪活动罪，分别判处有期徒刑十八年至拘役六个月，并处罚金330万元至1万元，对被告人王某某等人适用缓刑。该案共扣押、冻结款物、退赃共计1100余万元。

三、典型意义

检察机关办理跨国电信网络诈骗案件应坚持全链条打击，注重审查发现关联犯罪线索，引导公安机关全面侦查。准确认定电信网络诈骗犯罪与关联犯罪关系，二者未形成通常性的手段与目的、原因与结果关系的，应当数罪并罚。对于有组织的跨国电信网络诈骗案件，应通过证据审查，重塑组织架构、层级分工，准确认定犯罪集团。

1. 检察机关办理跨国电信网络诈骗犯罪，应注重审查关联犯罪，坚持全链条打击。跨国电信网络诈骗犯罪案件一般通过在国内国外搭建网络平台，以对被害人拨打电话、发送信息等方式实施犯罪活动。在实施诈骗犯罪的同时，可能涉嫌侵犯公民个人信息、偷越国边境、组织他人偷越国边境、帮助信息网络犯罪活动等罪名。检察机关办理跨国电信网络诈骗犯罪案件，应注重审查发现关联犯罪，并引导公安机关全面侦查，做到全方位、全链条打击以电信网络诈骗为中心的犯罪产业链。

2. 办理跨国电信网络诈骗案件，应当准确认定共同犯罪性质。三人以上为实施电信网络诈骗犯罪而组成的较为固定的犯罪组织，应依法认定为诈骗犯罪集团。检察机关办理跨国电信网络诈骗犯罪案件，应注重审查共同犯罪是否符合犯罪集团的目的性、稳固性、组织性特征。案件证据能够证实有明显的首要分子、主要成员固定，有层级分明的组织架构、职责分工明确，人数三人以上的，应当认定为犯罪集团而非一般共同犯罪。

3. 办理电信网络诈骗犯罪与关联犯罪，应当准确认定一罪与数罪。电信网络诈骗犯罪与关联犯罪适用择一重罪处罚或者数罪并罚。检察机关办案中，应注重审查犯罪行为的性质，犯罪行为所侵犯的法益，如果电信网络诈骗犯罪与关联犯罪不具有经验意义上的通常性的手段与目的、原因与结果的关系，而是实施了性质不同的数个行为、侵犯了数个法益、触犯了数个罪名，应当适用数罪并罚，而非认定为牵连犯择一重罪处罚。

【关联规定】

《中华人民共和国刑事诉讼法》第十八条，《中华人民共和国国际刑事司法协助法》，《人民检察院刑事诉讼规则》第六百七十六条、第七百零三条，《最高人民法院、最高人民检察院、公安部关于办理电信网络诈骗等刑事案件适用法律若干问题的意见（二）》三、十五

第六章 法律责任

【条文内容】

> **第三十八条 【构成犯罪与不构成犯罪的责任追究】** 组织、策划、实施、参与电信网络诈骗活动或者为电信网络诈骗活动提供帮助，构成犯罪的，依法追究刑事责任。
>
> 前款行为尚不构成犯罪的，由公安机关处十日以上十五日以下拘留；没收违法所得，处违法所得一倍以上十倍以下罚款，没有违法所得或者违法所得不足一万元的，处十万元以下罚款。

【条文主旨】

本条规定对于组织、策划、实施、参与电信网络诈骗活动及帮助者追究刑事责任，不构成犯罪的，予以治安处罚。

【适用指南】

目前，犯罪分子通过电信网络技术手段，利用行业管理漏洞，利用非法获取的个人信息和网络"黑灰产"交易等实施诈骗，组织化、链条化运作，跨境、跨地区实施犯罪，已成为当前发案率高、上升快、造成损失大、群众反响强烈的突出犯罪行为，严重影响广大群众的获得感、幸福感、安全感。要对电信网络诈骗及其关联犯罪予以严厉打击，严厉惩治，才能有效遏制该类犯罪多发、高发势头。因此，在治理电信网络诈骗犯罪中首先要打开路，重拳出击。此次专门立法也是反电信网络诈骗工作实践的迫切需要。当前，电信网络诈骗犯罪类型与各种新技术应用相伴而生，形形色色"黑灰产"斩而不绝。对此，《反电信网络诈骗法》一方面统筹发展和安全，堵住金融、通信、互联网等行业管理的漏洞和薄弱环节，夯实地方政府、行业主管部门和企业的属地责任、监管责任和风险防范责任；另一方面加强技术防范反制措施的运用，采取预警、劝阻、宣传教育、打击跨境作案等综合治理措施，严厉惩治、整治涉诈"黑灰产"，加大违法行为的惩处力度。全面打响一场与电信网络诈骗的攻防战已成为当务之急。这次反电信网络诈骗专门立法，加强对涉诈相关非法服务、设备、产业的治理，从源头上规范治理涉电信网络诈骗"黑灰产"，挤压犯罪空间，铲除犯罪土壤，有利于聚焦力量、精确打击、强化防范，既有必要性，又有紧迫性。当然，司法执法中还应当将宽严相济的刑事政策贯彻落实好，严厉打击并不代表"一网打尽"，不加区分。如根据《关于办理电信网络诈骗等刑事案件适用法律若干问题的意见（二）》，"办理电信网络诈骗犯罪案件，应当充分贯彻宽严相济刑事政策。在侦查、审查起诉、审判过程中，应当全面收集证据、准确甄别犯罪嫌疑人、被告人在共同犯罪中的层级地位及作用大小，结合其认罪态度和悔罪表现，区别对待，宽严并用，科学量刑，确保罚当其罪。对于电信网络诈骗犯罪集团、犯罪团伙的组织者、策划者、指挥者和骨干分子，以及利用未成年人、在校学生、老年人、残疾人实施电信网络诈骗的，依法从严惩处。对于电信网络诈骗犯罪集团、犯罪团伙中的从犯，特别是其中参与时间相对较短、诈骗数额相对较低或者从事辅助性工作并领取少量报酬，以及初犯、偶犯、未成年人、在校学生等，应当综合考虑其在共同犯罪中的地位作用、社会危害程度、主观恶性、人身危险性、认罪悔罪表现等情节，可以依法从轻、减轻处罚。犯罪情节轻微的，可以依法不起诉或者免予刑事处罚；情节显著轻微危害不大的，不以犯罪论处。"

【关联规定】

《中华人民共和国刑法》第二百六十六条【诈骗罪】、第一百二十四条【破坏广播电视设施、公用电信设施罪】、第二百八十五条第三款【提供侵入、非法控制计算机信息系统程序、工具罪】、第二百八十六条【破坏计算机信息系统罪】、第二百八十六条之一【拒不履行信息网络安全管理义务罪】、第二百八十七条之一【非法利用信息网络罪】、第二百八十七条之二【帮助信息网络犯罪活动罪】，《中华人民共和国治安管理处罚法》第二条、第十条、第二十八条、第二十九条、第四十九条、第六十一条、第六十二条，《最高人民法院、最高人民检察院关于办理诈骗刑事案件具体应用法律若干问题的解释》，《最高人民法院、最高人民检察院关于办理危害计算机信息系统安全刑事案件应用法律若干问题的解释》，《最高人民法院、最高人民检察院、公安部关于办理信息网络犯罪案件适用刑事诉讼程序若干问题的意见》

【条文内容】

第三十九条 【电信业务经营者违法责任】电信业务经营者违反本法规定，有下列情形之一的，由有关主管部门责令改正，情节较轻的，给予警告、通报批评，或者处五万元以上五十万元以下罚款；情节严重的，处五十万元以上五百万元以下罚款，并可以由有关主管部门责令暂停相关业务、停业整顿、吊销相关业务许可证或者吊销营业执照，对其直接

负责的主管人员和其他直接责任人员,处一万元以上二十万元以下罚款:

(一)未落实国家有关规定确定的反电信网络诈骗内部控制机制的;

(二)未履行电话卡、物联网卡实名制登记职责的;

(三)未履行对电话卡、物联网卡的监测识别、监测预警和相关处置职责的;

(四)未对物联网卡用户进行风险评估,或者未限定物联网卡的开通功能、使用场景和适用设备的;

(五)未采取措施对改号电话、虚假主叫或者具有相应功能的非法设备进行监测处置的。

【条文主旨】

本条规定了电信业务经营者违反本法规定,应承担的法律责任。

【适用指南】

电信业务经营者如果不能遵守本法规定,就会形成监管漏洞,给电信网络诈骗犯罪分子以可乘之机,因而对其违反规定的行为,有必要在本法中作出具体的处罚规定。这些违法情形主要包括本法中所规定的要求电信业务经营者在经营活动中积极落实国家有关规定确定的反电信网络诈骗内部控制机制以及必须履行的实名制登记、风险识别评估、防范、监测、监管、保护公民个人信息、发现异常情况应及时报告等义务。

【关联规定】

《中华人民共和国刑法》第二百八十六条之一【拒不履行信息网络安全管理义务罪】、第二百八十七条之二【帮助信息网络犯罪活动罪】，《全国人民代表大会常务委员会关于加强网络信息保护的决定》一、六、七，《最高人民法院、最高人民检察院关于办理非法利用信息网络、帮助信息网络犯罪活动等刑事案件适用法律若干问题的解释》第一条、第二条、第六条至第九条、第十一条、第十二条、第十四条，《最高人民法院、最高人民检察院、公安部关于办理电信网络诈骗等刑事案件适用法律若干问题的意见》三，《中华人民共和国电信条例》第六十八条、第六十九条、第七十四条至第七十七条。

【条文内容】

> **第四十条　【银行、支付机构违法责任】** 银行业金融机构、非银行支付机构违反本法规定，有下列情形之一的，由有关主管部门责令改正，情节较轻的，给予警告、通报批评，或者处五万元以上五十万元以下罚款；情节严重的，处五十万元以上五百万元以下罚款，并可以由有关主管部门责令停止新增业务、缩减业务类型或者业务范围、暂停相关业务、停业整顿、吊销相关业务许可证或者吊销营业执照，对其直接负责的主管人员和其他直接责任人员，处一万元以上二十万元以下罚款：
>
> （一）未落实国家有关规定确定的反电信网络诈骗内部控制机制的；

> （二）未履行尽职调查义务和有关风险管理措施的；
> （三）未履行对异常账户、可疑交易的风险监测和相关处置义务的；
> （四）未按照规定完整、准确传输有关交易信息的。

【条文主旨】

本条规定银行业金融机构、非银行支付机构违反本法规定应当承担的法律责任。

【适用指南】

银行业金融机构、非银行支付机构在反电信网络诈骗活动中发挥着决定性的作用。因为电信网络诈骗犯罪活动终极的目的，还是非法获得财物，而获取财物的根本方法，还是通过银行卡转账或者移动支付手段非法占有财物，这是由电信网络诈骗犯罪远程性、非接触性的基本特征决定的。因此，只有扎紧支付转账这一篱笆，才能有效防范治理电信网络诈骗犯罪。而如果银行业金融机构、非银行支付机构不履行本法所规定的落实国家有关规定确定的反电信网络诈骗内部控制机制、未履行尽职调查义务和异常账户、交易风险管理、监测、处置义务以及准确完整传输、保存相关交易信息的，就可能会给电信网络诈骗活动提供犯罪机会，对于违反上述规定的，应当予以惩戒处罚。

【关联规定】

《中华人民共和国刑法》第二百八十七条之二【帮助信息网络犯罪

活动罪】,《最高人民法院、最高人民检察院关于办理危害计算机信息系统安全刑事案件应用法律若干问题的解释》第一条、第三条,《最高人民法院、最高人民检察院、公安部关于办理电信网络诈骗等刑事案件适用法律若干问题的意见》三、四,《个人存款账户实名制规定》第九条,《中国银监会关于银行业打击治理电信网络新型违法犯罪有关工作事项的通知》七

【条文内容】

> 第四十一条 【电信、互联网经营与服务提供者监管违法责任】电信业务经营者、互联网服务提供者违反本法规定,有下列情形之一的,由有关主管部门责令改正,情节较轻的,给予警告、通报批评,或者处五万元以上五十万元以下罚款;情节严重的,处五十万元以上五百万元以下罚款,并可以由有关主管部门责令暂停相关业务、停业整顿、关闭网站或者应用程序、吊销相关业务许可证或者吊销营业执照,对其直接负责的主管人员和其他直接责任人员,处一万元以上二十万元以下罚款:
>
> (一)未落实国家有关规定确定的反电信网络诈骗内部控制机制的;
>
> (二)未履行网络服务实名制职责,或者未对涉案、涉诈电话卡关联注册互联网账号进行核验的;
>
> (三)未按照国家有关规定,核验域名注册、解析信息和互联网协议地址的真实性、准确性,规范域名跳转,或者记录并留存所提供相应服务的日志信息的;

> （四）未登记核验移动互联网应用程序开发运营者的真实身份信息或者未核验应用程序的功能、用途，为其提供应用程序封装、分发服务的；
>
> （五）未履行对涉诈互联网账号和应用程序，以及其他电信网络诈骗信息、活动的监测识别和处置义务的；
>
> （六）拒不依法为查处电信网络诈骗犯罪提供技术支持和协助，或者未按规定移送有关违法犯罪线索、风险信息的。

【条文主旨】

本条规定了电信业务经营者、互联网服务提供者违反本法的法律责任。

【适用指南】

电信业务经营者、互联网服务提供者在反电信网络诈骗活动中，承担着及时监测掌握信息的重要职责，大量的电信网络诈骗犯罪案件也暴露出电信业务经营者、互联网服务提供者监管过程中存在的问题，甚至为了单位利益放纵了犯罪的发生，对其赋予严格的监测监管责任，在其经营和提供服务中落实国家有关规定确定的反电信网络诈骗内部控制机制，严格履行风险评估、防范、监测、监管、保护公民个人信息、发现异常情况应及时报告等义务，对于防范治理电信网络诈骗犯罪同样至关重要，对其违反本法规定的行为进行惩戒与处罚，从给予警告直至吊销营业执照并对相关人员予以处罚，可以起到防微杜渐、诉源治理的作用。

【关联规定】

《中华人民共和国刑法》第二百八十六条之一【拒不履行信息网络安全管理义务罪】、第二百八十七条之二【帮助信息网络犯罪活动罪】,《中华人民共和国网络安全法》第二十一条至第二十三条、第六十条,《全国人民代表大会常务委员会关于加强网络信息保护的决定》十一,《最高人民法院、最高人民检察院关于办理非法利用信息网络、帮助信息网络犯罪活动等刑事案件适用法律若干问题的解释》第一条、第二条、第七条至第九条、第十一条、第十四条、第十六条,《互联网信息内容管理行政执法程序规定》

【条文内容】

第四十二条 【支持或帮助电信网络诈骗行为者责任追究】 违反本法第十四条、第二十五条第一款规定的,没收违法所得,由公安机关或者有关主管部门处违法所得一倍以上十倍以下罚款,没有违法所得或者违法所得不足五万元的,处五十万元以下罚款;情节严重的,由公安机关并处十五日以下拘留。

【条文主旨】

本条对为电信网络诈骗行为提供帮助者规定了责任追究要求。

【适用指南】

对于为电信网络诈骗行为提供帮助的行为，构成犯罪的，根据刑法规定追究刑事责任，同时没收违法所得，可以单处或者并处罚金，对于尚未构成犯罪的，根据本法的规定进行处罚，从而实现刑事处罚与行政处罚的无缝衔接。这些帮助行为包括两类，一类是非法制造、买卖、提供或者使用下列设备、软件：（一）电话卡批量插入设备；（二）具有改变主叫号码、虚拟拨号、互联网电话违规接入公用电信网络等功能的设备、软件；（三）批量账号、网络地址自动切换系统，批量接收提供短信验证、语音验证的平台；（四）其他用于实施电信网络诈骗等违法犯罪的设备、软件。另一类是为他人实施电信网络诈骗活动提供下列支持或者帮助：（一）出售、提供个人信息；（二）帮助他人通过虚拟货币交易等方式洗钱；（三）其他为电信网络诈骗活动提供支持或者帮助的行为。

【关联规定】

《中华人民共和国刑法》第一百二十四条【破坏广播电视设施、公用电信设施罪】、第二百八十五条第三款【提供侵入、非法控制计算机信息系统程序、工具罪】、第二百八十六条【破坏计算机信息系统罪】、第二百八十七条之一【非法利用信息网络罪】、第二百八十七条之二【帮助信息网络犯罪活动罪】，《中华人民共和国网络安全法》第六十三条、第六十七条，《最高人民法院、最高人民检察院关于办理危害计算机信息系统安全刑事案件应用法律若干问题的解释》第一条至第四条、第八条、第九条，《最高人民法院、最高人民检察院关于办理非法利用信息网络、帮助信息网络犯罪活动等刑事案件适用法律若干问题的解释》第一条至第十四条

【条文内容】

> **第四十三条 【电信业务经营者、互联网服务提供者违反义务责任】** 违反本法第二十五条第二款规定，由有关主管部门责令改正，情节较轻的，给予警告、通报批评，或者处五万元以上五十万元以下罚款；情节严重的，处五十万元以上五百万元以下罚款，并可以由有关主管部门责令暂停相关业务、停业整顿、关闭网站或者应用程序，对其直接负责的主管人员和其他直接责任人员，处一万元以上二十万元以下罚款。

【条文主旨】

本条规定了电信业务经营者、互联网服务提供者违反注意义务，对涉诈支持、帮助活动不进行监测识别和处置的法律责任。

【适用指南】

根据本法第二十五条第二款规定，电信业务经营者、互联网服务提供者应当依照国家有关规定，履行合理注意义务，对利用下列业务从事涉诈支持、帮助活动进行监测识别和处置：（一）提供互联网接入、服务器托管、网络存储、通讯传输、线路出租、域名解析等网络资源服务；（二）提供信息发布或者搜索、广告推广、引流推广等网络推广服务；（三）提供应用程序、网站等网络技术、产品的制作、维护服务；（四）提供支付结算服务。上述这四种情形，是电信网络诈骗犯罪活动得以实施的重要途径和手段，对这些活动如果不加合理注意，放弃职守、放纵犯罪甚至提供非法帮助，根据情节，分别给予警告直至关闭网站处罚，并对相关人员予以罚款。

【关联规定】

《中华人民共和国刑法》第二百八十六条之一【拒不履行信息网络安全管理义务罪】、第二百八十七条之二【帮助信息网络犯罪活动罪】，《中华人民共和国网络安全法》第九条、第十条、第五十九条至第六十八条，《互联网信息服务管理办法》第二十条至第二十四条，《中华人民共和国电信条例》第六十九条

【条文内容】

> 第四十四条　【非法帮助行为没收违法所得及其替代处罚】违反本法第三十一条第一款规定的，没收违法所得，由公安机关处违法所得一倍以上十倍以下罚款，没有违法所得或者违法所得不足二万元的，处二十万元以下罚款；情节严重的，并处十五日以下拘留。

【条文主旨】

本条规定了为电信网络诈骗提供通信手段、支付结算、互联网及假冒身份提供上述卡、账户、账号等帮助行为的处罚。

【适用指南】

根据本法第三十一条第一款规定，任何单位和个人不得非法买卖、出租、出借电话卡、物联网卡、电信线路、短信端口、银行账户、支付账户、互联网账号等，不得提供实名核验帮助；不得假冒他人身份或者虚构代理关系开立上述卡、账户、账号等。对于违反上述规定，除了可能构成帮助信息网络犯罪活动罪、依法追究刑事责任之外，还应当没收违法所得，处以违法所得一倍以上十倍以下罚款，没有违法所得或者违法所得不足二万元的，处二十万元以下罚款，情节严重的，并处十五日以下拘留，从而使刑事处罚与行政处罚相衔接。

【关联规定】

《中华人民共和国刑法》第二百八十六条之一【拒不履行信息网络安全管理义务罪】、第二百八十七条之二【帮助信息网络犯罪活动罪】，《中华人民共和国网络安全法》第四十六条、第六十三条、第六十四条、第六十七条、第六十八条，《互联网信息服务管理办法》第二十条至第二十四条，《中华人民共和国电信条例》第五十七条、第六十九条

【条文内容】

> **第四十五条　【相关工作人员刑事责任追究】** 反电信网络诈骗工作有关部门、单位的工作人员滥用职权、玩忽职守、徇私舞弊，或者有其他违反本法规定行为，构成犯罪的，依法追究刑事责任。

【条文主旨】

反电信网络诈骗工作人员滥用职权、玩忽职守、徇私舞弊，或者有其他违反本法规定的行为，构成犯罪的，依法追究刑事责任。

【适用指南】

反电信网络诈骗犯罪工作相关部门、单位的工作人员，无论是担负着查办电信诈骗犯罪案件的司法工作人员，还是电信、网信、人民银行等监管人员，以及其他负有反电信网络诈骗职责的工作人员，都担负着查处、打击、防范、治理电信网络诈骗违法犯罪活动的重要使命，如果这些人员在工作中滥用职权、玩忽职守、徇私舞弊，或者有其他违反本法规定行为，其行为的社会危害性以及对政府的公信力的损害后果都是严重的，因此必须对他们的行为进行规范，对于触犯刑法规定的，应当依法追究其刑事责任，以保障打击治理电信网络诈骗犯罪活动的依法有序开展，取信于民，保障人民群众的安全感、获得感。

【关联规定】

《中华人民共和国刑法》第三百九十七条【滥用职权罪】【玩忽职守罪】、第三百九十八条【故意泄露国家秘密罪】【过失泄露国家秘密罪】、第三百九十九条【徇私枉法罪】、第四百一十七条【帮助犯罪分子逃避处罚罪】，《中华人民共和国网络安全法》第七十二条至第七十四条，《中华人民共和国数据安全法》第五十条，《中华人民共和国个人信息保护法》第六十八条，《互联网信息服务管理办法》第二十五条

【条文内容】

> 第四十六条 【民事责任追究】组织、策划、实施、参与电信网络诈骗活动或者为电信网络诈骗活动提供相关帮助的违法犯罪人员,除依法承担刑事责任、行政责任以外,造成他人损害的,依照《中华人民共和国民法典》等法律的规定承担民事责任。
>
> 电信业务经营者、银行业金融机构、非银行支付机构、互联网服务提供者等违反本法规定,造成他人损害的,依照《中华人民共和国民法典》等法律的规定承担民事责任。

【条文主旨】

本条规定从事电信网络诈骗及其关联犯罪,以及相关机构除了各自承担刑事、行政责任外,还应当承担民事责任。

【适用指南】

组织、策划、实施、参与电信网络诈骗活动或者为电信网络诈骗活动提供相关帮助的违法犯罪人员,在违法犯罪过程中给他人带来的不仅仅是刑事犯罪活动的侵害,由于电信网络诈骗犯罪伴随的除了财产损失之外,还有公民个人信息的损害、个人隐私被侵害,商业秘密、知识产权以及公民人身权、人格权等各方面合法权利的损害。与此同时,电信业务经营者、银行业金融机构、非银行支付机构、互联网服务提供者等违反本法规定,一样可能造成他人的损害,如怠于履职没有及时紧急止付而造成的客户被诈骗、失职导致公民个人信息被窃取后造成被诈骗等，也会造成公民各方面合法权利的损害。为此，有必要对这些民事责任追究作出规定，从而让权利侵害者承担相应的民事责任。根据相关司法解释的规定，民事责任的追究，可以通过附带民事诉讼和单独提起民事诉讼的形式进行，但对于被告人非法占有、处置被害人财产的，应当依法予以追缴或者责令退赔。被害人提起附带民事诉讼的，人民法院不予受理。追缴、退赔的情况，可以作为量刑情节考虑。

【关联规定】

《中华人民共和国刑事诉讼法》第一百零一条至第一百零四条，《中华人民共和国民事诉讼法》第一百二十二条至第一百二十五条，《最高人民法院、最高人民检察院、公安部关于办理电信网络诈骗等刑事案件适用法律若干问题的意见》三

【条文内容】

> **第四十七条　【公益诉讼】** 人民检察院在履行反电信网络诈骗职责中，对于侵害国家利益和社会公共利益的行为，可以依法向人民法院提起公益诉讼。

【条文主旨】

本条规定人民检察院可以对侵害国家利益和社会公共利益的电信网络诈骗行为提起公益诉讼。

【适用指南】

2017年6月27日，全国人大常委会作出《关于修改〈中华人民共和国民事诉讼法〉和〈中华人民共和国行政诉讼法〉的决定》，正式建立检察机关提起公益诉讼制度。2018年出台、2020年修改的最高人民法院、最高人民检察院《关于检察公益诉讼案件适用法律若干问题的解释》；2018年10月、2019年4月公益诉讼检察职权相继写进修订后的人民检察院组织法和检察官法，为公益诉讼检察工作的发展提供了基本的法律和规范依据。近年来，在党中央的高度重视和社会各界的大力支持下，公益诉讼检察工作取得了快速发展，办案数量持续提升。与此同时，党中央对公益诉讼检察工作的发展提出了更高要求，人民群众也对公益诉讼检察工作有了更高期待。最高人民法院、最高人民检察院《关于检察公益诉讼案件适用法律若干问题的解释》对人民法院、人民检察院办理公益诉讼案件作出了规定，即人民法院、人民检察院办理公益诉讼案件主要任务是充分发挥司法审判、法律监督职能作用，维护宪法法律权威，维护社会公平正义，维护国家利益和社会公共利益，督促适格主体依法行使公益诉权，促进依法行政、严格执法。人民法院、人民检察院办理公益诉讼案件，应当遵守宪法法律规定，遵循诉讼制度的原则，遵循审判权、检察权运行规律。人民检察院以公益诉讼起诉人身份提起公益诉讼，依照民事诉讼法、行政诉讼法享有相应的诉讼权利，履行相应的诉讼义务，但法律、司法解释另有规定的除外。其中，人民检察院在履行职责中发现破坏生态环境和资源保护、食品药品安全领域侵害众多消费者合法权益等损害社会公共利益的行为，拟提起公益诉讼的，应当依法公告，公告期间为三十日。公告期满，法律规定的机关和有关组织不提起诉讼的，人民检察院可以向人民法院提起诉讼。此次立法，规定了将人民检察院在履行反电信网络诈骗职责中，对于侵害国家利益和社会公共利益的行为，可以依法向人民法院提起公益诉讼，体现了国家对打击电信网络诈骗犯罪的决心以及保护国家利益和社会公共利益的基本态度。

【典型案例】

案例1　浙江省杭州市余杭区人民检察院对北京某公司侵犯儿童个人信息权益提起民事公益诉讼、北京市人民检察院督促保护儿童个人信息权益行政公益诉讼案[①]

一、基本案情

某APP是北京某公司开发运营的一款知名短视频应用类软件。该APP在未以显著、清晰的方式告知并征得儿童监护人明示同意的情况下，允许儿童注册账号，并收集、存储儿童网络账户、位置、联系方式，以及儿童面部识别特征、声音识别特征等个人敏感信息。在未再次征得儿童监护人明示同意的情况下，运用后台算法，向具有浏览儿童内容视频喜好的用户直接推送含有儿童个人信息的短视频。该APP未对儿童账号采取区分管理措施，默认用户点击"关注"后即可与儿童账号私信联系，并能获取其地理位置、面部特征等个人信息。2018年1月至2019年5月，徐某某收到该APP后台推送的含有儿童个人信息的短视频，通过其私信功能联系多名儿童，并对其中3名儿童实施猥亵犯罪。

二、诉讼过程

（一）民事公益诉讼案件办理

2020年7月，浙江省杭州市余杭区人民检察院在办理徐某某猥亵儿童案时发现北京某公司侵犯儿童个人信息民事公益诉讼案件线索，遂依托互联网技术开展初步调查。检察机关综合APP收集处理的个人信息数量、APP用户言词证据等证据材料，以证明APP收集处理儿童个人信息的事实。对该APP用户服务协议、隐私权保护政策、应用界面等内容进行手机

[①] 《最高人民检察院第三十五批指导性案例（检例第141号）》，载最高人民检察院官网，https://www.spp.gov.cn/xwfbh/wsfbh/202203/t20220307_547722.shtml，2022年9月15日访问。

截图，收集儿童用户未经监护人同意即可注册使用 APP 的言词证据；使用"区块链"取证设备证明 APP 采取监护人默示同意、一次性授权概括同意等方式收集处理儿童个人信息等，以证明 APP 收集处理儿童个人信息行为的侵权性质。收集固定数百名儿童个人信息权益受到侵犯的证据，以证明危害后果。提取固定徐某某供述等，以证明 APP 侵权行为与实害后果具有因果关系。

经调查并听取当地网信、公安、法院意见，组织互联网领域法律专家、技术专家进行论证，余杭区人民检察院认为，北京某公司运营的短视频 APP 在收集、存储、使用儿童个人信息过程中，未遵循正当必要、知情同意、目的明确、安全保障、依法利用原则，其行为违反了民法总则、未成年人保护法、网络安全法关于未成年人民事行为能力、个人信息保护、对未成年人给予特殊优先保护、网络经营者应当依法收集使用个人信息等相关规定，违反了国家互联网信息办公室《儿童个人信息网络保护规定》中"网络运营者收集、使用、转移、披露儿童个人信息的，应当以显著、清晰的方式告知儿童监护人，并应当征得儿童监护人的同意""网络运营者因业务需要，确需超出约定的目的、范围使用儿童个人信息的，应当再次征得儿童监护人的同意"等相关规定，属于违法违规收集、使用儿童个人信息、侵犯儿童个人信息的行为。

据该公司提供数据显示，2020 年，平台 14 岁以下实名注册用户数量约为 7.8 万，14 至 18 岁实名注册用户数量约为 62 万，18 岁以下未实名注册未成年人用户数量以头像、简介、背景等基础维度模型测算为 1000 余万。该 APP 的行为致使众多儿童个人信息权益被侵犯，相关信息面临被泄露、违法使用的风险，给儿童人身、财产安全造成威胁，严重损害了社会公共利益。

该案为涉互联网案件，北京、浙江等地相关检察机关均具有管辖权。余杭区为徐某某猥亵儿童案发生地，杭州市为杭州互联网法院所在地，考虑到调查取证、诉讼便利等因素，经浙江省检察机关层报最高人民检察院指定管辖，2020 年 9 月，余杭区人民检察院对该线索以民事公益诉讼案件立案。9月15日，余杭区人民检察院发布诉前公告，公告期满，没有其他适格主体提起民事公益诉讼。12月2日，余杭区人民检察院向杭州互联网法院提起民事公益诉讼，请求判令：北京某公司立即停止实施利用APP侵犯儿童个人信息权益的行为，赔礼道歉、消除影响、赔偿损失。

检察机关发布诉前公告的同时，将公告送达北京某公司。该公司表达积极整改并希望调解结案的意愿。检察机关依据相关法律法规，推动公司完善管理，提出具体要求。北京某公司积极配合，对所运营APP中儿童用户注册环节、儿童个人信息储存、使用和共享环节、儿童网络安全主动性保护等方面细化出34项整改措施，突出落实"监护人明示同意"等规则，重点制定单独的儿童个人信息保护规则、用户协议，建立专门儿童信息保护池、创建推送涉未成年人内容的独立算法等制度机制，并明确落实整改措施时间表。同时，该公司表示将结合整改，完善管理制度，自愿接受网信等部门审查，并愿意公开赔礼道歉、赔偿损失。

2021年2月7日，杭州互联网法院公开开庭审理此案。北京某公司对公益诉讼诉求均予认可，对检察机关依法履行公益诉讼职责、促进企业完善管理表示感谢。在法庭组织下，双方在确认相关事实证据的基础上达成调解协议：一是被告停止对儿童个人信息权益的侵权行为，对涉案APP按照双方确认的整改方案、时间推进表执行整改；二是被告完成整改后，对整改情况及效果进行评估，并向公益诉讼起诉人、人民法院出具报告书；三是被告将整改方案及整改完成情况报送网信部门，接受审查；四是被告在《法治日报》及涉案APP首页公开赔礼道歉。经30日公告，3月11日，杭州互联网法院出具调解书结案。

（二）行政公益诉讼案件办理

鉴于该案同时反映出相关行政主管机关对北京某公司监管不到位的行政公益诉讼案件线索，经浙江省检察机关请示，2020年10月，最高人民检察院将该线索交北京市人民检察院办理。

10月22日，北京市人民检察院对该案以行政公益诉讼立案，经调查向北京市互联网信息办公室提出依法履行监管职责，全面排查、发现和处置违法情形，推动完善儿童个人信息权益网络保护的特殊条款，落实监护人同意的法律规定等相关建议。

12月4日，北京市网信办将其约谈北京某公司负责人、推进该公司严格落实网络保护责任及提升优化软件等履职监管情况函复北京市人民检察院。根据检察机关工作建议，北京市网信办制定了《关于开展未成年人信息安全保护专项整治的工作方案》，对属地重点直播和短视频平台逐一梳理，压实网站主体责任，并将此次专项整治工作与未成年人网络环境治理等专项工作有效衔接，形成保障未成年人用网安全管理合力。

2021年4月16日，最高人民检察院向国家互联网信息办公室通报该案有关情况，提出开展短视频行业侵犯儿童个人信息权益问题专项治理，压实网络运营者未成年人保护责任，促进互联网企业对算法等相关技术规则改进提升，推动行业源头治理，建立健全风险防范长效机制，督促企业依法经营等工作建议，强化对网络空间侵犯未成年人权益行为的监管整治。12月31日，国家网信办、工信部、公安部、市场监管总局联合发布《互联网信息服务算法推荐管理规定》，对应用算法推荐技术提供互联网信息服务的治理和相关监督管理工作作出了进一步规范。

三、典型意义

检察机关在办理涉未成年人刑事案件时，应当注意发现公益诉讼案件线索，通过综合发挥未成年人检察职能，促推未成年人保护社会治理。网络运营者未依法履行网络保护义务，相关行政机关监管不到位，侵犯儿童个人信息权益的，检察机关可以依法综合开展民事公益诉讼和行政公益诉讼。网络保护公益诉讼案件，在多个检察机关均具有管辖权时，民事公益诉讼应当层报共同的上级检察机关指定管辖，行政公益诉讼一般由互联网企业注册地检察机关管辖。

（一）统筹运用四大检察职能，充分发挥未成年人检察工作优势，为未成年人提供全面综合司法保护。未成年人保护案件中一个侵害行为往往涉及多个法律关系，检察机关应当在办案履职中强化综合司法保护意识，尤其是在办理刑事案件的过程中，要同步审查未成年人其他权益是否遭受损害，推进未成年人刑事案件办理与涉未成年人民事、行政、公益诉讼案件办理相互融合，在线索发现、调查取证、综合治理等方面统筹推动，充分发挥法律监督的能动性、及时性和有效性，以四大检察业务融合发展加大未成年人全面综合司法保护力度。

（二）检察机关可以综合运用民事公益诉讼和行政公益诉讼职能，对网络侵犯未成年人个人信息权益的情形进行监督。不特定人群的个人信息权益具有公益属性。对未成年人个人信息权益应予以特殊、优先保护。针对网络侵犯未成年人个人信息权益的情形，检察机关可以综合开展民事公益诉讼和行政公益诉讼，并注重加强两种诉讼类型的衔接和协同。通过对网络运营者提起民事公益诉讼，使其承担违法行为的民事责任，实现对公共利益的有效救济。通过行政公益诉讼督促行政主管部门依法充分履行监管职责，实现最大限度保护未成年人合法权益的目的。

（三）对于跨行政区划的未成年人网络保护公益诉讼案件，应综合考虑案件性质、领域、诉讼便利、有利整改等因素，确定管辖机关。涉网络案件通常具有企业注册地、主要营业地、服务覆盖地、侵权行为地、侵害结果地分离的特点。检察机关办理未成年人网络保护公益诉讼案件，在涉及多个行政区划，多个检察院均具有管辖权的情形下，民事公益诉讼案件应当层报共同的上级检察院指定，一般应当由损害结果发生地检察机关管辖；行政公益诉讼案件一般应当由网络企业注册地检察机关管辖，以便利行政监管。

（四）本案的实体法典型意义在于：

1. 面向儿童用户提供网络服务的互联网平台（信息处理者）在缺乏单独《儿童个人信息/隐私保护政策》和《儿童个人用户协议》，未采取合理措施通知监护人并征得监护人有效明示同意的情况下，处理儿童用户地理定位、联系方式、面部、肢体、声音等个人信息的，应认定为违法处理用户个人信息。

2. 儿童个人信息属敏感个人信息，信息处理者未对儿童个人信息建立专门保护池，采取加密存储措施，应认定为违规存储儿童个人信息。

3. 信息处理者在未获得儿童监护人单独授权同意的情况下，基于算法的自动化决策将含有儿童用户个人信息的短视频向其他用户进行推送，应认定为违法处理儿童个人信息。

4. 信息处理者对儿童用户进行画像，未获监护人同意默认开启个性化推荐，运用算法进行内容推送，应认定为违法处理儿童个人信息。

5. 信息处理者在征得监护人同意前，对儿童用户未强制开启陌生人关注限制功能、未强制隐藏儿童用户位置、未强制开启儿童用户私信限制、未强制关闭儿童用户通讯录推荐、未强制关闭通过手机号搜索儿童用户功能、未强制关闭儿童"熟人圈"功能、未强制关闭儿童动态展示功能、未强制关闭推荐儿童给可能感兴趣的人、未强制开启儿童作品在同城不显示等功能，应认定为未履行对儿童用户的隐私安全保护义务。

6. 信息处理者侵害平台内不特定儿童用户个人信息权益，应认定为侵害社会不特定未成年人群体的社会公共利益。

案例2　大规模非法买卖个人信息侵害人格权和社会公共利益
——非法买卖个人信息民事公益诉讼案[①]

一、基本案情

2019年2月起，被告孙某以34000元的价格，将自己从网络购买、互换得到的4万余条含姓名、电话号码、电子邮箱等的个人信息，通过微信、QQ等方式贩卖给案外人刘某。案外人刘某在获取相关信息后用于虚假的外汇业务推广。公益诉讼起诉人认为，被告孙某未经他人许可，在互联网上公然非法买卖、提供个人信息，造成4万余条个人信息被非法买卖、使用，严重侵害社会众多不特定主体的个人信息权益，致使社会公共利益受到侵害，据此提起民事公益诉讼。

二、诉讼过程

杭州互联网法院经审理认为，《民法典》第一百一十一条规定，任何

[①] 《民法典颁布后人格权司法保护典型民事案例》，载最高人民法院官网，https://www.court.gov.cn/zixun-xiangqing-354261.html，2022年9月15日访问。

组织或者个人需要获取他人个人信息的,应当依法取得并确保信息安全,不得非法收集、使用、加工、传输他人个人信息,不得非法买卖、提供或者公开他人个人信息。被告孙某在未取得众多不特定自然人同意的情况下,非法获取不特定主体个人信息,又非法出售牟利,侵害了承载在不特定社会主体个人信息之上的公共信息安全利益。遂判决孙某按照侵权行为所获利益支付公共利益损害赔偿款34000元,并向社会公众赔礼道歉。

三、典型意义

本案是民法典实施后首例个人信息保护民事公益诉讼案件。本案准确把握民法典维护个人信息权益的立法精神,聚焦维护不特定社会主体的个人信息安全,明确大规模侵害个人信息行为构成对公共信息安全领域社会公共利益的侵害,彰显司法保障个人信息权益、社会公共利益的决心和力度。

【关联规定】

《中华人民共和国个人信息保护法》第七十条,《最高人民法院、最高人民检察院关于检察公益诉讼案件适用法律若干问题的解释》,《最高人民法院关于执行〈中华人民共和国刑事诉讼法〉若干问题的解释》第一百四十二条,《人民检察院公益诉讼办案规则》,《中华人民共和国电信条例》第五十六条至第五十八条

【条文内容】

> **第四十八条 【行政诉讼救济措施】** 有关单位和个人对依照本法作出的行政处罚和行政强制措施决定不服的,可以依法申请行政复议或者提起行政诉讼。

【条文主旨】

本条规定了对依照本法被行政处罚或者行政强制措施不服的救济手段。

【适用指南】

对因本法相关规定被作出行政处罚或者行政强制措施的,如果不服处理决定,可以依照行政复议或者行政诉讼程序提出申请。

【关联规定】

《中华人民共和国行政诉讼法》第二条、第十二条、第四十四条、第四十五条,《中华人民共和国行政复议法》第一条至第七条、第十六条

第七章 附 则

【条文内容】

> 第四十九条 【兜底规定】反电信网络诈骗工作涉及的有关管理和责任制度,本法没有规定的,适用《中华人民共和国网络安全法》、《中华人民共和国个人信息保护法》、《中华人民共和国反洗钱法》等相关法律规定。

【条文主旨】

本法没有规定的,在《网络安全法》等相关法律中作出规定的,适用相关法律规定。

【适用指南】

在本法中没有作出规定的事项,如果在法律适用中需要解决的,同样可以适用《网络安全法》《个人信息保护法》《反洗钱法》等相关法律规定。主要原因是,上述相关法律对电信网络诈骗等相关问题也作出过相应的规定,其法律效力与本法是相同的,在这种情况下,如果在本法适用中存在法律规定不明确的问题,可以从上述法律中找到适用依据,从而起到堵漏补缺的作用,防止出现法律适用中的空白,使法律规定之间互相协调。

【关联规定】

《中华人民共和国网络安全法》,《中华人民共和国个人信息保护法》,《中华人民共和国反洗钱法》,《全国人民代表大会常务委员会关于加强网络信息保护的决定》,《中华人民共和国数据安全法》,《中华人民共和国反恐怖主义法》,《中华人民共和国国家安全法》

【条文内容】

> 第五十条 【施行日期】本法自2022年12月1日起施行。

【条文主旨】

本法的施行日期。

【适用指南】

本法自2022年12月1日起施行。

附录：

最高人民法院、最高人民检察院、公安部关于办理电信网络诈骗等刑事案件适用法律若干问题的意见

（2016年12月19日　法发〔2016〕32号）

为依法惩治电信网络诈骗等犯罪活动，保护公民、法人和其他组织的合法权益，维护社会秩序，根据《中华人民共和国刑法》《中华人民共和国刑事诉讼法》等法律和有关司法解释的规定，结合工作实际，制定本意见。

一、总体要求

近年来，利用通讯工具、互联网等技术手段实施的电信网络诈骗犯罪活动持续高发，侵犯公民个人信息，扰乱无线电通讯管理秩序，掩饰、隐瞒犯罪所得、犯罪所得收益等上下游关联犯罪不断蔓延。此类犯罪严重侵害人民群众财产安全和其他合法权益，严重干扰电信网络秩序，严重破坏社会诚信，严重影响人民群众安全感和社会和谐稳定，社会危害性大，人民群众反映强烈。

人民法院、人民检察院、公安机关要针对电信网络诈骗等犯罪的特点，坚持全链条全方位打击，坚持依法从严从快惩处，坚持最大力度最大限度追赃挽损，进一步健全工作机制，加强协作配合，坚决有效遏制电信网络诈骗等犯罪活动，努力实现法律效果和社会效果的高度统一。

二、依法严惩电信网络诈骗犯罪

（一）根据《最高人民法院、最高人民检察院关于办理诈骗刑事案件具体应用法律若干问题的解释》第一条的规定，利用电信网络技术手段实施诈骗，诈骗公私财物价值三千元以上、三万元以上、五十万元以上的，

应当分别认定为刑法第二百六十六条规定的"数额较大""数额巨大""数额特别巨大"。

二年内多次实施电信网络诈骗未经处理，诈骗数额累计计算构成犯罪的，应当依法定罪处罚。

（二）实施电信网络诈骗犯罪，达到相应数额标准，具有下列情形之一的，酌情从重处罚：

1. 造成被害人或其近亲属自杀、死亡或者精神失常等严重后果的；
2. 冒充司法机关等国家机关工作人员实施诈骗的；
3. 组织、指挥电信网络诈骗犯罪团伙的；
4. 在境外实施电信网络诈骗的；
5. 曾因电信网络诈骗犯罪受过刑事处罚或者二年内曾因电信网络诈骗受过行政处罚的；
6. 诈骗残疾人、老年人、未成年人、在校学生、丧失劳动能力人的财物，或者诈骗重病患者及其亲属财物的；
7. 诈骗救灾、抢险、防汛、优抚、扶贫、移民、救济、医疗等款物的；
8. 以赈灾、募捐等社会公益、慈善名义实施诈骗的；
9. 利用电话追呼系统等技术手段严重干扰公安机关等部门工作的；
10. 利用"钓鱼网站"链接、"木马"程序链接、网络渗透等隐蔽技术手段实施诈骗的。

（三）实施电信网络诈骗犯罪，诈骗数额接近"数额巨大""数额特别巨大"的标准，具有前述第（二）条规定的情形之一的，应当分别认定为刑法第二百六十六条规定的"其他严重情节""其他特别严重情节"。

上述规定的"接近"，一般应掌握在相应数额标准的百分之八十以上。

（四）实施电信网络诈骗犯罪，犯罪嫌疑人、被告人实际骗得财物的，以诈骗罪（既遂）定罪处罚。诈骗数额难以查证，但具有下列情形之一的，应当认定为刑法第二百六十六条规定的"其他严重情节"，以诈骗罪（未遂）定罪处罚：

1. 发送诈骗信息五千条以上的，或者拨打诈骗电话五百人次以上的；
2. 在互联网上发布诈骗信息，页面浏览量累计五千次以上的。

具有上述情形，数量达到相应标准十倍以上的，应当认定为刑法第二百六十六条规定的"其他特别严重情节"，以诈骗罪（未遂）定罪处罚。

上述"拨打诈骗电话"，包括拨出诈骗电话和接听被害人回拨电话。反复拨打、接听同一电话号码，以及反复向同一被害人发送诈骗信息的，拨打、接听电话次数、发送信息条数累计计算。

因犯罪嫌疑人、被告人故意隐匿、毁灭证据等原因，致拨打电话次数、发送信息条数的证据难以收集的，可以根据经查证属实的日拨打人次数、日发送信息条数，结合犯罪嫌疑人、被告人实施犯罪的时间、犯罪嫌疑人、被告人的供述等相关证据，综合予以认定。

（五）电信网络诈骗既有既遂，又有未遂，分别达到不同量刑幅度的，依照处罚较重的规定处罚；达到同一量刑幅度的，以诈骗罪既遂处罚。

（六）对实施电信网络诈骗犯罪的被告人裁量刑罚，在确定量刑起点、基准刑时，一般应就高选择。确定宣告刑时，应当综合全案事实情节，准确把握从重、从轻量刑情节的调节幅度，保证罪责刑相适应。

（七）对实施电信网络诈骗犯罪的被告人，应当严格控制适用缓刑的范围，严格掌握适用缓刑的条件。

（八）对实施电信网络诈骗犯罪的被告人，应当更加注重依法适用财产刑，加大经济上的惩罚力度，最大限度剥夺被告人再犯的能力。

三、全面惩处关联犯罪

（一）在实施电信网络诈骗活动中，非法使用"伪基站""黑广播"，干扰无线电通讯秩序，符合刑法第二百八十八条规定的，以扰乱无线电通讯管理秩序罪追究刑事责任。同时构成诈骗罪的，依照处罚较重的规定定罪处罚。

（二）违反国家有关规定，向他人出售或者提供公民个人信息，窃取或者以其他方法非法获取公民个人信息，符合刑法第二百五十三条之一规定的，以侵犯公民个人信息罪追究刑事责任。

使用非法获取的公民个人信息，实施电信网络诈骗犯罪行为，构成数罪的，应当依法予以并罚。

（三）冒充国家机关工作人员实施电信网络诈骗犯罪，同时构成诈骗罪和招摇撞骗罪的，依照处罚较重的规定定罪处罚。

（四）非法持有他人信用卡，没有证据证明从事电信网络诈骗犯罪活动，符合刑法第一百七十七条之一第一款第（二）项规定的，以妨害信用卡管理罪追究刑事责任。

（五）明知是电信网络诈骗犯罪所得及其产生的收益，以下列方式之一予以转账、套现、取现的，依照刑法第三百一十二条第一款的规定，以掩饰、隐瞒犯罪所得、犯罪所得收益罪追究刑事责任。但有证据证明确实不知道的除外：

1. 通过使用销售点终端机具（POS机）刷卡套现等非法途径，协助转换或者转移财物的；

2. 帮助他人将巨额现金散存于多个银行账户，或在不同银行账户之间频繁划转的；

3. 多次使用或者使用多个非本人身份证明开设的信用卡、资金支付结算账户或者多次采用遮蔽摄像头、伪装等异常手段，帮助他人转账、套现、取现的；

4. 为他人提供非本人身份证明开设的信用卡、资金支付结算账户后，又帮助他人转账、套现、取现的；

5. 以明显异于市场的价格，通过手机充值、交易游戏点卡等方式套现的。

实施上述行为，事前通谋的，以共同犯罪论处。

实施上述行为，电信网络诈骗犯罪嫌疑人尚未到案或案件尚未依法裁判，但现有证据足以证明该犯罪行为确实存在的，不影响掩饰、隐瞒犯罪所得、犯罪所得收益罪的认定。

实施上述行为，同时构成其他犯罪的，依照处罚较重的规定定罪处罚。法律和司法解释另有规定的除外。

（六）网络服务提供者不履行法律、行政法规规定的信息网络安全管理义务，经监管部门责令采取改正措施而拒不改正，致使诈骗信息大量传播，或者用户信息泄露造成严重后果的，依照刑法第二百八十六条之一的规定，以拒不履行信息网络安全管理义务罪追究刑事责任。同时构成诈骗罪的，依照处罚较重的规定定罪处罚。

（七）实施刑法第二百八十七条之一、第二百八十七条之二规定之行为，构成非法利用信息网络罪、帮助信息网络犯罪活动罪，同时构成诈骗罪的，依照处罚较重的规定定罪处罚。

（八）金融机构、网络服务提供者、电信业务经营者等在经营活动中，违反国家有关规定，被电信网络诈骗犯罪分子利用，使他人遭受财产损失的，依法承担相应责任。构成犯罪的，依法追究刑事责任。

四、准确认定共同犯罪与主观故意

（一）三人以上为实施电信网络诈骗犯罪而组成的较为固定的犯罪组织，应依法认定为诈骗犯罪集团。对组织、领导犯罪集团的首要分子，按照集团所犯的全部罪行处罚。对犯罪集团中组织、指挥、策划者和骨干分子依法从严惩处。

对犯罪集团中起次要、辅助作用的从犯，特别是在规定期限内投案自首、积极协助抓获主犯、积极协助追赃的，依法从轻或减轻处罚。

对犯罪集团首要分子以外的主犯，应当按照其所参与的或者组织、指挥的全部犯罪处罚。全部犯罪包括能够查明具体诈骗数额的事实和能够查明发送诈骗信息条数、拨打诈骗电话人次数、诈骗信息网页浏览次数的事实。

（二）多人共同实施电信网络诈骗，犯罪嫌疑人、被告人应对其参与期间该诈骗团伙实施的全部诈骗行为承担责任。在其所参与的犯罪环节中起主要作用的，可以认定为主犯；起次要作用的，可以认定为从犯。

上述规定的"参与期间"，从犯罪嫌疑人、被告人着手实施诈骗行为开始起算。

（三）明知他人实施电信网络诈骗犯罪，具有下列情形之一的，以共同犯罪论处，但法律和司法解释另有规定的除外：

1. 提供信用卡、资金支付结算账户、手机卡、通讯工具的；
2. 非法获取、出售、提供公民个人信息的；
3. 制作、销售、提供"木马"程序和"钓鱼软件"等恶意程序的；
4. 提供"伪基站"设备或相关服务的；
5. 提供互联网接入、服务器托管、网络存储、通讯传输等技术支持，或者提供支付结算等帮助的；
6. 在提供改号软件、通话线路等技术服务时，发现主叫号码被修改为国内党政机关、司法机关、公共服务部门号码，或者境外用户改为境内号码，仍提供服务的；
7. 提供资金、场所、交通、生活保障等帮助的；
8. 帮助转移诈骗犯罪所得及其产生的收益，套现、取现的。

上述规定的"明知他人实施电信网络诈骗犯罪"，应当结合被告人的认知能力，既往经历，行为次数和手段，与他人关系，获利情况，是否曾因电信网络诈骗受过处罚，是否故意规避调查等主客观因素进行综合分析认定。

（四）负责招募他人实施电信网络诈骗犯罪活动，或者制作、提供诈骗方案、术语清单、语音包、信息等的，以诈骗共同犯罪论处。

（五）部分犯罪嫌疑人在逃，但不影响对已到案共同犯罪嫌疑人、被告人的犯罪事实认定的，可以依法先行追究已到案共同犯罪嫌疑人、被告人的刑事责任。

五、依法确定案件管辖

（一）电信网络诈骗犯罪案件一般由犯罪地公安机关立案侦查，如果由犯罪嫌疑人居住地公安机关立案侦查更为适宜的，可以由犯罪嫌疑人居住地公安机关立案侦查。犯罪地包括犯罪行为发生地和犯罪结果发生地。

"犯罪行为发生地"包括用于电信网络诈骗犯罪的网站服务器所在地，网站建立者、管理者所在地，被侵害的计算机信息系统或其管理者所在地，犯罪嫌疑人、被害人使用的计算机信息系统所在地，诈骗电话、短信息、电子邮件等的拨打地、发送地、到达地、接受地，以及诈骗行为持续发生的实施地、预备地、开始地、途经地、结束地。

"犯罪结果发生地"包括被害人被骗时所在地，以及诈骗所得财物的实际取得地、藏匿地、转移地、使用地、销售地等。

（二）电信网络诈骗最初发现地公安机关侦办的案件，诈骗数额当时未达到"数额较大"标准，但后续累计达到"数额较大"标准，可由最初发现地公安机关立案侦查。

（三）具有下列情形之一的，有关公安机关可以在其职责范围内并案侦查：

1. 一人犯数罪的；
2. 共同犯罪的；
3. 共同犯罪的犯罪嫌疑人还实施其他犯罪的；
4. 多个犯罪嫌疑人实施的犯罪存在直接关联，并案处理有利于查明案件事实的。

（四）对因网络交易、技术支持、资金支付结算等关系形成多层级链条、跨区域的电信网络诈骗等犯罪案件，可由共同上级公安机关按照有利于查清犯罪事实、有利于诉讼的原则，指定有关公安机关立案侦查。

（五）多个公安机关都有权立案侦查的电信网络诈骗等犯罪案件，由最初受理的公安机关或者主要犯罪地公安机关立案侦查。有争议的，按照有利于查清犯罪事实、有利于诉讼的原则，协商解决。经协商无法达成一致的，由共同上级公安机关指定有关公安机关立案侦查。

（六）在境外实施的电信网络诈骗等犯罪案件，可由公安部按照有利于查清犯罪事实、有利于诉讼的原则，指定有关公安机关立案侦查。

（七）公安机关立案、并案侦查，或因有争议，由共同上级公安机关指定立案侦查的案件，需要提请批准逮捕、移送审查起诉、提起公诉的，由该公安机关所在地的人民检察院、人民法院受理。

对重大疑难复杂案件和境外案件，公安机关应在指定立案侦查前，向同级人民检察院、人民法院通报。

（八）已确定管辖的电信诈骗共同犯罪案件，在逃的犯罪嫌疑人归案后，一般由原管辖的公安机关、人民检察院、人民法院管辖。

六、证据的收集和审查判断

（一）办理电信网络诈骗案件，确因被害人人数众多等客观条件的限制，无法逐一收集被害人陈述的，可以结合已收集的被害人陈述，以及经查证属实的银行账户交易记录、第三方支付结算账户交易记录、通话记录、电子数据等证据，综合认定被害人人数及诈骗资金数额等犯罪事实。

（二）公安机关采取技术侦查措施收集的案件证明材料，作为证据使用的，应当随案移送批准采取技术侦查措施的法律文书和所收集的证据材料，并对其来源等作出书面说明。

（三）依照国际条约、刑事司法协助、互助协议或平等互助原则，请求证据材料所在地司法机关收集，或通过国际警务合作机制、国际刑警组织启动合作取证程序收集的境外证据材料，经查证属实，可以作为定案的依据。公安机关应对其来源、提取人、提取时间或者提供人、提供时间以及保管移交的过程等作出说明。

对其他来自境外的证据材料，应当对其来源、提供人、提供时间以及提取人、提取时间进行审查。能够证明案件事实且符合刑事诉讼法规定的，可以作为证据使用。

七、涉案财物的处理

（一）公安机关侦办电信网络诈骗案件，应当随案移送涉案赃款赃物，并附清单。人民检察院提起公诉时，应一并移交受理案件的人民法院，同时就涉案赃款赃物的处理提出意见。

（二）涉案银行账户或者涉案第三方支付账户内的款项，对权属明确的被害人的合法财产，应当及时返还。确因客观原因无法查实全部被害人，但有证据证明该账户系用于电信网络诈骗犯罪，且被告人无法说明款项合法来源的，根据刑法第六十四条的规定，应认定为违法所得，予以追缴。

（三）被告人已将诈骗财物用于清偿债务或者转让给他人，具有下列情形之一的，应当依法追缴：

1. 对方明知是诈骗财物而收取的；
2. 对方无偿取得诈骗财物的；
3. 对方以明显低于市场的价格取得诈骗财物的；
4. 对方取得诈骗财物系源于非法债务或者违法犯罪活动的。

他人善意取得诈骗财物的，不予追缴。

最高人民法院、最高人民检察院、公安部关于办理电信网络诈骗等刑事案件适用法律若干问题的意见（二）

（2021年6月17日　法发〔2021〕22号）

为进一步依法严厉惩治电信网络诈骗犯罪，对其上下游关联犯罪实行全链条、全方位打击，根据《中华人民共和国刑法》《中华人民共和国刑事诉讼法》等法律和有关司法解释的规定，针对司法实践中出现的新的突出问题，结合工作实际，制定本意见。

一、电信网络诈骗犯罪地，除《最高人民法院、最高人民检察院、公安部关于办理电信网络诈骗等刑事案件适用法律若干问题的意见》规定的犯罪行为发生地和结果发生地外，还包括：

（一）用于犯罪活动的手机卡、流量卡、物联网卡的开立地、销售地、转移地、藏匿地；

（二）用于犯罪活动的信用卡的开立地、销售地、转移地、藏匿地、使用地以及资金交易对手资金交付和汇出地；

（三）用于犯罪活动的银行账户、非银行支付账户的开立地、销售地、使用地以及资金交易对手资金交付和汇出地；

（四）用于犯罪活动的即时通讯信息、广告推广信息的发送地、接受地、到达地；

（五）用于犯罪活动的"猫池"（Modem Pool）、GOIP 设备、多卡宝等硬件设备的销售地、入网地、藏匿地；

（六）用于犯罪活动的互联网账号的销售地、登录地。

二、为电信网络诈骗犯罪提供作案工具、技术支持等帮助以及掩饰、隐瞒犯罪所得及其产生的收益，由此形成多层级犯罪链条的，或者利用同一网站、通讯群组、资金账户、作案窝点实施电信网络诈骗犯罪的，应当认定为多个犯罪嫌疑人、被告人实施的犯罪存在关联，人民法院、人民检察院、公安机关可以在其职责范围内并案处理。

三、有证据证实行为人参加境外诈骗犯罪集团或犯罪团伙，在境外针对境内居民实施电信网络诈骗犯罪行为，诈骗数额难以查证，但一年内出境赴境外诈骗犯罪窝点累计时间 30 日以上或多次出境赴境外诈骗犯罪窝点的，应当认定为刑法第二百六十六条规定的"其他严重情节"，以诈骗罪依法追究刑事责任。有证据证明其出境从事正当活动的除外。

四、无正当理由持有他人的单位结算卡的，属于刑法第一百七十七条之一第一款第（二）项规定的"非法持有他人信用卡"。

五、非法获取、出售、提供具有信息发布、即时通讯、支付结算等功能的互联网账号密码、个人生物识别信息，符合刑法第二百五十二条之一规定的，以侵犯公民个人信息罪追究刑事责任。

对批量前述互联网账号密码、个人生物识别信息的条数，根据查获的数量直接认定，但有证据证明信息不真实或者重复的除外。

六、在网上注册办理手机卡、信用卡、银行账户、非银行支付账户时，为通过网上认证，使用他人身份证件信息并替换他人身份证件相片，属于伪造身份证件行为，符合刑法第二百八十条第三款规定的，以伪造身份证件罪追究刑事责任。

使用伪造、变造的身份证件或者盗用他人身份证件办理手机卡、信用卡、银行账户、非银行支付账户，符合刑法第二百八十条之一第一款规定的，以使用虚假身份证件、盗用身份证件罪追究刑事责任。

实施上述两款行为，同时构成其他犯罪的，依照处罚较重的规定定罪处罚。法律和司法解释另有规定的除外。

七、 为他人利用信息网络实施犯罪而实施下列行为，可以认定为刑法第二百八十七条之二规定的"帮助"行为：

（一）收购、出售、出租信用卡、银行账户、非银行支付账户、具有支付结算功能的互联网账号密码、网络支付接口、网上银行数字证书的；

（二）收购、出售、出租他人手机卡、流量卡、物联网卡的。

八、 认定刑法第二百八十七条之二规定的行为人明知他人利用信息网络实施犯罪，应当根据行为人收购、出售、出租前述第七条规定的信用卡、银行账户、非银行支付账户、具有支付结算功能的互联网账号密码、网络支付接口、网上银行数字证书，或者他人手机卡、流量卡、物联网卡等的次数、张数、个数，并结合行为人的认知能力、既往经历、交易对象、与实施信息网络犯罪的行为人的关系、提供技术支持或者帮助的时间和方式、获利情况以及行为人的供述等主客观因素，予以综合认定。

收购、出售、出租单位银行结算账户、非银行支付机构单位支付账户，或者电信、银行、网络支付等行业从业人员利用履行职责或提供服务便利，非法开办并出售、出租他人手机卡、信用卡、银行账户、非银行支付账户等的，可以认定为《最高人民法院、最高人民检察院关于办理非法利用信息网络、帮助信息网络犯罪活动等刑事案件适用法律若干问题的解释》第十一条第（七）项规定的"其他足以认定行为人明知的情形"。但有相反证据的除外。

九、 明知他人利用信息网络实施犯罪，为其犯罪提供下列帮助之一的，可以认定为《最高人民法院、最高人民检察院关于办理非法利用信息网络、帮助信息网络犯罪活动等刑事案件适用法律若干问题的解释》第十二条第一款第（七）项规定的"其他情节严重的情形"：

（一）收购、出售、出租信用卡、银行账户、非银行支付账户、具有支付结算功能的互联网账号密码、网络支付接口、网上银行数字证书 5 张（个）以上的；

（二）收购、出售、出租他人手机卡、流量卡、物联网卡 20 张以上的。

十、电商平台预付卡、虚拟货币、手机充值卡、游戏点卡、游戏装备等经销商，在公安机关调查案件过程中，被明确告知其交易对象涉嫌电信网络诈骗犯罪，仍与其继续交易，符合刑法第二百八十七条之二规定的，以帮助信息网络犯罪活动罪追究刑事责任。同时构成其他犯罪的，依照处罚较重的规定定罪处罚。

十一、明知是电信网络诈骗犯罪所得及其产生的收益，以下列方式之一予以转账、套现、取现，符合刑法第三百一十二条第一款规定的，以掩饰、隐瞒犯罪所得、犯罪所得收益罪追究刑事责任。但有证据证明确实不知道的除外。

（一）多次使用或者使用多个非本人身份证明开设的收款码、网络支付接口等，帮助他人转账、套现、取现的；

（二）以明显异于市场的价格，通过电商平台预付卡、虚拟货币、手机充值卡、游戏点卡、游戏装备等转换财物、套现的；

（三）协助转换或者转移财物，收取明显高于市场的"手续费"的。

实施上述行为，事前通谋的，以共同犯罪论处；同时构成其他犯罪的，依照处罚较重的规定定罪处罚。法律和司法解释另有规定的除外。

十二、为他人实施电信网络诈骗犯罪提供技术支持、广告推广、支付结算等帮助，或者窝藏、转移、收购、代为销售及以其他方法掩饰、隐瞒电信网络诈骗犯罪所得及其产生的收益，诈骗犯罪行为可以确认，但实施诈骗的行为人尚未到案，可以依法先行追究已到案的上述犯罪嫌疑人、被告人的刑事责任。

十三、办案地公安机关可以通过公安机关信息化系统调取异地公安机关依法制作、收集的刑事案件受案登记表、立案决定书、被害人陈述等证据材料。调取时不得少于两名侦查人员，并应记载调取的时间、使用的信息化系统名称等相关信息，调取人签名并加盖办案地公安机关印章。经审核证明真实的，可以作为证据使用。

十四、通过国（区）际警务合作收集或者境外警方移交的境外证据材料，确因客观条件限制，境外警方未提供相关证据的发现、收集、保管、移交情况等材料的，公安机关应当对上述证据材料的来源、移交过程以及种类、数量、特征等作出书面说明，由两名以上侦查人员签名并加盖公安机关印章。经审核能够证明案件事实的，可以作为证据使用。

十五、对境外司法机关抓获并羁押的电信网络诈骗犯罪嫌疑人，在境内接受审判的，境外的羁押期限可以折抵刑期。

十六、办理电信网络诈骗犯罪案件，应当充分贯彻宽严相济刑事政策。在侦查、审查起诉、审判过程中，应当全面收集证据、准确甄别犯罪嫌疑人、被告人在共同犯罪中的层级地位及作用大小，结合其认罪态度和悔罪表现，区别对待，宽严并用，科学量刑，确保罚当其罪。

对于电信网络诈骗犯罪集团、犯罪团伙的组织者、策划者、指挥者和骨干分子，以及利用未成年人、在校学生、老年人、残疾人实施电信网络诈骗的，依法从严惩处。

对于电信网络诈骗犯罪集团、犯罪团伙中的从犯，特别是其中参与时间相对较短、诈骗数额相对较低或者从事辅助性工作并领取少量报酬，以及初犯、偶犯、未成年人、在校学生等，应当综合考虑其在共同犯罪中的地位作用、社会危害程度、主观恶性、人身危险性、认罪悔罪表现等情节，可以依法从轻、减轻处罚。犯罪情节轻微的，可以依法不起诉或者免予刑事处罚；情节显著轻微危害不大的，不以犯罪论处。

十七、查扣的涉案账户内资金，应当优先返还被害人，如不足以全额返还的，应当按照比例返还。

最高人民法院、最高人民检察院、公安部
关于办理信息网络犯罪案件适用刑事诉讼程序
若干问题的意见

（2022年8月26日　法发〔2022〕23号）

为依法惩治信息网络犯罪活动，根据《中华人民共和国刑法》《中华人民共和国刑事诉讼法》以及有关法律、司法解释的规定，结合侦查、起诉、审判实践，现就办理此类案件适用刑事诉讼程序问题提出以下意见。

一、关于信息网络犯罪案件的范围

1. 本意见所称信息网络犯罪案件包括：

（1）危害计算机信息系统安全犯罪案件；

（2）拒不履行信息网络安全管理义务、非法利用信息网络、帮助信息网络犯罪活动的犯罪案件；

（3）主要行为通过信息网络实施的诈骗、赌博、侵犯公民个人信息等其他犯罪案件。

二、关于信息网络犯罪案件的管辖

2. 信息网络犯罪案件由犯罪地公安机关立案侦查。必要时，可以由犯罪嫌疑人居住地公安机关立案侦查。

信息网络犯罪案件的犯罪地包括用于实施犯罪行为的网络服务使用的服务器所在地，网络服务提供者所在地，被侵害的信息网络系统及其管理者所在地，犯罪过程中犯罪嫌疑人、被害人或者其他涉案人员使用的信息网络系统所在地，被害人被侵害时所在地以及被害人财产遭受损失地等。

涉及多个环节的信息网络犯罪案件，犯罪嫌疑人为信息网络犯罪提供帮助的，其犯罪地、居住地或者被帮助对象的犯罪地公安机关可以立案侦查。

3. 有多个犯罪地的信息网络犯罪案件，由最初受理的公安机关或者主要犯罪地公安机关立案侦查。有争议的，按照有利于查清犯罪事实、有利于诉讼的原则，协商解决；经协商无法达成一致的，由共同上级公安机关指定有关公安机关立案侦查。需要提请批准逮捕、移送审查起诉、提起公诉的，由立案侦查的公安机关所在地的人民检察院、人民法院受理。

4. 具有下列情形之一的，公安机关、人民检察院、人民法院可以在其职责范围内并案处理：

（1）一人犯数罪的；

（2）共同犯罪的；

（3）共同犯罪的犯罪嫌疑人、被告人还实施其他犯罪的；

（4）多个犯罪嫌疑人、被告人实施的犯罪行为存在关联，并案处理有利于查明全部案件事实的。

对为信息网络犯罪提供程序开发、互联网接入、服务器托管、网络存储、通讯传输等技术支持，或者广告推广、支付结算等帮助，涉嫌犯罪的，可以依照第一款的规定并案侦查。

有关公安机关依照前两款规定并案侦查的案件，需要提请批准逮捕、移送审查起诉、提起公诉的，由该公安机关所在地的人民检察院、人民法院受理。

5. 并案侦查的共同犯罪或者关联犯罪案件，犯罪嫌疑人人数众多、案情复杂的，公安机关可以分案移送审查起诉。分案移送审查起诉的，应当对并案侦查的依据、分案移送审查起诉的理由作出说明。

对于前款规定的案件，人民检察院可以分案提起公诉，人民法院可以分案审理。

分案处理应当以有利于保障诉讼质量和效率为前提，并不得影响当事人质证权等诉讼权利的行使。

6. 依照前条规定分案处理，公安机关、人民检察院、人民法院在分案前有管辖权的，分案后对相关案件的管辖权不受影响。根据具体情况，分案处理的相关案件可以由不同审级的人民法院分别审理。

7. 对于共同犯罪或者已并案侦查的关联犯罪案件，部分犯罪嫌疑人未到案，但不影响对已到案共同犯罪或者关联犯罪的犯罪嫌疑人、被告人的犯罪事实认定的，可以先行追究已到案犯罪嫌疑人、被告人的刑事责任。之前未到案的犯罪嫌疑人、被告人归案后，可以由原办案机关所在地公安机关、人民检察院、人民法院管辖其所涉及的案件。

8. 对于具有特殊情况，跨省（自治区、直辖市）指定异地公安机关侦查更有利于查清犯罪事实、保证案件公正处理的重大信息网络犯罪案件，以及在境外实施的信息网络犯罪案件，公安部可以商最高人民检察院和最高人民法院指定侦查管辖。

9. 人民检察院对于审查起诉的案件，按照刑事诉讼法的管辖规定，认为应当由上级人民检察院或者同级其他人民检察院起诉的，应当将案件移送有管辖权的人民检察院，并通知移送起诉的公安机关。人民检察院认为需要依照刑事诉讼法的规定指定审判管辖的，应当协商同级人民法院办理指定管辖有关事宜。

10. 犯罪嫌疑人被多个公安机关立案侦查的，有关公安机关一般应当协商并案处理，并依法移送案件。协商不成的，可以报请共同上级公安机关指定管辖。

人民检察院对于审查起诉的案件，发现犯罪嫌疑人还有犯罪被异地公安机关立案侦查的，应当通知移送审查起诉的公安机关。

人民法院对于提起公诉的案件，发现被告人还有其他犯罪被审查起诉、立案侦查的，可以协商人民检察院、公安机关并案处理，但可能造成审判过分迟延的除外。决定对有关犯罪并案处理，符合《中华人民共和国刑事诉讼法》第一百零四条规定的，人民检察院可以建议人民法院延期审理。

三、关于信息网络犯罪案件的调查核实

11. 公安机关对接受的案件或者发现的犯罪线索，在审查中发现案件事实或者线索不明，需要经过调查才能够确认是否达到刑事立案标准的，经公安机关办案部门负责人批准，可以进行调查核实；经过调查核实达到

刑事立案标准的，应当及时立案。

12. 调查核实过程中，可以采取询问、查询、勘验、检查、鉴定、调取证据材料等不限制被调查对象人身、财产权利的措施，不得对被调查对象采取强制措施，不得查封、扣押、冻结被调查对象的财产，不得采取技术侦查措施。

13. 公安机关在调查核实过程中依法收集的电子数据等材料，可以根据有关规定作为证据使用。

调查核实过程中收集的材料作为证据使用的，应当随案移送，并附批准调查核实的相关材料。

调查核实过程中收集的证据材料经查证属实，且收集程序符合有关要求的，可以作为定案依据。

四、关于信息网络犯罪案件的取证

14. 公安机关向网络服务提供者调取电子数据的，应当制作调取证据通知书，注明需要调取的电子数据的相关信息。调取证据通知书及相关法律文书可以采用数据电文形式。跨地域调取电子数据的，可以通过公安机关信息化系统传输相关数据电文。

网络服务提供者向公安机关提供电子数据的，可以采用数据电文形式。采用数据电文形式提供电子数据的，应当保证电子数据的完整性，并制作电子证明文件，载明调证法律文书编号、单位电子公章、完整性校验值等保护电子数据完整性方法的说明等信息。

数据电文形式的法律文书和电子证明文件，应当使用电子签名、数字水印等方式保证完整性。

15. 询（讯）问异地证人、被害人以及与案件有关联的犯罪嫌疑人的，可以由办案地公安机关通过远程网络视频等方式进行并制作笔录。

远程询（讯）问的，应当由协作地公安机关事先核实被询（讯）问人的身份。办案地公安机关应当将询（讯）问笔录传输至协作地公安机关。询（讯）问笔录经被询（讯）问人确认并逐页签名、捺指印后，由协作地公安机关协作人员签名或者盖章，并将原件提供给办案地公安机关。询（讯）问人员收到笔录后，应当在首页右上方写明"于某年某月某日收到"，并签名或者盖章。

远程询（讯）问的，应当对询（讯）问过程同步录音录像，并随案移送。

异地证人、被害人以及与案件有关联的犯罪嫌疑人亲笔书写证词、供词的，参照执行本条第二款规定。

16. 人民检察院依法自行侦查、补充侦查，或者人民法院调查核实相关证据的，适用本意见第14条、第15条的有关规定。

17. 对于依照本意见第14条的规定调取的电子数据，人民检察院、人民法院可以通过核验电子签名、数字水印、电子数据完整性校验值及调证法律文书编号是否与证明文件相一致等方式，对电子数据进行审查判断。

对调取的电子数据有疑问的，由公安机关、提供电子数据的网络服务提供者作出说明，或者由原调取机关补充收集相关证据。

五、关于信息网络犯罪案件的其他问题

18. 采取技术侦查措施收集的材料作为证据使用的，应当随案移送，并附采取技术侦查措施的法律文书、证据材料清单和有关说明材料。

移送采取技术侦查措施收集的视听资料、电子数据的，应当由两名以上侦查人员制作复制件，并附制作说明，写明原始证据材料、原始存储介质的存放地点等信息，由制作人签名，并加盖单位印章。

19. 采取技术侦查措施收集的证据材料，应当经过当庭出示、辨认、质证等法庭调查程序查证。

当庭调查技术侦查证据材料可能危及有关人员的人身安全，或者可能产生其他严重后果的，法庭应当采取不暴露有关人员身份和技术侦查措施使用的技术设备、技术方法等保护措施。必要时，审判人员可以在庭外对证据进行核实。

20. 办理信息网络犯罪案件，对于数量特别众多且具有同类性质、特征或者功能的物证、书证、证人证言、被害人陈述、视听资料、电子数据等证据材料，确因客观条件限制无法逐一收集的，应当按照一定比例或者数量选取证据，并对选取情况作出说明和论证。

人民检察院、人民法院应当重点审查取证方法、过程是否科学。经审查认为取证不科学的，应当由原取证机关作出补充说明或者重新取证。

人民检察院、人民法院应当结合其他证据材料，以及犯罪嫌疑人、被告人及其辩护人所提辩解、辩护意见，审查认定取得的证据。经审查，对相关事实不能排除合理怀疑的，应当作出有利于犯罪嫌疑人、被告人的认定。

21. 对于涉案人数特别众多的信息网络犯罪案件，确因客观条件限制无法收集证据逐一证明、逐人核实涉案账户的资金来源，但根据银行账户、非银行支付账户等交易记录和其他证据材料，足以认定有关账户主要用于接收、流转涉案资金的，可以按照该账户接收的资金数额认定犯罪数额，但犯罪嫌疑人、被告人能够作出合理说明的除外。案外人提出异议的，应当依法审查。

22. 办理信息网络犯罪案件，应当依法及时查封、扣押、冻结涉案财物，督促涉案人员退赃退赔，及时追赃挽损。

公安机关应当全面收集证明涉案财物性质、权属情况、依法应予追缴、没收或者责令退赔的证据材料，在移送审查起诉时随案移送并作出说明。其中，涉案财物需要返还被害人的，应当尽可能查明被害人损失情况。人民检察院应当对涉案财物的证据材料进行审查，在提起公诉时提出处理意见。人民法院应当依法作出判决，对涉案财物作出处理。

对应当返还被害人的合法财产，权属明确的，应当依法及时返还；权属不明的，应当在人民法院判决、裁定生效后，按比例返还被害人，但已获退赔的部分应予扣除。

23. 本意见自2022年9月1日起施行。《最高人民法院、最高人民检察院、公安部关于办理网络犯罪案件适用刑事诉讼程序若干问题的意见》（公通字〔2014〕10号）同时废止。

人民检察院办理网络犯罪案件规定

(2021年1月22日)

第一章 一般规定

第一条 为规范人民检察院办理网络犯罪案件，维护国家安全、网络安全、社会公共利益，保护公民、法人和其他组织的合法权益，根据《中华人民共和国刑事诉讼法》《人民检察院刑事诉讼规则》等规定，结合司法实践，制定本规定。

第二条 本规定所称网络犯罪是指针对信息网络实施的犯罪，利用信息网络实施的犯罪，以及其他上下游关联犯罪。

第三条 人民检察院办理网络犯罪案件应当加强全链条惩治，注重审查和发现上下游关联犯罪线索。对涉嫌犯罪，公安机关未立案侦查、应当提请批准逮捕而未提请批准逮捕或者应当移送起诉而未移送起诉的，依法进行监督。

第四条 人民检察院办理网络犯罪案件应当坚持惩治犯罪与预防犯罪并举，建立捕、诉、监、防一体的办案机制，加强以案释法，发挥检察建议的作用，促进有关部门、行业组织、企业等加强网络犯罪预防和治理，净化网络空间。

第五条 网络犯罪案件的管辖适用刑事诉讼法及其他相关规定。

有多个犯罪地的，按照有利于查清犯罪事实、有利于保护被害人合法权益、保证案件公正处理的原则确定管辖。

因跨区域犯罪、共同犯罪、关联犯罪等原因存在管辖争议的，由争议的人民检察院协商解决，协商不成的，报请共同的上级人民检察院指定管辖。

第六条　人民检察院办理网络犯罪案件应当发挥检察一体化优势，加强跨区域协作办案，强化信息互通、证据移交、技术协作，增强惩治网络犯罪的合力。

第七条　人民检察院办理网络犯罪案件应当加强对电子数据收集、提取、保全、固定等的审查，充分运用同一电子数据往往具有的多元关联证明作用，综合运用电子数据与其他证据，准确认定案件事实。

第八条　建立检察技术人员、其他有专门知识的人参与网络犯罪案件办理制度。根据案件办理需要，吸收检察技术人员加入办案组辅助案件办理。积极探索运用大数据、云计算、人工智能等信息技术辅助办案，提高网络犯罪案件办理的专业化水平。

第九条　人民检察院办理网络犯罪案件，对集团犯罪或者涉案人数众多的，根据行为人的客观行为、主观恶性、犯罪情节及地位、作用等综合判断责任轻重和刑事追究的必要性，按照区别对待原则分类处理，依法追诉。

第十条　人民检察院办理网络犯罪案件应当把追赃挽损贯穿始终，主动加强与有关机关协作，保证及时查封、扣押、冻结涉案财物，阻断涉案财物移转链条，督促涉案人员退赃退赔。

第二章　引导取证和案件审查

第十一条　人民检察院办理网络犯罪案件应当重点围绕主体身份同一性、技术手段违法性、上下游行为关联性等方面全面审查案件事实和证据，注重电子数据与其他证据之间的相互印证，构建完整的证据体系。

第十二条　经公安机关商请，根据追诉犯罪的需要，人民检察院可以派员适时介入重大、疑难、复杂网络犯罪案件的侦查活动，并对以下事项提出引导取证意见：

（一）案件的侦查方向及可能适用的罪名；

（二）证据的收集、提取、保全、固定、检验、分析等；

（三）关联犯罪线索；

（四）追赃挽损工作；

（五）其他需要提出意见的事项。

人民检察院开展引导取证活动时，涉及专业性问题的，可以指派检察技术人员共同参与。

第十三条 人民检察院可以通过以下方式了解案件办理情况：

（一）查阅案件材料；

（二）参加公安机关对案件的讨论；

（三）了解讯（询）问犯罪嫌疑人、被害人、证人的情况；

（四）了解、参与电子数据的收集、提取；

（五）其他方式。

第十四条 人民检察院介入网络犯罪案件侦查活动，发现关联犯罪或其他新的犯罪线索，应当建议公安机关依法立案或移送相关部门；对于犯罪嫌疑人不构成犯罪的，依法监督公安机关撤销案件。

第十五条 人民检察院可以根据案件侦查情况，向公安机关提出以下取证意见：

（一）能够扣押、封存原始存储介质的，及时扣押、封存；

（二）扣押可联网设备时，及时采取信号屏蔽、信号阻断或者切断电源等方式，防止电子数据被远程破坏；

（三）及时提取账户密码及相应数据，如电子设备、网络账户、应用软件等的账户密码，以及存储于其中的聊天记录、电子邮件、交易记录等；

（四）及时提取动态数据，如内存数据、缓存数据、网络连接数据等；

（五）及时提取依赖于特定网络环境的数据，如点对点网络传输数据、虚拟专线网络中的数据等；

（六）及时提取书证、物证等客观证据，注意与电子数据相互印证。

第十六条 对于批准逮捕后要求公安机关继续侦查、不批准逮捕后要求公安机关补充侦查或者审查起诉退回公安机关补充侦查的网络犯罪案件，人民检察院应当重点围绕本规定第十二条第一款规定的事项，有针对性地制作继续侦查提纲或者补充侦查提纲。对于专业性问题，应当听取检察技术人员或者其他有专门知识的人的意见。

人民检察院应当及时了解案件继续侦查或者补充侦查的情况。

第十七条 认定网络犯罪的犯罪嫌疑人，应当结合全案证据，围绕犯罪嫌疑人与原始存储介质、电子数据的关联性、犯罪嫌疑人网络身份与现实身份的同一性，注重审查以下内容：

（一）扣押、封存的原始存储介质是否为犯罪嫌疑人所有、持有或者使用；

（二）社交、支付结算、网络游戏、电子商务、物流等平台的账户信息、身份认证信息、数字签名、生物识别信息等是否与犯罪嫌疑人身份关联；

（三）通话记录、短信、聊天信息、文档、图片、语音、视频等文件内容是否能够反映犯罪嫌疑人的身份；

（四）域名、IP 地址、终端 MAC 地址、通信基站信息等是否能够反映电子设备为犯罪嫌疑人所使用；

（五）其他能够反映犯罪嫌疑人主体身份的内容。

第十八条 认定犯罪嫌疑人的客观行为，应当结合全案证据，围绕其利用的程序工具、技术手段的功能及其实现方式、犯罪行为和结果之间的关联性，注重审查以下内容：

（一）设备信息、软件程序代码等作案工具；

（二）系统日志、域名、IP 地址、WiFi 信息、地理位置信息等是否能够反映犯罪嫌疑人的行为轨迹；

（三）操作记录、网络浏览记录、物流信息、交易结算记录、即时通信信息等是否能够反映犯罪嫌疑人的行为内容；

（四）其他能够反映犯罪嫌疑人客观行为的内容。

第十九条 认定犯罪嫌疑人的主观方面，应当结合犯罪嫌疑人的认知能力、专业水平、既往经历、人员关系、行为次数、获利情况等综合认定，注重审查以下内容：

（一）反映犯罪嫌疑人主观故意的聊天记录、发布内容、浏览记录等；

（二）犯罪嫌疑人行为是否明显违背系统提示要求、正常操作流程；

（三）犯罪嫌疑人制作、使用或者向他人提供的软件程序是否主要用于违法犯罪活动；

（四）犯罪嫌疑人支付结算的对象、频次、数额等是否明显违反正常交易习惯；

（五）犯罪嫌疑人是否频繁采用隐蔽上网、加密通信、销毁数据等措施或者使用虚假身份；

（六）其他能够反映犯罪嫌疑人主观方面的内容。

第二十条　认定犯罪行为的情节和后果，应当结合网络空间、网络行为的特性，从违法所得、经济损失、信息系统的破坏、网络秩序的危害程度以及对被害人的侵害程度等综合判断，注重审查以下内容：

（一）聊天记录、交易记录、音视频文件、数据库信息等能够反映犯罪嫌疑人违法所得、获取和传播数据及文件的性质、数量的内容；

（二）账号数量、信息被点击次数、浏览次数、被转发次数等能够反映犯罪行为对网络空间秩序产生影响的内容；

（三）受影响的计算机信息系统数量、服务器日志信息等能够反映犯罪行为对信息网络运行造成影响程度的内容；

（四）被害人数量、财产损失数额、名誉侵害的影响范围等能够反映犯罪行为对被害人的人身、财产等造成侵害的内容；

（五）其他能够反映犯罪行为情节、后果的内容。

第二十一条　人民检察院办理网络犯罪案件，确因客观条件限制无法逐一收集相关言词证据的，可以根据记录被害人人数、被侵害的计算机信息系统数量、涉案资金数额等犯罪事实的电子数据、书证等证据材料，在审查被告人及其辩护人所提辩解、辩护意见的基础上，综合全案证据材料，对相关犯罪事实作出认定。

第二十二条　对于数量众多的同类证据材料，在证明是否具有同样的性质、特征或者功能时，因客观条件限制不能全部验证的，可以进行抽样验证。

第二十三条　对鉴定意见、电子数据等技术性证据材料，需要进行专门审查的，应当指派检察技术人员或者聘请其他有专门知识的人进行审查并提出意见。

第二十四条　人民检察院在审查起诉过程中，具有下列情形之一的，可以依法自行侦查：

（一）公安机关未能收集的证据，特别是存在灭失、增加、删除、修改风险的电子数据，需要及时收集和固定的；

（二）经退回补充侦查未达到补充侦查要求的；

（三）其他需要自行侦查的情形。

第二十五条　自行侦查由检察官组织实施，开展自行侦查的检察人员不得少于二人。需要技术支持和安全保障的，由人民检察院技术部门和警务部门派员协助。必要时，可以要求公安机关予以配合。

第二十六条　人民检察院办理网络犯罪案件的部门，发现或者收到侵害国家利益、社会公共利益的公益诉讼案件线索的，应当及时移送负责公益诉讼的部门处理。

第三章　电子数据的审查

第二十七条　电子数据是以数字化形式存储、处理、传输的，能够证明案件事实的数据，主要包括以下形式：

（一）网页、社交平台、论坛等网络平台发布的信息；

（二）手机短信、电子邮件、即时通信、通讯群组等网络通讯信息；

（三）用户注册信息、身份认证信息、数字签名、生物识别信息等用户身份信息；

（四）电子交易记录、通信记录、浏览记录、操作记录、程序安装、运行、删除记录等用户行为信息；

（五）恶意程序、工具软件、网站源代码、运行脚本等行为工具信息；

（六）系统日志、应用程序日志、安全日志、数据库日志等系统运行信息；

（七）文档、图片、音频、视频、数字证书、数据库文件等电子文件及其创建时间、访问时间、修改时间、大小等文件附属信息。

第二十八条 电子数据取证主要包括以下方式：收集、提取电子数据；电子数据检查和侦查实验；电子数据检验和鉴定。

收集、提取电子数据可以采取以下方式：

（一）扣押、封存原始存储介质；

（二）现场提取电子数据；

（三）在线提取电子数据；

（四）冻结电子数据；

（五）调取电子数据。

第二十九条 人民检察院办理网络犯罪案件，应当围绕客观性、合法性、关联性的要求对电子数据进行全面审查。注重审查电子数据与案件事实之间的多元关联，加强综合分析，充分发挥电子数据的证明作用。

第三十条 对电子数据是否客观、真实，注重审查以下内容：

（一）是否移送原始存储介质，在原始存储介质无法封存、不便移动时，是否说明原因，并注明相关情况；

（二）电子数据是否有数字签名、数字证书等特殊标识；

（三）电子数据的收集、提取过程及结果是否可以重现；

（四）电子数据有增加、删除、修改等情形的，是否附有说明；

（五）电子数据的完整性是否可以保证。

第三十一条 对电子数据是否完整，注重审查以下内容：

（一）原始存储介质的扣押、封存状态是否完好；

（二）比对电子数据完整性校验值是否发生变化；

（三）电子数据的原件与备份是否相同；

（四）冻结后的电子数据是否生成新的操作日志。

第三十二条 对电子数据的合法性，注重审查以下内容：

（一）电子数据的收集、提取、保管的方法和过程是否规范；

（二）查询、勘验、扣押、调取、冻结等的法律手续是否齐全；

（三）勘验笔录、搜查笔录、提取笔录等取证记录是否完备；

（四）是否由符合法律规定的取证人员、见证人、持有人（提供人）等参与，因客观原因没有见证人、持有人（提供人）签名或者盖章的，是否说明原因；

（五）是否按照有关规定进行同步录音录像；

（六）对于收集、提取的境外电子数据是否符合国（区）际司法协作及相关法律规定的要求。

第三十三条 对电子数据的关联性，注重审查以下内容：

（一）电子数据与案件事实之间的关联性；

（二）电子数据及其存储介质与案件当事人之间的关联性。

第三十四条 原始存储介质被扣押封存的，注重从以下方面审查扣押封存过程是否规范：

（一）是否记录原始存储介质的品牌、型号、容量、序列号、识别码、用户标识等外观信息，是否与实物一一对应；

（二）是否封存或者计算完整性校验值，封存前后是否拍摄被封存原始存储介质的照片，照片是否清晰反映封口或者张贴封条处的状况；

（三）是否由取证人员、见证人、持有人（提供人）签名或者盖章。

第三十五条 对原始存储介质制作数据镜像予以提取固定的，注重审查以下内容：

（一）是否记录原始存储介质的品牌、型号、容量、序列号、识别码、用户标识等外观信息，是否记录原始存储介质的存放位置、使用人、保管人；

（二）是否附有制作数据镜像的工具、方法、过程等必要信息；

（三）是否计算完整性校验值；

（四）是否由取证人员、见证人、持有人（提供人）签名或者盖章。

第三十六条　提取原始存储介质中的数据内容并予以固定的，注重审查以下内容：

（一）是否记录原始存储介质的品牌、型号、容量、序列号、识别码、用户标识等外观信息，是否记录原始存储介质的存放位置、使用人、保管人；

（二）所提取数据内容的原始存储路径，提取的工具、方法、过程等信息，是否一并提取相关的附属信息、关联痕迹、系统环境等信息；

（三）是否计算完整性校验值；

（四）是否由取证人员、见证人、持有人（提供人）签名或者盖章。

第三十七条　对于在线提取的电子数据，注重审查以下内容：

（一）是否记录反映电子数据来源的网络地址、存储路径或者数据提取时的进入步骤等；

（二）是否记录远程计算机信息系统的访问方式、电子数据的提取日期和时间、提取的工具、方法等信息，是否一并提取相关的附属信息、关联痕迹、系统环境等信息；

（三）是否计算完整性校验值；

（四）是否由取证人员、见证人、持有人（提供人）签名或者盖章。

对可能无法重复提取或者可能出现变化的电子数据，是否随案移送反映提取过程的拍照、录像、截屏等材料。

第三十八条　对冻结的电子数据，注重审查以下内容：

（一）冻结手续是否符合规定；

（二）冻结的电子数据是否与案件事实相关；

（三）冻结期限是否即将到期、有无必要继续冻结或者解除；

（四）冻结期间电子数据是否被增加、删除、修改等。

第三十九条　对调取的电子数据，注重审查以下内容：

（一）调取证据通知书是否注明所调取的电子数据的相关信息；

（二）被调取单位、个人是否在通知书回执上签名或者盖章；

（三）被调取单位、个人拒绝签名、盖章的，是否予以说明；

（四）是否计算完整性校验值或者以其他方法保证电子数据的完整性。

第四十条 对电子数据进行检查、侦查实验，注重审查以下内容：

（一）是否记录检查过程、检查结果和其他需要记录的内容，并由检查人员签名或者盖章；

（二）是否记录侦查实验的条件、过程和结果，并由参加侦查实验的人员签名或者盖章；

（三）检查、侦查实验使用的电子设备、网络环境等是否与发案现场一致或者基本一致；

（四）是否使用拍照、录像、录音、通信数据采集等一种或者多种方式客观记录检查、侦查实验过程。

第四十一条 对电子数据进行检验、鉴定，注重审查以下内容：

（一）鉴定主体的合法性。包括审查司法鉴定机构、司法鉴定人员的资质，委托鉴定事项是否符合司法鉴定机构的业务范围，鉴定人员是否存在回避等情形；

（二）鉴定材料的客观性。包括鉴定材料是否真实、完整、充分，取得方式是否合法，是否与原始电子数据一致；

（三）鉴定方法的科学性。包括鉴定方法是否符合国家标准、行业标准，方法标准的选用是否符合相关规定；

（四）鉴定意见的完整性。是否包含委托人、委托时间、检材信息、鉴定或者分析论证过程、鉴定结果以及鉴定人签名、日期等内容；

（五）鉴定意见与其他在案证据能否相互印证。

对于鉴定机构以外的机构出具的检验、检测报告，可以参照本条规定进行审查。

第四十二条 行政机关在行政执法和查办案件过程中依法收集、提取的电子数据，人民检察院经审查符合法定要求的，可以作为刑事案件的证据使用。

第四十三条 电子数据的收集、提取程序有下列瑕疵，经补正或者作出合理解释的，可以采用；不能补正或者作出合理解释的，不得作为定案的根据：

（一）未以封存状态移送的；

（二）笔录或者清单上没有取证人员、见证人、持有人（提供人）签名或者盖章的；

（三）对电子数据的名称、类别、格式等注明不清的；

（四）有其他瑕疵的。

第四十四条 电子数据系篡改、伪造、无法确定真伪的，或者有其他无法保证电子数据客观、真实情形的，不得作为定案的根据。

电子数据有增加、删除、修改等情形，但经司法鉴定、当事人确认等方式确定与案件相关的重要数据未发生变化，或者能够还原电子数据原始状态、查清变化过程的，可以作为定案的根据。

第四十五条 对于无法直接展示的电子数据，人民检察院可以要求公安机关提供电子数据的内容、存储位置、附属信息、功能作用等情况的说明，随案移送人民法院。

第四章 出庭支持公诉

第四十六条 人民检察院依法提起公诉的网络犯罪案件，具有下列情形之一的，可以建议人民法院召开庭前会议：

（一）案情疑难复杂的；

（二）跨国（边）境、跨区域案件社会影响重大的；

（三）犯罪嫌疑人、被害人等人数众多、证据材料较多的；

（四）控辩双方对电子数据合法性存在较大争议的；

（五）案件涉及技术手段专业性强，需要控辩双方提前交换意见的；

（六）其他有必要召开庭前会议的情形。

必要时，人民检察院可以向法庭申请指派检察技术人员或者聘请其他有专门知识的人参加庭前会议。

第四十七条 人民法院开庭审理网络犯罪案件，公诉人出示证据可以借助多媒体示证、动态演示等方式进行。必要时，可以向法庭申请指派检察技术人员或者聘请其他有专门知识的人进行相关技术操作，并就专门性问题发表意见。

公诉人在出示电子数据时，应当从以下方面进行说明：

（一）电子数据的来源、形成过程；

（二）电子数据所反映的犯罪手段、人员关系、资金流向、行为轨迹等案件事实；

（三）电子数据与被告人供述、被害人陈述、证人证言、物证、书证等的相互印证情况；

（四）其他应当说明的内容。

第四十八条 在法庭审理过程中，被告人及其辩护人针对电子数据的客观性、合法性、关联性提出辩解或者辩护意见的，公诉人可以围绕争议点从证据来源是否合法，提取、复制、制作过程是否规范，内容是否真实完整，与案件事实有无关联等方面，有针对性地予以答辩。

第四十九条 支持、推动人民法院开庭审判网络犯罪案件全程录音录像。对庭审全程录音录像资料，必要时人民检察院可以商请人民法院复制，并将存储介质附检察卷宗保存。

第五章 跨区域协作办案

第五十条 对跨区域网络犯罪案件，上级人民检察院应当加强统一指挥和统筹协调，相关人民检察院应当加强办案协作。

第五十一条 上级人民检察院根据办案需要，可以统一调用辖区内的检察人员参与办理网络犯罪案件。

第五十二条 办理关联网络犯罪案件的人民检察院可以相互申请查阅卷宗材料、法律文书，了解案件情况，被申请的人民检察院应当予以协助。

第五十三条 承办案件的人民检察院需要向办理关联网络犯罪案件的

人民检察院调取证据材料的，可以持相关法律文书和证明文件申请调取在案证据材料，被申请的人民检察院应当配合。

第五十四条 承办案件的人民检察院需要异地调查取证的，可以将相关法律文书及证明文件传输至证据所在地的人民检察院，请其代为调查取证。相关法律文书应当注明具体的取证对象、方式、内容和期限等。

被请求协助的人民检察院应当予以协助，及时将取证结果送达承办案件的人民检察院；无法及时调取的，应当作出说明。被请求协助的人民检察院有异议的，可以与承办案件的人民检察院进行协商；无法解决的，由承办案件的人民检察院报请共同的上级人民检察院决定。

第五十五条 承办案件的人民检察院需要询问异地证人、被害人的，可以通过远程视频系统进行询问，证人、被害人所在地的人民检察院应当予以协助。远程询问的，应当对询问过程进行同步录音录像。

第六章 跨国（边）境司法协作

第五十六条 办理跨国网络犯罪案件应当依照《中华人民共和国国际刑事司法协助法》及我国批准加入的有关刑事司法协助条约，加强国际司法协作，维护我国主权、安全和社会公共利益，尊重协作国司法主权、坚持平等互惠原则，提升跨国司法协作质效。

第五十七条 地方人民检察院在案件办理中需要向外国请求刑事司法协助的，应当制作刑事司法协助请求书并附相关材料，经报最高人民检察院批准后，由我国与被请求国间司法协助条约规定的对外联系机关向外国提出申请。没有刑事司法协助条约的，通过外交途径联系。

第五十八条 人民检察院参加现场移交境外证据的检察人员不少于二人，外方有特殊要求的除外。

移交、开箱、封存、登记的情况应当制作笔录，由最高人民检察院或者承办案件的人民检察院代表、外方移交人员签名或者盖章，一般应全程录音录像。有其他见证人的，在笔录中注明。

第五十九条 人民检察院对境外收集的证据，应当审查证据来源是否合法、手续是否齐备以及证据的移交、保管、转换等程序是否连续、规范。

第六十条 人民检察院办理涉香港特别行政区、澳门特别行政区、台湾地区的网络犯罪案件，需要当地有关部门协助的，可以参照本规定及其他相关规定执行。

第七章　附　　则

第六十一条 人民检察院办理网络犯罪案件适用本规定，本规定没有规定的，适用其他相关规定。

第六十二条 本规定中下列用语的含义：

（一）信息网络，包括以计算机、电视机、固定电话机、移动电话机等电子设备为终端的计算机互联网、广播电视网、固定通信网、移动通信网等信息网络，以及局域网络；

（二）存储介质，是指具备数据存储功能的电子设备、硬盘、光盘、优盘、记忆棒、存储芯片等载体；

（三）完整性校验值，是指为防止电子数据被篡改或者破坏，使用散列算法等特定算法对电子数据进行计算，得出的用于校验数据完整性的数据值；

（四）数字签名，是指利用特定算法对电子数据进行计算，得出的用于验证电子数据来源和完整性的数据值；

（五）数字证书，是指包含数字签名并对电子数据来源、完整性进行认证的电子文件；

（六）生物识别信息，是指计算机利用人体所固有的生理特征（包括人脸、指纹、声纹、虹膜、DNA等）或者行为特征（步态、击键习惯等）来进行个人身份识别的信息；

（七）运行脚本，是指使用一种特定的计算机编程语言，依据符合语法要求编写的执行指定操作的可执行文件；

（八）数据镜像，是指二进制（0101 排序的数据码流）相同的数据复制件，与原件的内容无差别；

（九）MAC 地址，是指计算机设备中网卡的唯一标识，每个网卡有且只有一个 MAC 地址。

第六十三条 人民检察院办理国家安全机关、海警机关、监狱等移送的网络犯罪案件，适用本规定和其他相关规定。

第六十四条 本规定由最高人民检察院负责解释。

第六十五条 本规定自发布之日起施行。

后　　记

《反电信网络诈骗法》作为专业治理电信网络诈骗这一社会毒瘤的"小切口""小快灵"专门法律，不仅是一部针对电信网络诈骗行为的"打击法"，更是集电信、金融、网络、综合措施于一体的"治理法"。本法所规定的大部分内容，主要来自各具体法律、行政法规、部门规章中，尤其是以该类案件所涉领域来看，主要包括刑事司法、电信、金融、互联网、国边境管理等。为了更好地增强读者对《反电信网络诈骗法》的理解，本书在编著中注意做到"全、细、广、特"。"全"，就是在适用指南与关联规定中，专门对该类内容所涉法律法规、部门规章进行了梳理、阐释与罗列，以期通过对这些规定的了解，帮助读者掌握立法路径及基本目的精神。"细"，就是对每一法条的理解与适用建议，尽量做到条分缕析，细致阐述，从法条理解到具体办案中需要注意的问题，结合办案实践提供参考意见。"广"，就是覆盖面广，从刑法规定，到电信、金融、互联网相关法律、司法解释理解适用，到具体案例，围绕电信网络犯罪治理问题进行分析，以期通过案例增进读者对法律更加深入的理解，并能够指导具体实践。"特"，就是结合杭州市检察机关自己的反电信网络诈骗实践，提供了治理路径。书中有大量杭州市检察机关办理过的典型案例、精品案例、指导性案例，有的案例还属国内"首案"。同时，针对法律适用中一些只有在具体办案实践中才可能发现的问题，提出了适用的方法建议，如本法第二十七条第二款规定，公安机关接到电信网络诈骗活动的报案或者发现电信网络诈骗活动，应当依照《刑事诉讼法》的规定立案侦查。该规定貌似简单，实际操作中却会遇到大量问题，如被害人提供不出完整的犯罪过程，不知犯罪嫌疑人是谁，收赃款的账户并非诈骗分子本人所有，犯罪分子往往在境外，根本无法接触，全案归不归案件受理地公安机关管辖，一旦立案侦查后是否会遭遇管辖障碍，等等。因这些原因的存在，往往出现了电信网络诈骗案件立案难的问题，群众反映强烈。为此，就要对相关问题进行认真梳理，从《刑事诉讼法》到最高人民法院、最高人民检察院、公安部《关于办理电信网络诈骗等刑事案件适用法律若干问题的意见》《关于办理电信网络诈骗等刑事案件适用法律若干问题的意见（二）》，再到《关于办理信息网络犯罪案件适用刑事诉讼程序若干问题的意见》，就可以理解此次立法为什么对这个本来已经有法律规定的内容再作具体规定，即确立了公安机关接到报案或者发现电信网络诈骗活动，以立案为原则，具体问题根据法律规定、司法解释和司法指导性文件规定解决，从而解决电信网络诈骗案件立案难的问题。

关于本书中的电信网络诈骗案例，尤其是最高人民法院、最高人民检察院指导性案例，对司法实践具有较强的指导意义。笔者根据法条规定，有针对性地予以收录，相信对于理解和运用本法，会有一定的帮助。将这些案例与杭州市检察机关自己办理的案例一并收录，供交流批评。

本书可供司法工作人员、律师、金融、电信管理监督机构、网信机构工作人员在办理电信网络诈骗案件中参考，也可供法学理论研究机构与高校师生参考交流。

图书在版编目（CIP）数据

中华人民共和国反电信网络诈骗法适用指南 / 叶伟忠编著 . —北京：中国法制出版社，2022.9
ISBN 978-7-5216-2844-9

Ⅰ.①中… Ⅱ.①叶… Ⅲ.①电信-诈骗-金融风险防范-法律适用-中国②互联网络-诈骗-金融风险防范-法律适用-中国 Ⅳ.①D924.335

中国版本图书馆 CIP 数据核字（2022）第 156634 号

责任编辑：韩璐玮（hanluwei666@163.com） 封面设计：杨泽江

中华人民共和国反电信网络诈骗法适用指南
ZHONGHUA RENMIN GONGHEGUO FANDIANXIN WANGLUO ZHAPIANFA SHIYONG ZHINAN

编著/叶伟忠
经销/新华书店
印刷/三河市紫恒印装有限公司
开本/730 毫米×1030 毫米 16 开 　　　　　　　　　印张/ 26.25 　字数/ 310 千
版次/2022 年 9 月第 1 版 　　　　　　　　　　　　　2022 年 9 月第 1 次印刷

中国法制出版社出版
书号 ISBN 978-7 5216 2844 9 　　　　　　　　　　　　　　　　　定价：78.00 元

北京市西城区西便门西里甲 16 号西便门办公区
邮政编码：100053 　　　　　　　　　　　　　　　　　传真：010-63141600
网址：http：//www.zgfzs.com 　　　　　　　　　　　编辑部电话：010-63141790
市场营销部电话：010-63141612 　　　　　　　　　　印务部电话：010-63141606

（如有印装质量问题，请与本社印务部联系。）